부모-아동 상호작용
코딩 시스템 매뉴얼

MANUAL FOR THE DYADIC
PARENT-CHILD INTERACTION CODING SYSTEM,
3RD EDITION

부모-아동 상호작용 코딩 시스템 매뉴얼

Sheila M. Eyberg, Melanie McDiarmid Nelson, Maura Duke, Stephen R. Boggs 지음
두정일, 이정숙 옮김

Σ 시그마프레스

부모-아동 상호작용
코딩 시스템 매뉴얼

발행일 | 2012년 4월 23일 1쇄 발행

저자 | Sheila M. Eyberg, Melanie McDiarmid Nelson, Maura Duke,
　　　 Stephen R. Boggs
역자 | 두정일, 이정숙
발행인 | 강학경
발행처 | (주)시그마프레스
편집 | 송현주
교정·교열 | 김은실
등록번호 | 제10-2642호
주소 | 서울특별시 영등포구 양평로 22길 21 선유도코오롱디지털타워 401호
전자우편 | sigma@spress.co.kr
홈페이지 | http://www.sigmapress.co.kr
전화 | (02)323-4845, (02)2062-5184~8
팩스 | (02)323-4197
ISBN | 978-89-5832-682-3
　　　 978-89-5832-675-5(세트)

Manual for the Dyadic Parent-Child Interaction Coding System, 3rd Edition

＊책값은 뒤표지에 있습니다.

현대 사회가 발전해 갈수록 개인의 심리적 안녕과 적응적 요소에 대한 관심이 많아지고 있다. 한 개인의 심리적 발달에 영향을 주는 요소는 매우 다양하지만, 태어나서부터 성인이될 때까지 가장 큰 영향을 미치는 것으로 부모-자녀 관계를 들 수 있다. 부모-자녀 상호작용에 대한 직접적인 관찰은 부모-자녀 관계에 대한 가장 생생하고 객관적인 정보를 파악할수 있는 방법이다.

그동안 역자가 아동 상담 및 심리치료를 하면서 부모를 치료에 참여시키는 것과 치료의진행사항을 객관적인 심리평가의 방법으로 평가해서 매 회기의 치료목표를 각 부모에게 맞도록 정하고 부족한 양육 기술을 습득해 나가도록 돕는 것의 중요성을 절감했다. 그러던 중역자가 플로리다대학교에서 열린 부모-아동 상호작용 치료 연수에 참석하여 만나게 된Eyberg 교수로부터 부모-아동 상호작용 코딩 시스템을 소개받았다. 이 코딩 시스템은 비효율적인 양육 방식과 아동의 문제행동과 관련이 있는 부모-자녀 상호작용 패턴을 직접적인관찰을 통해 파악할 수 있는 고유한 행동관찰 시스템이다. 이 책의 저자인 Eyberg 교수가서론에서 밝혔듯이 이 코딩 시스템은 (1) 부모-아동이 상호작용하는 동안 부모와 아동의 행동에 대한 관찰 측정치를 제공하기 위해서, (2) 가족 상호작용에서 발생하는 기저선 행동이나 치료 전 행동을 평가하기 위해서, (3) 일반적인 부모-아동 상호작용 패턴을 변화시키는치료를 하는 동안 그 진행과정에 대한 측정치를 제공하기 위해서, (4) 치료 결과에 대한 행동 관찰 측정치를 제공하기 위해서 고안되었다.

이 책은 임상현장에서 부모-아동 상호작용 치료에서의 변화를 평가하고 외현화 행동문제가 있는 어린 아동들을 위한 다른 부모훈련 개입에서의 변화를 평가하고자 하는 임상가와연구자들에게 유용할 것이다. 또한 아동이 언어치료, 신체치료 그리고 학습치료를 받는 동안 치료사와 아동 사이의 상호작용을 검토하기 위해서도 사용될 수 있다.

　이 매뉴얼은 세 가지 중요한 부분으로 구성되어 있다. 서론 부분에서는 코딩 카테고리의 개발을 설명하고 부모-아동 상호작용을 코딩하기 위한 일반적인 지침 등이 소개되어 있다. 두 번째 부분에서는 부모 카테고리가 먼저 소개되고 아동 카테고리가 그 뒤에 소개되어 있다. 각 카테고리에 대한 개괄적인 정의가 내려져 있고 다음으로 대표적인 예시들이 제시되어 있다. 그리고 코딩하는 사람이 특정 상황에서 어떤 카테고리로 코딩해야 할지 불확실할 때 이용할 결정규칙들이 제시되어 있다. 마지막으로, 설명된 카테고리로 코딩되기 위해서 요구되는 특정한 행동 특성을 설명하는 가이드라인이 제시되어 있다. 부록에는 추가적인 부모-아동 카테고리들, 정상표본과 임상표본을 대상으로 한 표준화 자료분석표, 자료기록양식이 포함되어 있다.

　이 책을 마무리하며 뿌듯함과 동시에 아쉬움이 교차한다. 미진한 부분은 다음 개정판에서 다시 보완할 것을 약속하며 출판에 도움을 준 많은 분들께 고마움을 전하고 싶다. 먼저 출판을 허락해 주신 (주)시그마프레스 강학경 사장님과 편집부 직원들께 진심으로 감사한다. 무엇보다도 이정숙 교수님의 지도와 Eyberg의 협조가 없었다면 이 책의 번역을 마치지 못했을 것이다. 그리고 초고를 도와준 이소연, 장세라, 이호연, 김지혜 양과 번역에 도움을 준 홍주현 선생님께도 진심으로 감사의 마음을 전한다.

2012년
역자대표 두정일

이 매뉴얼은 DPICS 코딩 매뉴얼 제3판이다. 이 수정판은 코딩 시스템 초판과 그 이후 버전에 포함된 행동 카테고리들을 포함하고 있고(Eyberg, 1974; Eyberg, Bessmer et al., 1994; Eyberg, Edwards, Bessmer, & Litwins, 1994; Eyberg & Robinson, 1983; Eyberg, Robinson, Kniskern, & O'Brian, 1978) 특정한 목적에 맞는 신뢰도와 타당도가 발견되었다. 수정해 나가면서, 정확한 코딩을 돕기 위해 카테고리를 구별하는 가이드라인이 정교화되었다. 그래서 현재의 DPICS는 다음을 증명했던 카테고리만 포함시킨다―(a) 충분한 평정자간 신뢰도(카파)를 증명했던 카테고리, (b) 부모-아동 상호작용 치료 동안 변화에 대한 민감성을 증명했던 카테고리, (c) 통제집단의 부모-아동 상호작용에서 파괴적인 행동장애 아동들의 상호작용을 변별했던 카테고리. 우리는 많은 연구자들과 여러 대학의 연구 보조자들에게 감사의 말을 전하고 싶다. 제3판이 나오도록 기여한 Dan Bagner, Karen Bearss 등에게 특별히 감사한다.

차례

빠른 검색 가이드

DPICS의 표준화된 카테고리와 추가 카테고리

표준화된 카테고리	
부모 카테고리	아동 카테고리
코딩 가이드라인은 23페이지에서 시작된다.	코딩 가이드라인은 127페이지에서 시작된다.
언어 카테고리	
부정적인 말(NTA)	부정적인 말(NTA)
직접지시(DC)	지시(CM)
간접지시(IC)	질문(QU)
구체적인 칭찬(LP)	친사회적인 말(PRO)
구체적이지 않은 칭찬(UP)	
정보 질문(IQ)	
묘사/반영 질문(DQ)	
반영(RF)	
행동묘사(BD)	
일상적인 말(TA)	
음성 카테고리	
없음	고함(YE)
	징징대기(WH)
응답 카테고리	
없음	응답(AN)
	무응답(NA)
	응답기회 상실(NOA)
	순종(CO)
	불순종(NC)
	순종기회 상실(NOC)
신체 카테고리	
부정적 터치(NTO)	부정적 터치(NTO)
긍정적 터치(PTO)	긍정적 터치(PTO)

추가 카테고리	
부모 카테고리	**아동 카테고리**
코딩 가이드라인은 244페이지에서 시작된다(부록 B).	코딩 가이드라인은 287페이지에서 시작된다(부록 B).
언어	
놀이말(PT)	놀이말(PT)
음성	
고함(YE)	웃음(LA)
불평(WH)	
응답 카테고리	
응답(AN)	없음
무응답(NA)	
응답기회 상실(NOA)	
순종(CO)	
불순종(NC)	
순종기회 상실(NOC)	

DPICS(Dyadic Parent-Child Interaction Coding System)는 부모-아동의 사회적 상호작용의 질 (quality)을 평가하기 위해 고안된 행동관찰 시스템이다. 우리는 이번 판을 'DPICS-III'라고 부르지 않는 것을 중요하게 여긴다. 그 이유는 DPICS가 비효율적인 양육방식과 파괴적인 아동 행동이 관련된 특정한 부모-아동의 상호작용 패턴을 지속시키는 중요한 행동을 기록하기 위한 유일한 시스템이지만 수정할 수 있는 시스템이라는 것을 강조하기 위해서이다. DPICS는 융통성 없이 사용되는 고정된 행동 카테고리 세트가 아니다. DPICS 카테고리는 처음 출판된 이후로(Eyberg & Robinson, 1983; Robinson & Eyberg, 1981) 계속해서 수정되었고 심리측정 연구가 진행되었다. 그리고 이 시스템은 관찰기록을 할 때 사용자의 특정한 목적에 맞는 카테고리를 선택할 수 있다. 플로리다대학 실험실에서의 연구와 다양한 연구를 통해서 기존 DPICS 카테고리에 새로운 카테고리가 추가되었다. 심리측정의 강도와 활용도를 증명하는 실험적인 카테고리가 시스템 내에서 계속 사용되기도 하고 다듬어지기도 했다. 심리측정 상 부적절한 카테고리는 제거되었다. 이 제3판은 이전 판들을 대신하는데 이번 판에서 우리는 아직도 연구 중에 있는 유망한 카테고리를 표준화된 카테고리와 구분하기 위해 부록에 실었다.

　　첫 출판 이후, 임상가와 연구자들은 이 코딩시스템을 임상현장에서 치료를 도와주고 부모-아동 상호작용 치료(PCIT)에서의 변화를 평가하고 파괴적인 행동 문제가 있는 어린 아동들을 위한 다른 부모훈련 중재(intervention)에서의 변화를 평가하기 위해서 사용해 왔다. 법의학 아동심리학자들과 임상가들은 양육능력, 부모-아동 애착, 그리고 학대 가족을 대상으로 중재한 이후 양육행동에서의 변화를 설명하기 위해서 DPICS를 사용했다. DPICS는 심리사회적 장애와 발달장애의 공존병리를 갖고 있는 아동과 부모의 상호작용을 설명하고, 언어

치료와 신체치료 그리고 학습치료를 받는 동안 치료사와 아동 사이의 상호작용을 검토하기 위해서도 사용했다. 연구자들은 DPICS를 클리닉에서는 물론 가정과 교실에서 일어나는 성인-아동 상호작용, 부모-영아 상호작용, 그리고 학령기 아동과 부모의 상호작용을 기록하기 위해서 수정해 왔다. 연구자들은 DPICS를 개발하면서, 새로운 상황과 새로운 행동 카테고리를 계속해서 탐색하고 있다.

매뉴얼의 형식

이 매뉴얼은 세 가지 중요한 부분으로 구성되어 있다. 서론에서는 코딩 카테고리의 개발을 설명한다. 거기에는 제3판에서 카테고리 수정을 하게 했던 심리측정 결과들, 심리학 문헌에서의 DPICS의 적용, 그리고 DPICS를 사용해서 부모-아동 상호작용을 코딩하기 위한 일반적인 지침 등이 포함되어 있다. 이 매뉴얼의 다른 주요 부분에서는 각 카테고리에 대한 상세한 코딩 가이드라인과 함께, 경험 연구를 통해 입증된 행동 카테고리를 소개한다. 두 번째 부분에서, 모든 부모 카테고리가 먼저 소개되고 아동 카테고리가 그 뒤에 소개된다. 이 매뉴얼의 마지막 부분에 있는 부록에는 추가적인 부모와 아동 카테고리들, 표준화된 DPICS 상황에서 정상 표본과 임상표본을 대상으로 한 표준화 자료 분석표, 그리고 자료 기록 양식이 포함되어 있다.

　이 매뉴얼에서 각 DPICS 카테고리들은 동일한 형식으로 제시되어 있다. 먼저 카테고리들이 그 필수 요소들과 함께 개괄적으로 정의 내려진다. 다음으로, 대표적인 예시들이 제시된다. 그 다음으로는 코딩하는 사람이 특정 상황에서 어떤 카테고리로 코딩해야 할지 불확실할 때 이용할 결정규칙들이 제시된다. 마지막으로, 설명된 카테고리로 코딩되기 위해서 요구되는 특정한 행동 특성을 설명하는 가이드라인이 제공되며, 이때 각 가이드라인에는 다른 카테고리와 구별이 되도록 설명해 주는 예시들도 포함되어 있다.

　각 카테고리의 위치를 신속히 파악하도록 하기 위해서 이 매뉴얼 앞에 있는 '빠른 검색 가이드'에는 모든 DPICS 카테고리들이 이 매뉴얼에 나오는 순서대로 열거되어 있다(즉 우선순위 규칙 순서대로).

DPICS에 대한 개관

DPICS 카테고리는 부모가 통제하는 정도에 따라 달라지는 사회적 상호작용 속에서 드러나는 언어와 신체행동을 통해 표현되는 부모-아동 관계의 질에 대한 이정표 역할을 한다. DPICS에서 관심을 가지는 아동의 행동은 둘이서 하는 상호작용에서 사회적 호혜성과 협조를 나타내는 행동이다. 또한 관심을 가지는 부모의 행동은 호혜성, 양육, 그리고 부모의 통제(아동의 호혜성과 협조적인 사회적 행동을 증가시키거나 감소시키게 하는 선행행동과 결과행동)를 나타내는 행동들이다. 그러므로 DPICS에서 부모의 행동은 Baumrind(Baumrind, 1967, 1991)에 의해 정의된 권위적, 독재적, 그리고 허용적인 양육 스타일을 나타내기 위해 결합된다. 그리고 아동의 행동은 학령전기, 최상의 행동 기능(functioning)의 정도를 나타내기 위해 결합된다.

중요한 점은, DPICS는 아동의 반항적 행동과 일탈행동, 그리고 친사회적 행동을 포착하기 위해 고안되었다는 것이다. 불안이나 우울과 같은 아동의 내재화된 행동을 평가하기 위해 고안된 것은 아니다.

DPICS의 목적은 초판에서 설명된 것과 같다. 즉 (a) 아동기 장애 그리고/또는 양육 기술에 대한 심리평가의 한 부분으로서, 부모-아동이 상호작용하는 동안 부모와 아동의 행동에 대한 관찰측정치를 제공하기 위해서, (b) 가족 상호작용에서 발생하는 기저선 행동이나 치료 전-행동을 평가하기 위해서, (c) 일반적인 부모-아동 상호작용 패턴을 변화시키는 데 초점을 둔 치료를 하는 동안 진행과정에 대한 측정치를 제공하기 위해서, (d) 치료 결과에 대한 행동 관찰 측정치를 제공하기 위해서 고안되었다.

DPICS 관찰은 아동주도 놀이, 부모주도 놀이, 정리하기의 세 가지 표준화된 부모-아동 상호작용 상황에서 행해진다. 그리고 언어(예 : 구체적인 칭찬), 음성[예 : 불평(징징대기) 그리고 신체행동(예 : 긍정적 터치)] 카테고리가 아동과 부모를 대상으로 코딩된다. 빈도가 DPICS에서 코딩되는 많은 개별 행동의 주된 모수(parameter)이지만, 몇 가지 행동 카테고리는 행동의 순서를 포착한다는 것을 인식하는 것이 중요하다. 예를 들어, 반영 카테고리는 정의상 순차적으로 언급된 두 가지 유사한 말의 순서를 중요시한다. 순서는 순종과 응답 같은 반응 카테고리에서도 확인된다.

이 매뉴얼에서 제시된 DPICS 카테고리는 3~6세 아동들을 대상으로 표준화되었고 주된 표준화 연구에서 나온 심리측정 자료가 이 매뉴얼에 보고되었다. DPICS는 원래 2~6세 아동들을 위해 고안되었다. 그리고 이 연령 범위에 있는 아동들이 DPICS의 처음 표준화에 포함되었다(Robinson & Eyberg, 1981). 좀 더 최근에, 오번대학에서 한 심리측정 연구(Elizabeth Brestan, 제1연구자)는 학령기 아동들(7~12세)을 대상으로 DPICS 카테고리를 연구하고 있고 최종 보고서가 나올 예정이다(Brestan, 사적 대화, 2004, 10월). 그 자료가 활용 가능할 때까지 우리는 학령기 아동들의 부모-아동 쌍에서 나온 자료를 해석하는 데 있어서 주의할 것을 권한다. 게다가, DPICS 제2판에서 소개된 실험적인 카테고리들은 2세를 대상으로 조사되지 않았다. 특히 이 연령 집단의 경우, 아동의 대화 카테고리는 사용 전에 예비조사되어야 한다.

이 매뉴얼에 제시된 표준 자료는 3~6세 연령 범위에 있는 부모–아동 쌍으로 제한되어 있다. 이 매뉴얼에서 제시된 표준화 연구에서 클리닉에 의뢰된 아동들은 다음의 준거를 충족시켰다. 즉 (a) DSM-IV에 따른 반항장애 진단, (b) Peabody 그림 어휘 테스트에서 표준화된 점수가 ≥70, (c) Wonderlic Personnel Test에서 부모에 대한 표준화된 점수가 ≥70, (d) 보고 듣고 걸을 수가 없는 것과 같이 심각한 신체장애의 기록이 없음, (e) 자폐 스펙트럼 장애, 정신병과 같은 심각한 정신장애의 병력이 없음이다.

주의력 결핍 과잉행동장애(ADHD), 행동장애, 불안장애 또는 학습장애와 같은 2차적인 공존병리 진단이 있는 쌍과 성격장애나 정신장애가 있는 부모의 경우는 제외되지 않았다. 심리측정 연구에서 의뢰되지 않은 '표준의' 비교 집단 아동들은 비슷한 준거를 충족시켰으나 파괴적 행동장애와 ADHD가 없는 경우에 선발되었다.

DPICS 카테고리의 신뢰도

실시간(live) 코딩의 신뢰도

비디오테이프를 통한 코딩은 비교적 최근에 이루어지고 있다. 최초의 DPICS 표준화 연구에서(Robinson & Eyberg, 1981) 모든 카테고리는 실시간 코딩되었다. DPICS-II을 개발하는 동안, Bessmer와 Eyberg(1993)는 카테고리를 실시간 코딩으로 검토했다. 20명의 어머니–아동 쌍이 선발되었고 아동주도 놀이(Child-Led Play : CLP) 상황과 부모주도 놀이(Parent-Led Play : PLP) 상황에서 관찰되었다. 이 관찰에서, 세 가지 유형의 관찰자 간 신뢰도(inter-observer reliability)가 계산되었다. 즉 (a) 피어슨의 적률상관(Pearson product moment correlations), (b) 일치율(percent agreement), (c) 코헨의 카파(Cohen's kappa)이다. 이 자료는 부록 C에 있는 표 1에 제시되었고, 충분한 빈도로 발생했던 부모와 아동 카테고리는 실시간으로 코딩했을 때 충분한 평정자 간 신뢰도를 보여 주었다. 비꼬는 말, 고함지르기, 징징대기, 그리고 부정적 터치와 같은 아동 카테고리는 문제행동을 보이지 않는 표본을 대상으로 관찰자 간 신뢰도를 계산할 수 있을 만큼 충분한 빈도로 발생하지 않았다.

비디오테이프 코딩의 신뢰도

나중에 코딩하기 위해서 비디오테이프에 녹화하는 것은 시간이 걸리지만 몇 가지 장점이 있다. 가장 큰 장점은 비디오테이프는 처음에는 불분명했던 행동을 다시 관찰하기 위해 멈추기를 하거나 다시 되감아 확인할 수 있다는 것이다. 또한 비디오테이프로 녹화하는 것은 많은 행동이 코딩 대상으로 선택되었을 때 장점이 될 수 있다. 예를 들어, 첫 번째 관찰에서

한 행동 세트(예 : 부모의 행동)를 코딩하고 두 번째 관찰에서 남은 행동(예 : 아동의 행동)을 코딩하는 것이 가능하다. 비디오테이프로 녹화한 상호작용은 두 관찰자가 동시에 그 상호작용을 관찰할 필요가 없기 때문에 신뢰도를 점검하는 데 있어서도 좀 더 편리하다. 게다가 비디오테이프를 보면서 컴퓨터 코딩 프로그램을 사용할 때 행동 발생과 동시에 코딩을 할 수 있어 그 뒤에 연이은 일련의 자료분석을 위해 좀 더 정확한 기록을 할 수 있다.

DPICS 제3판 카테고리에 대한 신뢰도는 제2판에서 모든 DPICS 카테고리를 대상으로 실시했던 표준화 연구를 통해 도출되었다. 부모-아동 쌍을 대상으로 한 DPICS-II 표준화 연구에서 Bessmer, Brestan, 그리고 Eyberg(2005)는 클리닉에 의뢰되지 않은 어머니-아동 30쌍과 반항장애 치료를 위해 의뢰된 어머니-아동 30쌍을 대상으로 비디오테이프 코딩을 해서 세 가지 종류의 관찰자 간 신뢰도를 조사했다(피어슨 상관, 일치율, 코헨의 카파). 부록 C에 있는 표 2는 총 60명 아동에 대한 각 카테고리의 신뢰도를 보여 준다. 두 개의 카테고리, 즉 아동의 구체적인 칭찬과 부모의 고함지르기는 치료에 의뢰된 집단과 그렇지 않은 집단 둘 다에서 발생하지 않았다. 카파 신뢰도에만 초점을 두었을 때, 결과는 빈도가 낮았던 아동의 부정적 터치(코헨의 카파 < .40)를 제외하고 모든 DPICS-II 카테고리에 대해서 적당하거나 강한 관찰자 간 신뢰도를 나타냈다.

Brestan, Foote, 그리고 Eyberg(2005)는 의뢰되지 않은 아버지-아동 쌍($n = 30$)과 반항장애 치료를 위해 의뢰된 아버지-아동 쌍($n = 30$)의 60명의 새로운 가족을 이용한 아버지-아동 쌍을 대상으로 DPICS-II 카테고리를 표준화했다. 전체 표본 중 58%를 대상으로 입증된 등급 내(intraclass) 상관과 카파 신뢰도가 표 3(부록 C)에 제시되었다. Brestan 등에 의해 조사된 카테고리와 DPICS의 제3판에 포함된 카테고리 중에서, 두 가지 부모 카테고리(불평, 고함지르기)와 한 가지 아동 카테고리(구체적인 칭찬)는 낮은 신뢰도를 보였다(코헨의 카파 < .40). 이 표본에서의 낮은 신뢰도는 발생 빈도가 낮았던 카테고리에서도 나타났다.

우리는 모든 DPICS-II 개별 카테고리에 대한 카파 신뢰도를 교차 검증했다. 그리고 반항장애로 진단받은 아동-부모 89쌍으로 구성된 치료 전 표본에서 통합 카테고리를 선택했다. 표본에는 아버지-아동 42쌍, 그리고 어머니-아동 89쌍이 포함되었다. 신뢰도는 각 가족에 대한 관찰에서 33%가 조사되었다. 이틀에 걸친 세 가지 DPICS 관찰 상황에서 아버지-아동, 어머니-아동 쌍의 자료를 종합했을 때, 부모 카테고리에 대한 카파 측정치는 .38에서 1.00까지의 범위에 있었고 아동의 카테고리에 대해서는 .29에서 .88까지의 범위에 있었다. 각 카테고리에 대한 신뢰도 측정치는 표 4(부록 C)에 제시되었다.

관찰자 간 신뢰도에 덧붙여, DPICS 카테고리는 검사-재검사 신뢰도를 증명했다. 부모주도 놀이와 정리하기 상황에서 클리닉에 의뢰된 어머니-아동 79쌍을 조사하는 연구에서,

Brinkmeyer(2005)는 부모의 비판적인 말, 부모의 칭찬, 그리고 아동의 부정적인 말(비꼬는 말+비판적인 말로 정의된)에 대한 1주 검사-재검사 신뢰도를 조사했다. 그녀는 세 개의 카테고리가 두 상황 모두에서 유의미하게 적당한 안정성(significant moderate stability)을 보였음을 발견했다(표 5를 보라).

DPICS의 타당도

몇몇 연구는 최초의 DPICS 카테고리의 타당도를 검증했고 대부분 카테고리의 타당도는 DPICS의 후속 판에서도 유지되었다. DPICS의 최초 표준화에서(Robin & Eyberg, 1981), 몇 가지 개별 카테고리에 대한 변별타당도가 증명되었다. 특별히, 치료에 의뢰된 아동들은 의뢰되지 않은 아동들보다 징징대기, 고함, 그리고 불순종을 더 많이 보였고 의뢰된 아동들의 부모들은 의뢰되지 않은 아동들의 부모보다 아동에게 좀 더 많이 비판적인 말을 하고 직접지시를 더 많이 하며 묘사질문은 더 적게 하였다.

초기 부모-아동 상호작용 치료 결과에 대한 연구는 DPICS 카테고리의 치료 민감성(treatment sensitivity)도 증명했다(Eyberg & Matarazzo, 1980; Eyberg & Robinson, 1982). 특히 Eyberg와 Matarazzo는 치료 후에 아동주도 놀이에서 어머니의 직접지시, 간접지시, 묘사 질문 그리고 비판적인 말이 현저히 감소하고 행동묘사, 구체적인 칭찬, 그리고 전체적인 칭찬이 상당히 증가했다는 것을 발견했다. 또한 부모주도 놀이 상황에서는 어머니의 간접지시와 묘사 질문의 현저한 감소와 구체적인 칭찬과 전체적인 칭찬의 상당한 증가를 발견했다. Eyberg와 Robinson은 아동의 부적절한 행동(그 연구에서 징징대기, 울기, 부정적 터치, 비꼬는 말, 고함지르기, 파괴적으로 정의된)과 불순종 비율(아동의 불순종 빈도를 순종할 기회가 있는 지시의 빈도로 나누기 한 것으로 정의된)은 눈에 띄게 감소했을 뿐만 아니라 치료에서도 유사한 변화들을 발견했다. 이러한 초기 연구 이후에, 변별타당도와 DPICS 카테고리의 치료 민감성이 여러 번 증명되었다. 다음 부분에서, 우리는 DPICS-II에 있는 카테고리들을 조사한 최근 연구들의 타당도에 대한 증거를 검토한다.

변별타당도

변별타당도(discriminative validity)는 독립적인 준거에 의해 결정되듯이, 하나의 카테고리가 그 시스템에 의해 평가된 구성개념이 다른 것으로 알려진 둘 또는 그 이상의 집단을 구별하는 정도를 말한다(Kelley, Reitman, & Noell, 2003). DPICS의 변별타당도는 파괴적 행동장애 아동의 치료를 위해 의뢰된 가족과 의뢰되지 않은 가족 사이의 차이를 검증한 여러 연구에서 증명되었다.

아버지-아동 쌍을 대상으로 한 최근 DPICS 표준화 연구에서(Brestan, Foote, & Eyberg, 2005), 클리닉에 의뢰된 가족과 의뢰되지 않은 가족은 아동의 순종률, 아버지의 부적절한 행동, 그리고 아버지의 친사회적 행동을 포함하고 있는 여섯 개의 통합된 카테고리 중 세 개에서 상당한 차이가 나타났다. 구체적으로, 의뢰된 아버지-아동 쌍은 아버지의 부적절한 행동(비판적인 말+비꼬는 말)이 더 많이 나타났고, 아동의 순종(이 연구에서 순종할 기회가 있는 직접지시나 간접지시에 대한 아동의 순종률로서 정의된) 그리고 아버지의 친사회적 행동(인정+행동묘사+구체적인 칭찬+웃음+반영+긍정적 터치)이 더 적게 나타났다. 아버지의 전체지시(직접지시+간접지시), 아동의 부적절한 행동(비판적인 말+비꼬는 말+징징대기+고함) 또는 아동의 친사회적 행동(이 연구에서 인정+응답+행동묘사+구체적인 칭찬+긍정적 터치+구체적이지 않은 칭찬으로 정의된)에서는 집단 간 차이가 없었다.

어머니-아동 상호작용을 조사하는 두 번째 표준화 연구에서는(Bessmer, Brestan, & Eyberg, 2005) 조사된 일곱 개의 통합 카테고리 중 여섯 개에서 두드러진 차이를 발견했다. 구체적으로, 의뢰된 어머니-아동 쌍은 어머니의 현저히 적은 친사회적 행동(이 연구에서 인정+행동묘사+정보묘사+구체적인 칭찬+웃음+긍정적 터치+반영+구체적이지 않은 칭찬)과 아동의 낮은 순종률(순종할 기회가 있는 지시에 대한 순종으로 정의된)을 보였고, 어머니의 직접지시 비율(직접지시÷전체지시), 어머니의 전체지시(직접지시+간접지시), 어머니의 부적절한 행동(파괴적+부정적 터치+고함+불평+비꼬는 말+비판적인 말)이 상당히 높았고, 아동의 부적절한 행동(파괴적+부정적 터치+고함+징징대기+비꼬는 말+비판적인 말) 역시 상당히 높은 빈도를 보였다. 의뢰된 집단과 의뢰되지 않은 집단들은 아동의 친사회적 행동(인정+행동묘사+정보묘사+구체적인 칭찬+웃음+긍정적 터치+구체적이지 않은 칭찬)의 빈도에서 차이를 보이지 않았다.

수렴타당도

수렴타당도(convergent validity)는 두 측정도구가 같은 구성개념을 측정하고 있기 때문에 또는 두 측정도구에 의해 평가된 구성개념 사이에 겹치는 부분이 있기 때문에 하나의 카테고리 점수가 다른 유사한 측정도구와 상관되어 있는 정도를 말한다(Kelley et al., 2003). Bessmer, Brestan, 그리고 Eyberg(2005)는 부모의 평정척도 측정도구로 몇몇 DPICS 통합 카테고리의 수렴타당도를 조사했다. 특히 일곱 개의 DPICS 통합된 카테고리[부적절한 행동(부모와 아동), 친사회적 행동(부모와 아동), 아동의 순종률, 부모의 직접지시 비율, 그리고 부모의 전체지시]는 ECBI 강도 척도 점수(40%), 부모의 양육 스트레스 지수(PSI)의 아동 영역 점수(22%), 부모의 양육스트레스 지수의 부모 영역 점수(19%), 그리고 부모의 통제소재 점수(22%)에서 유의미한 변량을 설명했다. 연구자들이 지적한 것처럼, ECBI의 강도 척도(아동의 파괴적 행동)에 의해 측정된 구성개념은 DPICS로 관찰된 행동과 가장 밀접하게 관련되어 있었다.

Brestan, Foote, 그리고 Eyberg(2005)는 아버지-아동 쌍을 대상으로 몇 가지 DPICS 통합 카테고리의 수렴타당도를 조사했다. 특히 그들은 ECBI 강도 척도에 응답한 아버지의 점수가 아동의 순종(순종할 기회가 있는 지시에 대한 순종으로 정의된)과 부적상관이 있었고 아동의 부적절한 행동(비판적인 말+파괴적+부정적 터치+비꼬는 말+징징대기+고함)과 아버지의 부적절한 행동(비판적인 말+파괴적+부정적 터치+비꼬는 말+불평+고함)과 정적상관이 있다는 것을 발견했다. 동시에 ECBI 강도 척도 점수는 아동의 친사회적 행동(인정+행동묘사+구체적인 칭찬+웃음+긍정적 터치+구체적이지 않은 칭찬)과 상관되어 있지 않았다. 유사하게, 부모의 양육스트레스의 아동 영역 점수는 DPICS 아동 통합 카테고리(아버지-아동 사이의 순종과 부적절한 행동)와 예측대로 상관관계가 있었다.

Webster-Stratton(1985b)은 아동의 파괴적 행동이 부모에게 얼마나 문제가 되는지를 측정하는 ECBI 문제 척도 점수가 아동의 일탈행동(징징대기, 울기, 부정적 터치, 비꼬는 말, 고함, 파괴적으로 정의된)과 DPICS에서의 아동의 불순종과 정적상관이 있었다. 부록 C에 있는 표 6은 수렴타당도에 대한 증거를 제시해 주는 몇 가지 추가 연구 목록이다.

치료 민감성

치료에 대한 민감성은 치료 동안 일어난 변화를 나타내는 측정도구의 능력을 말하는 일종의 타당도이다. (치료 민감성이 타당도측정의 한 가지 지표가 되기 위해서 그 측정도구는 치료를 받지 않으면 변화가 없는 것, 또는 안정성을 증명해야 한다는 것을 주의하라.)

Schuhmann 등(Schuhmann, Foote, Eyberg, Boggs, & Algina, 1998)은 반항장애로 진단받은 64가족의 아동들을 대상으로 부모-아동 상호작용 치료(PCIT)를 한 후 DPICS에서의 변화를 조사했다. 이 연구는 바로 치료를 받은 집단과 대기집단의 부모-아동 상호작용을 비교하기 위해 DPICS-II을 사용했다. 기대했던 대로, 즉시 치료를 받은 집단은 대기집단에 있는 부모들보다 치료 후에 더 높은 칭찬비율(칭찬÷전체 부모의 말)을 보였다. 바로 치료를 받은 집단에 있는 부모는 대기집단 부모들보다 치료 후 더 적은 비판적인 말과 더 많은 행동묘사를 했다. 즉시 치료를 받은 집단에 있는 아동들은 대기집단 아동들보다 치료 후에 현저히 더 높은 순종률을 보였다. 즉, 즉시 치료를 받은 그룹 아동의 순종은 상당히 증가한 반면 대기집단은 변화가 없었다.

Webster-Stratton과 Hammond(1990)도 부모훈련 프로그램 이후에 부모-아동 상호작용에서의 변화를 평가하기 위해 DPICS를 사용했다. 그들은 프로그램에 참석한 아빠와 엄마 모두 비판적인 말과 부정적 터치의 빈도가 상당히 감소하고 아동의 일탈행동(불순종, 징징대기, 울기, 부정적 터치, 비꼬는 말, 고함, 파괴적으로 정의된)에서도 현저한 감소를 발견했다.

DPICS의 적용

최초의 개발 이후, DPICS는 부모-아동 상호작용 치료 과정을 안내하고 이 치료 이후의 변화를 평가하기 위해 사용되었다(예 : Eyberg & Matarazzo, 1980; Nixon, Sweeney, Erickson, & Touyz, 2003; Schuhmann et al., 1998). 물론 DPICS는 반항적인 아동을 위한 다른 치료 이후에 치료결과를 측정하기 위해서도 사용되었다. 예를 들어, Webster-Stratton(Webster-Stratton, 1994)은 비디오테이프에 기초한 부모훈련 이후 부모-아동 상호작용에서의 변화를 평가해서 PCIT 이후의 카테고리 변화와 유사하게, 부모의 칭찬과 부모의 반영적인 말이 증가되었고 부모의 비판적인 말과 아동의 일탈행동(징징대기, 울기, 부정적 터치, 비꼬는 말, 고함, 파괴적, 불순종)이 현저히 감소되었다는 것을 발견했다.

DPICS는 방임 가족(Aragona & Eyberg, 1981)이나 학대 가족(Borrego Jr., Timmer, Urquiza, & Follette, 2004)과 같은 심각한 가족 정신병리나 아동 정신병리와 관련된 부모-아동 상호작용 패턴을 확인하기 위해서도 사용되었다. 예를 들어, Borrego와 그의 동료들은 DPICS 상황에서 학대 대 비학대 부모의 순간순간 언어적 상호작용에서의 차이를 조사하기 위해 선택된 DPICS-II 카테고리에 대한 계속적인 분석을 했다. 그들의 연구는 학대적인 부모들이 학대적이지 않은 부모들보다 아동의 불순종 이후 5초 내에 현저히 더 많은 부정적인 반응(예 : 고함)을 하고 순종에 대해 아동에게 더 적게 칭찬한다는 것을 발견했다.

DPICS 상황에서 정상 가족의 상호작용을 분석한 것은 아동발달에 영향을 미치는 가족 변인에 대한 이해에도 기여를 했다. 예를 들어, Kniskern과 그의 동료들(Kniskern, Robinson, & Mitchell, 1983)은 어머니들은 한 아동하고만 있을 때보다 아동의 형제나 자매와 함께 있을 때 대화, 칭찬, 지시 모두 더 적게 한다는 것을 발견했다. 또 다른 연구(Zangwill & kniskern, 1982)는 아동의 순종률, 부모의 처벌률(비판적인 말+신체적으로 부정적인) 그리고 강화(신체적으로 긍정적인+구체적이지 않은 칭찬+구체적인 칭찬)에 대해서 가정에서의 행동과 클리닉에서의 행동 사이에 높은 상관관계가 있음을 발견했다.

마지막으로, DPICS를 선생님-아동 상호작용(McIntosh, Rizza, & Bliss, 2000)이나 학령기 아동의 부모-아동 상호작용(Deskins et al., 2004, November)과 같은 새로운 모집단에 적용시키는 것은 아동의 행동과 발달에 영향을 미치므로 더 광범위한 사회적 상호작용에 미치는 상호작용 효과에 대한 우리의 지식을 확장시키고 있다.

새로운 적용을 위한 DPICS의 조정

DPICS의 일반적인 임상적 활용은 부모-아동 상호작용 치료(PCIT) 회기를 안내하고 치료의 한 단계에서 다음 단계로 넘어갈지를 결정하는 것이다(PCIT에서 DPICS의 사용에 대한 설명은 Herschell, Calzada, Eyberg, & Mcneil, 2002a, 2002b을 보라). DPICS는 비슷한 목적으로 부모와 아동들을 대상으로 하는 다른 치료 프로그램에 적용시킬 수 있다. DPICS는 치료에서 배운 양육 기술의 진행사항과 아동의 행동 변화에 관해 필요한 정보를 신속하게 얻기 위해서 치료 회기의 초반 5분 동안에 부모-아동 상호작용을 관찰하고 녹음하기 위한 간단한 방법을 제시해 준다. 이런 식으로 가장 자주 사용되는 DPICS 카테고리에는 긍정적인 관심(예 : 행동묘사, 반영적인 말), 분명한 지시(예 : 직접지시), 순종 이후의 적당한 반응(구체적인 칭찬)으로 대표되는 부모의 언어 카테고리와 지시 이후의 아동의 반응 카테고리(예 : 순종, 불순종)가 포함된다. DPICS 카테고리는 정교한 녹음장비, 보조 코딩자, 긴 관찰기간을 필요로 하지 않고도 상세한 정보를 제공해 준다.

　　부모-아동 관계의 질을 측정하는 도구로서, DPICS는 새로운 상황에 적용할 수 있게 고안되었다. 세 가지 표준화된 DPICS 상황(아동주도 놀이, 부모주도 놀이, 정리하기)이 표준화 연구에서 사용되었다. 하지만 다른 DPICS 상황들은 특정한 집단이나 연구문제에 효과적으로 사용되었다. 예를 들어, '부모가 아동을 가르치는' 상황, '장난감이 금지된' 상황, 그리고 '방해하지 말라는'(부모가 조용히 설문지를 작성해야 돼서 아동에게 방해하지 말라고 말한) 상황들이 보고되었다. 게다가, DPICS는 아동의 학교나 가정에서의 관찰처럼, 실험실이나 클리닉 이외의 환경에 사용되도록 수정될 수 있다. 예를 들면, Webster-Stratton(1985b)은 아동의 거실에서 부모-아동 상호작용을 평가하는 데 DPICS를 성공적으로 사용했다.

DPICS 카테고리

DPICS 카테고리의 발전

DPICS의 초판(Eyberg & Robinson, 1983)은 부모-아동이 상호작용하는 동안 어린 아동과 부모의 행동을 기록하기 위해 카테고리들을 포함시켰다. 아동 카테고리에는 관찰이 가능한 파괴적 행동과 불순종을 포함시켰고 부모 카테고리에는 (a) 부정적인 관심을 주고 아동에게 비효과적인 지시를 하는 거친 양육과, (b) 긍정적인 관심을 주고 분명한 가이드라인과 아동에게 긍정적인 강화를 주는 애정어린 양육으로 대표되는 양육행동을 포함시켰다.

　　DPICS-II로 불리는 두 번째 판(Eyberg, Bessmer, Newcomb, Edwards, & Robinson, 1994)에서는 초판에서 관찰자 간 신뢰도가 낮았던 카테고리는 제외시켰고, 연구되어야 할 실험적 카테고리들을 포함시켰다. 하나의 새로운 카테고리 세트는 아동의 행동 변화에 기여한 상호작용에서의 중요한 요소를 분리시키기 위해 현재의 특정 카테고리를 좀 더 구분된 카테고리로 분류한 결과에서 나왔다. 예를 들면, **묘사적인 말** 카테고리는 **행동묘사**와 **정보묘사**에서 분류되었고 **묘사/반영 질문** 카테고리는 정보 질문 카테고리에서 분류되어 재정의 되었다.

DPICS-II에서 두 번째 새로운 카테고리 그룹은 '반사적' 카테고리이다(부모 카테고리는 아동 카테고리로 조사되고 아동 카테고리는 부모 카테고리로 조사된다). 반사적 카테고리는 부모-아동 상호작용에서 호혜성을 조사하는 데 중요한 것으로 여겨진다. 탐색적인 연구들은 치료하는 동안 아동의 언어에서 긍정적인 변화는 물론(Mee, 1991) 파괴적 아동의 언어와 그렇지 않은 아동의 언어에서의 차이를 확인했다(Forster, Eyberg, & Burns, 1990). 대조적으로, 결혼 관련 문헌에서는 비효과적인 파트너 상호작용과 효과적인 상호작용을 구별했던 (Weiss & Heyman, 1990) DPICS 초판에서 아동 카테고리(예 : 고함, 징징대기)와 유사한 부정적인 성인 상호작용 행동을 확인했다. 치료 동안 이러한 정서적인 성인 카테고리에서의 변화와 아동의 언어행동에서의 변화는 부모-아동 치료 문헌에서 연구되지 않았다. 이러한 변인들과 부모-아동 애착의 다른 지표들 사이의 관계도 조사되지 않았고, 이는 우리가 미래 연구에서 DPICS-II에 그것들을 포함시키도록 촉구하고 있다. 제2판에 있는 카테고리들은 치료효과에 대한 많은 가설을 탐색할 수 있게 한다. DPICS의 제3판의 개발은 DPICS-II에 포함된 실험적 카테고리에 대한 폭넓은 심리측정 연구에 기초를 두고 있다(Bessmer et al., 2005; Boggs, Nelson, & Eyberg, 2005; Brestan et al., 2005; Werba et al., 2001).

카테고리는 네 가지 준거로 평가되었다. 즉, (a) 충분한 평정자 간 신뢰도, (b) 발생 빈도, (c) 부모-아동 상호작용 치료 동안 나타난 변화에 대한 민감성, (d) 다양한 유형의 성인-아동 쌍의 상호작용을 변별하는 능력(예 : 파괴적 행동장애 아동을 통제 집단 아동의 상호작용과 비교, 학대적이지 않은 어머니와 학대적인 어머니의 상호작용을 비교)이다.

우연한 칭찬, 경고, 웃음, 불평, 고함, 그리고 파괴적인 것에 대한 부모 카테고리는 코딩 카테고리에서 제거되었다. 왜냐하면 이것들이 평정자 간 신뢰도의 의미 있는 분석을 하기에는 너무 빈도가 적게 발생했기 때문이다. 아동의 파괴적 카테고리는 신뢰롭게 코딩될 수 없음을 보여 주는 증거들이 축적되었기 때문에 DPICS에서 제거되었다. 놀이말(Play Talk)(부모와 아동)은 부록 B에 있는 추가 카테고리로 옮겨졌는데, 이는 이 카테고리가 신뢰롭게 코딩될 수 있다 하더라도 변별타당도에 대한 증거에 일관성이 없기 때문이다. 마지막으로, 부모의 반응 카테고리들(응답, 순종, 무응답, 불순종, 응답기회 상실, 순종기회 상실)은 추가 카테고리로 포함되었다. 그 이유는 그것들도 신뢰할 정도로 코딩될 수 있지만 연구자들이 이러한 행동에 관한 가설을 만들고 검증하지 않았기 때문이다. 따라서 이러한 카테고리들은 파괴적인 행동을 하는 아동들에게 개념상 적절한 지에 대한 제한점을 가지고 있다.

표 7과 8(부록 C)에는 제2판에 수록된 모든 DPICS 카테고리에 대한 카파 신뢰도와 타당도 증거가 요약되어 있다. 신뢰도에 영향을 미치는 DPICS 카테고리의 발생 빈도 자료는 표 9와 10(부록 C)에 제시되어 있다.

새로운 카테고리들

DPICS 제3판을 좀 더 쉽고 효과적으로 사용할 수 있도록 몇몇 개별 카테고리는 좀 더 광범위한 카테고리로 통합되었다. 부모의 언어 카테고리에서 두 개의 카테고리가 하나로 통합되기 위한 준거는 다음과 같았다. 즉 (a) 각 개별 카테고리의 평정자 간 신뢰도가 충분했다, (b) 혼동행렬(confusion matrices)[1]이 코딩자가 두 개의 카테고리를 구분하기가 어려웠다는 것을 시사했다, (c) 두 개의 카테고리를 사용한 대부분의 연구에서 분석 또는 프레젠테이션을 위해서 코딩 후에 (단독 또는 추가 카테고리로) 그것들을 통합했다. 이러한 숙고의 결과로서, 비꼬는 말과 비판적인 말 부모 카테고리는 부모의 **부정적인 말(NTA)**이라는 하나의 카테고리로 통합되었다. 또한 부모의 인정(AK)과 부모의 **정보묘사(ID)**는 부모의 **일상적인 말(TA)**이라는 하나의 카테고리로 통합되었다. 코딩 가이드라인은 이러한 새로운 카테고리들을 코딩하는 데 필요한 상세한 정보를 제공한다.

제2판에서 실험적인 카테고리로 소개된 아동의 언어 카테고리도 좀 더 광범위한 개별 카테고리로 통합되었다. 모든 아동·언어는 코딩을 위해 카테고리를 단순화시키면서 언어적 상호작용의 호혜적 특성을 계속해서 측정할 수 있도록 하기 위해 네 개의 카테고리(친사회적인 말, 부정적인 말, 지시, 질문)로 축소시켰다. 상호작용을 주도하지 않고도 긍정적으로 상호작용을 하는 데 기여를 하는 모든 아동 언어(인정, 행동묘사, 정보묘사, 구체적인 칭찬, 반영, 그리고 구체적이지 않은 칭찬)는 친사회적인 말(PRO) 카테고리로 통합되었다. 부모의 코딩과 일관되게 비꼬는 말, 비판적인 말은 부정적인 말(NTA) 카테고리로 통합되었다. 직접지시와 간접지시는 단 한 개의 지시(CM) 카테고리로 통합되었고 묘사 질문과 정보 질문은 좀 더 일반적인 질문(QU) 카테고리로 통합되었다. 주목해야 할 것은, 임상적 그리고 실험적으로 관심이 있는 부모의 말과 아동의 말이 다르기 때문에 통합된 카테고리는 부모와 아동의 경우 동일하지 않다. 새로운 개별 DPICS 카테고리들은 대체된 카테고리와 함께 표 11(부록 C)에 제시되었다. 구체적인 코딩 가이드라인은 이 매뉴얼의 다음 주요 부분에서, 이러한 카테고리의 코딩에 관한 더 많은 정보를 제공한다.

---

1) Hidden Markov Model에서 관찰 가능한 상태들과 은닉 상태들 간의 확률값을 나타내는 행렬(역주)

통합 카테고리

통합 카테고리는 두 개 내지 그 이상의 개별 카테고리를 더 일반적인 구성개념을 나타내는 한 개의 카테고리로 통합함으로써 만들어진다. 통합 카테고리 안에 있는 개별 카테고리는 종종 개별적으로 코딩되고 보고나 분석을 위해서 나중에 통합된다. 예를 들어, 결과를 보고할 때 우리는 구체적이지 않은 칭찬과 구체적인 칭찬 카테고리를 좀 더 일반적인 통합 카테고리인 칭찬으로 통합한다.

행동에 관한 특정 개별 카테고리의 심리측정 분석은 어떤 행동이 통합 카테고리의 의미를 강화하기 위해서 통합 카테고리에 유용하게 추가되거나 제거될 수 있는지에 관한 중요한 정보를 준다. 예를 들어, 빈번하게 발생하는 어떤 개별 카테고리가 (클리닉에) 의뢰되지 않은 그룹과 의뢰된 그룹을 변별하지 못했다면 그것은 이러한 그룹을 변별하려고 의도된 통합 카테고리로 사용되지 못할 것이다.

반면에, 어떤 표본에서는 개개의 카테고리가 통계분석을 하기에 너무 빈도수가 적을 수도 있다. 이러한 경우, 이 카테고리들을 더 큰 통합 카테고리로 만드는 것은 통합 카테고리의 빈도수를 증가시킬 것이고 의미 있는 차이를 알아내는 능력을 높일 것이다. 이런 경우, 처음부터 그 행동을 통합 카테고리로 코딩하는 것이 유리할 수 있다. 예를 들어, 여러분이 아동주도 놀이 상황에서, 부모의 긍정적 참여를 측정하는 것에 관심이 있다면, 행동묘사, 반영, 구체적인 칭찬과 구체적이지 않은 칭찬 각각을 분리해서 나중에 하나의 통합 카테고리로 하는 것보다, 처음부터 하나의 카테고리인 '긍정적 참여'로 코딩하는 것이 더 효율적이다(정확하게 코딩하기가 더 쉽고 빠르다). 통합 카테고리로 코딩하는 것이 잠정적으로 불리한 점은 만약 통합 카테고리가 여러분의 목적에 맞는 충분한 신뢰도나 민감성을 증명하지 못했을 경우, 그 문제를 이해하기 위해서 카테고리를 분해하거나 중요한 정보를 충분히 주었을지 모를 부분 카테고리를 회수할 수 없다는 것이다. 일반적으로 보고된 몇 가지 DPICS 통합 카테고리들이 표 12와 13(부록 C)에 제시되어 있다.

DPICS 관찰을 실시하는 방법

세팅

DPICS 관찰은 전형적으로 하나의 테이블, 두 개의 의자, 한 개의 타임아웃 의자(방의 한쪽 구석에 벽을 향해 놓음) 그리고 다섯 세트의 장난감이 갖춰진 놀이실에서 행해진다. 장난감을 밖에 꺼내놓는데, 두 세트는 테이블 위에 놓고 나머지 장난감은 방의 남은 구석 가까운 바닥에 흩어 놓는다. 부모에게 지시를 주기 위해 이어폰을 사용하고 부모-아동 쌍은 일방경 뒤에서 관찰되고 코딩된다. 양 부모가 모두 참석한 평가 회기 동안 부모들이 서로를 관찰하지 않게 하는데, 이는 두 번째로 아동과 노는 부모가 영향을 받을 수 있는 것을 예방하기 위해서이다[치료회기 동안의 관찰은 부모의 기술 습득을 증가시키기 위해 두 번째 부모에 의해 전형적으로 관찰됨(그리고 선택된 카테고리가 코딩됨)].

　이어폰 장치가 없으면 관찰자는 부모에게 관찰될(아래 기술된) 상황을 미리 설명해 주고 각 새로운 상황이 시작되기 전에 놀이실에 잠깐 들어가서 지시사항을 부모에게 조용히 상기시킨다. 만약 관찰실 시설이 없으면, 관찰자는 아동의 정면을 피하여 앉아서 놀이실 안에서 코딩할 수 있다. 상호작용이 놀이실 밖에서 녹화되면, 낯선 사람이 없는 환경이어서 아동은 집에서처럼 좀 더 전형적인 상호작용을 할 것이다. 부모-아동 상호작용의 관찰에서 얻어지는 정보가 유용하지만, 임상적인 판단은 놀이실에서 부모와 아동 단둘의 상호작용에서 수집된 표준 자료에 기초를 둔 결과를 해석하는 데 사용되어야만 한다. DPICS 카테고리와 상황은 부모-아동 상호작용의 관찰을 가정에서 사용하기 위해 개조될 수 있다. 이러한 상황에서도 비슷한 주의사항이 적용된다.

세 가지 상황

DPICS는 부모의 통제나 지시 정도에 따라 다른 세 가지 표준화된 상황에서 부모와 아동의 행동을 코딩하기 위해 사용된다. 이전에 같은 이름으로 사용된 부모-아동 상호작용 치료의 단계들과 구별하기 위해서 세 가지 상황의 이름을 제3판에서는 바꿨다. 첫 번째 DPICS 상황은 아동주도 놀이(CLP)라 불린다. 이 상황에서 부모는 아동이 어떤 활동을 선택하든지 허용하고 아동과 함께 놀아 줄 것을 지시받는다. 부모주도 놀이(PLP)인, 두 번째 상황에서 부모는 어떤 활동이라도 선택하고 부모의 규칙에 따라서 부모와 함께 아동이 놀이를 하도록 지시를 받는다. 세 번째 상황, 정리하기에서 부모는 도와주지 말고 방에 있는 장난감을 모두 아동이 치우라는 말을 하라고 지시를 받는다. 각 상황에서, 행동 카테고리는 5분 동안 연속해서 코딩되고 5분 상황마다 각 행동의 총 빈도수를 산출한다. 사전 그리고 사후 치료 평가 목적으로는 CLP와 PLP 모두 5분간의 '준비시간' 이후에 코딩을 시작한다. 그러므로 DPICS 관찰을 완성하기 위해 부모당 총 25분이 필요하다(10분의 CLP, 10분의 PLP, 5분의 정리하기). 치료를 시작하기 전에 이러한 관찰을 두 번씩 행하고, 보통 1주의 시간 간격을 두는데, 이는 기저선 점수의 안정성을 증가시키기 위해서이다.

세 가지 표준화된 상황에 대한 지시사항

지시는 보통 마이크-이어폰 장치를 통해 관찰실에서 부모에게 전해진다. 이런 방식으로 인해 아동은 치료자보다는 부모로부터 먼저 지시를 듣게 된다.

1) 아동주도 놀이(CLP)

"지금은 _____ 에게 네가 무엇을 선택하든지 그것을 가지고 놀아 줄 것이라고 말하세요. 아동이 원하는 어떤 활동이든지 선택하게 하시고, 어머니는 아동이 주도하는 대로 따르면서 아동과 함께 놀아 주세요."

5분의 준비시간 후에, 치료자는 부모에게 다음과 같이 말한다.

"아동이 놀이를 주도하도록 잘하셨어요. 계속해서 아동이 놀이를 주도하게 해 주세요."

2) 부모주도 놀이(PLP)

"잘하셨습니다. 이번에는 장난감을 치우지 않습니다. 지금부터는 두 번째 상황으로 바뀔 거예요. _____ 에게 이번에는 부모님이 놀이를 선택할 차례라고 말하세요. 부모님께서는 어떤 활동이든지 선택할 수 있습니다. 부모의 규칙에 따라서 아동과 함께 놀도록 하세요."

5분의 부모주도 놀이 준비시간 후에, 치료자는 다음과 같이 말한다.

"놀이 주도하는 것을 잘하셨습니다. 계속해서 엄마의 규칙에 따라 아동이 엄마와 함께 놀도록 하세요."

3) 정리하기(CU)

"잘하셨습니다. 지금부터 부모님은 _____ 에게 이제 놀이실을 나갈 시간이어서 장난감을 정리해야 한다고 말하세요. 아이 혼자서 장난감을 정리하도록 하셔야 해요. 아이가 모든 장난감을 각각의 상자에 넣고, 그 상자들을 장난감 상자에 넣도록 하세요."

장난감들

DPICS 관찰시 사용하기에 적절한 장난감과 그렇지 않은 장난감 목록이 표 14(부록 C)에 제시되어 있다. 적절한 장난감으로는 블록쌓기, 그리기 재료, 동물 장난감처럼 창의적 놀이와 만들기 놀이를 하도록 하는 장난감이다. 부적절한 장난감은 시끄럽거나 공격적인 행동을 유도하는 장난감, 더럽히기 쉽고 정리하기 어려운 장난감, 전형적인 반응을 이끄는 장난감, 대화를 줄이는 장난감, 부모나 아동이 자기 자신이 아닌 놀이 속의 등장인물인 것처럼 하게 하는 장난감이다. 사전에 규칙이 정해져 있는 보드게임은 아동주도 놀이의 관찰에는 부적절하다. 이유는 그것은 규칙을 깨면서 게임을 계속하는 것을 무시하기가 어려울 수 있기 때문이다. DPICS가 치료 결과를 측정하기 위해 사용될 때, 우리는 치료 전과 치료 후 관찰 시 같은 장난감을 사용할 것과 치료 회기 동안에는 다른 장난감을 사용하도록 권장한다. 다섯 세트의 서로 다른 장난감이 공식적인 평가 회기 동안 놀이실에서 활용 가능해야 한다. 이것은 장난감이 연령에 적당하고 아동의 흥미를 유발하며, 아동이 관찰 시간 동안 지루해하지 않고 5분간의 정리하기 관찰 때까지 지속하기에 충분한 장난감이 있음을 보장하는 데 도움이 된다.

관찰 코딩하기

둘의 상호작용을 관찰하는 것은 실시간으로나 비디오테이프로 기록될 수 있다. 실시간 코딩은 주로 치료 회기 그리고 일반적인 임상 평가 동안에 사용되고 비디오테이프를 이용한 코딩은 주로 연구 평가에서 사용된다. 5분 관찰 시간 동안 행동을 연속해서 기록하는 것은 행동에 대한 완벽한 설명을 제공하고 시간간격 표집방법에서 일반적으로 요구되는 시간보다 더 적은 시간 내에 자료 수집을 가능하게 함으로써 DPICS의 타당도와 활용도에 기여한다. 그러나 DPICS의 시간간격 표집도 신뢰롭게 사용되었다(Bessmer & Eyberg, 1993, November). 부모-아동 평가의 목적에 따라, 전체 DPICS 카테고리 세트가 코딩될 수도 있고 부분 세트만 코딩될 수도 있다. 유사하게, 현재 시스템에 없는 특정한 행동을 측정하기 위해서 새로운 행동이 코딩용지나 컴퓨터 코딩 프로그램에 추가될 수도 있다.

　　DPICS로 실시간 코딩을 할 경우, 몇 가지 코딩용지가 다른 목적으로 개발되었다. 부모-아동 상호작용 치료 동안에, 일반적으로 그 회기를 이끌어가기 위한 즉각적인 정보를 제공해 주기 위해 각 회기 시작 시 5분 상황이 코딩된다. 이때 사용되는 축약된 형태의 코딩용지는 특별히 변화를 목표로 한 부모 양육 기술이나 아동의 행동에 초점을 두고 개발되었다(예를 들어, PCIT 회기 성실성 체크리스트와 PCIT 웹사이트에 있는 자료를 보라). 이러한 코딩용지에는 5분 코딩시간 이후 즉시 상호작용의 질적인 측면을 평가하기 위한 부분도 포함되어 있다.

　　그림 1과 다음 페이지에 있는 2는 모든 개개의 DPICS 카테고리가 포함된 코딩용지의 견본이다. 이러한 용지는 대부분 치료 변화에 대한 분석을 위해서 치료 전과 치료 후 상호작용을 측정하는 연구에서 사용된다. 이 코딩용지는 또한 신속하게 필요한 자료를 보아야 할 때, 그리고 비디오-컴퓨터 기록이 실용적이지 않을 때 부모-아동 행동에 대한 일반적인 심리평가에서도 유용하다. 그림 1은 5분 관찰 동안 연속해서 기록하기 위한 코딩용지이다. 이

용지를 사용할 경우, 관찰자는 5분 코딩 시간을 재기 위해 스톱워치를 사용하고 행동이 발생할 때마다 각 행동을 기술한 빈칸에 기록을 함으로써 그 행동을 코딩한다.

연속적인 기록에 더하여, DPICS 행동은 나중에 자료의 순차분석을 하기 위해서 순차적으로도 기록될 수 있다. 그림 2는 순차적 기록 용지이다. 순차적 코딩을 할 때, 관찰자는 행동이 발생한 순서대로 관심 행동을 기록한다. 그 기록용지에는 각 10초 간격을 나타내는 칸이 있다. 10초 간격 칸(굵은 선으로 둘러싸인 칸들─용지를 보면 각 행동마다 10초 간격 칸이 여섯 개이므로 총 60초의 관찰을 기록하는 것임)은 다시 다섯 개의 세부 칸(작은 칸)으로 나뉘어 있어 관찰자가 각 10초마다 5번까지 행동을 기록할 수 있다. 맞는 카테고리를 나타내는 행에 기록을 하고, 같은 행동이 10초 간격 이내에 발생할 때마다 그 다음 작은 칸에 표시해 나가면 된다. 각 코딩용지는 60초의 행동 상호작용을 포착한다. 대부분의 경우, DPICS의 순차적 코딩은 용지를 바꿀 때 쉬는 시간(예 : 30초)이 가능하다. 따라서 총 평가 시간은 늘어나지만 어떤 경우에서는 신뢰도를 높일 수 있다. 순차적인 코딩은 또한 관찰 동안 한 간격(10초)에서 다음 간격으로 옮겨갈 것을 알리는 '종소리'에 귀 기울여야 하므로 기술적으로는 좀 더 복잡하다.

비디오테이프로 코딩할 때, 특정 카테고리 내지 모든 카테고리의 데이터는 특별히 DPICS 제3판에 맞게 개발된 소프트웨어 프로그램을 사용하여 컴퓨터로 기록될 수 있다. 코딩된 행동의 빈도와 순서에 대한 분석이 가능한 것과 덧붙여, 그 프로그램은 각 행동이 코딩되는 정확한 시간도 기록된다. 두 번째 코딩자가 신뢰도 평가의 목적으로 같은 관찰회기를 다시 코딩할 때 그 프로그램은 코헨의 카파를 포함한 다양한 신뢰도 평가치를 계산할 수 있다. 카파 측정치와 함께 그 프로그램은 행동 각 분류(언어, 음성, 신체행동, 반응행동)에 대한 혼동행렬도 산출한다. 이는 하나의 카테고리가 두 코딩자에 의해 동시에 코딩된 빈도와 얼마나 자주 같은 분류 안에 있는 다른 카테고리가 신뢰도 코딩자에 의해 동시에 코딩되었는지를 보여 주고, 코딩된 카테고리가 원래는 어떤 다른 특정 카테고리였는지를 보여 준다. 어떤 카테고리가 서로 혼동되는지를 정확하게 나타냄으로써 혼동행렬은 코딩자가 시간이 지나도 계속해서 신뢰로운 코딩을 하도록 도움을 준다.

DPICS 코딩용지

피험자 번호 # : _____   날짜 : _____ 관찰자 : _____

아동 이름 : _____   부모 : ☐ 엄마   ☐ 아빠   ☐ 기타 : _____

상황 : ☐ CLP   ☐ PLP   ☐ CU   관찰자 ID# : _____

부모의 행동	빈도	아동의 행동	빈도
직접 지시(DC) 뒤이어 :		부정적인 말(NTA)	
		친사회적인 말(PRO)	
순종(CO)			
불순종(NC)		질문(QU)	
순종기회 상실(NOC)		지시(CM)	
간접 지시(IC) 뒤이어 :			
		징징대기(WH)	
순종(CO)		고함(YE)	
불순종(NC)			
순종기회 상실(NOC)		긍정적 터치(PTO)	
정보 질문(IQ) 뒤이어 :		부정적 터치(NTO)	
		기타(구체적으로)	
응답(AN)			
무응답(NA)			
응답기회 상실(NOA)		메모 :	
묘사/반영질문(DQ)			
행동묘사(BD)			
반영(RF)			
구체적인 칭찬(LP)			
구체적이지 않은 칭찬(UP)			
일상적인 말(TA)			
부정적인 말(NTA)			
긍정적 터치(PTO)			
부정적 터치(NTO)			

그림 1. DPICS 연속적인 자료 기록 용지

주의 : 이 기록 용지에는 DPICS의 모든 개별 카테고리가 포함되어 있다. 이것은 비디오-컴퓨터 코딩이 사용되지 않을 때 보통 치료 전과 후의 평가관찰의 실시간 기록 연구에서 사용된다.

DPICS 순차적인 자료기록용지

피험자 번호 # : ＿＿＿＿＿＿＿＿＿＿＿＿＿＿＿＿＿   날짜 : ＿＿＿＿＿＿＿＿＿＿＿   관찰자 : ＿＿＿＿＿＿＿＿＿＿＿

아동 이름 : ＿＿＿＿＿＿＿＿＿＿＿＿＿＿＿＿   부모 : ☐ 엄마   ☐ 아빠   ☐ 기타 : ＿＿＿＿＿＿＿＿＿＿

관찰자 : ＿＿＿＿＿＿＿＿＿＿＿＿＿＿＿＿   상황 : ☐ CLP   ☐ PLP   ☐ CU

부모	Interval #___	Interval #___	Interval #___	부모	Interval #___	Interval #___	Interval #___	부모
DC-CO				DC-CO				DC-CO
DC-NC				DC-NC				DC-NC
DC-NOC				DC-NOC				DC-NOC
IC-CO				IC-CO				IC-CO
IC-NC				IC-NC				IC-NC
IC-NOC				IC-NOC				IC-NOC
IQ-AN				IQ-AN				IQ-AN
IQ-NA				IQ-NA				IQ-NA
IQ-NOA				IQ-NOA				IQ-NOA
DQ				DQ				DQ
BD				BD				BD
BF				BF				BF
LP				LP				LP
UP				UP				UP
TA				TA				TA
NTA				NTA				NTA
PTO				PTO				PTO
NTO				NTO				NTO
아동				아동				아동
NTA				NTA				NTA
PRO				PRO				PRO
QU				QU				QU
CM				CM				CM
WH				WH				WH
YE				YE				YE
PTO				PTO				PTO
NTO				NTO				NTO

그림 2. DPICS 순차적인 자료기록용지

주의 : 이 기록 용지에는 DPICS의 모든 개별 카테고리가 포함되어 있다. 이 페이지에는 1분 관찰 동안 발생한 행동을 입력한다. 실시간 순차적인 기록을 사용한 연구는 전형적으로 상황당 5분간 아동 행동을 기록하기 위해, 각 관찰시간 동안 상황당 5장을 완성한다.

기본적인 코딩 규칙

행동의 네 가지 그룹

기본적인 코딩 규칙은 DPICS에서 코딩되는 모든 카테고리에 적용된다(아래와 부록 A을 보라), 그리고 어떤 규칙은 특정한 행동 분류 내에 있는 카테고리에 적용된다. DPICS 카테고리는 네 가지 구별되는 분류 그룹, 즉 (a) 언어의 내용을 기술하는 언어(직접지시, 구체적인 칭찬, 일상적인 말), (b) 언어의 톤을 기술하는 음성(불평, 고함), (c) 신체행동(긍정적 터치, 부정적 터치), (d) 부모-아동 상호작용에서 중요한 순서를 기술하는 반응행동(순종, 순종기회 상실, 응답, 무응답)으로 나뉜다.

우선순위

어떤 행동이 행동에 관한 분류에서 하나 이상의 카테고리 요소를 포함하고 있을 때는 하나의 카테고리만 코딩한다. 예를 들어, "네가 그린 눈송이(눈꽃) 너무 예쁘지 않니!"라는 문장은 언어 분류에서 **묘사/반영 질문**과 **구체적 칭찬**의 두 가지 카테고리 요소를 가지고 있다 : **우선순위**는 부모-아동 상호작용의 질에 중요한 순서대로 각각의 분류에 대한 카테고리가 나열되어(부록 C의 표 15 참고) 있다. 즉, 예시에서 보면, 우선순위에서 칭찬이 질문보다 우선시되는 것을 보여 준다. 그러므로 이 언어는 구체적인 칭찬으로만 코딩한다.

결정규칙

코딩자가 어떤 카테고리로 코딩해야 할지 불확실할 때가 있을 것이다. "그것은 네가 그린 밝은 빛의 눈송이(눈꽃)가 아니니"와 같은 가설적 문장에서, 만약 "밝은 빛"이 긍정적인인지 중립적인지 명확하지 않다면, 그 문장은 칭찬인지 또는 질문인지가 명확하지 않을 것이다. 이와 같이 코딩자가 두 가지 카테고리 사이에서 결정할 수 없을 때는 매뉴얼의 **결정규칙**을 통해 정하게 된다. 결정규칙은 (부록 C의 표 15를 보라) 우선순위와 정반대의 순위로 카테고리를 정한다. 즉, 두 가지 카테고리가 불확실할 때, 결정규칙은 부모-아동 상호작용의 질에 가장 덜 중요한 카테고리를 선택하도록 한다. 결정규칙은 불확실할 때 중요한 행동을 과도하게 코딩하게 되는 것을 예방하려고 만들어졌다. 동시에, 불확실할 때, 어떠한 카테고리로도 코딩되지 않는 것을 예방해서 상호작용 동안의 전체적인 행동비율이 과소평가되지 않도록 만들어졌다.

고함지르기, 비판과 같이, 어떤 행동이 별개의 행동 분류 속에 두 가지 카테고리 요소를 포함하고 있을 경우 두 요소(예 : 고함지르기와 비판적인 말 둘다)가 코딩된다는 것을 주목해라. 비슷하게, 아동의 불순종과 아동의 언어처럼 별개의 분류에 포함된 두 가지 행동이 동시에 발생하면, 두 행동 모두 코딩한다.

완전한 생각규칙

한 단위의 행동은 하나의 완전한 생각(complete thought)으로 정의되는데 종종 한 문장으로 표현되고 하나의 행동으로 간주된다. 그러나 대화에서 사람들은 문법적으로 옳은 완전한 문장으로 말하지는 않는다. 오히려 사람들은 일련의 사물을 명명하거나 또는 짧은 구로 말하곤 한다. 독립적인 의미를 포함하지 않는 문장의 일부는 완전한 생각으로 간주되지 않는다. 따라서 결과적으로 개별적인 말로 코딩되지 않는다. 그러나 '이것은 ~이다(This is a…)'와 같은 문장이(거기서 생각이 끝마쳐졌다) 중간에 잠시 멈춘 후에 완성되면 그 멈춘 시간 동안 끼어든 말이 없는 한 전체 문장은 하나의 언어로 코딩한다.

2초 규칙

말이 개별적, 완전한, 의미 있는 생각인지 아니면 말하기 전이나 후에 곧장 떠오른 말의 일부인지가 불분명할 경우, 코딩자는 2초 규칙(two-second rule)을 적용할 수 있다. 이 규칙은 말과 말 사이에 2초 또는 그 이상 멈추는 시간이 있을 때, 관찰자는 서로 떨어진 말을 개별적으로 코딩한다는 것이다. 두 말이 개별적이고, 각각이 의미 있는 생각인 것이 분명할 때, 2초 중지는 그 말을 개별적으로 코딩하는 데 반드시 필요하지 않다.

혼잣말하기

말을 코딩하기 위해서 부모-아동 쌍에서 상대에게 하는 말이어야 한다. 말하는 사람이 자기 자신이나 방에 있지 않은 사람(예 : 일방경 뒤에 있는 관찰자)에게 말하고 있는 게 분명하다면, 그 말은 코딩되지 않는다. 말이 상대에게 말해지고 있는지 아닌지가 불분명하면, 상대에게 말해지는 것처럼 그 말을 코딩한다. 즉 보충 카테고리 '놀이말'을 사용한다면 무생물체에게 하는 말도 코딩될 수 있다. '놀이말'을 코딩하기 위한 가이드라인에 대해서는 부록 B를 참고하라. 보충 카테고리(놀이말)를 사용하지 않고 자신의 장난감에게 하는 말이면 코딩되지 않는다. 그러나 상대의 장난감에게 말하고 있다면, 그 말이 상대방에게 말하는 것처럼 코딩된다. 코딩되지 않는 말에 대한 추가 가이드라인에 대해서는 부록 A를 보라.

예, 아니요 코딩하기

'예'와 '아니요'는 언어와 상호작용에서 독특하게 사용되기 때문에 단독으로 말해졌든 문장의 시작에서 말해졌든 간에 각각 코딩된다(일상적인 대화, 부정적인 대화 또는 구체적이지 않은 칭찬으로). 그리고 나서 나머지 문장은 적당한 카테고리로 코딩된다.

불필요한 어구

'알다시피', '내 생각에', '자', '내 말은'과 같은 불필요한 어구처럼, 문장을 시작하는 것 외에 뚜렷한 의미가 없는 말은 무시되거나 개별적으로 코딩되지 않는다. 예를 들어, 부모가 "내 생각에 너는 커다란 새를 그리는 것 같다."라고 말했다면, 하나의 **행동묘사**로 코딩될 것이다. 만약 아동이 "뭐라고 말했어요?"라고 물은 후 부모가 "나는 네가 큰 새를 그리고 있다고 말했어."라고 반복했다면 다시 하나의 **행동묘사**로 코딩될 것이다.

부모 카테고리

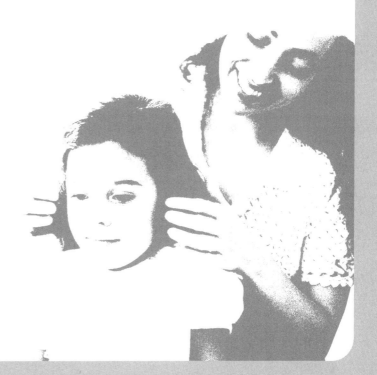

부정적인 말(NTA)

정의

부정적인 말이란 아동 자체를 비난하는 말 혹은 아동의 특징, 활동, 성과물, 선택에 대해 비난하여 말하는 것을 의미한다. 부정적인 말에는 건방진, 빈정대는, 버릇없는, 무례한 말도 포함된다.

부모의 부정적인 말 예시	
개구쟁이처럼 구는구나.	너는 조심성이 없는 것 같애.
잘못된 장소에 가져다 놓았네.	엄마가 보기에 네가 전부 잘못한 것 같다.
엉망진창인 그림이구나.	(아동이 넘어지자 부모가 빈정거리며 소리 지른다.) 그럴 줄 알았지!
그거 삐뚤어졌어.	못생긴 꽃을 그린데다 잘못된 방향으로 놓았구나.
네가 제대로 하고 있다고 생각하니?	끔찍한 개를 만들더니 더 끔찍한 고양이를 만들었구나.
너무 느리게 하고 있잖아.	이 안에서 과자 먹지 말고 가루도 떨어뜨리지 마.
그건 좀 맞지 않는구나, 아가야.	그만 좀 징징댈래?
그건 빨간색이 아니야.	네가 어지럽혀 놓은 것이니 치워.
안 돼.	실내에 있을 때 소리 지르는 것이 아니야.
그만둬.	"넌 엄마를 속이고 있구나."라고 불평한다.
그렇게 하면 안 돼.	그만 소리 질러, 그렇지 않으면 못 놀아.
우린 실패했어.	계속 건방지게 굴면, 하고 있는 것을 못 하게 할 거야.
(빈정대는 톤으로) 쯧쯧.	그만 소란 피워. 그렇지 않으면 새로 산 장난감 버릴 거야.
조용히 해! 닥쳐!	너 오늘 왜 이래?
(욕을 한다.) 그따위로 해 봐!	너는 망할 녀석이야!
내려놓든지 어쩌든지 해!	한 번만 더 하면, 스위치를 꺼버릴 거야.
(빈정대며) 아주 잘했네.	(아동이 요구한 것에 대해) 안 돼.
나빠, 나빠, 나빠.	지금쯤 네가 뭘 하고 있어야 하지?

결정규칙

1. 부정적인 말인지 반영, 질문, 지시 혹은 일상적인 말인지 불분명할 때는 부정적인 말로 코딩하지 않는다.

2. 부정적인 말인지 일상적인 말인지 불분명할 때는 부정적인 말로 코딩하지 않는다.

부모의 부정적인 말 가이드라인

1. 부정적인 말이란 아동의 행동, 작품, 특성, 선택에 대해 부정적으로 평가하는 부모의 의견을 말한다.

예시	
아동: (집을 그린다.) **부모:** 이렇게 못 그린 그림이 어디 있니. (NTA)	**아동:** (요새를 지으며) 내 요새 어때요? **부모:** 그렇게 잘한 것은 아니구나. (NTA)
아동: (장난감 자동차를 던진다.) **부모:** 그건 못된 행동이구나. (NTA)	**아동:** 승환이는 잘난척쟁이야. **부모:** 그렇게 말하는 건 좋지 않아. (NTA)

2. 부정적으로 평가하는 뚜렷한 단어가 없더라도 문맥 자체에서 문장이 명백하게 부정적인 평가인 경우 이는 부정적인 말이다.

예시	
아동: 제 그림이 마음에 드세요? **부모:** 솔직히, 넌 더 잘했어야 해. (NTA)	**부모:** 네가 할 수 있는 최대한 빠르게 네 이름을 써 봐. **아동:** (이름을 쓴다.) **부모:** 천천히도 썼구나. (NTA)

	그러나: 부모: 천천히 쓰렴.
	  아동: (말에 따른다.)
	  부모: 천천히 썼구나. (TA)

부모: 직선을 그려 봐. **아동:** (비뚤어진 선을 그린다.) **부모:** 선이 비뚤어졌잖아. (NTA)	

그러나: 아동: 전 지금 집으로 가는 길을 그리고 있는 중
  이에요.
  부모: 길이 휘어졌구나. (TA)	

3. 아동의 특성, 활동 혹은 결과물에 대한 부정적인 평가를 구체적으로 하거나 암시하는 질문은 부정적인 말이다.

예시	
부모: 그 숙제는 언제까지니? **아동:** 모르겠어요. **부모:** 넌 왜 제대로 듣지를 않니? (NTA)	**아동:** (블록을 던지고 있다.) **부모:** 너 타임아웃 의자에 가고 싶니? (NTA)
아동: 이 돼지야! **부모:** 욕하는 것에 대해 내가 뭐라고 했지? (NTA)	**아동:** (엄마의 핸드백에서 사탕을 꺼내고 있다.) **부모:** 네가 지금 무슨 짓을 하고 있다고 생각하니? (NTA)

4. 아동의 특성, 활동, 결과물 혹은 선택을 받아들이지 못한다는 표현들도 부정적인 말이다.

예시	
아동: (그림을 잘라내고 있다.) **부모:** 더 잘했어야 했다. (NTA)	**아동:** 아직 다 못했어요. **부모:** 넌 너무 느리구나. (NTA)
아동: (흥이 나서 소리 지른다.) 끝났어요! **부모:** 너무 크게 말하는구나. (NTA)	**아동:** 이거 재환이의 것만큼 잘했지요? **부모:** 넌 네 형/동생만큼 훌륭하지 못해. (NTA)
아동: (그만 울라는 말을 들은 후에도 계속해서 울고 있다.) **부모:** 적당히 좀 해! (NTA)	

5. 달콤하거나 경쾌한 톤으로 말한다고 해도 아동의 잘못한 점을 지적하여 아동의 행동을 고치려는 표현은 부정적인 말이다.

예시	
아동: (깃발을 그리고 있다.) **부모:** 넌 여전히 미국 국기 색을 제대로 표현하지 않고 있어. (NTA)	**아동:** (퍼즐 조각을 잘못된 장소에 놓는다.) **부모:** 그 자리가 아니야, 아가야. (NTA)
아동: 내 이름 이렇게 쓰는 것 맞아요? **부모:** (웃는다.) 우리 아가가 또 철자를 틀렸네. (NTA)	

6. 아동이 잘못 말한 것에 대해 직접적으로 아동에게 하는 말은 부정적인 말이다. 그러나 아동이 부정적인 자기평가를 할 때 부모가 부인해 주는 것은 예외이다.

    a. 아동의 말을 직접적으로 부정하며 '수정'해 주는 말은 부정적인 말이다. 아동 혹은 아동의 말을 직접적으로 부정하지 않고 단순히 올바른 정보를 제공해 준다면 이는 부정적인 말이 아니다.

<table>
<tr><td colspan="2" align="center">예시</td></tr>
<tr>
<td>

아동: 이건 빨간색이에요.
부모: 그건 빨간색이 아니야. (NTA)

또는: 부모: 넌 틀렸어. (NTA)

그러나: 부모: 이건 파란색이야. (TA)

</td>
<td>

아동: (개를 들어올린다.) "음메!" (PT)
부모: (미소 지으며) 개들은 음메하고 울지 않아! (NTA)

그러나: 부모: 개들은 "멍멍" 하고 짖어. (TA)

</td>
</tr>
<tr>
<td>

아동: 뿡뿡이는 마트로 운전해서 가고 있어.
부모: 그건 걔 이름이 아니야. (NTA)

또는: 부모: 걔는 뿡뿡이가 아니야. (NTA)

그러나: 부모: 짜잔형이 마트로 운전해서 가고 있다고 말하는 거구나. (TA)

</td>
<td></td>
</tr>
</table>

    b. 부모가 '아니야(NO)'라는 단어나 그 동의어를 사용해서 아동이 틀렸음을 시사할 때, '아니야' 혹은 그 동의어는 부정적인 말로 코딩한다. 그 다음 따라오는 말들은 별개로 코딩한다.

<table>
<tr><td colspan="2" align="center">예시</td></tr>
<tr>
<td>

아동: 이게 가장 큰 거예요.
부모: 아니야. (NTA)

또는: 부모: 아니야, 그건 가장 큰 게 아니야.
    (NTA + NTA)

그러나: 부모: 저기 저 것이 가장 큰 거야. (TA)

</td>
<td>

아동: 물고기가 "야옹" 하고 말해요.
부모: 아니 아니. 물고기는 뻐끔뻐끔 말해. (NTA + TA)

그러나: 부모: 물고기는 뻐끔뻐끔 말해. (TA)

</td>
</tr>
<tr>
<td>

아동: 3송이의 꽃을 그렸어요.
부모: 아니야, 넌 2송이의 꽃을 그렸어. (NTA + BD)

</td>
<td>

아동: 개가 빨간색이에요.
부모: 아니야, 그 개는 빨간색이 아니야. (NTA + TA)
아동: 아니에요, 빨간색이 맞아요. (NTA + NTA)

그러나: 아동: 네, 근데 그 개는 파란색이 조금 섞인 어두운 빨간색인 걸요. (TA + TA)
부모: 아냐-아냐. (NTA)
아동: 아니예요-아니예요. (NTA)

</td>
</tr>
</table>

c. 아동이 부정적으로 자기평가하는 말을 할 때 만약 부모가 '아니야'라는 단어나 그 동의어를 사용해서 아동의 말에 직접적인 부정을 표하는 방식으로 이를 '수정'해 준다면, 부모의 이러한 수정은 부정적인 말로 코딩되지 않는다.

예시	
아동 : 제가 엘리베이터를 고장냈어요. **부모 :** 네가 고장 낸 것이 아니야. (TA)	**아동 :** 제가 엉망진창으로 만들어 버렸어요. **부모 :** 넌 엉망진창으로 만들지 않았어. (TA)
	또는 : **부모 :** 아니야, 넌 엉망진창으로 만들지 않았어. (TA+TA)
아동 : 전 이걸 잘할 수 없어요. **부모 :** 그렇지 않단다. (TA)	
그러나 : 부모 : 넌 그걸 잘할 수 있어. (LP)	

7. 아동이 자신을 평가하는 질문 혹은 말을 할 경우 그에 대한 반응으로 부모가 '아니야' 혹은 그 동의어를 사용하여 부정적인 평가를 한다면 이는 부정적인 말로 코딩한다.

예시	
아동 : 제가 훌륭한가요? **부모 :** 아니. (NTA)	**아동 :** 전 착해요. **부모 :** 아니, 넌 착하지 않아. (NTA+NTA)

그러나 : 아동 : 제가 멍청한가요?
    부모 : 아니. (TA)
	그러나 : 아동 : 전 나빠요.
	    부모 : 아니, 넌 나쁘지 않아. (TA+TA)

아동 : 제 그림이 마음에 드세요? **부모 :** 별로 (망설이지 않고) 그나저나 이게 뭐니? (NTA+IQ)	

8. '안 돼'나 혹은 이와 유사한 단어가 아동이 특정 행동을 못하도록 하거나 그 행동을 계속하지 말라고 지적하는 데 사용된다면, 이는 그 자체가 부정적인 말로 코딩된다.

예시	
아동 : (크레파스로 벽에 낙서를 하기 시작한다.) **부모 :** 안 돼. (NTA)	**아동 :** (때리려는 것처럼 팔을 뒤로 뺀다.) **부모 :** 안 돼. (NTA)
또는 : 부모 : 안 돼, 그렇게 하지 마. (NTA+NTA)	**또는 : 부모 :** 어-어, 진정해. (NTA+DC/NOC)
NOTE : 부모 : 안 돼, 안 돼, 안 돼. (NTA)	
아동 : (의자 위에 서 있다.) **부모 :** 어-어, (1초 침묵) 당장 내려와. (NTA+DC)	

9. 아동 자신이 하고 싶은 것 혹은 가지고 싶은 것을 표현했을 때 부모가 아동의 말에 '안 돼' 혹은 '안 돼'와 유사한 단어로 반응하였다면, '안 돼'는 부정적인 말이 아닌 일상적인 말로 코딩한다.

예시	
아동: 할로윈을 위해서 머리카락을 초록색으로 염색하고 싶어요. **부모**: 안 돼. (TA)	**아동**: 레고를 가지고 놀고 싶어요. **부모**: 안 돼, 지금은 정리할 시간이야. (TA+TA)
아동: 우리가 장난감을 모조리 빼보았으면 좋겠어요. **부모**: 어―어. (TA)	**아동**: 햄버거를 먹고 싶어요. **부모**: 안 돼, 집에 도착하면 저녁을 먹을 거야. (TA+TA)

10. 아동이 현재 하고 있거나 또는 막 시작하거나 끝마친 행동을 하지 말라고 직접적으로 지시하는 말은 부정적인 말이다.

예시	
아동: (큰 소리로 동물소리를 낸다.) **부모**: 소리내지 마. (NTA)	**아동**: (벽에 낙서를 하였다.) **부모**: 벽에 쓰지 말라고 말했잖아. (NTA)
아동: (징징대며) 사탕 먹고 싶어요. **부모**: 아기처럼 굴지 말아줬으면 좋겠어. (NTA)	**아동**: (소리 지른다.) 내가 이겼다! 내가 이겼다! **부모**: 제발 그만 소리 질러. (NTA)
아동: (크레파스를 입에 넣는다.) **부모**: 다시는 그러지 않았으면 좋겠구나. (NTA)	**아동**: (자동차를 가지고 놀며 큰 소리로 엔진 소리를 낸다.) **부모**: 그만해. (NTA)
아동: (엄마를 때리려고 팔을 들어올린다.) **부모**: 때리기만 해 봐. (NTA) **그러나**: **아동**: 화장실 갈 거예요. 　　　　**부모**: 낯선 사람과 말하지 말아라. (TA)	

11. 아동이 하지 말아야 할 행동을 시작하거나 하고 있거나 혹은 끝마쳤을 때 이를 지적하는 말(예 : "넌 ~할 수 없어", "넌 ~해서는 안 돼", "넌 ~하지 않을 거야")들은 부정적인 말이다. 그러나 이러한 말(괄호 안의 문장들)들을 아동의 행동과 관련 없이 일반적인 규칙을 설명하기 위해 사용한다면 이는 일상적인 말로 코딩한다.

<table>
<tr><td colspan="2" align="center">예시</td></tr>
</table>

아동: (부모의 서류에 그림을 그리기 시작한다.)	아동: (테이블 위로 올라간다.)
부모: 이 종이는 사용할 수 없어. (NTA)	부모: 테이블 위에 서 있으면 안 돼. (NTA)
그러나: 아동: (부모가 일할 때 그림을 그리고 있다.) 　　　부모: (책상 위에 서류더미를 올려 놓는다.) 부모: 이 종이는 사용할 수 없어. (TA)	그러나: 아동: (조용히 색칠을 하고 있다.) 　　　부모: 내가 자리를 비우는 동안 이 방을 떠나서 　　　는 안 돼. (TA)

12. 부모와 아동 모두를 비난하는 말이나 그들의 공통적인 특성 또는 함께한 활동, 결과물, 선택을 비난하는 말은 부정적인 말로 코딩한다.

<table>
<tr><td colspan="2" align="center">예시</td></tr>
</table>

아동: (소리 지른다.) 이것 좀 봐요! 부모: 우리 너무 크게 말하고 있구나. (NTA)	함께: (도형을 오려내고 있다.) 부모: 너무 많은 종이를 사용해서는 안 돼. (NTA)
함께: (함께 그린 그림을 보고 있다.) 부모: 그다지 잘 그리지 않았구나. (NTA)	아동: 우리가 이 방을 어지럽혔어요. 부모: 우리가 이 방을 어지럽혔구나. (NTA)
	또는: 부모: 우리가 이 방을 어지럽혔구나, 그렇지? (NTA)

13. 자기비판이 포함된 부모의 말은 부정적인 말로 코딩하지 않는다.

<table>
<tr><td colspan="2" align="center">예시</td></tr>
</table>

| 아동: 갈색을 많이 사용하네요.
부모: 내 그림이 꽤 이상하게 보이는구나. (TA) | 아동: 엄마가/아빠가 집에 소풍바구니를 놔두고 왔어요.
부모: 정말 바보 같은 짓을 했구나, 그렇지 않니? (DQ) |
| 아동: 우리가 그린 그림 모두를 가져왔어요.
부모: 네가 나의 못난 그림을 골랐구나. (BD) | |

14. 동일한 비판적 단어를 반복해서 말하는 것은 하나의 부정적인 말로 코딩한다.

<table>
<tr><td colspan="2" align="center">예시</td></tr>
</table>

아동: (엄마의 핸드백에서 껌을 꺼내려 한다.) 부모: 어,어,어,어 (그만두라는 뜻으로) (NTA)	아동: (장난감을 던지기 시작한다.) 부모: 안 돼, 안 돼, 안 돼. (NTA)
아동: (난폭하게 놀고 있다.) 부모: 끔찍해, 끔찍해. (NTA)	
그러나: 아동: (장난감 접시를 핥고 있다.) 　　　부모: 나빠, 틀려, 우웩. (NTA+NTA+NTA)	

15. 동일한 행동을 설명하는 데 있어서 두 개 이상의 동사구가 포함된 비판적인 말도 하나의 부정적인
    말로 코딩한다.

	예시		
부모:	그걸 바닥에 둬서 더럽히지 말아라. (NTA)	**부모:**	테이블을 흔들고 어지럽히지 말아라. (NTA)
부모:	그만 성가시게 굴고, 집에 가자고 조르지 말았으면 좋겠구나. (NTA)	**부모:**	네가 소리 질러 내가 두통이 생기게 하지 말았으면 좋겠구나. (NTA)
부모:	네가 인형 때문에 화내고 울기 시작할 때 마음에 안 들어. (NTA)		
그러나: 부모:	너무 세게 누르지 마. 그리고 예쁜 꽃을 그리렴. (NTA+DC) **부모:** 난 네가 의자에서 뛰어내리는 게 싫고 힘껏 소리 지를 때 마음에 안 들어. (NTA+NTA)		

16. 적절한 행동에 대한 일반적인 규칙을 알려 주는 형식의 지시는 아동이 현재 행하고 있거나 혹은 막
    끝마친 행동에 대한 <u>잘못된 점</u>을 지적할 때만 부정적인 말로 코딩한다.

	예시		
아동: 엄마는 멍청이야. **부모:** 얘들은 부모를 그렇게 불러선 안 돼. (NTA)		**아동:** (소리 지른다.) **부모:** 실내에 있을 때는 누구든 소리 지르면 안 돼. (NTA)	
그러나: 부모: 얘들은 부모에게 공손하게 말해야 해! (IC/NOC)		**그러나: 부모:** 실내에 있을 때는 누구나 조용히 말해야 해. (IC/NOC)	
주의: 함께: (다른 방에서 다른 아동이 소리 지르는 것을 듣는다.) **아동:** 저 여자애가 소리를 질러요. **부모:** 실내에 있을 때는 누구든 소리 지르면 안 돼. (TA) **부모:** 실내에 있을 때는 누구나 조용히 말해야 해. (TA)			

17. 아동이 직접 만들거나 가지고 있지 않은 물건들에 대해 부정적으로 평가하거나 흠 잡는 말은 부정적인 말이 아니다.

예시	
함께: (놀이 테이블에 앉아 있다.) **부모:** 이 의자들은 불편하구나. (TA)	**함께:** (책을 보고 있다.) **부모:** 책장이 지저분하구나. (TA)
함께: (벽에 붙어 있는 그림을 보고 있다.) **부모:** 저 그림은 무시무시하구나. (TA) **그러나: 아동:** (그림을 그린다.) 　　　　**부모:** 그 그림은 무시무시하구나. (NTA)	

18. 어떤 조건부적인 말은 부정적인 말이다. 조건부 말은 아동이 현재 하고 있는 행동에 대한 언급일 경우에만 부정적인 말에 속한다. 현재 아동이 하고 있는 행동에 대한 언급이 아닐 경우, 그 말은 부정적인 말이 아니다. 조건부 말을 코딩하기 위한 추가 가이드라인은 부록 A에서 참고하라.

   a. 만약 조건부 말이 아동이 하고 있거나 시작하려고 하거나 혹은 막 끝마친 행동을 중단하는 경우 어떤 결과가 생길지를 말한다면, 이 말은 일상적인 말이 아닌 부정적인 말로 코딩한다.

예시	
아동: (엄마를 꼬집는다.) **부모:** 네가 꼬집는 걸 그만하면, 우린 놀 수 있는 시간이 더 많을 거야. (NTA) **그러나: 아동:** (꼬집지 않고 있다.) 　　　　**부모:** 네가 꼬집지 않으면, 우리는 놀 수 있는 시간이 더 많을 거야. (TA)	**아동:** (부모를 때리기 위해 주먹을 들어올린다.) **부모:** 네가 때리지 않으면, 모두들 널 더 좋아할 거야. (NTA) **그러나: 아동:** 전 유치원에서 최고의 싸움꾼이 되고 싶어요. 　　　　**부모:** 네가 때리지 않으면, 모두들 널 더 좋아할 거야. (TA)
아동: (손톱을 뜯고 있다.) **부모:** 네가 손톱 뜯지 않으면, 손톱이 더 예뻐질 거야. (NTA) **그러나: 아동:** (손톱을 뜯지 않고 있다.) 　　　　**부모:** 네가 손톱을 뜯지 않으면, 손톱이 더 예뻐질 거야. (TA)	

b. 조건부 말이 아동이 현재 하고 있거나 막 시작했거나 혹은 막 끝마친 행동에 대해 말한다면 그리고 그 행동을 계속할 경우, 부정적인 결과가 따를 것임을 암시한다면, 그 말은 일상적인 말이 아닌 부정적인 말로 코딩한다.

	예시	
아동: (뛰고 있다.) **부모:** 뛰어 돌아다니는 것을 그만두지 않으면, 널 찰싹 때릴 거야. (NTA)		**아동:** (계속해서 꼬집는다.) **부모:** 계속해서 꼬집으면, 넌 생각하는 의자에 앉아야 해. (NTA)
그러나: 아동: (뛰고 있지 않다.) 　　　　**부모:** 학교에서 뛰어 돌아다니는 것을 그만두지 않으면, 일주일 동안 TV 시청 금지야. (TA)		**그러나: 아동:** (꼬집지 않고 있다.) 　　　　**부모:** 학교에서 계속 꼬집고 다니면, 일주일 동안 외출금지될 거야. (TA)
부모: 그만 꼬집어. (NTA)		**주의: 부모:** 그 자동차를 주렴. 　　　　**아동:** (지시를 무시한다.) 　　　　**부모:** 그 자동차를 주지 않으면, 넌 생각하는 의자에 앉아야 할 거야. (IC)

c. 조건부 말이 아동이 하고 있거나 막 시작했거나 혹은 막 끝마친 행동에 관해 말한다면, 그리고 그 말이 그 행동을 중단하는 경우 보상을 받게 될 것임을 암시한다면, 그 말은 일상적인 말이 아닌 부정적인 말로 코딩한다.

	예시	
아동: (레이싱 자동차 소리를 내고 있다.) **부모:** 소리 내는 것을 그만두면, 네가 원하는 게임 아무거나 하며 놀 수 있어. (NTA)		**아동:** (징징대고 있다.) **부모:** 소란스럽게 구는 것을 그만두면, 새로운 게임을 네게 줄게. (NTA)
		그러나: 아동: (즐겁게 놀고 있다.) 　　　　**부모:** 집에서 그렇게 소란스럽게 하는 것을 그만둔다면, 새 인형을 사줄게. (TA)

d. 모든 조건부 말에 있어서, 한 개 이상의 DPICS 카테고리 요소가 있을 경우, 코딩 카테고리에 대한 우선순위가 적용된다.

예시			
부모:	그림을 계속 그리면, 사탕을 줄게. (IC)	부모:	네가 계속해서 청소를 하면, 집에 가는 길에 아이스크림을 사줄게. (IC)
그러나: 부모:	그 못난 그림을 계속해서 그리면, 그 그림을 네 벽에 붙여놓을 거야. (NTA)	그러나	네가 계속 그렇게 징징대면, 넌 나중에 후회하게 될 거야. (NTA)

19. 건방지고 빈정거리는 목소리 톤으로 하는 말은 부정적인 말로 코딩한다.

예시			
아동:	(부모의 소매를 잡아당기고 있다.) 물어보고 싶은 게 있어요.	아동:	제가 떨어뜨렸어요.
부모:	(빈정거리는 톤으로) 그러시겠지. (NTA)	부모:	(빈정거리는 톤으로) 오, 그것 참 잘했구나! (NTA)
아동:	우리 오늘밤 승환이 집에 가면 안 돼요?	아동:	블록이 엄마/아빠 차례 전에 다 쓰고 없어요.
부모:	(빈정거리는 톤으로) 장난하니? (NTA)	부모:	(빈정거리는 톤으로) 그것 참 고맙네. (NTA)
아동:	(징징거리며) 청소하는 것 좀 도와줄래요?	아동:	오늘 밤 아빠가 요리하신대요.
부모:	(징징거리는 것을 흉내내며) 청소하는 것 도와줄래요? (NTA)	부모:	(빈정거리는 톤으로) 기대도 안 해. (NTA)
부모:	(아동의 머리에 리본을 달아준다.)		
아동:	(고맙다는 말 없이 걸어가 버린다.)		
부모:	(빈정거리는 톤으로) 천만에. (NTA)		

20. 건방진 말투가 아니더라도 건방진 내용의 말을 할 경우 부정적인 말로 코딩한다.

예시			
아동:	다음에는 굴뚝을 놔 주세요.	아동:	제 신발 좀 가져다주세요.
부모:	상황이 되고 준비가 되면 할 거야. (NTA)	부모:	어디서 그따위 말을 하는 거야? (NTA)
아동:	여기 와보세요.	아동:	아줌마가 우리에게 촌뜨기라고 했어요.
부모:	내가 할 일이 그렇게 없어 보이니? (NTA)	부모:	도대체 그 여자가 무얼 하고 있는 거야? (NTA)
아동:	(징징거린다.) 제발요.	아동:	제일 위에 놓으세요.
부모:	입 닥쳐! (NTA)	부모:	웃기지마! (NTA)

21. 아동, 다른 사람들 혹은 어떤 것이라도 부정적인 평가 단어로 빗대어 부르는 것은 부정적인 말이다.

예시	
부모: 넌 멍청해. (NTA)	**부모**: 넌 칠칠치 못해. (NTA)
그러나: **부모**: 그건 멍청한 짓이었어. (NTA)	**그러나**: **부모**: 네 그림은 너무 조잡하다. (NTA)
아동: 아빠, 버스 운전사가 또 저한테 소리 질렀어요. **부모**: 아니꼬운 녀석. (NTA)	**아동**: 누군가 어지럽혀 놓았어요. **부모**: 여긴 쓰레기통이나 다름없구나. (NTA)
그러나: **부모**: 아저씨가 너에게 친절하지 않았구나. (TA)	**그러나**: **부모**: 여기는 어지럽혀 있구나. (RF)

22. 욕설이나 불경스런 말은 부정적인 말이다.

예시	
부모: 그건 _____ 바보 같은 짓이었어. (NTA)	**부모**: (오래된 매직마커로 그림을 그리려 한다.) **부모**: 이 펜은 _____ 가치가 하나도 없다. (NTA)
아동: 선생님이 그건 엄마/아빠 잘못이래요. **부모**: 네 선생님은 _____구나. (NTA)	**부모**: (음료를 쏟는다.) **부모**: 오, _____! (NTA) (ex. 마이갓!)
	또는: **아동**: (음료를 쏟는다.) **부모**: 오, _____! (NTA)

23. 부모의 조건부적인 말 속에 부정적인 결과가 뒤따르도록 벌을 가하게될 것임이 포함되어 있으면 부정적인 말로 코딩한다.

예시	
아동: (불경스런 언행을 한다.) **부모**: 네 아빠가 이 소릴 들을 때까지 기다려! (NTA)	**아동**: (부모의 팔을 꼬집는다.) **부모**: 이게 어떤 느낌인지 알고 싶니? (NTA)
아동: (자동차를 집어든다.) **부모**: 네가 그걸 던지면, 네 블록을 넘어뜨릴 거야. (NTA)	**부모**: 제대로 행동하지 않으면, 혼날 줄 알아. (NTA)
그러나: **부모**: 네가 그걸 던지면, 다시는 그걸 돌려받지 못할 거야. (TA)	**또는**: **부모**: 제대로 행동하지 않으면, 엉덩이를 때려 줄 거야. (NTA)
아동: (그림을 그리고 있다.) **부모**: 잘 안 하면, 널 후려갈길 거야. (NTA)	**아동**: (징징거리며, "내 인형을 가지고 놀 거예요.") **부모**: 계속 징징거리면, 널 상자에 넣어서 멀리 보내버릴 거야. (NTA)
그러나: **부모**: 잘 안 하면, 오늘밤 TV를 볼 수 없게 될 거야. (TA)	**또는**: **부모**: 계속 징징거리면, 일주일 동안 네 인형을 주지 않을 거야. (NTA)
주의: 모든 조건부 말에서, 아동의 행동에 관한 말이 하나 이상의 DPICS 카테고리를 포함한다면 코딩 카테고리의 우선순위 법칙을 적용한다.	

24. 부모가 아동의 요구에 '안 돼'(혹은 동의어)라고 말하고 2초간 아무런 추가적 말을 하지 않으면, 여기서 '안 돼'는 추후 부모가 요구를 들어주는 것과 관계없이 단호한 거절이고 이것은 부정적인 말로 코딩된다. 부모가 '안 돼'라고 말한 후, 아동에게 거꾸로 지시한다 할지라도 2초 안에 말을 하게 되면 이것은 일상적인 말이다.

예시	
아동 : 테이블에 놓아 주세요. **부모 :** 안 돼. (2초 경과) (NTA)	**아동 :** 보세요. **부모 :** 싫어. (2초 경과) (NTA)
그러나 : 부모 : 안 돼, (1초) 난 그걸 들 수 없어. (TA+TA)	**또는 : 부모 :** (고개를 젓는다.) (NTA)
	또는 : 부모 : 싫어, 절대 안 봐. (NTA+NTA)
	그러나 : 부모 : 그럴 기분이 아니야. (TA)
아동 : 장난감 병사 좀 집어 줄래요? **부모 :** 싫어. (2초 경과) (NTA) **또는 : 부모 :** 싫어. (장난감 병사를 집어준다.) (NTA+CO)	**주의 :** 아동이 부모의 지시에 "싫어"라고 반응할 경우, 이는 추후 아동의 순종이나 다른 말과 상관없이 항상 부정적인 말로 코딩한다. (아동의 부정적인 말을 참고하라.)
그러나 : 부모 : 싫어, 내가 가지고 놀 거야. (TA+TA) **부모 :** 싫어, 네가 집어라. (TA+DC)	

25. 부정적인 말은 비언어 카테고리의 행동들(예 : 음성표현, 신체행동, 질문에 대한 반응들)과 동시에 나타날 수도 있다.

예시	
아동 : (장난감을 던진다.) **부모 :** (아동의 팔을 잡고 빈정거리며 말한다. "진정해!") (NTO+NTA)	**아동 :** (넘어져 울기 시작한다.) **부모 :** (아동을 안아주며 빈정거리는 투로) "우리 오늘 잘 어울리지 않니?" (PTO+NTA)
아동 : (징징거린다. "이거 너무 어려워요.") **부모 :** (징징거리는 것을 흉내내며, "불쌍하기도 하지.") (WH+NTA)	**아동 :** 빨리 장난감 자동차 좀 넘겨줘요! **부모 :** (빈정거리며) 네가 뭐라고 생각하니? (아동에게 자동차를 건네준다.) (NTA+CO)
아동 : 왜 분필 가지고 놀면 안 돼요? **부모 :** 왜냐하면 너는 그걸 목욕 파우더로 알고 있으니까. (AN+NTA)	

지시하기

지시는 어떤 한 사람(부모나 아동)이 상대방에게 말이나 행동을 시키는 표현이다. 지시는 직접적일 때도 있고 간접적일 때도 있다.

| 직접지시(DC) |

정의

직접지시는 아동에게 어떤 말이나 행동들을 하도록 지시하거나 명령하는 평서문이다.

부모의 직접지시 예시	
상자에서 접시를 꺼내라.	들어 봐.
무릎에 손을 올려.	봐라.
나에게 하마를 건네 줘.	토요일에는 할머니께 전화를 드려야 해.
승환아, 바닥에 떨어진 크레파스를 주워.	가기 전에 신발 끈을 묶어.
이 글자를 읽어 봐.	앞에 더 큰 바퀴를 꼽아봐.
알파벳 노래를 불러 봐.	잠깐, 잠깐, 잠깐.
너는 긴 막대기가 필요하구나.	여기 트럭을 놓고 그 옆에 차를 놔라.
너는 꼭대기에 그 큰 막대기를 올려놓아야 해.	그리고 그것을 거꾸로 돌려 봐.
너는 앉아 있어야 해.	그 가장자리에 내려놓도록 해 봐.
나는 바닥에 발을 올려놓으라고 말했어.	분필을 잡고 원을 그려 봐.
예의 바르게 행동해.	넌 요트를 만들었는데, 키를 그릴 필요가 있어.
조심해.	앉아서 입 다물어.
서둘러.	그것을 조심해서 만져. 그렇지 않으면 그것을 가지고 놀게 할 수 없어.
잠시만 기다려.	쉿. (=조용히 해)

결정규칙

1. 지시인지 부정적인 말인지 불확실할 때는 지시로 코딩한다.
2. 간접지시인지 직접지시인지 불확실할 때는 간접지시로 코딩한다.

3. 지시인지 낮은 순위의 카테고리(예 : 일상적인 말, 묘사, 칭찬)인지 불확실한 경우, 더 낮은 순위의 카테고리로 코딩한다.

부모의 직접지시 가이드라인

1. 직접지시는 항상 평서문이다. 질문형식의 지시는 항상 간접지시이다.

예시	
부모: 종이를 휴지통에 넣어. (DC)	
부모: 내 옆에 있는 의자에 앉아. (DC)	**부모:** 네 그림에 말을 그려 봐. (DC)
그러나: 부모: 내 옆에 있는 의자에 앉아, 알겠니? (IC) **부모:** 종이를 휴지통에 넣어줄래? (IC)	**그러나: 부모:** 네 그림에 말을 그리는 게 어때? (IC)

2. 직접지시와 간접지시 모두 항상 긍정적으로 말하도록 한다. 지시는 아동이 무엇을 <u>해야 할지</u> 알려 주는 것이어야 한다. 아동이 무엇을 <u>하지 말아야 할지</u> 알려 주는 것은 부정적인 말이다.

예시	
함께: (색칠공부 책에 색칠하고 있다.) **부모:** 선 안쪽에 색칠하도록 해 봐. (DC)	**부모:** 서랍에 크레파스를 넣어. (DC)
그러나: 부모: 선 밖으로 나가면 안 돼. (NTA)	**그러나: 부모:** 벽에 칠하는 거 멈춰. (NTA)
부모: 공구상자에 망치를 넣어. (DC)	**부모:** 이리 와. (DC)
그러나: 부모: 거울에 망치질 하지 마. (NTA)	**그러나: 부모:** 커튼을 움직이지 마. (NTA)
부모: 높은 탑에 블록을 쌓아보렴. (DC)	
그러나: 부모: 블록 던지는 거는 그만해. (NTA)	

3. 직접지시는 항상 명령 동사가 포함되고 문장의 주어가 '상대방'임을 내포하고 있다. 직접지시는 '너' 또는 그것의 동의어나 명령 동사의 의미를 바꾸지 않는 다른 단어로 시작할 수 있다.

예시
부모: 인형을 높은 의자에 놓아라. (DC) **부모:** 불을 켜 줘. (DC) **부모:** 얘야, 앉아. (DC) **부모:** 아가야, 나한테 망치를 줘. (DC)
그러나: 부모: 애야(2초) 망치 줘. (IC/NOC＋DC)

4. 문장의 주어가 '상대방'이 아닐 때, 그 문장은 직접지시로 코딩될 수 없다. 부모와 아동 양쪽이 문장의 주어인 경우(예 : 우리 …해 보자, 우리는 …할 것이다)는 간접지시로 코딩한다. 문장에서 누가 행동해야 하는지 지시하지 않는 경우(예 : 주어가 '그것'인 경우)는 일상적인 말로 코딩한다.

예시	
함께: (탑 쌓기를 하고 있다.) **부모:** 탑을 더 높이 쌓아 봐. (DC)	**부모:** 장난감 막대를 씻어. (DC)
그러나:부모: 탑을 더 높게 쌓아 보자. (IC)	**그러나:부모:** 우리는 장난감 막대를 씻어야 할 것 같구나. (IC) **부모:** 장난감 막대를 지금 깨끗하게 씻어야만 해. (TA)

5. 직접지시는 말이나 행동을 하도록 하는 동사구(종종 명령 형태)를 포함한다. 어떤 부모의 말은 정보를 제공함으로써 아동에게 넌지시 지시할 수도 있다. 그러나 말이나 행동을 하도록 하는 동사구가 포함된 문장이 있을 때만 지시로 코딩한다.

예시	
부모: '1'이라고 말해 봐. (DC) **아동:** '1' **부모:** '2'라고 말해 봐. (DC) **아동:** '2'	**함께:** (알파벳 블록으로 단어 철자를 맞추고 있다.) **부모:** 여기에 'A'를 놓아 봐. (DC) **아동:** (그곳에 정확하게 블록을 놓는다.) (CO)
그러나:부모: '3' (TA) 　　　　**아동:** '3'	**그러나:부모:** 'T'는 다음에 와. (TA) 　　　　**아동:** ('T' 블록을 찾는다.) 　　　　**부모:** 여기에 'T'가 있네. (가리킨다.) (TA)
부모: '가다'라는 단어를 찾아 봐. (DC) **부모:** '보다'라는 단어를 찾아 봐. (DC)	**부모:** 앉아 봐. (DC) **아동:** (4초 동안 서 있다.)
그러나:부모: 다음 단어는 '멈추다'란다. (TA)	**그러나:부모:** 지금 당장! (TA)

6. 직접지시의 동사구는 '해야 한다', '당연히 해야 한다', '해야만 한다', '해야 된다', "~할 의무가 있다'와 같은 순종을 요구하는 단어로 바꿀 수 있다. 지시하는 동사구를 바꿀 경우에 꼭 순종해야 하는지가 나타나지 않으면 간접지시로 코딩한다.

예시	
부모: 너는 나에게 인형을 줘야만 해. (DC)	**부모:** 너는 레고를 씻어야 해. (DC)
부모: 너는 자동차를 천천히 밀어야만 해. (DC)	**부모:** 너는 정말 앉아야만 해. (DC)
부모: 너는 맨 처음에 가장 큰 것을 놓아야만 해. (DC)	**부모:** 너는 지금 지붕을 놓아야만 해. (DC)
그러나: 부모: 너는 큰 것을 사용할 수 있어. (IC) **부모:** 너는 초록색 대신에 원하는 것을 사용해도 된단다. (IC) **부모:** 우리가 여기에 꽃을 그려 넣을 필요가 있겠구나. (IC)	**그러나: 부모:** 우리는 지붕을 놓아야만 해. (IC) **부모:** 너는 이쪽에서 시작해도 돼. (IC) **부모:** 나는 네가 네모난 조각을 가졌으면 좋겠구나. (IC) **부모:** 너는 아마 그것을 벗어야만 할 거야. (IC)
부모: 너는 _____할거구나. (아동은 아직 _____하지 않고 있다.) (DC)	**부모:** 너는 지금 앉아야 해. (DC)
그러나: 부모: 너는 _____할 것 같구나. (아동은 이미 행동을 하고 있다.) (BD)	**그러나: 부모:** 네가 여기 앉으면 참 좋을 거야. (IC)

7. 순종이 선택사항이라는 것을 의미하지 않는 "나는 …말했다", "나는 …안다", "나는 …확신한다"가 포함된 구절은 직접지시이다. 순종이 필수사항이 아니라는 것을 의미하는 "나는 …생각한다", "나는 …추측한다"와 같은 구는 간접지시로 코딩한다.

예시	
부모: 그것을 내려 봐. (DC) **아동:** (아무것도 하지 않는다.) **부모:** 내가 그것을 내려놓으라고 말했어. (DC)	**부모:** 너는 그것을 앞으로 밀어야 해. (DC) **아동:** 이것은 움직이지 않아요. **부모:** 나는 네가 그것을 앞으로 밀어야 한다는 걸 알고 있어. (DC)
	그러나: 부모: 그것을 치워. (DC) **아동:** (아무것도 하지 않는다.) **부모:** 나는 네가 그것을 치워야 한다고 생각해. (IC)
부모: 다음에 'B'를 적어 봐. (DC) **아동:** 이건 맞지 않아요. **부모:** 다음 줄로 가서 해야 할 것 같애. (IC)	

8. 요구된 행동이 구체적이든 아니든 상관없이 지시하는 문장의 구조에 따라 직접지시인지 간접지시인지 결정한다.

예시	
부모: 내려와. (DC) **부모:** 너 내려오겠니? (IC)	**부모:** 얌전히 굴어야지. (DC) **부모:** 얌전히 할 수 있지? (IC)
부모: 조심해서 놀아. (DC) **부모:** 조심해서 놀아. 알겠지? (IC)	**아동:** (상자에서 장난감 꺼내고 있다.) **부모:** 조심해. (DC) **부모:** 조심하자. (IC)

9. 관찰불가능한 내적인 행동을 요구하는 동사구가 명령문 형식일 때, 직접지시로 코딩한다(주의 : 부모의 순종할 기회 상실(NOC)을 참고해라).

예시	
부모: 진정해. (DC/NOC)	**부모:** 네가 하고 있는 것에 집중해. (DC/NOC)
부모: 잘 생각해 봐. (DC/NOC)	**부모:** 추측해 봐. (DC/NOC)
부모: 편안히 앉아. (DC/NOC)	**부모:** 네가 지붕을 담당하고 있는 걸 기억해. (DC/NOC)
부모: 긴장 풀어. (DC/NOC)	**부모:** 서둘러. (DC/NOC)
부모: 내가 그것을 할 수 있는지 한번 볼게. (DC/NOC)	**부모:** 내 말을 잘 들어. (DC/NOC)
부모: 내가 말한 것을 기억해. (DC/NOC)	**부모:** 봐. (DC/NOC)
부모: 그것이 네 주머니에 있는지 봐. (DC/NOC)	**부모:** 잠시 기다려. (DC/NOC)
부모: 내가 그것을 하게 해 줘. (DC/NOC) **부모:** 먼저 해. (DC/NOC)	**부모:** 어서(=서둘러). (DC/NOC)
	그러나:부모: 네가 그린 그림이 얼마나 예쁜지 좀 보렴. (NP)

10. 직접지시는 미래(5초 이내)에 나타날 행동에 대한 지시를 포함한다(아동의 순종기회 상실을 참고하라).

예시	
아동: (인형을 가지고 놀고 있다.) **부모:** 우리가 집에 도착하면 네 방을 치워. (DC/NOC)	**아동:** 난 추워요. **부모:** 다음엔 스웨터를 챙겨라. (DC/NOC)
아동: (테이블 위에 블록을 쏟아버린다.) **부모:** 우리가 마치고 나면, 너는 이것들을 치워야만 해. (DC/NOC)	**함께:** (그림을 그리고 있다.) **부모:** 내가 이 꽃을 그리고 나면, 너는 잎사귀를 그려야 해. (DC/NOC)

11. '너는 …할 것이다'라고 포함된 문장은 아동이 시작하지는 않았지만 앞으로 하게 될 말과 행동을 구체적으로 제안하는 것을 포함한 경우에 직접지시로 코딩한다.

예시	
아동: (높은 탑에 블록을 쌓고 있다.) **부모:** 만약 블록들이 쓰러지면 너는 그것들을 주워야 해. (DC)	**아동:** (씹던 껌을 늘리고 있다.) **부모:** 너는 그 껌을 나한테 줘야 해. (DC)
그러나: 부모: 너는 그것을 높게 만들려고 하는구나. (BD)	**그러나: 아동:** (몇 개의 도미노들을 엄마에게 준다.) **부모:** 너는 엄마한테 한 묶음을 주려고 하는구나. (BD)

12. 부모가 간접지시로 시작했지만 직접지시로 변경한다면, 직접지시로 코딩한다.

예시	
부모: 해 보는 게… 버스를 장난감 상자에 넣어. (DC)	**부모:** 우리 같이… 매리, 집을 여기에 놓으렴. (DC)
부모: 해 보자… 너는 빨간 것을 잡아. (DC)	

13. 같은 단어지시를 2초 이내에 반복하는 것은 한 개의 지시로 코딩한다.

예시
부모: 잠깐 ,잠깐, 잠깐. (DC) **부모:** 봐, 봐, 봐. (DC)
그러나: 부모: 봐, (2초) 봐. (DC+DC) **부모:** 잠깐, 잠깐, (2초) 보렴. (DC+DC) **부모:** 잠시만, 봐, 보렴. (DC+DC+DC)

14. 아동이 조언을 청할 경우, 부모의 응답 속에 아동에게 말이나 행동을 하도록 지시하는 동사구가 포함되는 경우에만 직접지시로 코딩한다.

예시	
아동: 여기에 그것을 놓아도 돼요? **부모:** 그래, 여기 놓아라. (TA+DC)	**아동:** 이것은 어디로 가야 하죠? **부모:** 꼭대기에 놓아라. (DC)

그러나: 부모: 그래. (TA)
  부모: 그래, 바로 여기야. (TA+TA)
	그러나: 부모: 거기에. (TA)
	  부모: 어디든지. (TA)
	  부모: 저쪽은 어떨까? (DQ)

15. 직접지시에는 부모가 요구하는 구체적이고 일반적인 훈육기법이 포함될 수 있다. 그러나 부모가 요구하는 결과가 불명확하고, 일반적이지 않다면, 부정적인 말로 코딩한다.

예시	
부모: 어서 뱉어! 아니면 내가 널 때릴 거야. (DC)	**부모:** 지금 장난감 상자에 총을 넣어. 아니면 집에 가는 길에 아이스크림 안 사 줄 거야. (DC)
그러나: 부모: 뱉든지 말든지. (NTA)	**그러나: 부모:** 지금 장난감 상자에 총을 넣어. 아니면 내가 네 귀를 당길 거야. (NTA)
아동: (욕을 한다.) **부모:** 사과해. 아니면 비누로 네 입을 씻어 줄 거야. (DC)	
그러나: 부모: 사과해. 아니면 네 아빠가 벌을 줄 거야. (NTA)	

16. "그리고"로 연결된 명령문에 두 개 이상의 동사가 포함된 문장에서 한 개의 동사구가 독립적인 의미를 담고 있지 않으면 하나의 지시로 코딩한다.

예시	
부모: 해 봐. 그리고 선 안에 있도록 해. (DC)	**부모:** 해 봐. 빨간색으로 색칠해. (DC)
부모: 확인해서 그것이 네 주머니에 있는지 봐. (DC)	

| 간접지시(IC) |

정의

질문형태의 지시이거나 말이나 행동을 하게 하는 제안은 간접지시이다.

부모의 간접지시 예시	
다이얼을 돌려, 알겠지?	잠시만 기다려 주겠니?
네 손을 무릎 위에 올리는 게 어때?	우리가 다 했을 때 너는 크레파스를 치울 수 있어.
네가 자동차들을 치울 시간이 되었구나.	승환아?
아동들은 안에서 작은 목소리를 작게 내야 해.	얘야!
사자를 그려 보자!	제발. (1초) 제발.
너랑 나는 지금 헬리콥터를 조립할 거야.	네모를 그린 다음 그것을 빨강으로 해, 알겠지?
이 글자가 무엇인지 나에게 말해 줄래?	탑을 높게 쌓아 보자.
나는 네가 그 빨간색을 내게 주었으면 해.	네가 잡고 꼭대기로 올리는 게 어때?
네가 먼저 저것을 치운다고 가정해 봐.	집을 크게 만드는 게 어때?
네가 그 그림을 끝마쳤으면 좋겠어.	잘했어. 이제 차를 가지고 나갈 수 있어.
내 생각에는 네가 먼저 그것을 돌려야 할 것 같아.	네가 앉는다면, 나는 너에게 사탕을 몇 개 줄 거야.
너는 그것을 보라색으로 칠할 수 있어.	네가 자리에 앉지 않는다면, 나는 너를 때리게 될 거야.
꼭대기에 빨간색 막대를 올려놓을 수 있겠니?	내가 무슨 말을 했는지 기억하렴, 알겠지?
우리는 지금 탑을 만들어야 해.	

결정규칙

1. 지시가 직접적인지 간접적인지 불확실한 때에는 간접지시로 코딩한다.
2. 문장이 간접지시인지 질문인지 불확실한 때에는 적절한 질문 카테고리로 코딩한다.
3. 지시가 비판적인 말인지 간접지시인지 불확실한 때에는 간접지시로 코딩한다.
4. 문장이 간접지시인지 일상적인 말인지 불확실한 때에는 일상적인 말로 코딩한다.

부모의 간접지시 가이드라인

1. 아동에게 말이나 행동을 하게 하는 제안이 포함된 질문은 간접지시이다. 부가의문문을 직접지시의 맨 끝에 붙여서 간접지시로 만든다.

<table>
<tr><td colspan="2" align="center">예시</td></tr>
<tr>
<td>
함께: (그림을 그리고 있다.)
부모: 노란색을 쓰는 게 어때? (IC)
부모: 이건 노랑으로 칠해, 알겠니? (IC)
</td>
<td>
함께: (청소를 하고 있다.)
부모: 이 블록을 옆에 놓으면 어떨까? (IC)
부모: 인형의 집을 치워, 알겠지? (IC)
</td>
</tr>
<tr>
<td>
함께: (블록놀이를 하고 있다.)
부모: 블록을 쌓아 보겠니? (IC)
부모: 블록 쌓기 놀이를 해 봐, 어때? (IC)
</td>
<td>
함께: (농장놀이를 하고 있다.)
부모: 너 수탉 소리 낼 수 있어? (IC)
부모: 수탉 소리를 내 봐, 한번 해 보겠어? (IC)
</td>
</tr>
</table>

2. 간접지시는 아동이 명확한 말이나 행동을 수행하도록 제안하는 데 비해 묘사/반영 질문은 단지 일상적인 말만 요구한다.

<table>
<tr><td colspan="2" align="center">예시</td></tr>
<tr>
<td>
아동: (개처럼 짓는다.)
부모: 이번에는 고양이 소리를 내 볼래? (IC)
</td>
<td>
함께: (탑을 쌓고 있다.)
부모: 이 블록을 네가 옆에 놓으면 어떨까? (IC)
</td>
</tr>
<tr>
<td>
그러나 : 부모: 여기에 개가 있니? (DQ)
</td>
<td>
그러나 : 부모: 내가 이 블록을 네 탑 위에 놓으면 어때? (DQ)
</td>
</tr>
<tr>
<td>
함께: (그림을 그리고 있다.)
부모: 나한테 초록색 크레파스를 주겠니? (IC)
</td>
<td></td>
</tr>
<tr>
<td>
그러나 : 부모: 너는 초록색 크레파스가 필요하니? (DQ)
</td>
<td></td>
</tr>
</table>

3. 간접(그리고 직접)지시는 항상 긍정적으로 말한다. 그것은 아동이 무엇을 <u>해야 하는지</u> 알려 준다. 아동이 무엇을 하지 말아야 하는지를 말하는 것은 부정적인 말이다.

<table>
<tr><td colspan="2" align="center">예시</td></tr>
<tr>
<td>
부모: 내 옆에 앉을래? (IC)
부모: 방 주위를 그만 좀 뛸래? (NTA)
</td>
<td>
부모: 크레파스를 서랍에 넣을래? (IC)
부모: 벽에 색칠 좀 그만 할래? (NTA)
</td>
</tr>
<tr>
<td>
부모: 작은 목소리로 말해 줄래? (IC)
부모: 소리 좀 그만 지르는 게 어때? (NTA)
</td>
<td></td>
</tr>
</table>

4. 간접지시의 주어는 행동을 하고 있는 아동을 나타내는 "너"이다. "누구나"나 "사람들"을 의미하는 "너희들"과 혼동되지 않아야한다.

<table>
<tr><td colspan="2" align="center">예시</td></tr>
<tr>
<td>함께: (그림을 그리고 있다.)
부모: 원을 그려 보겠니? (IC)</td>
<td>함께: (낚시 게임을 하고 있다.)
부모: 이제 네가 잡을 차례야. (IC)</td>
</tr>
<tr>
<td>그러나: 부모: (시범을 보이고 있다.) 사람들은 이것처럼 원을 그려. (TA)</td>
<td>그러나: 부모: 이제 잡을 차례야. (TA)</td>
</tr>
<tr>
<td>부모: (현금기록기 사용법을 시범 보이고 있다.) 그 버튼을 눌러, 알겠지? (IC)</td>
<td>아동: 우리가 이것을 치워야만 하나요?
부모: 네가 그것을 해야 해, 알겠지? (IC)</td>
</tr>
<tr>
<td>그러나: 부모: (누르고 있다.) 너희들이 할 일은 누르는 거야. (TA)</td>
<td>그러나: 부모: 사람들은 항상 자기가 가져온 것을 제자리에 놓아야만 해. (TA)</td>
</tr>
</table>

5. 적절한 행동은 어때야 한다는 일반적인 규칙을 설명하는 긍정적인 말 속에 현재 아동이 하고 있는 행동이나 막 끝낸 행동이 미래에는 달라져야 한다는 의미가 포함되어 있지 않으면 간접지시가 아닌 일상적인 말로 코딩한다.

<table>
<tr><td colspan="2" align="center">예시</td></tr>
<tr>
<td>아동: 그녀의 어머니는 그녀가 공손하게 말하게 만들어요.
부모: 어린이는 부모님께 말을 공손하게 해야 해. (TA)</td>
<td>함께: (이야기책을 보고 있다.)
아동: 왜 그들은 그것을 치웠을까요?
부모: 어린이는 자신의 장난감을 스스로 치워야 해. (TA)</td>
</tr>
<tr>
<td>그러나: 아동: 난 엄마가 싫어.
　　　　부모: 어린이는 부모님께 공손하게 해야 해. (IC)</td>
<td>그러나: 부모: 장난감을 치워.
　　　　아동: (징징대며) 난 장난감 치우기 싫은데.
　　　　부모: 어린이는 자신의 장난감을 스스로 치워야 해. (IC)</td>
</tr>
<tr>
<td>아동: 이 게임의 규칙은 뭐예요?
부모: 사람들은 이 게임에서 순서를 지켜야 해. (TA)</td>
<td>아동: 이것들이 상자에 맞지 않는데, 어쩌죠?
부모: 조립식 장난감을 먼저 분리해야 해. (TA)</td>
</tr>
<tr>
<td>그러나: 아동: (아동은 보드게임의 양 선수 조각을 움직인다.)
　　　　부모: 사람들은 이 게임에서 순서를 지켜야 해. (IC)</td>
<td>그러나: 부모: 조립식 장난감을 치워라.
　　　　아동: (상자 위에 조립을 쑤셔 넣는다.)
　　　　부모: 조립식 장난감을 먼저 분리해야 해. (IC)</td>
</tr>
</table>

6. 지시의 주어가 '너'가 아닐 때, 직접지시로 코딩하지 않는다. 주어가 '우리'나 동의어일 때, 지시는 간접지시이다. '그것'이 주어인 문장은 일상적인 말이다.

예시	
아동: 더 이상 파란색이 없어요. **부모:** 초록색 조각을 사용하자. (IC)	**아동:** 벽이 다 완성되었어요. **부모:** 우리는 이제 지붕을 올려야 해. (IC)
그러나:부모: 초록색 조각이 가능할 거야. (TA)	**그러나:부모:** 이건 위에 지붕이 있어야 해. (TA)
함께: (종이눈송이를 자르고 있다.) **부모:** 너랑 나랑 이 조각들 모두를 주워야 해. (IC)	**부모:** 우리 지금 만들어 볼까? (IC) **부모:** 우리 맥도널드에 갈까? (IC/NOC)
그러나:부모: 이 오려낸 조각들은 치워야 될 필요가 있어. (TA)	

7. 함께하는 활동에서 부모가 아동의 지시를 반복한다면, 그것은 반영(RF)이라기보다 간접지시이다.

예시	
아동: 요새를 지어 봐요. **부모:** 요새를 지어 보자. (IC)	**아동:** 엄마랑 나는 그것 위에 별 몇 개를 그려야 해요. **부모:** 우리는 별 몇 개를 그려야 하는구나. (IC)
그러나:부모: 너는 우리가 요새를 지었으면 하는구나. (RF)	**그러나:부모:** 너는 우리가 그것 위에 별 몇 개를 그리길 원하는구나. (RF)
아동: 우리는 그것을 정말로 빨리 해야 해요. **부모:** 우리는 그것을 정말로 빨리 해야 해. (IC)	
그러나:부모: 너는 우리가 그것을 빨리 해야만 한다고 생각하는구나. (RF)	

8. 많은 부모의 말은 함축적으로 아동의 응답을 요구한다. 그러나 부모의 말이 아동에게 말이나 행동을 수행하도록 요청하는 지시적 동사구를 포함하는 경우에만 지시로 코딩한다.

　a. 질문형식의 간접지시는 행동을 요구하는 동사구가 있는지 여부에 따라 정보 질문(IQ)과 구별된다.

예시	
함께: (시계를 보고 있다.) **부모:** 지금 몇 시인지 말해 볼래? (IC)	**아동:** (큰 소리로 읽고 있다.) **부모:** 마지막 단어를 다시 읽어 주겠니? (IC)
그러나:부모: 지금 몇 시지? (IQ)	**그러나:부모:** 마지막 단어가 뭐라고? (IQ)
함께: (농장놀이를 하고 있다.) **부모:** 나는 네가 수탉소리를 내줬으면 좋겠어, 어때? (IC)	
그러나:부모: 수탉은 어떤 소리를 낼까? (IQ)	

    b. 평서문 형태의 간접지시는 행동을 요구하는 동사구가 있는지 여부에 따라 일상적인 말과 구별된다.

예시	
아동: (키에 동전을 넣는다.) **부모:** 너는 구멍에 동전을 넣어야 할 것 같아. (IC)	**함께:** (조립식 장난감으로 짓고 있다.) **아동:** (아버지에게 조각 몇 개를 준다.) **부모:** 더 작은 것들을 내게 주었으면 좋겠어. (IC)
그러나:부모: 동전은 구멍 안에 있어. (TA)	**그러나:부모:** 나는 더 작은 걸 원해. (TA)
함께: (통나무집을 짓고 있다.) **부모:** 우리는 바로 여기에 다른 통나무를 놓아야 해. (IC)	**아동:** (장난감을 줍고 있다.) **부모:** 저기에 있는 장난감을 줍는 건 어떠니? (IC)
그러나:부모: 우리는 여기 다른 통나무가 필요해. (TA)	**그러나:부모:** 저기에 있는 장난감 잊지 마라. (TA)

9. 부모의 감정, 기대 또는 기호에 관한 말은 아동이 분명하게 어떤 행동을 하도록 요구할 때 간접지시
  이다.

예시	
부모: 나는 네가 가지 위에 새를 놓았으면 좋겠어. (IC)	**부모:** 나는 네가 머리카락 빗는 것을 좋아하길 바래. (IC)
그러나:부모: 나는 가지 위의 새를 원해. (TA) **부모:** 너는 가지 위에 새를 놓고 싶니? (DQ)	**그러나:부모:** 나는 너의 머리카락을 빗겨 주고 싶어. (TA)
부모: 나는 이 부분을 네가 끝내길 기대해. (IC)	**부모:** 나는 네가 그것들을 크게 만들길 바래. (IC)
그러나:부모: 나는 내가 이 부분을 끝내기를 기대해. (TA)	**그러나:부모:** 나는 그것들이 더 컸음 좋겠어. (TA)

10. 순종이 선택적임을 내포하는 '나는 생각한다', '나는 추측한다'나 이와 비슷한 구 뒤에 직접지시가 이어질 경우, 이 지시는 간접지시가 된다.

<table>
<tr><td colspan="2" align="center">예시</td></tr>
<tr>
<td>

아동: 그것은 움직이지 않아요.
부모: 내 생각에는 그것을 앞으로 밀어야만 할 것 같구나. (IC)

</td>
<td>

아동: 무엇이 문제죠?
부모: 나는 네가 그것을 곰곰이 생각해 봤으면 좋겠구나. (IC)

</td>
</tr>
<tr>
<td>

아동: 이건 어려워요.
부모: 아마도 너는 먼저 큰 것을 사용해야 할 것 같다. (IC)

</td>
<td>

부모: 너는 그것을 치워야만 해.
아동: (아무것도 안 한다).
부모: 내 생각에는 네가 그것을 치워야만 할 것 같구나. (IC)

그러나 : 부모: 너는 그것을 치워야만 해.
　　　　아동: (아무것도 안 한다.)
　　　　부모: 내가 치우라고 말했어. (DC)

</td>
</tr>
</table>

11. '너는 할 수 있다', '너는 할지도 모른다', '너는 할 수 있을 것이다', '너는 된다' 또는 '너는 할 것이다'라는 표현 뒤에 요구된 내용을 아동이 즉각적으로 수행하지 않았다 하더라도 그것은 간접지시다. 만약 아동이 어떤 것을 하도록 요청하는 문장이 따라오면 그것은 간접지시이다.

<table>
<tr><td colspan="2" align="center">예시</td></tr>
<tr>
<td>

아동: (서 있다.)
부모: 너는 앉을 수 있어. (IC)

그러나 : 부모: 너는 앉아야 해. (DC)

</td>
<td>

아동: (병뚜껑을 닫고 있다.)
부모: 파란 병에 파란 뚜껑을 닫아도 돼. (IC)

그러나 : 부모: 파란 병에 파란 뚜껑을 닫아야만 해. (DC)

</td>
</tr>
<tr>
<td>

아동: 내가 엄마 말을 만들었어요!
부모: 너는 이제 망아지를 그릴 수 있어. (IC)

그러나 : 부모: 너는 이제 망아지를 그려야 해. (DC)

</td>
<td>

아동: 나를 도와주겠어요?
부모: 네가 할 수 있어. (IC)

그러나 : 부모: 네가 해 봐. (DC)

</td>
</tr>
<tr>
<td>

아동: (칠판에 낙서하고 있다.)
부모: 너는 그것을 지울 수 있어. (IC)

그러나 : 아동: 내가 다시 시작하고 지울 수 있어요?
　　　　부모: 너는 그것을 지울 수 있어. (TA)

</td>
<td>

아동: (우주선을 파란색으로 칠하고 있다.)
부모: 은색으로 우주선을 칠해도 돼. (IC)

그러나 : 아동: 내가 우주선을 은색으로 칠할 수 있나요?
　　　　부모: 은색으로 칠해도 돼. (TA)

</td>
</tr>
<tr>
<td>

아동: (블록 탑을 쌓고 있다.)
아동: 내가 지금 인형을 갖고 놀 수 있어요?
부모: 너는 탑을 쌓을 수 있어. (IC)

그러나 : 부모: (블록 탑을 쌓고 있다.)
　　　　아동: 내가 탑을 쌓을 수 있어요?
　　　　부모: 너는 탑을 쌓을 수 있어. (TA)

</td>
<td>

아동: (블록 탑을 쌓고 있다.)
부모: 너는 이제 말들을 가지고 놀 수 있어. (IC)

그러나 : 아동: (블록 탑을 쌓고 있다.)
　　　　아동: 내가 이제 물고기로 놀아도 될까요? (QU)
　　　　부모: 너는 이제 그것들을 가지고 놀아도 돼. (TA)

</td>
</tr>
</table>

12. '네가 ~할 수 있니?'의 표현은 대부분의 경우에 의미를 구별해 내기 어렵기 때문에 다른 가능한 의미를 고려하지 않고 간접지시로 코딩한다.

예시	
함께: (색칠공부 책에 색칠하고 있다.) **부모:** 나한테 빨간색 크레파스를 줄 수 있니? (IC)	**함께:** (워크북을 보고 있다.) **부모:** 너는 이것을 할 수 있겠니? (IC)
함께: (인형 옷을 자르고 있다.) **부모:** 이 치마를 잘라볼 수 있니? (IC)	**부모:** (아동의 머리를 땋고 있다.) **부모:** 잠시만 더 앉아 있을 수 있지? (IC)
주의: **아동:** 나는 공놀이를 하고 싶어요. 　　　　**부모:** 그것을 찾아볼 수 있니? (IC)	**아동:** (높은 선반에서 게임기를 꺼내는 중이다.) **부모:** 그것에 손이 닿을 수 있니? (IC)

13. 의문문 형식으로 내적이거나 관찰 불가능한 행동을 요구하는 지시는 간접지시로 코딩한다(아동의 순종기회 상실을 참고하라).

예시	
부모: 제발 진정 좀 해 주겠니? (IC/NOC)	**부모:** 이걸 기억해라, 알았지? (IC/NOC)
부모: 잠시 동안만 기다려 주지 않겠니? (IC/NOC)	

14. 가까운 미래(>5초)에 발생할 행동에 대한 제안은 간접지시이다(아동의 순종기회 상실을 참고하라).

예시	
부모: 우리가 그걸 다 접은 후에는 네가 그것을 날릴 수 있어. (IC/NOC)	**부모:** 다음번에는, 네가 자르기 전에 재보는 것이 어떨까? (IC/NOC)
부모: 내일은 네가 고양이 응가 상자를 치워 줄래? (IC/NOC)	

15. 평서문이나 의문문형식에서 아동의 이름이나 애칭 등이 "주의를 집중시키는" 말(간접적으로 "주목해봐" 혹은 "내 말좀 잘 들어봐"라고 전달되는 말)로 사용된다. 대화를 시작하거나 마칠 때 사용하는 "주의를 집중시키는" 말과 다른 부모의 말이 2초 이내의 간격으로 말해진 경우는 개별적으로 코딩하지 않는다. 하지만 "주의를 집중시키는" 말과 부모의 다른 말 사이에 2초 이상의 시간간격이 있거나 아동이 말을 끼어든 경우는 개별적으로 코딩하고 그 "주의를 집중시키는 말"은 간접지시/순종기회 상실로 코딩한다.

예시		
부모: 귀염둥이야? (IC/NOC)		**부모**: 얘(Hey). (IC/NOC)
그러나: **부모**: 귀염둥이야, (쉼 없이) 파란 블록 줘. (DC) 　　　　**부모**: 파란 블록 줘, (쉼 없이) 귀염둥이야. (DC) 　　　　**부모**: 귀염둥이야, (2초) 파란 블록 줘. 　　　　　　　(IC/NOC＋DC) 　　　　**부모**: 파란 블록 줘. (2초) 귀염둥이야? 　　　　　　　(DC＋IC/NOC)		**그러나**: **부모**: 얘, (쉼 없이) 내가 어떤 차로 놀 수 있니? 　　　　　　　(IQ) 　　　　**부모**: 어떤 차로 놀 수 있니? (2초) 얘! 　　　　　　　(IQ＋IC/NOC)
부모: 제임스! (IC/NOC) **아동**: 이 의자는 멀리까지 뒤로 기울일 수 있어요. **부모**: 똑바로 앉자. (IC)		**부모**: 샐리. (IC/NOC)
		그러나: **부모**: 샐리 (쉼 없이) 조심해라. (DC/NOC) **주의**: 　**부모**: 샐리. (2초 이내에 아동이 "뭐라고요?"라 　　　　　고 말함) 조심해라. (IC/NOC＋DC/NOC)
주의: 다른 '주의를 집중시키는 말'들은 '얘야(hey you)', '여기(you hoo)', '귀염둥이', '아가야', 'dear' 등이 있다. '제발'이라는 단어도 종종 주의를 집중시키는 말로 쓰인다. '주의하여' 혹은 '조용히' 같은 단어들이 단독으로 사용될 때는 주의를 집중시키는 말이 아니다. 그것들은 의미 없는 동사구이기 때문에 일상적인 말로 코딩한다.		

16. '주의를 집중시키는 말'이 2초 이내로 연이어 나올 때, 하나의 간접지시로 코딩한다.

예시		
부모: 얘, (쉼 없이) 얘. (IC/NOC)		**부모**: 얘, 귀염둥이야. (IC/NOC)
부모: 승환아, 승환아, 승환아. (IC/NOC)		**부모**: 여기(쉼 없이) 여기(쉼 없이) 재환아. (IC/NOC)
		그러나: **부모**: 허니, (쉼 없이) 허니, (쉼 없이) 그건 내거 　　　　　야. (TA) 　　　　**부모**: 나에게 망치 좀 줘. (2초) 제발. 　　　　　　　(DC＋IC/NOC) 　　　　**부모**: 나에게 망치 좀 줘, 제발. (DC) 　　　　**부모**: 얘야, (2초) 얘야? (IC/NOC＋IC/NOC) 　　　　**부모**: 재환아. (2초) 조용히. (IC/NOC＋TA)

17. "그리고"로 연결된 명령문 형식에서 두 개 이상의 동사가 포함되어 있을 때, 그 문장에 첫 번째 "직접지시"의 의미를 "간접지시"의 의미로 변화시키는 구가 있고, "그리고"가 새로운 문장을 시작한다는 것을 나타내는 분명한 억양과 잠시 쉼(pause)이 없다면, 두 번째 지시 또한 간접지시가 된다.

예시	
부모: 캔 좀 줍고 장난감을 내려 놔 줄래? **코딩할 때:** 캔을 주워 줄래? (IC) 그리고 장난감 내려놓을래? (IC)	**부모:** 우리가 크리스마스 트리를 그리고 꼭대기에 별을 놓을 수 있을까? **코딩할 때:** 우리가 크리스마스 트리를 그릴 수 있을까? (IC) 그리고 꼭대기에 별을 놓을 수 있을까? (IC)
그러나: 부모: 캔 좀 집어 줄래? (장난감을 내려놓을 곳을 찾는다.) 그리고 장난감을 내려 놔라. (IC+DC)	**그러나: 부모:** 우리가 크리스마스 트리를 그릴 수 있을까? (쉼) 그리고 꼭대기에 별을 놓아. (IC+DC)
부모: 모자를 가져오고 외출복을 입히는 게 어때? **코딩할 때:** 모자를 가져오는 게 어때? (IC) 그리고 외출복을 입히는 게 어때? (IC)	
그러나: 부모: 모자를 가져오는 게 어때? (아동이 가져다 줌.) 그리고 외출복을 입혀라. (IC+DC)	

18. "그리고"로 연결된 명령문 형식에서 두 개 이상의 동사가 포함되어 있을 때, 한 개의 동사구가 독립적인 의미를 담고 있지 않으면 한 개의 지시로만 코딩된다.

예시	
부모: 눈을 가져와서 감자인형에 끼워라. 알겠지? (IC)	**부모:** 네가 그것을 빨강으로 시험 삼아 칠해 볼래? (IC)
부모: 우리가 그게 너의 주머니에 있는지 찾아볼 수 있을까? (IC)	

19. "그리고"로 연결된 명령문 형식에서 두 개 이상의 동사구가 포함되어 있지만 그 동사구가 하나의 아동 행동을 나타내는 경우, 첫 번째 동사구는 순종기회가 있는 지시이고 남은 동사구는 순종기회가 없는 지시이다.

예시	
부모: 만약에 이것을 꼭대기에 놓고, 그것으로 지붕을 만들면 어떻겠니? (IC+IC/NOC)	**부모:** 탑을 쌓자. 그리고 높이 만들자, 알았지? (IC+IC/NOC)
부모: 집을 만들자. 그리고 집을 크게 만들고 빨갛게 만들자. (IC+IC/NOC+IC/NOC)	

20. 어떤 조건문과 질문은 간접지시이다.

　a. 조건문이 아동이 현재 하고 있는 행동이나 앞으로 시작할 행동에 대해 언급하면서 그 행동을 시작하거나 계속한다면 어떤 보상이 따를지를 구체적으로 말하고 있다면, 그 말은 간접지시이다.

예시	
부모: 만약에 네가 계속 조심해서 잘한다면, 내가 오늘 밤에 디저트로 브라우니를 만들어 줄게. (IC)	**부모:** 만약에 네가 자리에 앉아 있으면, 내가 푸우 동화책을 읽어 줄게. (IC)
부모: 만약에 네가 나에게 블록을 몇 개 주면, 나는 너랑 놀아 줄 거야. (IC)	**부모:** 만약 네가 지금은 이걸로 그린다면, 내가 너에게 새 크레용을 사 줄 거야. (IC)
부모: 만약에 내가 너와 조립식 장난감을 가지고 놀아 준다면 네가 진정할 거니? (IC)	

　b. 조건문이 아동이 어떤 행동을 시작하거나 계속하지 못하면 부모가 관례적인 부정적인 결과를 부과하게 된다는 것을 구체적으로 말하고 있다면 그 말은 간접지시이다(그 말이 "경고"(부록 참고)가 아니라면).

예시	
부모: 만약에 청소를 마치지 않으면, 그때는 너는 오늘 밤에 외출 금지가 될 거야. (IC)	**부모:** 만약에 내가 요구한 것처럼 색칠을 시작하지 않으면, 볼기를 맞게 될 거야. (IC)
부모: 만약에 내가 요구한 것처럼 색칠을 시작하지 않으면, 생각하는 의자에 앉아야만 될 거야. (IC)	

　c. 모든 조건문에서, 아동의 행동에 관한 문장이 하나 이상의 DPICS 카테고리를 포함한다면, 코딩 카테고리의 우선순위를 이용한다.

예시	
부모: 징징대기를 멈추면, 내가 너에게 껌을 줄게. (NTA)	**부모:** 내가 너랑 경주용 차를 가지고 놀아 주면, 장난감을 집어던지는 거 멈출 거니? (NTA)
부모: 계속 징징대면 후회할 거야. (NTA)	**부모:** 네가 계속해서 물어보면, 나는 너를 때릴 거야. (NTA)

칭찬하기

칭찬은 아동의 행동이나 특성, 작품에 대하여 우호적으로 판단하는 말이다. 칭찬에는 구체적인 칭찬 (Labeled Praise)과 구체적이지 않은 칭찬(Unlabeled Praise) 두 종류가 있다. 구체적인 칭찬은 아동에게 부모님의 칭찬을 더 많이 받기 위해 무엇을 할지를 가르쳐 준다. 구체적이지 않은 칭찬(일반적인 칭찬)은 행동을 반드시 강화하는 것은 아니지만, 아동의 자아존중감을 향상시킬 수 있다.

| 구체적인 칭찬(LP) |

정의

구체적인 칭찬은 아동의 특정한 행동, 활동이나 작품에 대한 긍정적인 평가를 말한다.

부모의 구체적인 칭찬 예시	
너는 탑을 훌륭하게 만들었구나.	그게 네가 만든 굉장한 배구나.
너의 그림은 예쁘구나.	너는 노래를 너무 잘 부르는구나.
네가 만들어 준 발렌타인 카드는 정말로 특별해.	너의 그림이 정말 멋지구나.
너의 크레용을 빌려 주다니, 기특하구나.	너는 장난감을 치우는 것을 잘 돕는 아이구나.
나(엄마)에게 상자를 건네줘서 고맙구나.	엄마는 네가 동그라미를 그린 방법이 맘에 들어.
넌 정말 정답을 알고 있었구나.	넌 숫자를 완벽하게 셀 수 있구나.
너의 성은 정말 멋지다.	네가 먼저 블록을 모은 것은 똑똑한 거란다.
넌 멋진 건축가야.	네가 편지를 열심히 쓰고 있다니 참 착하다.
네가 블록을 이렇게 조용하게 가지고 놀다니 정말 훌륭하구나.	차를 고치는 것은 좋은 생각이구나.
네가 그것을 멋지게 붙였구나.	이것은 우리가 만든 굉장한 집이다.
너는 멋진 지붕이 있는 훌륭한 요새를 만들었구나.	엄마는 햇님을 그린 방법과 종이를 접는 너의 방식이 마음에 들어.
너는 굉장히 멋진 공룡을 그렸구나. 그렇지 않니?	네가 정말로 사랑스런 디자인으로 만들었네!
네가 그린 사랑스런 아기 고양이를 봐.	너의 멋진 탑을 여기에 쌓으면 그건 더 높아 보일 거야.

결정규칙

1. 문장이 구체적인 칭찬인지 구체적이지 않은 칭찬인지 불확실할 때는, 구체적이지 않은 칭찬(UP)으로 코딩한다.

2. 문장이 구체적인 칭찬인지 아니면 반영이나 묘사, 묘사/반영 질문, 직접지시, 간접지시나 일상적인 말의 카테고리에 포함되는 것인지 불확실할 때에는 구체적인 칭찬으로 코딩하지 않는다.

부모의 구체적인 칭찬 가이드라인

1. 구체적인 칭찬으로 코딩되기 위해서는 반드시 한 문장에 특정 행동이나 작품에 대한 긍정적인 평가와 묘사가 함께 포함되어 있어야 한다.

예시	
아동 : (통나무집을 만든다.) **부모 :** 너는 최고의 통나무집을 만들었구나. (LP)	**아동 :** (알파벳 노래를 부른다.) **부모 :** 네가 모든 글자를 알다니 훌륭하구나. (LP)
그러나 : 부모 : 최고네. 너는 통나무집을 만들었구나. (UP＋BD)	**그러나 : 부모 :** 그거 훌륭한데. 너는 모든 글자를 아는구나. (UP＋BD)

2. 칭찬에는 반드시 아동이나 아동의 행동, 활동 또는 작품을 묘사하는 긍정적인 평가의 단어나 구절이 포함되어 있어야 한다.

   a. 긍정적 평가에는 좋은(good)과 모든 동의어가 포함되어 있다. 부모-아동 상호작용 코딩 카테고리 (DPICS)에서 긍정적인 평가에 해당하는 다른 묘사 단어들은 예쁜, 현명한, 깔끔한, 예의 바른, 훌륭하게 행동하는, 올바른, 사려 깊은, 창의적인, 조심스러운, 최고의, 명석한, 아름다운, 완벽한, 굉장한, 잘생긴, 참을성 있는, 똑똑한, 특별한, 배려해 주는, 재미있는, 즐거운, 일등의, 최고의, 멋진, 재치 있는, 빼어난, 인상적인, 세련된, 상상력이 풍부한, 그리고 이런 단어들의 동의어이다.

예시	
아동 : 내가 이걸 여기에 놓아야 돼요? **부모 :** 너는 그것을 적당한 장소에 두었구나. (LP)	**함께 :** (웃고 있다.) **부모 :** 너와 함께 게임하니까 재미있구나. (LP)
아동 : (요정이야기를 만들어 낸다.) **부모 :** 네가 만든 이야기는 창의적이구나. (LP)	**아동 :** (청소를 하고 있다.) **부모 :** 너는 장난감 치우는 일을 잘 도와주는구나. (LP)
부모 : 이 숫자를 천천히 따라 써라. **아동 :** (숫자를 따라 쓴다.) **부모 :** 참 깨끗하게 따라 썼구나! (LP)	**부모 :** 그걸 똑바로 그려라. **부모 :** 너는 완벽하게 그렸구나! (LP)

b. 칭찬으로 고려되지 않는 묘사 단어들은 조용한, 빠른, 느린, 경계하는, 웃기는, 흥미로운, 강한, 바
보 같은, 신나는, 힘이 넘치는, 똑바른(straight), 오케이, 괜찮은, 화려한 그리고 이런 단어들의 동의
어이다.

예시	
아동: 내가 이걸 여기에 놓아야 돼요? **부모**: 그거 흥미롭구나. (TA)	**함께**: (웃고 있다.) **부모**: 네가 웃기는 게임을 만들고 있구나. (BD)
아동: (요정이야기를 만들어 낸다.) **부모**: 네가 만든 것은 신나는 이야기구나. (TA)	**부모**: 그걸 똑바로 그려라. **부모**: 네가 그린 것이 똑바르구나. (TA)
부모: 이 숫자를 천천히 따라 써라. **아동**: (숫자를 따라 쓰고 있다.) **부모**: 넌 그것을 정말로 천천히 따라 썼구나! (TA)	

3. 구체적인 칭찬의 긍정적 평가 요소는 은유적일 수 있다.

예시	
부모: 블록을 나눠 주다니 네가 얼마나 사랑스러운지. (LP)	**부모**: 아빠에게 상자를 가져다주다니 너는 좋은 꼬마 조수구나. (LP)
그러나: 부모: 넌 정말 사랑스러운 아이야! (UP)	**그러나: 부모**: 너는 아빠의 꼬마 조수구나. (UP)

4. 아동의 작품이나 특정 행동에 대해 부모의 기쁨이나 고마움을 명확히 표시하는 말은 아동에 대한 구
체적인 칭찬이다.

예시	
함께: (요새를 쌓는다.) **부모**: 엄마는 너와 함께 이것을 만들면서 즐거운 시간 을 보내고 있단다. (LP)	**아동**: (빨간 사과를 그린다.) **부모**: 나는 네가 사과를 빨간색으로 칠해서 기쁘다. (LP)
아동: (엄마에게 블록을 준다.) **부모**: 이것을 만들도록 엄마를 도와줘서 고맙구나. (LP)	**아동**: (색칠을 하고 있다.) **부모**: 네가 그렇게 깔끔하게 색칠하니까 엄마는 행복 하구나. (LP)

5. 긍정적 평가 요소는 아동의 행동에서 나온 구체적인 성과나 아동의 구체적 행동을 언급해야만 한다.

   a. 구체적인 칭찬은 아동의 <u>특정한 행동</u>에 대해 평가한다.

예시

부모 : 네가 <u>색칠하는 것</u>이 예쁘구나. (LP) **부모 :** 예쁘구나. (UP)	**부모 :** 나는 네가 그렇게 조용하게 <u>앉아 있는</u> 방식이 좋단다. (LP) **부모 :** 나는 네가 행동하는 방식이 좋단다. (UP)
부모 : 너는 <u>블록들을 완벽하게 쌓았구나.</u> (LP) **부모 :** 네가 그렇게 완벽하게 했구나. (UP)	

   b. 구체적인 칭찬은 아동의 <u>구체적인 작품</u>에 대한 평가를 한다.

예시

부모 : <u>너의 이야기</u>는 매우 잘 구성되어 있어. (LP) **부모 :** 그것은 매우 잘 구성되어 있구나. (UP)	**부모 :** <u>네가 그린 그 강아지</u>가 매우 귀엽구나. (LP) **부모 :** 그건 매우 귀엽다. (UP)
부모 : 엄마는 네가 엄마를 위해 만들어 준 <u>비행기</u>를 좋아해. (LP) **부모 :** 엄마는 이것을 좋아한단다. (UP)	**아동 :** (꽃을 그린다.) **부모 :** 거기에 <u>예쁜 잎</u>이 있구나. (LP)

   c. 아동의 <u>정신적 · 신체적 특성</u>과 관련된 특정 행동이나 작품에 대한 묘사가 포함된 칭찬은 구체적인
     칭찬이다.

예시

아동 : (큰 블록을 바닥에 놓는다.)
부모 : 커다란 것을 거기에 놓은 것은 똑똑한 거야.
       (LP)
	아동 : (땋은 머리에 리본을 묶고 있다.)
	부모 : 네가 땋은 머리는 네 머리를 예뻐 보이게 하는
	       구나. (LP)

그러나 : 부모 : 너는 똑똑하구나. (UP)	**그러나 : 부모 :** 너의 머리가 예뻐 보이는구나. (UP)

아동 : (할로윈 분장을 마쳤다.)
부모 : 네가 분장을 하니까 네 눈이 귀여워 보이는구나.
       (LP)
	아동 : 그리고 그들은 행복하게 잘 살았답니다.
	부모 : 네가 이야기를 말해 줄 때 보면, 너는 상상력이
	       풍부하구나. (LP)

그러나 : 부모 : 너의 눈이 귀엽구나. (UP)	**그러나 : 부모 :** 너는 상상력이 풍부하구나. (UP)

6. 아동과 동일시되는 명사가 있는 문장에서, 그 명사가 긍정적인 평가의 단어로 수식될 때 칭찬이 된다. 그 명사가 아동이 즉시 완성했거나 현재 하는 행동을 언급할 때는 구체적인 칭찬이 된다.

예시	
아동: (집을 짓는다.) **부모:** 넌 멋진 건축가구나. (LP)	**아동:** (종이비행기를 접고 있다.) **부모:** 너는 훌륭한 비행기 만드는 사람이구나. (LP)
그러나: 아동: (통나무집 상자의 그림을 가리키고 있다.) 나는 지난번에 이것과 똑같은 집을 지었어요. **부모:** 너는 멋진 건축가구나. (UP)	**그러나: 아동:** (종이를 집어 든다.) 나는 배를 만들 거예요. **부모:** 너는 훌륭한 비행기 만드는 사람이기도 하지. (UP)
아동: (그림을 그리고 있다.) **부모:** 너는 멋진 예술가구나. (LP)	**아동:** 그리고 그들은 행복하게 잘 살았답니다. **부모:** 네가 이야기를 말해 줄 때 보면, 너는 상상력이 풍부하구나. (LP)
그러나: 아동: (부모가 그리는 것을 보고 있다.) 그건 멋져요. **부모:** 너도 멋진 예술가잖아. (UP)	**그러나: 부모:** 너는 상상력이 풍부하구나. (UP)

7. 칭찬이 '하다', '만들다', '놀다', '행동하다'와 같은 비구체적 동사들과 이런 단어들의 동의어를 포함하고 있을 때, 구체적인 칭찬으로 코딩되기 위해서 그런 동사들은 행동을 묘사하는 구절이나 단어로 수식되어야만 한다.

예시	
부모: 엄마는 네가 퍼즐을 열심히 맞추는 방식을 좋아해. (LP)	**부모:** 장난감을 가지고 조용히 놀다니 너는 착한 아이구나. (LP)
또는: 부모: 엄마는 네가 열심히 하는 방식이 좋구나. (LP)	**또는: 부모:** 너는 조용히 노는 착한 아이구나. (LP)
또는: 부모: 엄마는 네가 퍼즐을 맞추는 방식이 좋아. (LP)	**또는: 부모:** 너는 내가 바쁜 동안에 장난감을 가지고 놀다니 착한 아이구나. (LP)
그러나: 부모: 나는 네 방식이 좋아. (UP)	**그러나: 부모:** 너는 놀고 있는 착한 아이구나. (UP)
부모: 네가 독립적으로 그렇게 잘하다니 정말 놀라워. (LP)	**부모:** 너는 네 그림에 굉장히 색칠을 잘 하고 있어. (LP)
또는: 부모: 넌 혼자서도 잘하는구나. (LP)	**그러나: 부모:** 너는 그것을 굉장히 잘하고 있구나. (UP) **부모:** 너는 잘하고 있구나. (UP)
그러나: 부모: 네가 하는 것은 훌륭하구나. (UP) **부모:** 너는 잘하는구나. (UP)	

8. '일, 생각, 작업' 그리고 그 동의어 같은 비구체적인 명사가 포함된 칭찬은 이런 명사들이 더 구체적인 행동을 묘사하는 동사나 동사구로 수식될 때만 구체적인 칭찬이 된다.

예시			
부모: 그 블록을 거기에 놓다니 좋은 생각이구나. (LP)		**아동:** (장난감을 정리하고 있다.)	
		부모: 너는 정리하는 일을 잘하는구나. (LP)	
그러나: 부모: 좋은 생각이다. (UP) **부모:** 그건 좋은 생각이다. (UP)		**그러나: 부모:** 넌 잘하고 있구나. (UP) **부모:** 잘하는구나. (UP)	
부모: 그 다리 만들기를 멋지게 했구나. (LP)		**아동:** (통나무를 크기별로 분류하고 있다.)	
		부모: 그것들을 먼저 분류하는 것은 좋은 생각이구나. (LP)	
그러나: 부모: 멋지구나. (UP) **부모:** 그걸 멋지게 했구나. (UP)		**그러나: 부모:** 좋은 생각이네. (UP) **부모:** 생각을 잘했네. (UP)	

9. 부모와 아동이 함께 만든 작품 또는 활동에 대한 부모의 칭찬은 아동에 대한 칭찬으로 코딩된다.

예시
부모: 우리가 사랑스러운 집을 함께 만들었네. (LP)
부모: 우리의 그림은 매우 멋지다. (LP)
부모: 우리가 재미있는 게임을 만든 것 같지 않니! (LP)

10. 한 문장에 아동의 행동을 명확하게 독립적으로 묘사하는 두 개 이상의 의미 있는 동사구와 그 동사들을 수식하는 적어도 한 개의 긍정적인 평가의 단어나 구가 포함되어 있으면 각 수식된 동사구는 개별적인 칭찬으로 코딩된다.

부모:	너는 멋진 집을 만들고 있고, 멋진 선율로 콧노래를 부르고 있구나. (LP+LP)	**부모:**	나는 네가 연주하는 방식이 좋고, 그 선율에 맞추어 콧노래 부르는 것이 좋단다. (UP+LP)
부모:	나는 네가 그 집을 만드는 방식이 맘에 들고, 오늘 너무 착해서 좋구나. (LP+UP)	**부모:**	네가 그 선율에 맞추어 흥얼거리는 방식과 집을 지은 방식 둘 다 맘에 들어. (LP+LP)
부모:	나에게 초록색을 줘서 고맙고, 빨간색을 어디로 놓는지 알려 줘서 고맙다. (LP+LP)	**부모:**	너는 친절하게 행동했고, 오늘 착한 소녀처럼 굴었구나. (UP+UP)
그러나 : 부모:	나에게 초록색과 빨간색을 줘서 고맙다. (LP)	**그러나 : 부모:**	너는 오늘 멋지고 착한 소녀처럼 굴었구나. (UP)
부모:	너는 통에 장난감을 잘 넣고, 그 통을 장난감 상자에 넣는 일을 아주 잘했구나. (LP+LP)	**아동:**	(집을 그리고 있다.)
		부모:	네가 의자에 똑바로 앉아 있는 것과 멋진 그림을 그리는 것은 정말로 훌륭하다. (LP+LP)
그러나 : 부모:	너는 그것을 가져다가 장난감 상자에 넣는 훌륭한 일을 했구나. (LP)	**그러나 : 부모:**	창문과 문을 깔끔하게 그렸구나. (LP)
아동:	(인형을 가지고 놀고 있다.)		
부모:	네가 그 인형을 부드럽게 안고, 인형에게 달콤하게 노래 불러 주는 것이 멋지구나. (LP+LP)		
그러나 : 부모:	인형을 그렇게 부드럽게 안는 것이 멋지다. (LP)		

11. 아동의 행동이나 작품에 대한 구체적인 긍정적인 평가의 말은 질문 형식으로 쓰여도 구체적인 칭찬이다. (우선순위를 참고하라.)

부모:	너는 사랑스러운 꽃다발을 그렸구나, 그렇지 않니? (LP)
부모:	너의 눈송이는 아름답게 되었구나, 그렇지 않니? (LP)
부모:	네가 만든 최고 비행기가 아니니! (LP)

12. 아동의 말을 반영하거나 아동의 질문에 대답하는 구체적인 칭찬은 반영이나 묘사가 아닌 구체적인 칭찬으로 코딩된다. (우선순위를 참고하라.)

아동:	나는 훌륭한 요새를 만들었어요!	**아동:**	나는 예쁜 집을 만들었어요. 그렇지 않아요?
부모:	너는 훌륭한 요새를 만들었구나. (LP)	**부모:**	네가 매우 예쁜 집을 만들었구나. (LP)
아동:	내 그림이 맘에 들어요?		
부모:	나는 네 그림이 아주 맘에 들어. (LP)		

13. 아동에 대한 구체적인 칭찬이 포함된 순종할 기회가 있는 지시는 지시로 코딩한다. 칭찬이 포함된, 순종할 기회가 없는 것으로 자동적으로 코딩되는 지시는 칭찬으로 코딩한다.

예시	
아동: (배를 그리는 것을 마친다.) **부모:** 네가 그린 굉장한 배 좀 봐라! (DC/NOC가 아닌 LP)	**아동:** 이것은 어려워요! **부모:** 네가 지난번에 잘했던 것처럼 조립한 것을 기억해라. (DC/NOC가 아닌 LP)
그러나: 부모: 너의 아름다운 그림을 그 파일에 넣는 것이 어떠니? (IC)	**그러나: 부모:** 네가 처음에 완벽하게 한 것처럼 다른 꽃도 그려 봐라. (DC)

14. 행동의 질적인 면에 대한 묘사가 아니라 실제 행동에 대한 묘사는 그 행동이 얼마나 긍정적이든 얼마나 열정적으로 묘사되었든 간에 칭찬이 아니다.

예시	
아동: (마지막 퍼즐 조각을 놓는다.) **부모:** 네가 그걸 완성했구나! (BD)	**부모:** 빨간 블록을 들어라. **부모:** 네가 블록들을 다 들어 올리고 있구나! (BD)
그러나: 부모: 네가 그것을 완벽하게 끝냈구나. (LP)	**그러나: 부모:** 네가 블록을 아주 조심스럽게 들었구나! (LP)
아동: (장난감이 탁자에서 떨어지기 전에 잡는다.) **부모:** 네가 그걸 잡았구나! (BD) **부모:** 잘 잡았네! (LP)	

15. 부모의 평가가 들어가지 않으면서, 아동 자신의 행동에 대한 아동의 긍정적인 감정들을 부모가 해석하는 말은 구체적인 칭찬이 아닌 일상적인 말이다.

예시
부모: 그 조각이 맞아서 네가 행복해 보인다. (TA)
부모: 네가 숫자를 배운 것을 매우 자랑스러워하는구나. (TA)
부모: 난 네가 새로 자른 머리를 좋아한다고 생각해. (TA)

16. 아동의 작품이 아닌 물건에 대한 칭찬은 일상적인 말로 코딩한다.

예시	
부모: 엄마는 네가 놀려고 고른 농장 동물 인형을 좋아해. (LP) **그러나: 부모:** 난 이 농장 동물 인형들이 좋구나. (TA)	**부모:** 넌 굉장한 게임을 만들었구나. (LP) **그러나: 부모:** 그들이 가지고 있는 건 굉장한 게임이구나. (TA)
아동: (그림판에 트럭을 그리고 있다.) **부모:** 그건 멋진 트럭이구나. (LP) **그러나: 아동:** (탁자를 가로질러 트럭을 밀고 있다.) **부모:** 그건 멋진 트럭이구나. (TA)	

17. 칭찬은 부모의 평가가 반드시 들어가야만 한다. 부모가 아동에 대한 칭찬을 외부의 누군가나 물건에 돌릴 때는 일상적인 말로 코딩한다.

예시	
아동: 할머니에게 줄 그림을 그리고 있어요. **부모:** 네 할머니는 이 그림이 정말 특별하다고 생각하시겠구나. (TA)	**아동:** (감자인형에 모자를 씌우고 있다.) **부모:** 감자인형은 새 모자를 좋아하겠구나. (TA)
부모: 네 토끼 옆에 바구니를 그려라. **아동:** (바구니를 그리기 시작한다.) **부모:** 그 부활절 토끼는 이 바구니를 좋아할 것 같구나. (TA)	

18. 일반적으로 긍정적인 평가가 들어 있는 어떤 단어들은 아동의 작품, 활동, 행동을 묘사하는 평가적이지 않은 형용사를 수식할 때 그 의미가 달라질 수 있다. 이런 단어들을 쓴다고 해도 칭찬은 아니다.

예시	
아동: (부모에게 수수께끼를 물어본다.) **부모:** 네 수수께끼는 최고구나. (LP) **그러나: 부모:** 네 수수께끼는 최고로 어렵구나. (TA)	**부모:** 너는 그걸 멋지게 색칠했구나. (LP) **그러나: 부모:** 넌 아주 큰 토마토를 색칠했구나. (BD)
부모: 네가 그 퍼즐을 예쁘게 만들었구나. (LP) **그러나: 부모:** 너는 퍼즐을 꽤 쉬워 보이게 만들었구나. (BD)	

19. 조건문 형식에서 일상적인 말에 아동의 특정 활동, 행동, 또는 작품에 대한 긍정적인 평가가 포함되어 있으면 구체적인 칭찬이 된다.

예시	
부모: 너의 아름다운 그림을 여기에 두면, 엄마는 그걸 더 잘 볼 수 있단다. (LP)	**부모**: 네가 탑을 가장자리에 그렇게 가깝게 놓으면, 네 멋있는 탑이 무너질 수도 있단다. (LP)
그러나: **부모**: 네 그림을 여기에 두면, 엄마는 그걸 더 잘 볼 수 있단다. (TA)	**그러나**: **부모**: 네가 탑을 가장자리에 그렇게 가깝게 놓으면, 너의 탑은 무너질 수 있단다. (TA)

20. 부모가 역할놀이 중에 '역할 속에서' 칭찬을 할 때 그 말을 칭찬으로 코딩한다.

예시	
아동: (토끼 퍼펫에게 말을 하고 있다.) 나는 널 영화에서 봤어! **부모**: (토끼 퍼펫이 되어 말하고 있다.) 넌 기억력이 좋구나, 애야. (LP)	**아동**: (남자아이 인형을 태운 차를 밀고 있다.) **부모**: (남자아이 인형에게 말을 걸고 있다.) 넌 운전을 아주 잘하는구나. (LP)

| 구체적이지 않은 칭찬(UP) |

정의

구체적이지 않은 칭찬은 아동, 아동의 특성 혹은 아동의 구체적이지 않은 활동, 행동, 작품에 대한 긍정적인 평가이다.

부모의 구체적이지 않은 칭찬 예시	
잘하는구나.	멋지구나.
완벽하네.	일등이네.
훨씬 낫구나.	훌륭하구나.
엄마는 그게 좋구나.	고마워.
엄마는 널 사랑해.	넌 예쁘고 똑똑한 꼬마구나.
천사 같구나.	맘에 드는데!
이야!(Yea!)	넌 잘생겼어.
네 눈은 예쁘구나.	넌 너무나 사려 깊구나.
훌륭한 예술가구나.	우리는 그것을 적당히 잘 칠했어.
넌 너무 착하고, 엄마는 그래서 좋구나.	너가 노는 방식과 돕는 방식은 최고다.
굉장히 잘했구나. 그렇지 않니?	

결정규칙

1. 구체적인 칭찬인지 구체적이지 않은 칭찬인지 불확실할 때에는 구체적이지 않은 칭찬으로 코딩한다.

2. 구체적이지 않은 칭찬인지 아니면 다른 코딩 범주, 예를 들어 반영, 행동묘사, 질문, 또는 일상적인 말인지 불확실 할 때에는 구체적이지 않은 칭찬으로 코딩하지 않는다.

부모의 구체적이지 않은 칭찬 가이드라인

1. 긍정적인 평가지만, 평가되고 있는 아동의 구체적인 행동, 활동 혹은 작품에 대해서 언급하지 않는 말은 구체적이지 않은 칭찬이다.

예시

아동: (나비를 그린다.) **부모:** 멋지구나! (UP)	**아동:** ('징글벨' 노래를 부른다.) **부모:** 잘하는구나. (UP)
그러나 부모: 멋진 그림이구나! (LP) 　　　　**부모:** 멋진 나비구나! (LP)	**그러나 부모:** 노래를 잘하는구나. (LP) 　　　　**부모:** 좋은 노래구나. (LP)
아동: (부모에게 블록을 몇 개 준다.) **부모:** 고마워. (UP)	**아동:** 실례해요. **부모:** 예의 바르구나. (UP)
그러나 부모: 나눠줘서 고마워. (LP)	**그러나 부모:** "실례해요."라고 말하다니 넌 예의 바르구나. (LP)

2. 칭찬에는 반드시 아동이나 아동의 행동, 특성, 작품에 대해 긍정적으로 평가하는 단어나 어구가 포함되어야 한다.

   a. 긍정적 평가를 하는 단어들은 '좋은'과 그 단어의 동의어들이다. DPICS에서 긍정적인 평가 단어로 고려되는 단어들은 예쁜, 멋진, 현명한, 깔끔한, 예의 바른, 훌륭하게 행동하는, 올바른, 사려 깊은, 조심스러운, 최고의, 머리가 좋은, 아름다운, 완벽한, 굉장한, 잘생긴, 참을성 있는, 똑똑한, 특별한, 배려해 주는, 재미있는, 즐거운, 일등의, 최고의, 굉장히 멋진, 재치 있는, 빼어난, 인상적인, 세련된 등이 있다.

예시

아동: 이걸 여기에 둬야 해요? **부모:** 맞았어. (UP)	**함께:** (웃고 있다.) **부모:** 넌 재미있다. (UP)
아동: (요정이야기를 만들어 낸다.) **부모:** 창의적이구나. (UP)	**아동:** (정리를 하고 있다.) **부모:** 넌 잘 도와주는 아이구나. (UP)
부모: 이 숫자를 천천히 따라 써라. **아동:** (숫자를 따라 쓴다.) **부모:** 깔끔한데! (UP)	**부모:** 그것을 똑바로 그려라. **부모:** 완벽한데! (UP)
아동: 내가 동그라미를 만들었어요. **부모:** 멋지네! (UP)	

b. 조용한, 빠른, 느린, 경계하는, 웃기는, 흥미로운, 강한, 우스운, 흥분되는, 에너지가 넘치는, 똑바른, 화려한 등과 같이 충분히 긍정적이지 않은 묘사적 단어들은 칭찬이 아니다.

예시	
아동: 내가 이걸 여기에 뒤야 해요? **부모:** 흥미롭구나. (TA)	**함께:** (웃고 있다.) **부모:** 우스꽝스럽다. (TA)
아동: (열심히 만들기를 하고 있다.) **부모:** (따뜻하게) 너는 오늘 조용하구나. (TA)	**아동:** (요정이야기를 만들어 내고 있다.) **부모:** 기대되는데. (TA)
아동: (정리를 하고 있다.) **부모:** 네가 도와주고 있구나. (BD)	**부모:** 똑바로 그려라. **부모:** 매우 똑바르구나. (TA)
부모: 이 숫자를 천천히 따라 써라. **아동:** (숫자를 따라 쓴다.) **부모:** 천천히 했구나! (TA)	

3. 아동의 구체적이지 않은 행동을 긍정적으로 평가하는 '좋은', '더 나은', '최고의'와 같은 부사와 형용사는 구체적이지 않은 칭찬이다.

예시	
아동: (꽃을 그리고 있다.) **부모:** 그거 좋구나. (UP)	**아동:** (다른 탑을 만들고 있다.) **부모:** 이번에는 더 멋지구나. (UP)
그러나: 부모: 알록달록하구나. (TA)	**그러나: 부모:** 이번에는 더 높아졌구나. (TA)
아동: (카드로 집을 만들고 있다.) **부모:** 난 네가 이렇게 조심스러운 것은 처음 봤어. (UP)	
그러나: 부모: 그건 엄마가 본 것 중에 제일 큰 거네! (TA)	

4. 아동의 행동이나 작품에 대해 부모가 구체적이지는 않지만 고마움이나 기쁨을 표현하는 말은 구체적이지 않은 칭찬이다.

예시	
아동: (아버지에게 블록을 건네준다.) **부모:** 고마워. (UP)	**아동:** (빨간 사과를 그리고 있다.) **부모:** 엄마는 그게 좋아. (UP)
아동: 난 다시는 그렇게 안 할 거예요. **부모:** 네가 이해해 줘서 기쁘구나. (UP)	**함께:** (색칠하고 있다.) **부모:** 너와 함께 노는 것이 재밌어. (UP)
아동: 정리 빠르게 하지요! **부모:** 네가 빨리하니까 좋구나. (UP)	

5. 칭찬을 표현하기 위해 일반적으로 사용되는 긍정적인 은유로 아동을 묘사하는 말은 구체적이지 않은 칭찬이다.

예시	
부모: 넌 내 꼬맹이 조수야. (UP)	**부모:** 아빠의 꼬마 공주님이 여기 오는구나. (UP)
부모: 얼마나 귀염둥이인지! (UP)	**부모:** 정말 다 큰 아이 같구나! (UP)

6. 일상적인 말의 어떤 표현은 아동의 행동, 작품이나 특성에 대한 칭찬과 긍정적인 평가를 하기 위해 사용된다. 이런 숙어적 표현들은 일상적인 말이 아니라 구체적이지 않은 칭찬으로 코딩된다. '그렇지(그거야)', '좋았어', '그래' 같은 표현은 명백하게 칭찬을 나타내는 비언어적 몸짓(예 : 웃음, 박수, 긍정적 접촉)과 함께 올 때만 칭찬의 표현으로 고려될 수 있다.

예시	
아동: 이 조각은 여기에 맞아요. **부모:** 너는 뭐든지 잘 아는구나. (UP)	**아동:** (어려운 퍼즐을 완성한다.) **부모:** 잘했어! (UP)
아동: 나는 알파벳을 전부 다 말할 수 있어요. **부모:** 와우. (UP)	**아동:** (탑의 꼭대기에 블록을 놓는다.) 내가 이걸 했어요. **부모:** 잘했어! (UP)
아동: 내 자동차가 이겼어요. **부모:** (손바닥을 내밀며) 하이파이브! (UP)	**아동:** 나랑 에디가 보이스카우트에서 배지를 받았어요. **부모:** (아동의 머리를 쓰다듬으며) 좋았어! (PTO + UP) - **그러나 : 아동:** 우리가 보이스카우트에서 배지를 받았어요. **부모:** (제스처 없이) 좋아! (TA)

7. 아동의 정신적·신체적 특성들을 묘사하지만, 이러한 특성과 관련된 구체적인 행동이나 작품을 묘사하지 않는 칭찬은 구체적이지 않은 칭찬이다.

예시	
아동: (머리를 빗고 있다.) **부모:** 네 머릿결은 눈부시다. (UP)	**아동:** (눈에 할로윈 분장을 하고 있다.) **부모:** 네 눈은 귀엽다. (UP)
그러나 : 아동: (땋은 머리에 리본을 묶고 있다.) 　　　　**부모:** 네 머릿결은 땋은 머리를 화려하게 보이게 한다. (LP)	**그러나 : 부모:** 할로윈 분장을 그렇게 하니까 네 눈이 귀여워 보인다. (LP)
아동: (장난감이 있는 큰 상자를 움직이고 있다.) **부모:** 네 근육은 엄청나다. (UP)	**아동:** 우리가 유니콘이 되어 보아요. **부모:** 넌 상상력이 대단하구나. (UP)
그러나 : 부모: 그것을 들어올리다니 네 근육은 엄청나다. (LP)	**그러나 : 부모:** 역할놀이할 때 너는 상상력이 대단하다. (LP)

8. 아동을 어떤 명사로 동일시하는 말은 그 명사가 긍정적인 평가의 단어로 수식될 때 칭찬이 된다. 이러한 칭찬들은 그 명사가 현재 하고 있거나 방금 끝마친 것이 아닌 행동을 언급할 때는 구체적이지 않은 칭찬이다.

예시	
아동: 오늘 우리가 학교에서 색칠했어요. **부모:** 넌 멋진 화가구나. (UP)	**아동:** (사고로 조립식 장난감 자동차를 부순다.) **부모:** 넌 훌륭한 정비공이란다. 괜찮을 거야. (UP＋TA)
그러나 : 아동: (그림을 색칠하고 있다.) 　　　　**부모:** 넌 멋진 화가구나. (LP) 　　　　**부모:** 넌 화가구나. (TA)	**그러나 : 아동:** (조립식 장난감 자동차를 다시 조립한다.) 　　　　**부모:** 넌 훌륭한 정비공이구나. (LP) 　　　　**부모:** 넌 정비공이구나. (TA)

9. 부모가 아동의 행동에 대해 구체적이지 않은 칭찬을 한 후에 아동의 행동을 구체적으로 묘사하더라도, 그 칭찬이 구체적인 칭찬으로 되는 것은 아니다.

예시	
아동: (통나무집을 짓는다.) **부모:** 멋지다. 네가 통나무집을 지었구나. (UP＋BD)	**아동:** (알파벳 노래를 부른다.) **부모:** 굉장하네. 글자를 모두 알고 있구나. (UP＋TA)

10. 부모와 아동 둘이서 하는 활동, 작품에 대해 언급하는 구체적이지 않은 칭찬은 아동에 대한 구체적이지 않은 칭찬으로 코딩된다.

예시		
부모: (부모와 아동이 그림을 함께 그리고 있다.) **부모:** 대단한데! (UP)	**부모:**	우린 아직 조심성 있게 작업하고 있다. (UP)
아동: 엄마는 예뻐요. **부모:** 우린 둘 다 예쁘단다. (UP)		

11. 한 문장에 아동의 행동을 명확하게 독립적으로 묘사하는 두 개 이상의 의미 있는 동사구와 그 동사들을 수식하는 적어도 한 개의 긍정적인 평가의 단어나 구가 포함되어 있으면 각각의 동사구는 개별적인 칭찬으로 코딩된다.

예시		
부모: 넌 굉장한 집을 짓고 있고, 아름다운 노래도 부르는구나. (LP+LP)	**부모:**	나는 네가 노는 방식을 좋아하고 음을 맞추어 흥얼거리는 방식을 좋아한다. (UP+LP)
부모: 초록색을 줘서 고맙고 빨간색이 어디로 가야 하는지 알려 줘서 고맙구나. (LP+LP)	**부모:**	너는 멋지게 굴었고, 오늘 착한 소녀처럼 굴었구나. (UP+LP)
그러나: 부모: 나에게 초록색과 빨간색을 줘서 고맙구나. (LP)	**그러나: 부모:**	너는 오늘 멋지고 착한 소녀처럼 굴었구나. (UP)
부모: 너는 통에 장난감을 잘 넣고, 그 통을 장난감 상자에 넣는 훌륭한 일을 했구나. (LP+LP)	**아동:**	(집을 그리고 있다.)
	부모:	네가 의자에 똑바로 앉아 있는 것과 멋진 그림을 그리는 것은 정말로 근사하다. (LP+LP)
그러나: 부모: 너는 그것을 가져다가 장난감 상자에 넣는 훌륭한 일을 했구나. (LP)	**그러나: 부모:**	네 창문과 문을 깔끔하게 그렸구나. (LP)

12. 아동의 활동, 작품, 또는 특성을 긍정적으로 평가하는 구체적이지 않은 말은 질문 형식으로 묻더라도 구체적이지 않은 칭찬이다.

예시	
부모: 그건 멋지다, 그렇지 않니? (UP)	**부모:** 엄마 생각에는 그게 이쁘구나, 그렇지 않니? (UP)
부모: 넌 그렇게 잘했구나. 그렇지 않니? (UP)	**부모:** 엄마가 널 얼마나 사랑하는지 아니? (UP)

13. 아동이 부모에게 평가적인 대답을 요구하는 묘사/반영 질문을 할 때, 일상적인 말이 될 수 있는 긍정적인 부모의 대답은 구체적이지 않은 칭찬으로 코딩한다.

예시	
아동: 엄마는 제 드레스 좋아해요? **부모:** 응. (UP)	**아동:** 제가 그거 잘했죠, 그렇지 않아요? **부모:** 물론이지. (UP)

14. 아동이 긍정적인 자기 평가를 할 때, 일상적인 말이 될 수 있는 긍정적인 부모의 대답은 구체적이지 않은 칭찬으로 코딩한다.

예시	
아동: 제가 그것을 예쁘게 만들었어요. **부모:** 정말로 그렇네. (UP)	**아동:** 제 그림은 멋있어요. **부모:** 그렇구나. (UP)
	그러나: 아동: 제 탑이 커요. 　　　　**부모:** 그러네. (TA)

15. 아동의 감정을 해석하는 말은 구체적이지 않은 칭찬이 아니라 일상적인 말이다.

예시	
부모: 너는 매우 행복해 보이는구나. (TA)	**부모:** 너는 오늘 꽤 활기차구나. (TA)
부모: 스스로 기뻐하고 있구나. (TA)	

16. 아동과 관련이 없는 사건이나 물건에 대한 긍정적인 평가를 하는 일상적인 말은 칭찬이 아니라 일상적인 말이다.

예시	
아동: 장난감 상자에 그림판이 들어 있어요. **부모:** 이야! (TA)	**아동:** 이건 새 분필이에요! **부모:** 멋진데! (TA)
아동: 어제 LG 트윈스(야구팀)가 이겼어요. **부모:** 와우! (TA)	

17. 전형적으로 긍정적인 평가를 하는 어떤 단어들은 아동의 행동이나 활동, 작품을 묘사하는 평가적이지 않은 형용사를 수식할 때 의미가 바뀌게 된다. 이런 단어들은 칭찬이 아니다.

예시			
아동:	좋아요, 그래서 그게 그렇게 되는 거예요.	**아동:**	내 공룡은 티라노사우루스예요.
부모:	꽤 쉬워 보이는구나. (TA)	**부모:**	정말 크네. (TA)
아동:	이 퍼즐은 500조각이에요.		
부모:	그건 최고로 어려운데. (TA)		

18. 부모가 역할놀이 중에 '역할 속에서' 칭찬할 때, 그 말은 칭찬으로 코딩한다.

예시			
아동:	(칠판에서 선생님 역할을 하고 있다.) 학생들, 이건 1+1이라고 해요.	**아동:**	(악어 인형을 쓰다듬고 있다.)
부모:	(학생 역할을 하고 있다.) 선생님, 선생님은 똑똑하세요. (UP)	**부모:**	(악어 인형처럼 말한다.) 고마워. (UP)
아동:	(엄마를 껴안고 있다.)	**아동:**	(장난감 물개와 점잖게 놀고 있다.)
부모:	(노래하고 있다.) 난 널 사랑해. (UP)	**부모:**	넌 무지 훌륭한 물개구나! (UP)

질문

질문은 문법적으로 의문문의 구조를 가지고 있거나 문장의 끝에서 억양을 올리는 것으로 일반적인 평서문과 구별되는 말로서 한 사람이 다른 사람에게 하는 언어적 질의이다. 질문은 대답을 요구하지만, 다른 사람으로 하여금 어떤 행동을 하도록 제안하는 것은 아니다. 질문에는 묘사/반영 질문과 정보 질문 두 가지가 있다. 정보 질문은 일상적인 말 이상의 응답을 요구하는 반면, 묘사/반영 질문은 대답으로 일상적인 말 이상을 요구하지 않는다.

| 정보 질문(IQ) |

정의

아동이 '잘 몰라요' 같은 간단한 응답을 하거나 전혀 대답을 하지 않더라도, 아동에게서 '예, 아니요, 아마도' 같은 간단한 응답 이상의 구체적인 정보를 요구하게 되는 질문을 정보 질문이라고 한다.

부모의 정보 질문 예시	
산타할아버지가 뭐 가져다주셨니?	네 귀는 어디 있니?
빨간색 조각을 갖고 싶니, 아니면 검은색 조각을 갖고 싶니?	내가 너에게 항상 말했던 것이 뭐지?
몇 시니?	멕시코는 어디 있지?
이건 뭐라고 부르니? (2초) 응?	응? (뭐라고?)
예쁜 블록들은 어디 있니?	

결정규칙

1. 묘사/반영 질문인지 정보 질문인지 불확실할 때에는 묘사/반영 질문으로 코딩한다.
2. 간접지시인지 정보 질문인지 불확실할 때에는 정보 질문으로 코딩한다.
3. 행동묘사나 반영인지 정보 질문인지 불확실할 때에는 행동묘사나 반영으로 코딩한다.
4. 질문이 칭찬이나 부정적인 말인지 또는 정보 질문인지 불확실할 때에는 정보 질문으로 코딩한다.

부모의 정보 질문 가이드라인

1. 정보 질문은 아동에게서 기대되는 대답의 유형에 의해 묘사/반영 질문과 구분된다.

a. 정보 질문은 '예' 혹은 '아니요' 같은 간단한 응답 이상의 정보를 요구한다. 만약 질문이 단순히 아동에게서 긍정이나 부정의 대답을 요구할 때에는 묘사/반영 질문으로 코딩한다.

예시	
아동: (광대를 그리고 있다.) **부모:** 광대의 이름은 뭐니? (IQ)	**아동:** 엄마는 그걸 다른 방법으로 놓아야 돼요. **부모:** 어떤 다른 방법? (IQ)
그러나: 부모: 그건 색이 화려한 광대 같지? (DQ)	**그러나: 부모:** 이렇게, 맞니? (DQ)
아동: (사람을 그리고 있다.) **부모:** 그게 그 사람의 왼쪽 팔이니 오른쪽 팔이니? (IQ)	**아동:** (알파벳 자판에서 A를 만지고 있다.) **부모:** 그건 무슨 글자니? (IQ)
그러나: 부모: 그건 그 사람의 왼쪽 팔이니? (DQ)	**그러나: 부모:** 그건 A니? (DQ)

b. 정보 질문과 묘사/반영 질문의 응답 모두 비언어적인 보디랭귀지로 의사소통될 수 있지만, 정보 질문과 묘사/반영 질문은 기대되는 대답의 내용이 '예, 아니요'의 간단한 긍정 혹은 부정을 넘어서는지 여부에 따라 구분된다.

예시	
아동: (농장놀이 장난감을 보고 있다.) **부모:** 네가 좋아하는 동물은 뭐니? (IQ) **아동:** (소를 가리킨다.)	**부모:** 니 코는 어디 있니? (IQ) **아동:** (코를 만진다.)
그러나: 아동: (농장놀이 장난감을 보고 있다.) 　　　　**부모:** 네가 좋아하는 동물이 소니? (DQ) 　　　　**아동:** ('예'라는 의미로 고개를 끄덕인다.)	**그러나: 부모:** (아동의 코를 만진다.) 　　　　**부모:** 이게 니 코니? (DQ)

2. 정보 질문은 질문의 형식에 따라 묘사/반영 질문과 구분된다.

　　a. 개방형 질문은 일반적으로 정보 질문이다. 폐쇄형 질문은 일반적으로 묘사/반영 질문이다.

예시	
아동: (나무를 그리고 있다.) **부모:** 그건 뭐니? (IQ)	**아동:** 난 스키들 꿀벌을 그리고 있어요. **부모:** 스키들 꿀벌이 뭐니? (IQ)
그러나: 부모: 그건 나무니? (DQ)	**그러나: 부모:** 스키들 꿀벌? (DQ)
아동: 이 개의 이름은 데이지예요. **부모:** 개 이름이 뭐라고? (IQ)	**부모:** 넌 자동차를 갖고 싶니, 트럭을 갖고 싶니? (IQ)
그러나: 부모: 데이지, 어(맞니?)? (DQ)	**그러나: 부모:** 자동차 갖고 싶니? (DQ)

b. 수사 의문문은 질문이 개방형인지 폐쇄형인지에 따라 정보 질문이나 묘사/반영 질문으로 구분된다.

예시	
아동: 이거 끝나고 맥도널드 가도 돼요? **부모:** 얼마나 계속 나에게 물어볼 거니? (IQ)	**아동:** (엄마 지갑을 뒤지고 있다.) **부모:** 뭐하니? (IQ)
그러나: 부모: 이 말은 내가 전에도 듣지 않았던가? (DQ)	**그러나: 부모:** 내 지갑 안이 그렇게 궁금해? (DQ)

3. 정보 질문은 아동에게 단지 정보를 구하지만, 간접지시는 언어적 또는 신체행동을 하도록 요구한다.

예시	
함께: (시계를 보고 있다.) **부모:** 몇 시니? (IQ)	**아동:** (지도를 보고 있다.) **부모:** 이 주는 무슨 주니? (IQ)
그러나: 부모: 몇 시인지 나한테 말해 줄래? (IC)	**그러나: 부모:** 플로리다가 어디 위치해 있는지 알려 줘, 알았지? (IC)
아동: (큰 소리로 읽고 있다.) **부모:** 마지막 단어는 뭐니? (IQ)	
그러나: 부모: 마지막 단어를 다시 읽어 볼래? (IC)	

4. 부모가 아동의 정보 질문을 되풀이할 때, 부모의 억양에 따라 그 의미가 달라질 수 있다. 만약에 질문에서 의도하는 의미가 '예, 아니요'의 단순한 긍정이나 부정 이상의 대답을 요구하는 것이라면 정보 질문으로 코딩한다.

예시	
아동: 어떤 게 보라색이에요? **부모:** 어떤 게 보라색이니? (IQ) (=네가 말해 봐라.)	**함께:** (딴 짓하다 게임으로 돌아와서) **부모:** 누구 차례니? (IQ)
그러나: 부모: 어떤 게 보라색이냐고? (DQ) (=네가 그렇게 말한 거니?)	**그러나: 아동:** (중얼거린다.) 누구 차례지? **부모:** 누구 차례냐구? (DQ) (=네가 그렇게 말한 거니?)
	주의: 부모: 누구 차례냐고 물어보는구나. (RF)

5. 만약 '응? 어?' 같은 단어나 이 단어들의 동의어가 정보 질문 뒤에 2초 내로 따라온다면, 본래의 질문과 분리해서 코딩하지 않는다. 만약 '응? 어?' 같은 단어가 정보 질문의 뒤에 부모나 아동의 다른 말이 끼어들지 않은 채로 2초 이상 뒤에 연속해서 왔을 때, 질문을 반복하는 것으로 보고 하나의 분리된 정보 질문으로 코딩한다.

예시

부모:	이건 어디에 놔야 될까, (1초) 응? (IQ)	**부모:**	이건 어디에 놔야 될까, (2초) 응? (IQ+IQ)
부모:	네가 말했던 게 뭐였지, (쉼 없이) 어? (IQ)	**부모:**	네가 말했던 게 뭐였지? (2초) 어? (IQ+IQ)
부모:	좀 도와줄까, (4초) 응? (DQ+DQ)		
그러나: 부모:	좀 도와줄까, (1초) 응? (DQ)		

6. '어?'나 그 동의어들은 "네가 뭐라고 말했지?"의 의미로 쓰일 때 정보 질문이 된다.

예시

아동:	뚜껑을 밑바닥에 놔주세요.	**아동:**	(중얼거리고 있다.)
부모:	응? (IQ)	**부모:**	어? (IQ)
그러나: 아동:	여자애 이름은 아리스타예요.	**그러나: 부모:**	그게 좋니?
부모:	어! (TA)	**아동:**	(2초 이상 대답이 없다.)
		부모:	어? (DQ)

7. 정보 질문에는 아동이나 아동이 만든 작품, 행동에 대한 칭찬이나 비판이 포함되어 있지 않다.

   a. 아동이나 아동이 만든 작품, 행동에 대한 칭찬이 포함된 질문은 적절한 칭찬 카테고리로 코딩한다.

예시

아동:	우리 책을 함께 정리해요.	**아동:**	(필기체로 쓰고 있다.) 내가 완벽한 A를 만들었어요.
부모:	내가 책 표지를 어디에 두었지? (IQ)		
또는: 부모:	내가 사진을 어디에 두었니? (IQ)	**부모:**	쓰는 것을 어디에서 배웠니? (IQ)
		그러나: 부모:	그렇게 잘 쓰는 걸 어디에서 배웠니? (LP)
아동:	내가 집을 만들었어요.		
부모:	누가 거기에서 사니? (IQ)		
그러나: 부모:	누가 너의 멋진 집에서 살고 있을까? (LP)		

b. 아동이나 아동의 작품, 행동에 대한 비판을 포함하는 부모의 질문은 부정적인 말로 코딩한다.

예시	
함께: (풍경을 그리고 있다.) **부모:** 위쪽에는 뭘 그릴 거니? (IQ)	**함께:** (퍼즐을 맞추고 있다.) **부모:** 다음에는 무슨 조각이 올까? (IQ)
그러나 : 부모: 왜 위쪽 부분을 지저분하게 만드니? (NTA)	**또는 : 부모:** 왜 나는 이걸 맞출 수 없을까? (IQ) **그러나 : 부모:** 그게 어디로 가는지 넌 왜 모르니? (NTA)

c. 부모의 질문에 부모와 아동 둘 다에 대한 평가가 포함되어 있을 때, 아동에 대한 언급이 우선시되어 코딩된다.

예시	
함께: (요새를 만들고 있다.) **부모:** 너와 내가 다음에는 어떤 부분을 만들까? (IQ)	**아동:** (부모의 손가락 움직임을 시로 보여 주려 하고 있다.) **부모:** 너는 뾰족탑에 어떻게 올라갔니? (IQ)
그러나 : 부모: 우리가 어떻게 이렇게 지저분하게 만들었지? (NTA) **부모:** 왜 나는 너만큼 멋지게 만들 수 없을까? (LP)	**그러나 : 부모:** 우리는 어떻게 해서 잘못됐을까? (NTA) **그러나 : 부모:** 왜 우리는 이걸 올바로 하지 못하지? (NTA)

d. 부모의 질문에 아동이 가지고 있거나 만든 것이 아닌 놀이 상황(놀잇감, 행동, 생각)의 어떤 측면에 대한 칭찬이나 비판이 포함되어 있을 때는, 적절한 질문 카테고리로 코딩한다.

예시	
아동: (장난감 소를 들고 있다.) **부모:** 이런 좋은 장난감을 그 사람들이 어디서 샀다고 생각하니? (IQ)	**아동:** (고장난 말을 가지고 놀고 있다.) **부모:** 이 말은 뭐가 문제지? (IQ)
함께: (방에 들어 왔는데 통나무집 장난감이 바닥에 흩어져 있다.) **부모:** 누가 여기를 이렇게 어질러 놨지? (IQ)	
그러나 : 아동: (아동이 놀이방에 통나무집 장난감을 잔뜩 어질러 놓고 걸어온다.) **부모:** 누가 여기에 이렇게 어질러 놨지? (NTA)	

8. 한 단어로 된 정보 질문이 2초 내에 반복되면 한 개의 정보 질문으로 코딩한다.

예시
부모: 왜, 왜, 왜? (IQ)

9. 2초 내에 반복되는 여러 단어로 된 정보 질문은 각각 별개의 질문으로 코딩하고, 첫 번째 질문에 대한 대답은 응답기회 상실(NOA)로 코딩한다.

예시
부모: 얼마나 걸리니? 얼마나 걸려? (IQ/NOA＋IQ)

| 묘사/반영 질문(DQ) |

정의

묘사/반영 질문은 아동이 대답할 때 부가적인 정보를 주거나 혹은 반응하지 않더라도 '예, 아니요' 같은 간단한 긍정 혹은 부정의 대답을 요구하는 질문 형식으로 된 묘사적이거나 반영적인 말이다.

부모의 묘사/반영 질문 예시	
얘는 공주니?	내가 초록색 크레파스를 쓰면 어떨까?
정말?	무엇인지 아니?
알겠니?	이 글자를 뭐라고 부르는지 아니?
넌 그걸 바닥에 밀어놓고 있구나, 그렇지?	넌 레고로 놀고 싶구나, 그렇지?
그건 빨간색이구나, 그렇지?	너 성 만들고 싶니?
재밌구나, 그렇지 않니?	너 그거 어떻게 하는지 기억하니?
흥미롭지 않니?	장난감 상자 쪽으로 갈 거니?
이 개를 바둑이라고 부를까?	학교 파티에서 청바지를 입어도 돼?
이게 네가 원하는 거니?	내가 네 자동차 가지고 놀아도 될까?
이건 내 블록이니?	이거 좋아하니? (2초) 응?
건물??	그건 예쁜 인형이지 않니?
'그게 커요?'라고 말했니?	

결정규칙

1. 묘사/반영 질문인지 정보 질문인지 불확실할 때에는 묘사/반영 질문으로 코딩한다.

2. 간접지시인지 묘사/반영 질문인지 불확실할 때에는 묘사/반영 질문으로 코딩한다.

3. 행동묘사나 반영인지 묘사/반영 질문인지 불확실할 때에는 행동묘사나 반영으로 코딩한다.

부모의 묘사/반영 질문 가이드라인

1. 어떤 행동묘사, 반영과 일상적인 말은 문장 끝의 억양을 올리는 것으로 묘사/반영 질문이 된다.

예시

아동: (인형을 흔든다.) **부모:** 그건 아기니? (DQ)	**아동:** 난 자동차가 있어요. **부모:** 너한테 자동차가 있다고? (DQ)
	그러나: 부모: 너한테 자동차가 있구나. (RF)
아동: 그건 어디에 놔야 돼요? **부모:** (동전을 구멍에 넣는다.) 알겠지? (DQ)	**아동:** 그 남자 인형은 공주님이에요. **부모:** 그래? (DQ)
아동: 꽤 좋아 보여요. **부모:** 그래? (DQ)	

2. 행동묘사, 반영, 일상적인 말 끝부분에 부가 의문문을 덧붙이면 묘사/반영 질문이 되는 경우가 있다.

예시

아동: (경주용 차를 밀고 있다.) **부모:** 빠르게 운전하는구나, 그렇지 않니? (DQ)	**아동:** 내 건 초록색이에요. **부모:** 네 건 초록색이구나, 그렇지? (DQ)
아동: (체커판을 세팅한다.) **부모:** 엄마는 빨간색이 하고 싶은데, 괜찮니? (DQ)	**아동:** 저녁식사로 핫도그가 먹고 싶어요. **부모:** 생각해 보자, 알았지? (DQ)

3. 묘사/반영 질문과 정보 질문은 질문의 형식에 의해 구분된다.
   a. '예, 아니요' 같은 단순한 긍정이나 부정 이상의 대답을 요구하는 개방형 질문은 정보 질문이다.
   폐쇄형 질문은 묘사/반영 질문이다.

예시

부모: 이건 내 자동차니? (DQ)	**부모:** 엄마가 지금 초록색 크레용을 써도 괜찮겠니? (DQ)
그러나: 부모: 어떤 것이 내 거니? (IQ)	**그러나: 부모:** 엄마가 지금 어떤 크레용을 쓸 수 있니? (IQ)
부모: 만약에 내가 핸들을 돌리면 그게 움직일까? (DQ)	
그러나: 부모: 이건 어떻게 움직이니? (IQ)	

b. 수사 의문문은 질문이 개방형인지 폐쇄형인지에 따라 묘사/반영 질문이나 정보 질문으로 구분된다.

예시	
함께: (농장놀이를 하고 있다.) **아동:** 이건 트랙터예요. **부모:** 넌 관찰력이 있다, 그렇지 않니? (DQ)	**함께:** (감자인형을 가지고 놀고 있다.) **아동:** 감자인형의 귀가 있어야 될 곳에 입이 있어요. **부모:** 우습게 보이는구나, 그렇지 않니? (DQ)
그러나:부모: 넌 어떻게 그렇게 관찰력이 있니? (IQ)	**그러나:부모:** 감자인형이 우유를 어떻게 마셔야 할까? (IQ)

4. 묘사/반영 질문은 아동에게서 기대되는 대답의 유형에 따라 정보 질문과 구분된다.

   a. 묘사/반영 질문은 아동에게서 '예, 아니요' 같은 간단한 긍정 혹은 부정 이상의 대답을 요구하지 않는다. 질문이 '예, 아니요' 같은 간단한 긍정 혹은 부정의 대답 이상의 정보를 요구할 때, 아동이 간단한 대답을 하거나 대답하지 않더라도 정보 질문으로 코딩한다.

예시	
아동: 그건 높아요. **부모:** 정말? (DQ)	**부모:** 무엇인지 아니? (DQ)
	그러나:아동: 뭐요? (IQ)
아동: 엄마는 발렌타인 카드를 만들고 있네요. **부모:** (카드를 들어올린다.) 맘에 드니? (DQ)	**아동:** (레고로 만들기를 하고 있다.) 이건 용의 집이에요. **부모:** 이게 그런 거였니? (DQ)
그러나:부모: 어? (IQ) (=뭐라고 말했니?)	**그러나:부모:** 용은 어디 있니? (IQ)
아동: 저 하나 주세요. **부모:** (물건을 가리키다.) 이거? (DQ)	**아동:** (탑을 무너뜨린다.) **부모:** 큰 소리가 난 거 같지 않니? (DQ)
그러나:부모: 어떤 것? (IQ)	**그러나:부모:** 지금 네가 하고 싶은 게 뭐니? (IQ)

   b. 묘사/반영 질문과 정보 질문의 응답 모두 비언어적인 보디랭귀지로 의사소통될 수 있지만, 묘사/반영 질문과 정보 질문은 기대되는 응답의 내용이 '예, 아니요'의 간단한 긍정이나 부정의 대답을 넘어서는지에 따라 구분된다.

예시	
아동: (무지개 그림을 보고 있다.) **부모:** 빨강이 네가 좋아하는 색깔이지? (DQ) **아동:** ('예'의 의미로 고개를 끄덕인다.)	**부모:** 넌 세 살이니? (DQ) **아동:** ('아니요'의 의미로 고개를 흔든다.)
그러나:아동: (무지개 그림을 보고 있다.) 　**부모:** 네가 좋아하는 색은 뭐니? (IQ) 　**아동:** (빨간색을 가리킨다.)	**그러나:부모:** 너 몇 살이니? (IQ) 　**아동:** (손가락 네 개를 편다.)

5. 부모가 아동의 정보 질문을 반복할 때, 부모의 억양(숨은 의미)에 따라 의미가 변할 수 있는데 그 질문이 의도하는 의미가 '예, 아니요'의 간단한 긍정 혹은 부정의 응답 이상을 요구하지 않으면 묘사/반영 질문으로 코딩한다.

예시			
아동:	블록이 어디에 있어요?	**아동:**	(중얼거린다.) 누구 차례지?
부모:	블록이 어디에 있냐고? (DQ) (=네가 말했던 게 그 뜻이니?)	**부모:**	누구 차례냐고? (DQ) (=네가 말했던 게 이 뜻이니?)
그러나 : 부모:	어디에 블록이 있지? (IQ) (=네가 나에게 말해 봐라.)	**그러나 : 함께:**	(딴 짓하다 게임으로 돌아간다.)
		부모:	누구 차례지? (IQ)

6. 부모가 아동의 묘사/반영 질문을 반복할 때에는 의미와 관계없이 항상 묘사/반영 질문이다. 왜냐하면, 대답이 '예, 아니요'의 간단한 긍정 혹은 부정의 응답 이상을 요구하지 않기 때문이다.

예시			
아동:	그건 충분히 높아요?	**아동:**	엄마는 다음 번에 하고 싶어요?
부모:	충분하냐구? (DQ) (=네가 말했던 게 이 뜻이니?)	**부모:**	네가 다음 번에 하고 싶니? (DQ)
그러나 : 부모:	너는 그게 충분히 높은지 궁금하구나. (RF)		

7. 묘사/반영 질문은 아동에게서 '예, 아니요' 같은 간단한 긍정 혹은 부정의 대답 이상을 요구하지 않는 반면, 간접지시는 아동으로 하여금 특정한 말이나 행동을 요구한다.

예시			
함께:	(탑을 세우고 있다.)	**아동:**	(개처럼 짖고 있다.)
부모:	내가 이 블록을 네 탑 위에 놓아도 될까? (DQ)	**부모:**	여기에 개가 있니? (DQ)
그러나 : 부모:	만약 네가 이 블록을 다음에 놓으면 어떨까? (IC)	**그러나 : 부모:**	넌 지금 고양이 소리 낼 수 있니? (IC)
함께:	(자동차를 가지고 놀고 있다.)	**부모:**	네가 그 트럭을 가지고 놀고 싶구나, 그렇지? (DQ)
부모:	이 자동차가 필요하니? (DQ)		
그러나 : 부모:	그 자동차를 엄마에게 줄래? (IC)	**그러나 : 부모:**	그 트럭을 가지고 놀지 그러니? (IC)

8. 2개 이상의 선택 중에 아동이 고르게 하는 아동의 감정, 의견이나 기호에 대한 질문은 정보 질문으로 코딩한다.

예시	
아동: (상자 밖으로 알파벳 블록을 꺼내고 있다.) **부모**: 블록을 꺼내고 싶니? (DQ)	**부모**: 빨간색을 갖고 싶니? (DQ)
그러나: 부모: 블록을 쌓고 싶니? 이름을 쓰고 싶니? (IQ)	**그러나: 부모**: 빨간색 갖고 싶니, 초록색, 아니면 파란색? (IQ)
아동: 다음 것을 놓으세요, 아빠. **부모**: 너는 그걸 여기에 놔야 될 것 같니? (DQ)	**아동**: 여기에 와플 블록이 있어요. **부모**: 집 만들고 싶니? (DQ)
그러나: 부모: 너는 그것을 이쪽에 놓아야 될 것 같니 저 쪽에 놓아야 될 것 같니? (IQ)	**그러나: 부모**: 집 만들고 싶니 아니면 학교 만들고 싶니? (IQ)

9. 묘사/반영 질문과 간접지시가 의도된 질문을 구별하기 어렵기 때문에 '···를 알겠니?, ···하고 싶니?, ···를 기억하니?'와 '···하려고 하니?' 같은 형식의 질문은 자동적으로 묘사/반영 질문으로 코딩한다.

예시	
아동: 그 조각을 찾을 수가 없어요. **부모**: 내 생각을 알고 있지? (DQ)	**아동**: 난 화장실 가야 돼요. **부모**: 어디에 있는지 알겠니? (DQ)
함께: (그림책을 보고 있다.) **부모**: 사자가 어디 있는지 알겠니? (DQ)	**아동**: (블록 탑을 쌓고 있다.) **부모**: 다른 것 하나 더 올리고 싶니? (DQ)
함께: (종이로 모자를 접고 있다.) **부모**: 비행기 만들고 싶니? (DQ)	**아동**: (레고 상자 뚜껑을 덮는다.) **부모**: 어디에 놔야 될지 기억하니? (DQ)
아동: 난 인형을 가지고 있어요. **부모**: 인형 이름 기억나니? (DQ)	**아동**: 고슴도치를 찾을 수가 없어요. **부모**: 탁자 밑에 있어, 기억나니? (DQ)
아동: (성의 감옥에 인형을 넣고 있다.) **부모**: 그 인형을 감옥에 넣을 거니? (DQ)	**아동**: (자동차를 장난감 농장 쪽으로 밀고 있다.) **부모**: 농장으로 갈 거니? (DQ)
	그러나: 아동: (블록 탑을 사고로 쓰러뜨렸다.) **부모**: (비꼬는 투로) 방을 쓰레기통으로 만들고 싶니? (NTA)

10. 간접지시와 질문의 구분이 어렵기 때문에, '…할래?', '…할 수 있니?' 같은 형식의 질문은 다른 의도가 있을지라도 간접지시로 코딩한다.

<table>
<tr><td colspan="2" align="center">예시</td></tr>
</table>

아동:	(퍼즐 조각들을 바닥에 떨어뜨린다.)	함께:	(모양들을 그리고 있다.)
부모:	그 조각들을 집어 줄래? (IC)	부모:	여기에 동그라미 그려 줄래? (IC)
아동:	(뚜껑을 열려고 애쓰고 있다.)	아동:	오늘 승환이가 친 공이 나한테 왔어요.
부모:	열 수 있겠니? (IC)	부모:	그런 공을 잡을 수 있니? (IC/NOC)

11. '응? 어?' 같은 단어나 그 동의어가 묘사/반영 질문 뒤에 2초 내로 따라온다면, 본래의 질문과 분리해서 코딩하지 않는다. 만약 '응? 어?' 같은 단어가 묘사/반영 질문의 뒤에 부모나 아동의 다른 말이 끼어들지 않은 채로 2초 이상 뒤에 연속해서 왔을 때, 질문을 반복하는 것으로서 하나의 분리된 묘사/반영 질문으로 코딩한다.

<table>
<tr><td colspan="2" align="center">예시</td></tr>
</table>

부모:	재밌지 않니? (쉼 없이) 응? (DQ)	부모:	대단한 게임이었지 않니, (쉼 없이) 어? (DQ)
부모:	재밌지 않니? (2초)응? (DQ+DQ)	부모:	대단한 게임이었지 않니, (2초) 어? (DQ+DQ)
		그러나: 부모:	뭐 가지고 있니, (쉼 없이) 어? (IQ)
		부모:	뭐 가지고 있니? (2초) 어? (IQ+IQ)

12. 묘사/반영 질문은 아동의 행동이나 작품, 아동에 대한 칭찬이나 비판을 포함하지 않는다.

    a. 아동의 행동이나 작품, 아동에 대한 칭찬을 포함하는 질문은 적절한 칭찬 카테고리로 코딩한다. 아동이 아닌 다른 사람에 대한 비판을 포함하는 질문은 적절한 질문 카테고리로 코딩한다.

<table>
<tr><td colspan="2" align="center">예시</td></tr>
</table>

아동:	내가 집을 만들었어요.	함께:	(각각 종이에 글자를 따라 쓰고 있다.)
부모:	네가 집을 만들었다고? (DQ)	아동:	(그리고 있다.) 내가 엄마처럼 A를 만들었어요.
또는: 부모:	내가 네 집 주변에 만들고 있는 담장이 예쁘지 않니? (DQ)	부모:	내가 정말 잘 쓰지 않았니? (DQ)
또는: 부모:	메리가 예쁜 집을 만들었네, 그렇지 않니? (DQ)	그러나: 부모:	어디서 그렇게 글자를 예쁘게 쓰는 걸 배웠니? (LP)
그러나: 부모:	그건 예쁜 집이지 않니? (LP)		

b. 아동의 행동이나 작품, 아동에 대한 비판을 포함하는 질문은 적절한 부정적인 말로 코딩한다. 아동이 아닌 다른 사람에 대한 비판을 포함하는 질문은 적절한 질문 카테고리로 코딩한다.

예시	
함께: (각각 글자를 따라 쓰고 있다.) **아동**: A를 쓰고 있어요. **부모**: 그거 대문자 A니? (DQ) **또는**: **부모**: 내 A가 너무 엉망이라고 생각하지 않니? (DQ) **그러나**: **부모**: 네 A는 좀 너무 크지 않니? (NTA)	**아동**: 내가 집을 그렸어요. **부모**: 오, 그랬니? (DQ) **부모**: 네 꼬마 남동생은 잘 그리지 못해, 그렇지? (DQ) **부모**: 왜 난 더 잘 그릴 수 없을까? (IQ/NOA) **그러나**: **부모**: 넌 왜 그런 미운 색을 썼니? (NTA)

c. 부모의 질문이 부모와 아동 모두에 대한 평가를 포함할 경우, 아동에 대한 언급이 우선시 된다.

예시
함께: (성벽을 만들고 있다.) **부모**: 우리 성벽이 높아지고 있네, 그렇지 않니? (DQ) **부모**: 우리 성벽이 못생겼네, 그렇게 생각하지 않니? (NTA) **부모**: 왜 나는 너처럼 잘 만들지 못하지? (LP)

d. 부모의 질문이 아동이 소유하지 않고, 만들지 않은 놀이 상황(놀잇감, 행동, 생각)에 대한 칭찬이나 비판을 포함할 때, 적절한 질문 카테고리로 코딩한다.

예시	
아동: (장난감 소를 집어 올리고 있다.) **부모**: 그 소 귀에 귀여운 점들이 있지 않니? (DQ)	**아동**: (블록을 가지고 놀고 있다.) **부모**: 여기에서 케케묵은 냄새가 나니? (DQ)
함께: (바닥에 블록이 흩어진 방을 들어오고 있다.) **부모**: 이 방은 지저분하다. 그렇지 않니? (DQ)	**아동**: (자기가 바닥 전체에 마구 흩어 놓은 블록들을 두고 걸어온다.) **부모**: 이 방은 지저분하네, 그렇지 않니? (NTA)

반영(RF) ○

정의

반영은 아동이 앞서 말한 것과 같은 의미를 지닌 어구나 문장을 부모가 서술적으로 따라 말하는 것이다. 반영은 아동의 말을 알기 쉽게 부연 설명할 수 있지만 아동이 말한 의미를 바꾸거나 아동이 표현하지 않은 생각들을 해석하는 것은 아니다.

부모의 반영적 진술 예시

아동:	돼지는 뚱뚱해.	**아동:**	칙칙폭폭이 윙 하며 달려요.
부모:	돼지는 뚱뚱하구나.	**부모:**	그 기차는 매우 빠르게 달리는구나.
아동:	저는 자동차와 트럭을 여기에 두었어요.	**아동:**	이 놀이는 재미있어요.
부모:	너는 자동차와 트럭을 서로 옆에 두었구나.	**부모:**	너는 이 놀이를 좋아하는구나.
아동:	저에게 자동차를 주세요.	**아동:**	저 사람은 재미있는 광대예요.
부모:	너는 자동차를 원하는구나.	**부모:**	너는 그가 재미있다고 생각하는구나.
아동:	이것은 젖소예요. 젖소는 우유를 줘요.	**아동:**	저는 제 헬리콥터를 착륙시키고 있어요.
부모:	이건 젖소구나.	**부모:**	그렇구나, 너는 그것을 착륙시키고 있구나.
아동:	저는 우주선을 그렸어요.	**아동:**	우리가 필요한 굴뚝이 여기 있어요.
부모:	멋지구나. 너는 우주선을 그렸구나.	**부모:**	맞아, 그건 우리가 필요한 굴뚝이야.
아동:	그것은 말이에요.	**아동:**	빅버드(Big Bird)[2]가 차를 운전해서 일하러 가고 있어요.
부모:	그건 말이구나. 갈색 말이네.	**부모:**	차를 운전해서.
아동:	파란색 조각이 어디 있어요?		
부모:	파란색 조각.		

결정규칙

1. 반영인지 구체적인 칭찬, 구체적이지 않은 칭찬, 부정적인 말, 직접지시 혹은 묘사/반영 질문인지가 분명치 않을 때는 반영으로 코딩한다.
2. 행동묘사나 일상적인 말인지 반영인지가 분명치 않을 때는 반영으로 코딩하지 않는다.

---

2) 미국 TV에 나오는 캐릭터

부모의 반영 가이드라인

1. 반영은 아동이 말한 것을 부모가 반복해서 말하거나 재진술하는 것이다.

예시		
아동: 장난감 상자가 가득 찼어요. **부모:** 장난감 상자가 가득 찼구나. (RF)	**아동:** 내 인형의 이름은 소민이에요. **부모:** 그 애의 이름은 소민이구나. (RF)	
아동: 나는 자동차를 빠르게 운전하고 있어요. **부모:** 자동차가 매우 빠르게 가고 있구나. (RF)		

2. 반영은 적어도 아동이 말한 단어 중 일부가 포함되거나 아동이 말한 단어와 똑같은 말이 포함되어 있어서, 아동이 말한 내용을 유지해야만 한다.

예시	
아동: 아빠는 방울이(개이름)를 좋아하지 않아요. **부모:** 아빠는 우리 개를 좋아하지 않는구나. (RF)	**아동:** 엄마와 아빠 그리고 누나(여동생)는 저녁을 먹고 있어요. **부모:** 온 가족이 저녁을 먹고 있구나. (RF)
아동: 제 선생님은 우리를 동물원에 데려갈 거예요. **부모:** 오, 너희는 동물원에 갈 거구나. (RF) **또는: 부모:** 너의 선생님은 동물들을 보기 위해 너희를 데려가는구나. (RF) **또는: 부모:** 너는 구경할 동물들이 많이 있는 곳에 갈 거구나. (RF) **그러나: 부모:** 너는 동물들을 보게 되겠구나. (TA)	**아동:** 밀짚모자를 쓴 남자가 닭들에게 먹이를 주고 있어요. **부모:** 농부가 닭들에게 먹이를 주고 있구나. (RF)

3. 반영은 아동이 진술한 기본적인 의미를 유지하고 있어야 한다.

   a. 다른 사람이나 다른 사람의 행동을 언급함으로써 의미를 바꾸는 재진술적인 묘사는 반영이 아니고 묘사이다.

예시	
아동: 제 자동차가 빨리 가요. **부모:** 내 자동차도 빨리 간다. (TA)	**아동:** 저는 높은 탑을 쌓고 있어요. **부모:** 너는 높은 탑을 쌓고 있구나. (RF)
	그러나: 부모: 나는 높은 탑을 쌓고 있어. (TA)
아동: 엄마는 높은 탑을 쌓고 있네요. **부모:** 너는 높은 탑을 쌓고 있구나. (BD) **그러나: 부모:** 내가 높은 탑을 쌓고 있다고. (RF)	

b. 아동의 의도를 바꾸거나 아동의 말을 반박하여 고쳐 말한 것은 반영으로 코딩하지 않는다.

예시		
아동: 벽을 쌓으세요. **부모:** 너는 내가 벽을 쌓길 원하는구나. (RF)	**아동:** 이것은 제 타자기가 될 거예요. **부모:** 그것은 네 타자기가 될 것 같구나. (RF)	
그러나: 부모: 너는 우리가 요새 만들기를 원하는구나. 　　　　　(TA)		
아동: 저는 이 놀이를 좋아하지 않아요. **부모:** 너는 이 놀이를 정말 좋아하는구나. (TA)	**아동:** 저는 맨 위에 큰 빨간 블록을 놓았어요. **부모:** 너는 맨 위에 초록 블록을 놓았구나. (BD)	
아동: 아빠는 제가 10시까지 안 자도 된다고 말했어요. **부모:** 아빠는 네가 <u>9시까지</u> 안 자도 된다고 말했어. 　　　　(TA)		

4. 반영에는 본래의 의미가 유지되는 한도 내에서, 아동의 메시지를 문법적으로 수정하거나 또는 상세하게 묘사하는 것도 포함된다.

예시		
아동: 소녀가 초록색 차 안에 있어요. **부모:** 초록색 차 안에 소녀와 소년이 있구나. (RF)	**아동:** 저는 큰 사각형을 만들었어요. **부모:** 너는 원 안에 큰 사각형을 만들었구나. (RF) (상세한 묘사)	
그러나: 부모: 소년도 초록색 차 안에 있구나. (TA)	**그러나: 부모:** 너는 큰 원을 만들었구나. (BD)	
아동: 소가 음매. **부모:** 젖소가 음매 하네. (RF)	**아동:** 이 조각은 안 잘 맞는데요. **부모:** 이 조각은 잘 맞지 않는구나. (RF) (문법적 수정)	
	또는: 부모: 이 조각을 보드판에 있는 거의 모든 구멍에 시도해 봤는데도 결국 맞지 않는구나. 　　　　　(RF)	

5. 반영은 아동이 표현한 감정의 내용을 반영할 수 있지만 아동이 표현하지 않은 감정들을 해석하지 않는다.

예시	
아동: 저는 이 레고를 갖고 노는 게 좋아요. **부모:** 너는 이 놀이를 좋아하는구나. (RF)	**아동:** 이것은 멍청한 놀이예요. **부모:** 너는 이 놀이가 멍청한 놀이라고 생각하는구나. (RF)
또는: **부모:** 너는 이 레고를 갖고 노는 것을 즐기는구나. (RF)	**그러나:** **부모:** 내 생각에는 네가 피곤해진 것 같다. (TA)
아동: 엄마한테 화났어요. **부모:** 나한테 화났구나. (RF)	**아동:** 저는 그것을 더 높게 만드는 게 겁나요. **부모:** 너는 겁이 나는구나. (RF)
또는: **부모:** 나한테 화났다니 유감이구나. (RF)	**또는:** **부모:** 너는 두렵구나. (RF)
또는: **부모:** 나한테 정말 화났구나. (RF)	**또는:** **부모:** 너는 또 다른 블록을 놓기가 겁나는구나. (RF)
또는: **부모:** 내가 널 더 놀게 허락해 주지 않아서 화가 났구나. (RF)	**그러나:** **부모:** 너는 정말 게으르구나. (NTA)
아동: 저는 퍼즐을 잘 맞출 수 없어요. **부모:** 너는 그 조각들을 서로 잘 맞게 할 수 없다고 생각하는구나. (RF, 같은 의미)	**아동:** 저는 우리가 쿠키 괴물(만화주인공)을 찾아서 행복해요. **부모:** 너는 우리가 그것을 찾아서 기쁘구나. (RF)
그러나: **부모:** 너는 퍼즐을 맞출 수 없어서 실망했구나. (TA, 표현되지 않은 감정의 해석)	**또는:** **부모:** 너는 우리가 그것을 찾아서 행복하구나. (RF)
그러나: **부모:** 너는 퍼즐을 맞추고 있구나. (BD)	**그러나:** **부모:** 너는 쿠키 때문에 허기를 느끼는 거 같다. (TA)
아동: 저는 더 이상 하얀색 카드를 찾을 수 없어요. **부모:** 너는 그것들을 찾을 수 없어서 화난 것 같다. (TA)	**아동:** 이 놀이는 시간이 오래 걸려요. **부모:** 이것은 시간이 오래 걸리는 놀이구나. (RF)
	그러나: **부모:** 너는 이 놀이하는 게 지루하구나. (TA)

6. 부모의 반영에는 아동에 대한 칭찬이나 비난이 포함되지 않는다.

예시	
아동: 이것은 탑이에요. **부모:** 이것은 높은 빨간 탑이구나. (RF)	**아동:** 저는 집을 그렸어요. **부모:** 너는 목장 형태의 집을 그렸구나. (RF)
그러나: **부모:** 나는 너의 탑이 마음에 들어. (LP)	**그러나:** **부모:** 너는 너저분한 집을 그렸구나. (NTA)
아동: 저는 이 판자를 울타리로 사용할 거예요. **부모:** 너는 그 판자를 울타리로 사용할 거구나. (RF)	**아동:** 그림을 진짜 못 그렸어요. **부모:** 네가 그린 그림이 마음에 안 드는구나. (RF)
그러나: **부모:** 그 판자를 울타리로 사용하는 것은 좋은 생각이다. (LP)	**그러나:** **부모:** 진짜 못 그렸구나. (NTA)
	그러나: **부모:** 못 그리지 않았어. (TA)
	그러나: **부모:** 멋진 그림을 그렸네. (LP)
	그러나: **부모:** 예쁘네. (UP)
함께: (막대기 고르기 놀이를 하며 놀고 있다.) **아동:** 엄마는 이걸 잘하시네요. **부모:** 내가 이 게임을 꽤 잘하는구나. (RF)	**아동:** 이것은 좋은 놀이예요. **부모:** 이것은 참 좋은 놀이구나. (RF)

7. 부모의 말이 중간에 끼어들지 않고 아동이 한 개 이상의 말을 했을 때, 아동의 말 중에서 어떤 부분을 부모가 그대로 재진술하는 경우는 반영으로 코딩된다.

예시	
아동: 여기 재홍이가 있어요. 그는 차를 수리하고 있어요. **부모**: 걔는 재홍이구나. (RF)	**아동**: 저는 큰 의자에 앉아 있어요. (3초) 언제 그 여자가 다시 와요? **부모**: 너는 어른 의자에 앉아 있구나. (RF)
아동: 저는 도시를 만들고 있어요. 여기 건물들이 있어요. 그리고 이것은 다이빙대가 있는 수영장이에요. **부모**: 너는 건물들을 만들었구나. (RF)	

8. 부모의 반영은 승인하는 말과 구체적이지 않은 칭찬을 제외하고는 아동의 말 바로 다음에 오는 부모의 말이어야 한다. 부모의 짧은 일상적인 말 또는 구체적이지 않은 칭찬 — 일반적으로 한 단어 정도 — 은 반영보다 앞서 올 수 있다.

예시	
아동: 저는 거북이를 그렸어요. **부모**: 너는 초록색 거북이를 그렸구나. (RF)	**아동**: 저는 토끼를 그렸어요. **부모**: 그래. 그것은 큰 토끼구나. (TA+RF)
아동: 저는 공룡을 그렸어요. **부모**: 잘했어, 너는 티라노사우르스를 그렸구나. (UP+RF)	**아동**: 저는 원을 그렸어요. **부모**: 멋지구나! 그것은 둥근 원이네. (UP+RF)

9. 아동이 말한 것을 부모가 재진술하는 것보다 부모의 다른 말이 먼저 나오는 경우에(일상적인 말 또는 구체적이지 않은 칭찬 이외의 말일 때) 부모의 재진술은 반영으로 코딩되지 않는다.

예시	
아동: 저는 개를 그렸어요. **부모**: 너는 그 개한테 큰 귀를 그려 주었구나. 큰 귀가 있는 개를 그렸네. (BD+BD)	**아동**: 저는 집을 그렸어요. **부모**: 그것은 아름다운 집이구나. 너는 덧문이 있는 집을 그렸구나. (LP+BD)
아동: 저는 뱀을 그렸어요. **부모**: 이크! 너는 뱀을 그렸구나. (NTA+BD)	

10. 부모가 한 번 이상 아동의 말을 그대로 재진술한다면, 맨 처음의 재진술만 반영으로 코딩한다. 그 이후의 재진술은 반영으로 코딩하지 않으며, 적당한 다른 카테고리로 코딩한다.

예시	
아동: 저는 고양이를 그렸어요. **부모:** 너는 털 많은 고양이를 그렸구나. 너는 털 많은 큰 고양이를 그렸구나. (RF+BD)	**아동:** 저는 못생긴 울타리를 만들고 있어요. **부모:** 너는 울타리를 만들고 있구나. 그게 마음에 들지 않구나. (RF+TA)
함께: (광대 그림을 보고 있다.) **아동:** 광대 옷에는 하얀색과 검은색 원들이 있어요. **부모:** 광대 옷에는 큰 검은색 물방울 무늬들이 있구나. 그것은 검은색과 하얀색이네. (RF+TA)	**아동:** 저는 인형한테 빨간색 드레스를 입혔어요. **부모:** 오, 그 빨간 드레스. 너는 그 빨간 드레스를 인형에게 입혔구나. (RF+BD)

11. 아동이 직전에 말한 내용에 들어 있는 한 단어나 어구를 반복하는 것은 부모가 아동의 말을 들었다는 것을 보여 주는 역할을 하게 되는데, 이 반복 단어나 어구가 아동이 한 말의 의미를 바꾸지 않을 경우 반영이 될 수 있다.

예시	
아동: 저는 그것을 만들 수 있어요. **부모:** 너는 할 수 있어. (RF)	**아동:** 저기에 작은 의자가 있어요. **부모:** 의자. (RF)
그러나: 아동: 저는 그림을 그렸어요. 　　　　**부모:** 네가 했구나. (TA)	**그러나: 부모:** 큰 의자. (TA)
아동: A 다음에 'B'가 와요. **부모:** A 다음에 'B'는 'Boy'할 때의 B야. (RF)	**아동:** 노란색을 골라요. **부모:** 노란색. 너는 내가 노란색을 고르기를 원하는구나. (RF+TA)
그러나: 부모: 'B'는 내 이름의 첫 글자야. (TA)	

12. 의미가 없는 문장의 일부는 아동이 말한 단어나 어구를 포함하고 있다 하더라도 반영이 아니다.

예시
아동: 농부가 소들에게 줄 건초를 준비하고 있어요. **부모:** 그는 준비하고 … (문장이 끝나지 않음) (코딩하지 않는다.)
그러나: 아동: 선생님이 칠판에 글씨를 쓰고 있어요. 　　　　**부모:** 선생님이 쓰고 있구나. (RF)

13. 아동이 앞서 질문한 말 속에 들어 있는 의미 있는 단어나 어구를 부모가 반복해서 말하는 것은 반영으로 코딩한다. 단 그 반복된 단어나 어구가 질문 형식이 되지 않아야 하고 단순히 아동의 질문을 들었다는 것을 나타낼 때 해당된다.

예시	
아동: 어떤 것이 얼룩말이에요? **부모:** 얼룩말. 줄무늬가 있는 것이야. (RF+TA)	**아동:** 그는 머리에 거시기가 있네요, 그렇죠? **부모:** 큰 거시기. (RF)
그러나: 부모: 어떤 것이냐고? (DQ, "네가 말한 게 그거니?"를 의미)	**그러나: 부모:** 그의 머리 위에 무언가가 있네, 그렇지 않니? (DQ)

14. 아동의 질문을 부모가 반복해서 말한 것이 아동에게 대답을 요구하는 질문 형식이 되는 경우는 반영이 아니다.

예시	
아동: 이 정도면 충분히 높아요? **부모:** 이 정도면 충분히 높니? (DQ, 같은 DQ를 아동에게 묻는다.)	**아동:** 그의 이름을 뭐라고 지을까요? **부모:** 그의 이름을 뭐라고 지을까? (IQ, 같은 IQ를 아동에게 묻는다.)
또는: 부모: 그게 충분하냐고? (DQ, "네가 말한 것이 이 말이야?"라고 묻는다.)	**또는: 부모:** 그의 이름을 뭐라고 지을 거냐고? (DQ, "네가 말한 것이 이 말이니?"라고 묻는다.)
그러나: 부모: 너는 그것이 충분히 높은지 궁금하구나. (RF)	**그러나: 부모:** 너는 그의 이름을 뭐라고 지을지 생각하고 있구나. (RF)

15. 아동의 질문에 대한 대답은 반영이 아니다.

예시	
아동: 여기에 팔을 붙여요? **부모:** 거기에 팔을 붙이는 게 맞아. (TA)	**아동:** 저 껌 좀 씹어도 돼요? **부모:** 그래, 넌 껌을 씹어도 돼. (TA+TA)
아동: 상자 안에 블록들이 몇 개나 있어요? **부모:** 상자 안에 네 개의 블록을 넣는구나. (BD)	**아동:** 제가 그 인형의 코를 붙일까요? **부모:** 그래, 네가 그 인형의 코를 붙여라. (TA+DC)

16. 아동이 묘사한 말 또는 아동이 앞으로 어떤 활동을 하자고 제안한 말을 부모가 반복해서 말했을 때 그 말이 아동에게 뭔가를 하도록 지시하는 경우는 반영이 아니라 지시이다.

예시	
아동: 나는 인형 머리에 모자를 씌울 거예요. **부모:** 너는 인형 머리에 모자를 씌울 거구나. (RF)	**아동:** 공항을 만들어요. **부모:** 너는 공항을 만들고 싶구나. (RF)
그러나: 부모: 인형 머리에 모자를 씌워. (DC)	**그러나: 부모:** 공항을 만들자. (IC)
또는: **부모:** 인형한테 모자를 씌우는 게 어떠니? (IC)	
아동: 저는 이 부분에 색을 칠해야 해요. **부모:** 너는 그 부분에 색을 칠해야 한다고 생각하는구나. (RF)	
그러나: 부모: 너는 그 부분에 색을 칠해야 해. (DC)	

17. 언어적 행동을 하도록 아동이 지시한 것에 부모가 순응한 것은 반영이 아니다.

예시	
아동: 'A'라고 말하세요. **부모:** 'A'. (TA+DC/CO)	**아동:** 'B'라고 말하세요. **부모:** 'B'. (TA+DC/CO)
그러나: 아동: 이것은 'A'에요. **부모:** 'A'. (RF)	**그러나: 아동:** 'B'. **부모:** 'B'. (RF)

18. 반영은 질문 형식이 아닌 서술 형식이어야 한다. 부모가 아동의 말을 질문 형식(예 : 부가의문문 또는 의문의 억양 사용)으로 반복할 때, 그 부모의 질문은 묘사/반영 질문으로 코딩한다.

예시	
아동: 제 인형은 파란 눈을 가졌어요. **부모:** 그 인형은 파란 눈을 가졌구나. (RF)	**아동:** 제가 페인트를 얼룩지게 했어요. **부모:** 네가 페인트를 약간 얼룩지게 한 것 같구나. (RF)
그러나: 부모: 네 인형은 파란 눈을 가졌구나, 그렇지 않니? (DQ)	**그러나: 부모:** 네가 페인트를 얼룩지게 했니? (DQ)
또는: **부모:** 파란 눈? (DQ)	**또는:** **부모:** 페인트가 얼룩졌네, 그렇지? (DQ)
아동: 옷장 속에 괴물이 있어요. **부모:** 옷장 속에 괴물. (RF)	
그러나: 부모: 옷장 속에 괴물이 있니? (DQ)	
또는: **부모:** 괴물? (DQ)	

19. 아동의 말에 부정적인 말로 대답하는 것은 반영이 아니다.

예시	
아동: (애기처럼 말하며) 이 놀이는 재미없어요. **부모**: (애기처럼 말하는 것을 놀리듯 따라하며) 이 놀이는 재미없어. (NTA)	**아동**: 저는 최선을 다했어요. **부모**: 네가 최선을 다한 게 이거라면, 나는 너에게 실망이야. (NTA)
아동: 저는 이런 인형을 원해요. **부모**: 너는 너무 많은 인형을 원하는구나. (NTA)	

20. 역할놀이를 하면서 아동이 자기 역할 속에서 말했던 것을 부모가 재진술할 때는 반영으로 코딩한다.

예시	
아동: (원숭이가 되어 말한다.) 나는 가지에 매달려 있다. (PT) **부모**: (같은 원숭이가 되어 말한다.) 나는 높은 가지에 매달려 있다. (PT)	**아동**: (자기 자신이 되어 말한다.) 인형이 가게로 운전해 가고 있어요. **부모**: (인형이 되어 말한다.) 나는 가게로 운전해 가고 있어. (PT)
그러나: **부모**: (자기 자신이 되어 말한다.) 원숭이가 가지에 매달려 있구나. (RF)	**그러나**: **부모**: 인형이 가게로 운전해 가고 있구나. (RF)
아동: (노래한다, "아주 조그만 거미가…") **부모**: (노래한다, "아주 조그만 거미가 줄을 타고 올라갑니다".) (PT)	

행동묘사(BD)

정의

행동묘사란 평가적인 내용이 포함되지 않는 평서문으로, 주어는 상대방이고 동사는 그 사람이 현재하고 있거나 방금 끝마친(5초 이내) 관찰가능한 언어적 또는 비언어적 행동을 묘사하는 말이다.

부모의 행동묘사 예시	
너는 트럭을 만들고 있구나.	너는 올리고 있구나, (4초) 초록색 블록을.
너는 노래를 부르고 있구나.	너는 만들고 있구나(중단), 높이.
내가 보니까 너는 그 사과들을 분홍색으로 칠하고 있구나.	너는 토끼를 그렸고 토끼에게 긴 귀를 그려 줬구나.
너는 그 조각을 끼우려고 열심히 노력하고 있구나.	너는 해를 노란색으로 칠하고 그 위에 긴 선으로 빛을 표현하고 있구나.
하트를 그렸구나.	너는 나무를 그리고 있구나. (2초) 나무껍질을 칠하면서.
너는 그림책을 보고 있구나.	좋아, 그리고 지금 너는 분필을 사용하고 있구나.
너는 빨간 것을 막 완성했구나.	너는 자동차를 운전하고 있구나, (1초) 빠르게.
너는 그 인형을 미미라고 부르고 있구나	너는 꽃을 그릴 수 있구나.
우리는 공주를 위해 집을 짓고 있다.	너는 이 벽을 고칠 거구나.
너와 나는 큰 요새를 만들고 있다.	

결정규칙

1. 어떤 말이 행동묘사인지 반영, 질문, 지시, 칭찬 혹은 부정적인 말인지 분명하지 않을 때는 행동묘사로 코딩한다.
2. 어떤 말이 행동묘사인지 혹은 일상적인 말인지 불분명할 때는 일상적인 말로 코딩한다.
3. 어떤 말이 행동묘사인지 혹은 일상적인 말인지가 불분명할 때는 일상적인 말로 코딩한다.

부모의 행동묘사 가이드라인

1. 행동묘사는 문장의 주어가 아동이어야만 하기 때문에 일상적인 말과는 구별된다. 일상적인 말에서 주어는 아동이 되어도 괜찮지만, 다른 사물들이나 사람들도 될 수 있다.

예시	
아동: (사과를 그리고 있다.) **부모:** 너는 큰 사과를 그리고 있구나. (BD)	**아동:** (장난감 젖소에게 먹이를 주고 있다.) **부모:** 너는 젖소에게 건초를 먹이고 있구나. (BD)
그러나: 부모: 그것은 큰 사과구나. (TA)	**그러나: 부모:** 농부들이 젖소에게 건초를 먹이는구나. (TA)
함께: (레고로 조립하고 있다.) **부모:** 너는 집을 만들고 있구나. (BD)	
그러나: 부모: 나는 헬리콥터를 만들고 있어. (TA)	

2. 행동묘사에서 문장의 주어는 항상 아동이다. 말할 때, 부모는 '너'라는 단어를 생략해도 된다. 그러나 주어(즉 아동)는 대개 문맥, 부모의 억양 혹은 동사 시제에서 추론될 수 있다.

예시	
아동: (해를 그리고 있다.) **부모:** 큰 해를 그렸구나. (BD)	**아동:** (통나무로 벽을 쌓고 있다.) **부모:** 벽을 쌓고 있구나. (BD)
아동: (집에 굴뚝을 만들고 있다.) **부모:** 굴뚝을 만들었구나. (BD) (부모의 억양은 '네가 …을 하는구나' 문장처럼 들린다.)	

3. 행동묘사는 문맥상 일상적인 말과 구별된다. 행동묘사는 실제로 관찰 가능한 아동의 행동을 묘사하기 위해 동작동사를 사용하며, 아동의 생각, 동기, 감정 혹은 사건을 해석하지 않는다. '가지다, 원하다, 알다, …이다, 결정하다, 결정하려 하다'는 동작동사가 아닌 것으로 간주된다.

예시	
부모: 너는 크레용 냄새를 맡고 있구나. (BD)	**아동:** (높은 탑 위에 조심스럽게 블록을 쌓고 있다.) **부모:** 너는 그것들을 조심스럽게 놓고 있구나. (BD)
그러나: 부모: 너한테서 비누 냄새가 나는구나. (TA)	**그러나: 부모:** 넌 조심스럽구나. (TA)
부모: 너는 책을 보고 있구나. (BD)	**아동:** (부모 곁에 서 있다.) **부모:** 너는 나를 기다리고 있구나. (BD)
그러나: 부모: 넌 당황스러워 보이는구나. (TA) **부모:** 넌 화가 나 보이는구나. (TA) **부모:** 넌 책이 있구나. (TA)	**그러나: 부모:** 넌 무언가를 원하고 있구나. (TA)
부모: 너는 웃고 있구나. (BD)	**부모:** 너는 매우 빨리 하고 있구나. (BD)
그러나: 부모: 넌 이 게임을 좋아하는 것처럼 보이는구나. (TA) **부모:** 넌 행복해 보이는구나. (TA)	**그러나: 부모:** 넌 거의 다 했구나. (TA)

아동: (숫자를 세고 있다.) **부모:** 너는 숫자를 세고 있구나. (BD)	**아동:** (종이쪽으로 손을 뻗고 있다.) **부모:** 너는 더 많은 종이를 가져가려 하고 있구나. (BD)
그러나: 부모: 넌 숫자를 알고 있구나. (TA)	**그러나: 부모:** 너는 많은 종이를 가지고 있구나. (TA)

4. 아동이 하고 있지 않는 것을 묘사하는 비판적이지 않은 말은 행동묘사가 아니라 일상적인 말로 코딩한다.

예시

아동: (작은 요새를 만들고 있다.) **부모:** 너는 이 요새를 만들려고 짧은 블록을 사용하고 있구나. (BD)	**아동:** (인형에게 안경을 씌우고 있다.) **부모:** 너는 먼저 인형에게 안경을 씌우고 있구나. (BD)
그러나: 부모: 이 요새를 만들려고 긴 블록을 사용하지 않는구나. (TA)	**그러나: 부모:** 너는 아직 인형에게 눈을 붙이지 않는구나. (TA)

5. 행동묘사는 시간경과에 따라서 일상적인 말과 구별된다. 행동묘사는 아동이 현재(지금)의 혹은 방금 마친 행동만을 일컫는다. 과거(5초 이상)나 미래의 행동에 대한 묘사는 행동묘사가 아니다.

예시

아동: (게임기를 꺼내려고 캐비닛 위에 올라가고 있다.) **부모:** 너는 그 게임기를 꺼내려 애쓰는구나. (BD)	**부모:** 너는 떨어질 것 같다. (TA) **아동:** (차를 주차장 경사로 위쪽으로 밀고 있다.) **부모:** 너는 차를 경사로 위쪽으로 밀고 있구나. (BD)
그러나: 부모: 너는 지난주에 그 게임을 하고 놀았었지. (TA)	**그러나: 부모:** 너는 지난번엔 차를 경사로 아래쪽으로 밀었었지. (TA) **부모:** 너는 곧 꽉 찬 주차장을 갖게 되겠구나. (TA)
아동: (파란 별을 그린다. 그리고 나서 빨간 별을 그린다.) **부모:** 너는 빨간 별을 그렸구나. (BD) **부모:** 너는 두 개의 별을 그렸구나. (BD)	
그러나: 부모: 너는 거기에 파란 별을 그렸구나. (TA) **부모:** 알록달록한 하늘이 되겠구나. (TA)	

6. 부모의 행동묘사는 아동의 말에 의해 촉발될 수 있다.

<table>
<tr><td colspan="2" align="center">예시</td></tr>
<tr>
<td>
아동: (상자에서 말을 꺼낸다.)
아동: 이것은 플릭카예요.
부모: 너는 네 말의 이름을 지었구나. (BD)
</td>
<td>
아동: (말의 코를 탁자에 튕기고 있다.)
아동: 말이 먹고 있어요.
부모: 너는 말에게 음식을 먹이고 있구나. (BD)
</td>
</tr>
<tr>
<td>
아동: 우리 저거 갖고 놀아도 돼요?
부모: 너는 또 그 장난감을 갖고 놀고 싶구나. (TA)
</td>
<td>
그러나:부모: 말이 배고프구나. (TA)
</td>
</tr>
</table>

7. 부모가 하는 묘사의 주어가 부모와 아동 둘 다일 때, 그것은 행동묘사로 코딩한다.

<table>
<tr><td colspan="2" align="center">예시</td></tr>
<tr>
<td>
함께: (함께 그림을 그리고 있다.)
부모: 우리는 집을 그리고 있어. (BD)
부모: 너는 집을 그리고 있구나. (BD)
</td>
<td>
함께: (블록으로 탑을 완성하고 있다.)
부모: 우리가 해냈다! (BD)
</td>
</tr>
<tr>
<td>
그러나:부모: 나는 집을 그리고 있어. (TA)
</td>
<td>
그러나:부모: 우리의 탑이 완성되었구나. (TA)
</td>
</tr>
<tr>
<td colspan="2">
아동: 이번엔, 코끼리들이에요.
부모: 우리는 동물들을 줄 세우고 있어. (BD)
</td>
</tr>
<tr>
<td colspan="2">
그러나:부모: 이 동물들을 줄 세울거야. (TA)
</td>
</tr>
</table>

8. 부모가 동사 없이, 단어나 어구로 의미 있는 행동묘사를 상세하게 설명할 때, 그 상세한 설명이 중간에 2초 이상 시간이 지나서 서로 분리되고, 또 각각의 독립적인 의미를 내포하고 있을 때만 개별적인 말로 코딩한다.

<table>
<tr><td colspan="2" align="center">예시</td></tr>
<tr>
<td>
부모: 너는 트럭을 밀고 있구나, (2초) 언덕 위로. (BD+TA)
</td>
<td>
부모: 너는 토끼를 색칠하고 있구나, (3초) 분홍색으로. (BD+TA)
그러나:부모: 너는 토끼를 색칠하고 있구나, (쉼 없이) 분홍색으로. (BD)
</td>
</tr>
<tr>
<td>
그러나:부모: 너는 트럭을 밀고 있구나, (1초) 언덕 위로. (BD)
</td>
<td></td>
</tr>
</table>

9. 두 개 이상의 완전한 묘사(예 : 각각 주어와 동사가 있는 묘사)가 '그리고' 또는 '그러나'로 연결되어 있을 때, 각 문장은 개별적으로 코딩된다. 완전한 행동묘사는 아동이 하고 있거나 또는 방금 마친 행동을 묘사하는 동사구를 포함하고 있어야 한다. 그러나 주어가 명백하게 언급될 필요는 없다.

   a. 두 개 이상의 완전한 묘사(예 : 각각 동사구가 있는)가 '그리고' 또는 '그러나'로 연결되어 있을 때, 각 묘사는 개별적으로 코딩된다.

예시	
함께: (색칠하고 있다.) **부모:** 너는 하트를 그렸구나. 그리고 그것을 진한 분홍색으로 칠했구나. (BD＋BD)	**함께:** (색칠하고 있다.) **부모:** 너는 사과를 그리고 있구나. 그런데 초록색으로 칠하고 있구나. (BD＋BD)
함께: (레고로 집을 짓고 있다.) **부모:** 벽은 파란색이구나. 하지만 너는 지붕을 빨간색으로 만들고 있어. 그리고 그것은 쓰러질 것 같다. (TA＋BD＋TA)	**함께:** (다과 놀이를 하고 있다.) **부모:** 테이블이 차려졌구나. 그리고 너는 차를 따르고 있구나. (TA＋BD)
함께: (통나무집을 짓고 있다.) **부모:** 너는 집을 지었구나. 하지만 그 집에는 아무도 없네. (BD＋TA)	**함께:** (구슬을 가지고 놀고 있다.) **부모:** 너는 그것들을 분류하고 있구나. 그리고 작은 구슬더미를 만들고 있네. (BD＋BD)
아동: (서커스 장난감으로 놀고 있다.) **부모:** 너는 서커스 기차 안에 코끼리를 놓았구나. 그리고 그것을 눕혔네. 그리고 그것을 덮어줬구나. (BD＋BD＋BD)	**아동:** (블록을 쌓고 있다.) **부모:** 이제 빨간색 블록을 놓는구나. 그리고 초록색을 놓았네. 그리고 그 위에 노란색을 놓고 있구나. (BD＋BD＋BD)
아동: (주유소 놀이를 하고 있다.) **부모:** 너는 뿡뿡이를 주유기 쪽으로 데려가고 있구나. 그리고 그 차에 기름을 많이 넣었네. 그리고 차를 몰고 가는구나. (BD＋BD＋BD)	**아동:** (퍼즐을 하고 있다.) **부모:** 너는 모든 조각들을 뒤집고 있구나. 하지만 큰 조각들만 맞추고 있네. (BD＋BD)

   b. 부모가 '그리고' 또는 '그러나'로 연결되어 있지 않은 일련의 동사구들을 열거할 때, 각 동사구는 열거 중간에 잠시 쉬는 시간이 있든 없든 개별문장으로 코딩된다.

예시	
부모: 너는 나무를 그리고 있고, 가지들을 그리고 있고, 잎들을 색칠하고 있구나. (BD＋BD＋BD)	**부모:** 우리는 조각들을 떼어내서, 철로를 연결하고 있고, 그것이 산 주위를 돌아 나오도록 만들고 있구나. (BD＋BD＋BD)

c. 부모가 일련의 묘사 어구를 사용할 때, 아동이 현재 하고 있거나 방금 마친 행동을 묘사하는 동작동사가 있어야만 행동묘사이다. 동작동사가 없다면, 그 어구는 일상적인 말이다.

예시

부모: 너는 트럭을 밀고 있구나, (1초) 흙더미 쪽으로 운전하고 있고, (1초) 짐을 내리고 있구나. (BD+BD+BD)	**부모:** 너는 초록색 세모를 놓고 있구나, (2초) 파란색 동그라미를 놓고, (3초) 이제는 빨간색 네모를. (BD+BD+TA)
부모: 너는 초록색 삼각형을 놓고 있구나, (2초) 파란색 원을, (2초) 빨간색 네모를. (BD+TA+TA)	

10. 부모가 '넌 …할 수 있구나'라고 말하는 문장에서 부모가 묘사한 행동을 아동이 이미 하기 시작했을 경우에만 '넌 …할 수 있구나'의 문장이 행동묘사로 분류된다. 아동이 부모에게 허락을 구하거나 무엇을 하자고 특정한 제안을 요청한 것에 대한 대답으로 '너는 …할 수 있어' 문장은 일상적인 말이다. 단 아동이 행동 방향을 정하지 않았거나, 실제로 행동을 시작하고 있지 않을 때의 '너는 …할 수 있어' 문장은 간접지시이다.

예시

아동: (경주용 자동차를 그린다.) **부모:** 너는 큰 경주용 자동차를 그릴 수 있구나. (BD)	**아동:** (화장실에서 돌아온다.) **부모:** 너는 혼자서도 화장실을 갈 수 있구나. (BD)

그러나 : 아동: 이제 제가 무엇을 그릴까요?
  부모: 너는 큰 경주용 자동차를 그릴 수 있어. (TA)
	그러나 : 아동: 화장실 가도 돼요?
	  부모: 그래, 갈 수 있어. (TA+TA)

아동: (다리를 꼬고 안절부절 못한다.) **부모:** 너는 화장실에 갈 수 있어. (IC)	

11. 문장 속에서 묘사되고 있는 행동을 아동이 이미 시작했고 그 문장 속에 아동에게 새로운 행동 또는 다른 행동을 하라는 특정한 제안이 포함되어 있지 않을 경우에만 '너는 …할 예정이다'가 포함된 문장이 행동묘사로 코딩된다.

예시	
아동: (통나무집을 쌓고 있다.) **부모:** 너는 통나무 더미를 만들 거구나. (BD)	**아동:** (그림을 그리고 있다.) **부모:** 너는 그림을 그릴 거구나. (BD)
그러나: 아동: (입안의 껌을 손으로 잡고 늘리며 장난치고 있다.) 　　　　**부모:** 너는 그 껌을 입속에 넣어야지. (DC)	**그러나: 아동:** (크레용을 던지고 있다.) 　　　　**부모:** 그림을 그려야지. (DC)

12. 부모가 장난감 캐릭터들로 역할놀이를 하면서, '역할 속에서' 행동묘사(BD)를 할 때, 그 진술은 행동묘사로 코딩된다.

예시	
아동: (아동의 손가락 인형이 엄마 인형을 붙잡고 있다.) **부모:** (인형처럼 말한다.) 너는 나를 잡았구나. (BD)	**아동:** (아기인형을 재우려고 흔들고 있다.) **부모:** (인형에게 말한다.) 너는 자고 있구나. (BD)
NOTE: 아동: (아동의 '손가락 인형'이 엄마를 친다.) 　　　　**부모:** (자신이 되어 일상적 톤으로) 너는 나를 쳤어. (BD)	**NOTE: 아동:** (테이블 위에 머리를 대고 눈을 감는다.) 　　　　**부모:** (아동에게 말한다.) 너는 자는구나. (BD)

일상적인 말(TA) ◯

정의

일상적인 말은 사람, 사물, 사건 혹은 활동에 대한 정보를 제공하거나, 아동의 현재 혹은 이제 막 마친 행동에 대해 자세히 묘사하거나 평가하지는 않지만 아동에게 주의를 기울이는 말들로 구성되어 있다.

<table>
<tr><td colspan="2" align="center">부모의 일상적인 말 예시</td></tr>
<tr><td>나는 네 것과 같은 무지개를 만들고 있어.</td><td>아동들은 돌아가면서 해야 하는 거야.</td></tr>
<tr><td>인형이 잠들려고 해.</td><td>아동들은 때리면 안 되는 거야.</td></tr>
<tr><td>나는 너와 함께 그림을 그리고 싶어.</td><td>난 저런 큰 블록들이 더 필요해.</td></tr>
<tr><td>내 의자를 끌어 당겨야겠다.</td><td>게임을 네가 고를 차례구나.</td></tr>
<tr><td>내가 다리미를 켜두고 왔는지도 모르겠어.</td><td>저기.</td></tr>
<tr><td>네가 지금 만들고 있는 건 높은 타워구나.</td><td>아빠가 멋진 돛을 만드셨구나.</td></tr>
<tr><td>네가 부른 노래는 새로운 노래구나.</td><td>이 인형의 집은 멋지구나.</td></tr>
<tr><td>넌 오늘 기분이 매우 좋아 보인다.</td><td>나도 피곤하구나.</td></tr>
<tr><td>지난 시간에 너는 초록색 막대기들을 사용했었어.</td><td>가, 나, 다, 라</td></tr>
<tr><td>그 보트에는 굴뚝 한 개와 창문 네 개가 있구나.</td><td>내가 보니 너 매우 지루해 보이는구나.</td></tr>
<tr><td>천천히.</td><td>이 인형은 머리카락이 빨갛고 눈이 초록색이구나.</td></tr>
<tr><td>네가 해야 할 일은 움직이지 않게 이렇게 잡고 있는 거야.</td><td>파란색이네, 뒤쪽은 빨간색이고.</td></tr>
<tr><td>네가 만들 준비가 다 된 것 같아 보인다.</td><td>넌 요새를 만들고 있구나, (2초) 큰 창문들로.</td></tr>
<tr><td>그러면, 너는 블록이 더 필요할 거야.</td><td>네가 하나를 더 놓으면, 다섯 개가 될 거야.</td></tr>
<tr><td>넌 넘어질 거야.</td><td>네가 그걸 찢지 않으면, 더 주도록 할게.</td></tr>
<tr><td>조심조심.</td><td>조용히.</td></tr>
<tr><td>부드럽게.</td><td>조심스럽게.</td></tr>
<tr><td>잠시만.</td><td>오!</td></tr>
<tr><td>나중에 알게 되겠지.</td><td>내가 그럴 거야!</td></tr>
<tr><td>알겠어.</td><td>오, 이런!</td></tr>
<tr><td>그건 어때.</td><td>안녕!</td></tr>
<tr><td>음.</td><td>천만에.</td></tr>
<tr><td>오 맙소사.</td><td>몸 조심해.</td></tr>
<tr><td>웁스(Ooops!)</td><td>실례합니다.</td></tr>
<tr><td>응(Uh-huh)</td><td>안녕.</td></tr>
<tr><td>미안.</td><td>잘했어.</td></tr>
<tr><td>아마도.</td><td>안 될 건 없지.</td></tr>
<tr><td>몰라.</td><td>아뿔싸.</td></tr>
<tr><td>아무렴 그렇지.</td><td>자.</td></tr>
<tr><td>오케이.</td><td>지금.</td></tr>
<tr><td>알았어.</td><td>그럼(물론)</td></tr>
</table>

결정규칙

1. 어떤 말이 일상적인 말인지 혹은 다른 카테고리인지 불분명할 때에는 일상적인 말로 코딩한다.

2. 어떤 말이 행동묘사인지 혹은 일상적인 말인지 불분명할 때는 일상적인 말로 코딩한다.

3. 일상적인 말 안의 단어들이 서로 연결되어 있어서 한 문장인지 아니면 여러 문장인지 불분명할 때에는 한 문장으로 코딩한다.

부모의 일상적인 말 가이드라인

1. 일상적인 말은 다음과 같이 설명할 수 있다.

   a. 부모의 독자적 행동

예시		
함께: (농장놀이를 하고 있다.) **아동:** (소를 외양간에 집어넣고 있다.) **부모:** 나는 말을 외양간에 집어넣고 있어. (TA)	**아동:** (블록을 분류하고 있다.) **부모:** 난 모든 파란색 블록들을 골라내고 있어. (TA)
그러나: 부모: 너는 소를 외양간에 넣고 있구나. (BD)	**그러나: 부모:** 넌 모든 빨간색 블록들을 골라내고 있구나. (BD)

   b. 놀잇감, 사물, 사람, 그리고 활동들

예시	
아동: (인형을 흔들고 있다.) **부모:** 인형이 곧 잠들려고 해. (TA)	**함께:** (스페인 여행에 대해 말하고 있다.) **부모:** 저기 게시판에 세계 지도가 있어. (TA)
아동: 조립식 장난감을 가지고 놀고 있다.) **아동:** 나는 레고를 가지고 놀 거야. **부모:** 이제 놀잇감을 바꾸고 싶구나. (TA)	**아동:** (엄마와 퍼즐을 맞추고 있다.) **부모:** 아빠가 홀에서 기다리고 계실 것 같아. (TA)
아동: 왜 오늘밤 할아버지께서 오실 수 없는 거예요? **부모:** 할아버지의 소가 송아지를 낳았단다. (TA)	**함께:** (숫자를 그리고 있다.) **부모:** 오늘 우리 정원에 아주 귀여운 토끼가 있었어. (TA)

c. 감정 혹은 동기부여

예시	
아동: 이 퍼즐을 완성시킬 수 없어요. **부모:** 잃어버린 조각 때문에 기분이 안 좋아 보이는구나. (TA) **또는: 부모:** 엄마는 조각을 잃어버려서 기분이 안 좋아. (TA)	**아동:** 전 피곤해요. **부모:** 엄마는 기뻐. (TA) **또는: 부모:** 엄마도 피곤하구나. (TA)
아동: (타워를 만들기 시작한다.) **부모:** 너는 타워를 만들고 싶구나. (TA) **또는: 부모:** 난 너와 함께 만들고 싶어. (TA)	**아동:** 그 로보트 저 주세요. **부모:** 주고 싶지 않아. (TA)
아동: (얼굴을 찡그리며 상자에서 장난감을 꺼내 던진다.) **부모:** 넌 화난 것처럼 보이는데. (TA) **그러나: 부모:** 너는 소를 찾고 있구나. (BD)	

d. 아동의 행동을 묘사하지 않는 일반적인 말

예시	
아동: (색빨대를 가지고 놀고 있다.) **부모:** (퍼즐을 맞추며) 이 퍼즐 어렵구나. (TA)	**아동:** 그의 모자가 어디 있는지 모르겠어요. **부모:** 나도 모르겠구나. (TA)
함께: (칠판에 그림을 그리고 있다.) **아동:** 제가 사람을 그렸어요. **부모:** 난 그 사람 머리 위에 모자를 그릴래. (TA)	**함께:** (지도 모양 퍼즐을 본다.) **아동:** 여기가 플로리다예요. **부모:** 엄마는 그걸 잘 볼 수 있게 더 가까이 앉아야겠다. (TA)

2. 문장의 주어를 살펴보면 일상적인 말과 행동묘사를 구분할 수 있다. 일상적인 말의 주어는 아동이 될 수도 있지만, 묘사하는 말의 주어가 아동이 아닐 때는 항상 일상적인 말로 코딩된다.

예시	
아동: 네가 만지고 있는 차는 빨간 차야. (TA) **그러나: 부모:** 너는 빨간 차를 만지고 있구나. (BD)	**아동:** (집을 그리고 있다.) **부모:** 그 집은 마치 우리 집 같구나. (TA) **그러나: 부모:** 네가 우리 집 같은 집을 그리고 있구나. (BD)

3. 묘사하는 문장의 주어가 아동일 때, 아동의 행동을 묘사하는 동작동사가 사용되지 않은 경우 일상적인 말로 코딩된다. 일상적인 말에는 생각, 감정, 동기 혹은 사실을 설명하는 상태 동사가 사용된다.

예시	
아동: (장난감 고양이를 쓰다듬어 주고 있다.) **부모:** 네 기분이 정말 행복해 보이는구나. (TA)	**아동:** (알파벳 블록을 순서대로 놓고 있다.) **부모:** 넌 순서를 생각하고 있구나. (TA)
그러나: 부모: 넌 새끼 고양이의 부드러운 털을 느끼고 있구나. (BD)	**그러나: 부모:** 넌 그것들을 순서대로 놓고 있구나. (BD)
부모: (여왕 인형을 숨긴다.) **아동:** (인형을 찾기 시작한다.) **부모:** 넌 그 인형이 어디 갔는지 궁금하구나. (TA)	**부모:** 파란 강아지, 빨간 앵무새, 초록 곰을 가지고 있구나. (TA)
그러나: 부모: 넌 여왕 인형을 찾고 있구나. (BD)	**그러나: 부모:** 파란 강아지, 빨간 앵무새, 초록 곰을 들고 있구나. (BD)
아동: (비행기를 고치고 있다.) **부모:** 넌 비행기를 고치고 싶구나. (TA)	**부모:** 거의 끝내가는구나. (TA)
그러나: 부모: 넌 비행기를 고치고 있구나. (BD)	**그러나: 부모:** 넌 열심히 하고 있구나. (BD)

4. 일상적인 말은 시간의 경과에 따라 행동묘사와 구분될 수 있다. 과거(5초보다 더 지난) 행동에 대한 설명은 일상적인 말이며, 행동묘사는 아동의 현재 혹은 막 마친 행동에 대해서 설명한다.

예시	
부모: 넌 지난주에 그 게임기를 가지고 놀았어. (TA)	**아동:** (차를 주차장 경사로 위로 밀고 있다.) **부모:** 지난번에는 차를 경사로 아래쪽으로 밀었었는데. (TA)
그러나: 아동: (게임기를 꺼내려 캐비닛에 올라가고 있다.) **부모:** 넌 게임기를 꺼내려 하고 있구나. (BD)	**그러나: 부모:** 넌 차가 진입로로 올라가게 하고 있구나. (BD)
아동: (파란색 별을 그린다. 그리고 빨간색 별을 그린다.) **부모:** 넌 거기에 파란색 별을 그렸었구나. (TA)	
그러나: 부모: 넌 빨간색 별을 그렸구나. (BD) **부모:** 넌 두 개의 별을 그렸구나. (BD)	

5. 아동이 하고 있지 않은 것을 묘사하는 비판적이지 않은 말은 행동묘사가 아닌 일상적인 말로 코딩된다.

예시		
아동: 제 바람개비는 매우 커요. **부모**: 넌 너무 크게 만들지는 않았어. (TA)	**아동**: 모자를 색칠하고 있어요. **부모**: 넌 초록색 크레파스를 사용하지 않고 있구나. (TA)	
	그러나: 부모: 넌 빨간색 크레파스를 사용하고 있구나. (BD)	
아동: (빨간 꽃들을 그리고 있다.) **부모**: 넌 오늘은 노란색 꽃을 그리지 않는구나. (TA)		
그러나: 아동: (총을 그리고 있다.) **부모**: 넌 오늘은 총을 그리지 않는구나. (NTA)		

6. 일상적인 말은 지시나 요구를 포함하지 않는다.

   a. 정보를 제공할 때 '누군가' 혹은 '사람들'을 지칭하는 일반적인 'you'를, 지시할 때 아동을 지칭하는 'you'와 혼동해서는 안 된다.

예시	
함께: (그림을 그리고 있다.) **부모**: 원은 이렇게 그리는 거야. (TA)	**부모**: (금전등록기 사용법을 시범보이고 있다.) **부모**: (누르며) 누르기만 하면 돼. (TA)
그러나: 부모: 원을 그릴래? (IC)	**그러나: 부모**: 버튼을 눌러, 알았지? (IC)

   b. 아동이 허락을 구한 내용에 대해서 부모가 '넌 …할 수 있어', '넌 …할지도 모른다', '넌 …할 수 있을 거야' 혹은 '넌 …해도 된다'로 허락하는 말은 일상적인 말이다. 만약 부모가 아동에게 특정 행동을 하도록 권유하는(아동이 부모의 허락을 부탁하지 않은 경우) 말을 했을 경우, 이는 간접지시이다.

예시	
아동: 제가 빨간색 크레파스를 가져가도 될까요? **부모**: 빨간색 크레파스를 가져가도 돼. (TA)	**아동**: 그 사탕을 먹어도 될까요? **부모**: 그 사탕을 먹어도 돼. (TA)
그러나: 아동: 색칠하고 싶어요. **부모**: 빨간색 크레파스를 택해도 돼. (IC)	**또는: 부모**: 그 사탕을 가져도 돼. (TA)
	그러나: 부모: (가방에서 사탕을 꺼낸다.) **부모**: 이 사탕 먹어도 돼. (IC)

아동: 휴지를 얻을 수 있을까요? **부모**: 응, 휴지를 가져가도 돼. (TA＋TA) **부모**: 응, 스스로 가져가도록 해. (TA＋IC)	

c. 아동에게 미래에 일어날 듯한 행위에 대해 설명해 주는 말은 일상적인 말이다. 아동에게 직접적으로 미래에 어떤 행동을 하도록 말하는 것은 지시이다.

예시

아동: 우리가 복도를 따라 내려가도 될까요? **부모**: 우리가 자동판매기를 지나갈 때, 넌 사탕을 사달라고 조르겠지. (TA)	**아동**: 또 다른 탑을 짓고 싶어요. **부모**: 그럼 넌 더 많은 블록이 필요할 거야. (TA)
	그러나:부모: 그럼 넌 더 많은 블록을 가져와야겠다. (DC)
아동: (의자 위에 서 있다.) **부모**: 넌 떨어질 것 같아. (TA)	**아동**: 내일은 휴일이에요. **부모**: 내일 할머니를 만나게 될 거야. (TA) **부모**: 내일 할머니를 만나러 가야 돼. (DC)
그러나:부모: 내려와야지. (DC)	

7. 적절한 행동에 대한 일반규칙을 설명해 주는 말은 일상적인 말, 간접지시 혹은 부정적인 말이 될 수 있다.

　　a. 아동의 현재 하고 있는 행동 혹은 바로 마친 행동이 앞으로는 달라져야 한다는 것을 암시하지는 않지만 적절한 행동에 대한 일반규칙을 설명해 주는 긍정적인 말은 일상적인 말로 코딩한다.

예시

아동: 제 친구 엄마는 제 친구에게 "부탁이에요."라고 말하래요. **부모**: 아이들은 원래 부모들에게 공손히 말해야 하는 거야. (TA)	**함께**: (이야기 책을 보고 있다.) **아동**: 왜 애들은 장난감을 치워요? **부모**: 아이들은 스스로 장난감을 치워야 해. (TA)
그러나:아동: 엄마가 싫어요. 　　　　**부모**: 아이들은 부모들에게 공손히 말해야 해. (IC)	**그러나:부모**: 장난감을 치워라. 　　　　**아동**: (징징대며) 장난감 치우기 싫어요. 　　　　**부모**: 아이들은 스스로 장난감을 치워야 해. (IC)
아동: 이 게임을 할 때는 어떤 규칙을 따라야 하나요? **부모**: 한 번씩 돌아가면서 해야 하는 거야. (TA)	**아동**: 왜 이게 상자 안에 들어가지 않지요? **부모**: 조립식 장난감을 먼저 분리해야 해. (TA)
그러나:아동: (보드게임에서 아동이 자신의 말과 상대의 말을 모두 움직인다.) 　　　　**부모**: 한 번씩 돌아가면서 해야 하는 거야. (IC)	**그러나:부모**: 조립식 장난감을 치우렴. 　　　　**아동**: (완성된 조립식 장난감을 상자에 넣으려다 막힌다.) 　　　　**부모**: 조립식 장난감을 먼저 분해해야 해. (IC)

b. 아동의 현재 하고 있는 행동 혹은 방금 마친 행동에 대해 비판하지 않고, 적절한 행동에 대한 일반 규칙을 설명해 주는 부정적인 말(아이에게 하지 말아야 할 것을 말한다)은 일상적인 말로 코딩한다.

예시	

아동: (크레파스를 집으려고 한다.) **부모:** 크레파스를 너무 꽉 잡으면 안 돼. (TA)	**아동:** 승환이가 자기 엄마를 마녀라고 했어요. **부모:** 아이들은 부모를 그렇게 불러서는 안 돼. (TA)
그러나: 아동: (그림을 그리다가 크레파스가 부러진다.) 　　　**부모:** 크레파스를 너무 꽉 잡으면 안 돼. (NTA)	**그러나: 아동:** 엄마는 마녀야. 　　　**부모:** 아이들은 부모를 그렇게 불러서는 안 돼. 　　　　　　(NTA)
아동: 저 표지판에 뭐라고 쓰여 있어요? **부모:** 저 표지판에는 이 방에 음료를 가지고 들어갈 수 없다고 쓰여 있구나. (TA)	**함께:** (놀이실에 들어선다.) **부모:** 이 안에서는 뛰어다니면 안 돼. (TA)
그러나: 아동: (방에 음료를 들고 들어간다.) 　　　**부모:** 이 방에 음료를 가지고 들어갈 수 없어. 　　　　　　(NTA)	**그러나: 아동:** (놀이실에서 뛰어다닌다.) 　　　**부모:** 이 안에서는 뛰어다니면 안 돼. (NTA)

8. 아동에게 정보를 제공하는 부모의 어떤 말은 아동에게 넌지시 지시할 때가 있다. 그러나 말 속에 아동에게 어떤 음성 또는 신체행동을 요구하는 동작동사가 포함되어 있을 때에만 지시로 코딩한다.

예시	

아동: (열쇠구멍에 동전을 넣는다.) **부모:** 동전은 동전구멍에 들어가. (TA)	**아동:** (나무블록을 아빠에게 건네준다.) **부모:** 아빠는 짧은 것이 더 필요해. (TA) **부모:** 나한테 짧은 것을 더 줘. (DC)
그러나: 부모: 동전구멍에 동전을 넣어. (DC)	
함께: (통나무집을 짓고 있다.) **부모:** 여기에 나무 하나가 더 필요해. (TA)	**부모:** 앉아. (DC) **아동:** (4초 동안 계속해서 서 있다.) **부모:** (큰 소리로) 당장. (TA)
그러나: 부모: 바로 여기 나무 하나를 더 놓아야 해. (IC)	
부모: 단어 'go'를 찾아. (DC) **부모:** 단어 'see'를 찾아. (DC) **부모:** 다음 단어는 'stop'이야. (TA)	**부모:** 위로! (TA) **그러나: 부모:** 계단을 올라가. (DC)
부모: 조심스럽게. (TA) **부모:** 조용. (TA) **부모:** 장난감 상자 안에. (TA) **부모:** 조용하게. (TA)	**부모:** 조심. (TA) **그러나: 부모:** 조심해 (DC/NOC) 　　　**부모:** 제발 좀. (IC/NOC) 　　　**부모:** 애야! (IC/NOC)

부모: '1'이라고 말해 봐. (DC)	**함께:** (알파벳 블록으로 단어를 맞추고 있다.)
아동: 1.	**부모:** 'A'를 여기에 둬. (DC)
부모: '2'라고 말해 봐. (DC)	**아동:** (블록을 알맞은 위치에 놓는다.)
아동: 2	**부모:** 'T'는 그 다음 자리에. (TA)
부모: 3. (TA)	**아동:** ('T' 블록을 찾는다.)
	부모: 여기 'T' 있네. (가리키며) (TA)

9. 일상적인 말에는 아동의 작품이나 활동에 대한 칭찬 혹은 비난이 담겨 있지 않다.

  a. 어떤 일상적인 말은 아동의 활동, 작품 혹은 특성에 대해 인정을 하거나 긍정적인 평가를 하기 위해 사용되기도 한다. 이러한 관용적인 표현들은 구체적이지 않은 칭찬으로 코딩된다. '그렇지', '좋아', '그래'와 같은 표현들이 명확히 찬성을 표하는 비언어적 제스처(예를 들어, 미소 짓기, 박수 치기, 긍정적인 신체 접촉)와 동반될 때에만 구체적이지 않은 칭찬으로 코딩된다.

예시	
아동: (그림을 그리고 있다.) 제 자동차 보세요? **부모:** (하이파이브를 하기 위해 손을 들며) "그렇지!" (UP)	**부모:** 'A'를 찾아봐. **아동:** ('A'를 가리킨다.) **부모:** (탄성하며 손뼉을 친다.) 옳지! (UP)
그러나: 아동: 우리 자동차 가지고 놀아도 돼요? **부모:** 괜찮아. (TA)	**그러나: 부모:** 'A'를 찾아봐. **아동:** ('A'를 가리킨다.) **부모:** 그래. (TA)
아동: 강아지는 강.아.지라고 써요. **부모:** 와우! (UP)	**아동:** 제가 해냈어요! **부모:** 잘했어! (UP)
그러나: 부모: 어머나. (TA)	**그러나: 부모:** 그러네. (TA)
아동: (퍼즐을 마무리한다.) **부모:** (아동을 안으며) 잘했어! (PTO+UP)	
그러나: 부모: (아동에게 연필을 건네준다.) **부모:** (담담하게) 그렇지. (TA)	

b. 말에 아동을 비난하는 내용이 포함되어 있다면, 이는 부정적인 말로 코딩한다. 말에 아동이 아닌 다른 사람을 비난하는 내용이 포함되어 있다면, 이는 일상적인 말로 코딩한다.

예시

아동: 제가 쓴 'A'가 마음에 드세요? **부모:** 그것은 큰 'A'구나. (TA)	**아동:** 집을 만들었어요. **부모:** 엄마는 네 집 주변에 울타리를 만들고 있어. (TA)
또는: 부모: 내가 쓴 건 마음에 들지 않아. (TA)	**또는: 부모:** 엄마가 네 집 주변에 울타리를 만들고 있는데 마음에 들지 않아. (TA)
그러나:부모: 너무 크게 쓴 것 같구나. (NTA)	**그러나:부모:** 엄마는 네 못생긴 집 주변에 울타리를 만들고 있어. (NTA)

c. 아동 혹은 부모가 소유하거나 만들어 내지 않은 놀이 상황(예를 들어, 놀이에서의 사물, 활동, 아이디어)에 대한 칭찬 혹은 비난하는 말이 포함되어 있을 때는 일상적인 말로 코딩한다.

예시

아동: (장난감 소를 집어든다.) **부모:** 소 귀에 예쁜 점들이 있구나. (TA)	**아동:** (블록을 가지고 논다.) **부모:** 이 방에서 이상한 냄새가 난다. (TA)
아동: 오늘은 인형이 없네요. **부모:** 이런. (TA)	**아동:** (이상한 냄새를 맡고 인상을 찌푸린다.) **부모:** 웩. (TA)
아동: 어제 타이거즈가 이겼어요. **부모:** 와우! (TA)	**아동:** 새 분필이 있어요! **부모:** 깔끔하네! (TA)
아동: 장난감 상자에 그림판이 있네. **부모:** 이야! (TA)	**함께:** (블록이 바닥에 흩어져 있는 방에 들어선다.) **부모:** 누가 어지럽히고 갔네! (TA)
	그러나: 아동: (아동이 놀이실 바닥 온 사방에 블록을 흐트러 놓고 나가려 한다.) **부모:** 누가 어지럽히고 가네! (NTA)

d. 어떤 일상적인 말은 아동의 활동, 작품 혹은 특성에 대해 부정적인 평가를 하기 위해 사용되기도 한다. '이런', '웩', '으'와 같은 표현들은 일상적인 말이 아닌 부정적인 말로 코딩한다.

예시

아동: 총을 만들고 있어요. **부모:** 으. (NTA)	**아동:** 손톱을 칠하고 있는 중이에요. **부모:** 으웩! (NTA)
아동: 빨간색을 골랐어요. **부모:** 이런. (NTA)	

10. 아동이 친사회적 말을 했을 때 부모가 같은 말이나 유사어를 사용하여 반복해서 말했을 경우, 부모의 말이 아동의 말의 의미를 변경시켰을 경우에만 일상적인 말로 코딩한다.

예시	
아동: 피곤해요. **부모:** 엄마가 피곤하네. (TA)	**아동:** 내 차는 빨갛고 하얘요. **부모:** 엄마 차도 빨갛고 하얘. (TA)
그러나: 부모: 네가 피곤하구나. (RF)	**그러나: 부모:** 빨갛고 하얀 차가 네 차구나. (RF)

11. 일상적인 말들이 서로 연결되어 있거나 문장의 끝이 분명하지 않은 경우, 전달하고자 하는 생각에 기초하여 각 말들을 구분해 내는 것이 중요하다.

    a. 단어나 말이 독자적인 의미를 가지고 있는 경우는 그 각각을 일상적인 말로 코딩한다.

예시	
아동: (알파벳 블록을 보고 있다.) **부모:** (각 블록을 가리키며 읽는다.) A, B, C, D. (TA+TA+TA+TA)	**아동:** 내 이름은 철자가 어떻게 돼요? **부모:** J, U, L, I, E. (TA)
그러나: 아동: 알파벳이 뭐예요? **부모:** A, B, C, D. (TA)	**그러나: 아동:** 제 이름 써보세요. **부모:** (각 철자를 쓰면서 말한다.) J. U. L. I. E. (TA+TA+TA+TA+TA)
아동: 국기에 어떤 색이 포함되어 있나요? **부모:** 빨강, 하양, 그리고 파랑. (TA)	**함께:** (자동차 네 개를 가지고 놀고 있다.) **부모:** 빨강. 초록. 파랑. 보라. (TA+TA+TA+TA)
그러나: 아동: 제 그림 좀 보세요. **부모:** (손가락으로 가리키며) 빨강, 하양, 그리고 파랑. (TA+TA+TA)	**그러나: 부모:** 이 자동차들은 빨간색, 초록색, 파란색, 보라색이구나. (TA)
아동: 5까지 세세요. **부모:** 1, 2, 3, 4, 5 (TA)	
그러나: 아동: 제가 블록 몇 개를 가지고 있어요? **부모:** (숫자를 세며 손가락으로 가리킨다.) 하나, 둘, 셋, 넷, 다섯. (TA+TA+TA+TA+TA)	

b. 의미 있는 설명들이 연결되어 있으나 2초 이상의 시간 간격이 있으면 개별 문장으로 코딩한다. 의미 없는 문장 부분들은 코딩하지 않는다.

예시		
아동: 알파벳을 말해 주세요. **부모:** A, B, C. (2초. 바닥에 떨어진 블록을 줍는 동안 멈춘다.) D, E, F, G. (**TA+TA**)	**함께:**	(장난감 동물원을 보고 있다.) **부모:** 여기 모든 동물들이 와서 물을 마실 수 있는 작은 호수가 있어. (2초) 무더운 날에는 물이 별로 차갑지가 않아서 동물들이 물을 마시고 싶지 않겠지만 (2초) 그래도 마시지 않으면 그들은 더욱 목이 마르게 될 거야. (**TA+TA+TA**)
아동: (장난감 선반에서 인형 두 개를 가져온다.) **부모:** 그 인형은 뿡뿡이와 뿡순이처럼 보이네. (**TA**)		
또는: **부모:** 그 인형은 뿡뿡이처럼 보이네. (2초) 그리고 뿡순이. (**TA+TA**)		
그러나: **부모:** 그 인형은 (2초) 뿡뿡이와 뿡순이구나. (앞부분 코딩하지 않음; **TA**)		

12. 부모가 연속해서 일상적인 말을 할 때, 아동이 현재 하고 있거나 방금 마친 행동을 설명해 주는 동작 동사를 포함해야 행동묘사가 되고, 그런 동사가 없으면 일상적인 말로 코딩한다.

예시	
부모: 초록색 삼각형을 놓고 있구나. (2초) 파란색 동그라미도. (2초) 빨간색 네모도. (**BD+TA+TA**)	**부모:** 초록색 삼각형을 놓고 있구나. (2초) 파란색 동그라미도 놓고 있고, (3초) 빨간색 네모도 놓고 있네. (**BD+BD+BD**)
부모: 트럭을 밀고 있구나, (쉼 없이) 쓰레기 더미로 (1초) 쓰레기를 내리려고. (**BD**) **부모:** 트럭을 밀고 있구나, (2초) 언덕 위로. (**BD+TA**) **부모:** 트럭을 밀고 있구나, (1초) 언덕 위로. (**BD**)	

13. 어떤 조건부 말들은 일상적인 말이다. 조건부 말들을 코딩하기 위해서는 부록 A를 참고하라.

a. 조건부 말이 아동의 행동으로 초래될 자연적인 결과나 부모의 중립적인 반응을 구체적으로 말한 경우 일상적인 말이다.

예시	
부모: 감사하다고 말하면, 사람들이 너를 좋아할 거야. (**TA**)	**부모:** 그걸 거기에 놓으면, 떨어질 거야. (**TA**)
부모: 감사하다고 말하면, 엄마는 '천만에'라고 말할 거야. (**TA**)	**부모:** 그걸 거기에 놓으면, 엄마 거는 여기에 놓을게. (**TA**)

b. 아동이 어떤 좋지 않은 행동을 하지 않는다면 그에 대한 보상이 뒤따를 것이라는 부모의 조건적인 말은 일상적인 말로 코딩한다.

예시	
부모: 만약 오늘 밤 방을 어지럽히지 않으면, 내일 공원에 데려가줄게. (TA)	**부모:** 오늘 건방지게 행동하지 않으면, 엄마가 집에 가는 길에 맥도널드에 데려갈게. (TA)

c. 아동이 좋지 않은 행동을 하게 된다면 뒤따르게 될 부정적인 결과에 대해 부모가 말하는 조건부 말은 일상적인 말로 코딩한다.

예시	
부모: 네가 동생의 헤드폰을 부순다면, 네 용돈으로 동생에게 헤드폰을 사줄 거야. (TA)	**부모:** 네가 이 중 어떤 크레파스라도 던지면, 생각하는 의자에 가야 해. (TA)

d. 아동의 행동에 대한 조건부 말이 여러 DPICS 카테고리에 포함될 경우, 코딩 카테고리의 우선순위를 따른다.

예시	
부모: 네가 감사하다고 말하면, 사람들이 너를 좋아할 거야. (TA)	**부모:** 이 중 어떤 크레파스라도 던지면, 생각하는 의자에 가야 해. (TA)
그러나:부모 지금처럼 네가 늘 예의 바르다면, 사람들이 너를 좋아할 거야. (UP)	**그러나:부모** 이 중 어떤 크레파스라도 던지면, 내가 확실히 말하는데 넌 후회하게 될 거야. (NTA)
부모: 여기서 건방지게 굴지 않으면, 오늘 밤에 칭찬 스티커를 줄게. (TA)	
그러나:부모 여기서 건방지게 굴지 않으면, 오늘 아침 내내 네가 얼마나 나쁜 아이였는지 엄마에게 말하지 않을게. (NTA)	

14. 부모가 아동을 지켜보고 있고 혹은 귀 기울이고 있다는 사실을 나타내는 간단한 반응들도 일상적인 말이다.

예시	
아동: 난 뚱뚱한 광대를 그렸어요. **부모:** 으음. (TA)	**아동:** (아이스크림 콘을 그리고 있다.) **부모:** 오우. (TA)
아동: 이건 빨리 가요. **부모:** 정말 그렇구나. (TA)	

15. 일상적인 말은 놀라움을 표현하는 것 외에 다른 정보는 제공하지 않는 놀라움의 감탄사를 포함한다. 일상적인 말은 꼭 의미가 명료한 내용을 포함하고 있지 않아도 된다. (일상적인 말은 뜻은 없고 놀라움을 표현하는 단어, 예를 들어 '웁스!'와 같은 단어도 포함한다.)

예시	
아동: (테이블 밑에서 튀어나온다.) **부모:** 오! (TA)	**아동:** (아동이 쌓은 탑의 블록들이 흔들린다.) **부모:** 아-하! (TA)
아동: 4를 썼어요! **부모:** 맙소사! (TA)	**기타:** 웁스! 우웁스! 아이고! 어-오! 저런! 맙소사! 신의 가호가 함께하길! 세상에! 큰일 났네! 난 괜찮을 거야! 허!

16. 일상적인 말은 아동의 행동을 실제로 묘사하거나 반영하거나 칭찬하거나 지시하는 말이 아닌 '자동적으로 나오는' 사회적인 말 또한 포함한다.

예시	
아동: (재채기 한다.) **부모:** 신의 축복이 있기를. (TA)	**아동:** (부모와 부딪친다.) 아야. **부모:** 미안. (TA)
주의: '고마워'는 구체적이지 않은 칭찬이다.	**부모:** (딸꾹질을 하며) 미안해. (TA)
아동: 제 로켓을 달로 날려 보낼 거예요. **부모:** 바이-바이. (TA)	**그러나: 아동:** (욕을 한다.) **부모:** 다시 말해봐! (NTA)

17. 아동의 긍정적 혹은 부정적 자기평가에 대해 동의하는지 혹은 동의하지 않는지를 부모에게 물어볼 경우, 부모의 반응에는 암시적인 칭찬이나 비판이 포함되어 있을 수 있다. 이는 구체적인 칭찬, 구체적이지 않은 칭찬 혹은 부정적인 말로 코딩한다.

예시	
아동: 제 그림 멋져요? **부모:** 그렇구나. (UP)	**아동:** (엄마의 립스틱을 바르며) 나 예뻐요? **부모:** 아니. (NTA)
아동: 제 그림 멋져요? **부모:** 별로. (NTA)	

18. 일상적인 말을 빈정대며 할 경우, 이는 부정적인 말로 코딩한다.

예시	
부모: (아동의 머리카락을 리본으로 묶는다.) **아동:** (감사하다는 말없이 걸어간다.) **부모:** (빈정대는 투로) 천만에. **(NTA)**	**아동:** (트림한다.) **부모:** (빈정거리며) 실례합니다. **(NTA)**
아동: 나는 요정나라 공주예요. **부모:** (빈정거리며) 어련하려구. **(NTA)**	

19. 일상적인 말을 물어보는 억양으로 할 경우 이는 묘사/반영 질문으로 코딩한다.

예시	
아동: 제 차는 날 수 있어요. **부모:** 그래? **(DQ)**	**부모:** (퍼즐을 맞추고 있다.) **부모:** 이건 어때? **(DQ)**
아동: 이 인형 이름은 뽀로로예요. **부모:** 정말? **(DQ)**	**아동:** 그게 정말 될까요? **부모:** (퍼즐을 맞춘다.) 봤지? **(DQ)**

20. '안 돼'라는 단어는 바로 전에 아동이 한 말과 행동에 따라 가끔씩 일상적인 말로 코딩된다.

    a. 아동이 감정, 소망 혹은 다른 내적인 상태를 표현하는 말이나 질문을 할 때 부모가 그에 따른 반응으로 '안 돼' 혹은 동의어를 사용하게 되면, 여기서 '안 돼'는 일상적인 말로 코딩된다.

예시	
아동: 헬리콥터를 만들고 싶어요. **부모:** 안 돼, 헬리콥터를 만들기에는 조각이 모자라. **(TA+TA)**	**아동:** 제가 큰 거미라면 재미있지 않을까요? **부모:** 아니. **(TA)**

b. 아동이 틀린 말을 하여 부모가 '아니' 혹은 '아니'의 동의어를 사용할 때, 부모가 부정적인 아동의 자기말을 부인하지 않는다면 일상적인 말보다 부정적인 말로 코딩한다.

예시	
아동: 이건 빨간색 크레파스예요. **부모:** 아니. 그건 파란색이야. (NTA+TA)	**아동:** (인형을 안고) 인형이 지금 놀고 싶대요. **부모:** 아니, 인형이 자고 싶대. (NTA+TA)
그러나: 아동: 이거 빨간색이에요? 　　　　**부모:** 아니, 그건 파란색이야. (TA+TA)	**그러나: 아동:** 지금 놀고 싶어요. 　　　　**부모:** 아니, 지금은 정리해야 할 시간이야. 　　　　　　　(TA+TA)
아동: 난 그걸 여기 놓았어요. **부모:** 아니, 그건 여기 놓는 거야. (NTA+TA)	**아동:** 난 못생겼어요. **부모:** 아니야, 넌 못생기지 않았어. (TA+TA)
그러나: 아동: 내가 틀린 거예요. 　　　　**부모:** 아니야. 아주 좋아 보여. (TA+UP)	

c. 아동의 요청에 대해 부모가 '안 돼' 혹은 그 동의어로 대답하고 2초 이내에 다른 말을 하면, 이때 '안 돼' 혹은 그 동의어를 코딩하지 않는다. 부모가 아동의 요청에 대해 딱 잘라 거절(예를 들어, '안 돼' 혹은 그 동의어를 말하고 2초 동안 추가적인 말을 하지 않으면)하는 경우 '안 돼' 혹은 그 동의어를 부정적인 말로 코딩한다.

예시	
아동: 그 파란색을 저에게 주세요. **부모:** 싫어, (1초) 네가 직접 파란색을 가져와. (DC)	**아동:** 그 다음엔 초록색을 놓도록 해요. **부모:** 안 돼, (쉼 없이) 빨간색이 더 나을 것 같아. 　　　　(TA)
	그러나: 아동: 그 파란색을 저에게 주세요. 　　　　**부모:** 안 돼. (3초) 파란색은 부숴졌어. 　　　　　　　(NTA+TA)
주의: 아동이 부모의 지시에 대해 '안 돼요' 혹은 그 동의어로 반응했을 경우, 추후에 순응하거나 혹은 다른 말을 하더라도 상관없이 이는 언제나 부정적인 말로 코딩한다.	

21. 뚜렷한 의미 없이 단지 문장을 시작하는 단어는 따로 코딩하지 않는다.

<table>
<tr><td colspan="2" align="center">예시</td></tr>
<tr>
<td>
아동: 뭘 하고 놀까요?
부모: 있잖아, 좋은 생각이 있어. (TA)
</td>
<td>
아동: 난 초록색을 올려 놓았어요.
부모: 이제, 빨간색을 올려 놓아. (DC)
</td>
</tr>
<tr>
<td>
그러나: 아동: 또 다른 블록이 필요해요.
　　　　부모: (블록을 건네주며) 여기. (TA)
</td>
<td>
그러나: 아동: 언제 집에 갈 수 있어요?
　　　　부모: 지금. 코트 입어. (TA+DC)
</td>
</tr>
<tr>
<td>
아동: 난 큰 귀를 달았어요.
부모: 거기에, 토끼네. (TA)
</td>
<td>
아동: 엄마 차례예요.
부모: 어디 보자, 난 초록색을 쓸래. (TA)
</td>
</tr>
<tr>
<td>
그러나: 아동: 그것을 어디다 두어야 할지 모르겠어요.
　　　　부모: (가리키며) 거기. (TA)
</td>
<td>
그러나: 아동: 난 토끼를 그렸어요.
　　　　부모: 어디 보자. (IC; 보여 달라는 의미)
</td>
</tr>
<tr>
<td colspan="2">
아동: 왜 우리는 그만해야 해요?
부모: 자, (1초) 작은 바늘이 10에 왔어. (TA)
</td>
</tr>
<tr>
<td colspan="2">
그러나: 부모: 보이지? (1초) 작은 바늘이 10에 왔어. (DQ+TA)
</td>
</tr>
</table>

22. 부모가 말한 문장에서 아동에게 초점이 맞춰져 있거나 아동이 주어인 경우, 그 문장 끝에 일상적인 말이 따라 올 경우, 이는 일상적인 말로 코딩한다. 앞선 문장의 주어가 아동이 아닌 경우, 일상적인 말로 코딩하지 않는다.

<table>
<tr><td colspan="2" align="center">예시</td></tr>
<tr>
<td>
아동: (기차를 만들고 있다.)
부모: 그 기차에는 승무원이 있구나, 세상에. (TA)
</td>
<td>
아동: (감자인형을 장난감 상자에 넣는다.)
부모: 멋진 장난감 상자가 있네, 이야. (TA)
</td>
</tr>
<tr>
<td>
그러나: 부모: 넌 매우 긴 기차를 만들었구나, 세상에.
　　　　　　(BD+TA)
</td>
<td>
그러나: 부모: 난 네가 장난감을 치우는 모습이 보기 좋다, 와. (LP+TA)
</td>
</tr>
</table>

23. 일상적인 말과 또 다른 카테고리로 동시에 코딩할 수 없다.

<table>
<tr><td colspan="2" align="center">예시</td></tr>
<tr>
<td>
아동: 최선을 다했어요.
부모: (빈정거리며) 어 그렇겠지. (TA가 아닌 NTA)
</td>
<td>
아동: (자신의 그림을 들어올리며) 이쁘다!
부모: 정말 그렇네. (TA가 아닌 UP)
</td>
</tr>
<tr>
<td>
아동: 나는 그녀에게 주황색 드레스를 만들어 줄 거예요.
부모: 웩. (TA가 아닌 NTA)
</td>
<td></td>
</tr>
</table>

24. 아동을 인정해 줄 때 신체행동(예 : 긍정적 터치, 부정적 터치)이 함께 동반된다면 일상적인 말과 신
체행동 둘 다 코딩한다.

예시	
아동 : (부모가 들고 있는 장난감을 잡으려 하며) 난 이게 필요해요. **부모** : (아이의 팔을 움직일 수 없게 잡고 일상적인 말투로 "아마도") (TA+NTO)	**아동** : 엄마 것도 만들어도 돼요? **부모** : (아이를 안고 일상적인 말투로 "그럼.") (TA+PTO)

터치(TOUCH)

신체 접촉 카테고리는 부모와 아동 사이에서 일어나는 비언어적 의사소통에 관한 정보를 제공해 준다. 우연히 발생한 터치를 제외하고 둘 사이에서 일어난 어떤 신체적인 접촉도 코딩된다. 터치는 긍정적 터치와 부정적 터치로 구분된다.

| 부정적 터치(NTO) |

정의

부정적 터치는 지시적이고, 적대적이고, 혐오적인, 감정을 상하게 하거나 아동의 행동을 구속하려고 하는 신체적인 접촉을 말한다.

부모의 부정적 터치 예시	
(아동을 때린다.)	(아동을 흔든다.)
(아동이 "절 내버려 두세요."라고 말했을 때 아동을 약 올리듯 터치한다.)	(나무로 된 장난감으로 아동의 손마디를 친다.)
(아동을 발로 건드린다.)	(아동이 던지지 못하게 팔을 잡는다.)
(탁자 밑에서 아동 팔을 잡아끌고 간다.)	(아동의 엉덩이를 세 번 연속으로 찰싹 때린다.)
(아동을 붙잡고 흔든다.)	(아동이 부모 무릎에 앉아 있는데 팔을 붙잡고 짓누른다.)
(아동의 팔을 내리쳐 장난감이 바닥에 떨어진다.)	("그만해."라고 말하면서 아동의 팔을 억누르다.)

결정규칙

1. 신체 접촉이 있었는지가 분명하지 않을 때는, 긍정적 터치나 부정적 터치로 코딩하지 않는다.

2. 부정적 터치가 고의적인지 실수였는지 분명하지 않을 때는, 부정적 터치로 코딩하지 않는다.

3. 신체 접촉이 부정적인지 긍정적인지 분명하지 않을 때는, 긍정적 터치로 코딩한다.

4. 부정적 터치가 한 번 발생했는지 또는 두 번 발생했는지 분명하지 않을 때는, 한 번의 부정적 터치로 코딩한다.

부모의 부정적 터치 가이드라인

1. 부모가 아동에게 한 모든 의도적인 터치는 긍정적 터치나 부정적 터치로 코딩한다. 일상적인 터치는 긍정적 터치로 코딩한다. 우연한 터치는 코딩하지 않는다.

예시
부모: (아동의 주의를 끌기 위해 어깨를 툭 친다—몸의 방향을 바꿈) (NTO) **부모:** (아동을 때린다.) (NTO)
그러나: 부모: (아동을 껴안는다.) (PTO) 　　　　**부모:** (그림을 그리려고 크레파스를 든 아동 손을 감싼다.) (PTO) 　　　　**부모:** (아동의 어깨를 두드린다.) (PTO) 　　　　**부모:** (물건을 잡으려다 우발적으로 아동을 터치한다.) (코딩하지 않는다.)

2. 긍정적 터치인지 부정적 터치인지를 결정하기 위해서 상황을 고려하는 것이 종종 필요하다. 상황을 고려하여 판단할 때, 터치가 아동에게 미친 영향이 아닌, 터치를 한 부모의 의도로 판단한다.

예시
아동: (발렌타인 데이 카드를 그린다.) **부모:** (아동의 다리를 다독거리며 "잘했어."라고 말한다.) (PTO+UP) **아동:** (소리 지르며) 내 상처!
그러나: 아동: 만지지 마세요! 　　　　**부모:** ("진정해."라고 말하면서 아이의 발을 톡톡 친다.) (NTO+DC)
아동: 웃으면서 "까꿍!" **부모:** (아동의 코를 살짝 비틀면서 "너 귀엽구나.") (PTO+UP)
그러나: 아동: (웃으면서 "까꿍!") 　　　　**부모:** (아동의 코를 살짝 비틀면서 화난 목소리로 "멍청하게 굴지마.") (NTO+NTA)
아동: (장난감 탑을 넘어뜨리려고 팔을 뻗는다.) **부모:** (장난감 탑을 넘어뜨리는 것을 막으려고 아동을 팔꿈치로 밀어낸다.) (NTO)
그러나: 함께: (높은 블록 탑을 만든다.) 　　　　**부모:** (넘어지는 탑을 잡기 위해 실수로 아동을 팔꿈치로 밀어낸다.) (코딩하지 않는다.)

3. 부모의 부정적 터치에는 부모의 신체 부위나 물건으로 아동에게 부정적 터치를 하는 것이 포함된다. 직접적인 신체 접촉이 반드시 일어나야 한다.

예시	
아동 : 내가 물고 싶으면 물 거예요. **부모 :** (아동의 팔을 물고) 물면 이런 느낌이야. (NTO＋TA)	**아동 :** (부모 옆 소파에서 뛰고 있다.) **부모 :** (짜증나는 말투로 아동을 무릎으로 밀면서, "옆으로 좀 가.") (NTO＋DC)
부모 : (주먹을 휘둘러서 아동을 친다.) (NTO) - **그러나 : 부모 :** (아동을 위협하듯이 주먹을 휘둘렀지만, 신체 접촉은 없다.) (코딩하지 않는다.)	**아동 :** (부모가 만든 오두막집을 넘어뜨린다.) **부모 :** (집을 조립할 때 쓰는 통나무로 아동을 친다.) (NTO)
함께 : (색칠하고 있다.) **아동 :** (다른 종이를 잡으려고 손을 뻗친다.) **부모 :** (종이를 못 잡게 하려고 아동의 손을 밀쳐낸다.) (NTO) - **그러나 : 부모 :** (아동의 손에서 종이를 밀어낸다.) (코딩하지 않는다.)	**부모 :** (블록을 던져 아동을 친다.) (NTO) - **그러나 : 아동 :** (부모에게 다가가며) 엄마 무릎에 앉을래요. **부모 :** (그것을 막기 위해 아동의 어깨를 붙잡는다.) (NTO) - **그러나 : 부모 :** (신체 접촉 없이 손을 들어 올려 하지 말라는 표현을 한다.) (코딩하지 않는다.)

4. 두 종류 이상의 확연히 구분되는 부정적 터치가 동시에 발생하면, 한 번의 부정적 터치만 코딩한다.

예시
부모 : (아동의 어깨를 잡고 동시에 찰싹 때린다.) (NTO) - **그러나 : 부모 :** (아동의 어깨를 잡고, [2초 쉼] 아동을 찰싹 때린다.) (NTO＋NTO)

5. 한 종류의 부정적 터치가 <u>계속</u> 진행되고 있을 때, 그 행위가 끝나는 시점에서 코딩한다. 만약 또 다른 부정적 터치가 동시에 발생한다면, 그것 또한 코딩한다.

예시
아동: 치우기 싫어요.
부모: (아동의 땋은 머리를 잡고 장난감 상자 쪽으로 당긴다.) (아직 코딩하지 않는다.)
부모: (아동이 장난감을 장난감 상자에 넣는 동안 계속해서 아동의 땋은 머리를 잡고 있다.) (코딩하지 않는다.)
부모: (아동의 땋은 머리를 잡으면서, 아동이 물건을 던지지 못하게 팔을 잡는다.) (NTO)
부모: (35초 후, 잡고 있던 땋은 머리를 놔준다.) (NTO)
아동: (방에서 나가려고 한다.)
부모: (제지하려고 아동의 팔을 붙잡는다.) (아직 코딩하지 않는다.)
부모: (팔을 붙잡고 있는 상태에서 아동을 때린다.) (NTO)
부모: (10초 후, 아동의 팔을 놔준다.) (NTO)

6. 부정적 터치가 <u>계속 진행되지는 않지만</u> 짧은 시간 내(2초 이내)에 반복적으로 있어날 경우, 한 번의 부정적 터치로 코딩한다. 같은 형태의 연속적인 부정적 터치 사이에 2초 이상의 시간이 지났으면 두 번째 부정적 터치도 코딩한다.

예시
부모: (아동의 엉덩이를 때린다. 찰싹, 찰싹, 찰싹, [2초 쉼] 찰싹, 찰싹, 찰싹) (NTO+NTO)
그러나: 부모: (아동에게 약올리듯 찌른다. 콕, 콕, 콕, [쉼 없이] 아동이 부모를 때리는 걸 막기 위해 아동의 팔을 잡는다.) (NTO+NTO)
부모: (아동의 엉덩이를 때린다. 찰싹, 찰싹, 찰싹) (NTO)

7. 부모의 부정적 터치는 긍정적 터치와 동시에 코딩할 수 없다. 부모가 아동을 부드럽게 터치함과 <u>동시에</u> 부정적 터치를 하는 경우에는, 부정적 터치로 코딩한다.

예시	
부모: (한 팔로는 아동을 살짝 터치하면서 다른 팔로는 아동을 때린다.) (NTO)	**아동:** (책장을 기어 올라간다.) **부모:** (아동을 안아서 책장에서 떼어낸다.) (NTO)

8. 부모의 부정적 터치는 다른 언어 또는 음성 카테고리와 동시에 일어날 수 있다.

예시	
부모: (아동의 머리를 잡아당기면서 "그만해.") (NTO+NTA)	**부모:** (인형으로 아동을 밀쳐내며 "인형이 너보고 비키래.") (NTO+TA)
아동: ("저 이거 필요해요." 하면서 부모가 갖고 있는 인형을 빼앗으려고 한다.) **부모:** (아동의 팔을 제지하며 일상적인 어조로, "아마도 그렇겠지.") (NTO+TA)	

9. 부모가 아동의 행동을 막기 위해 아동이 직접 쥐고 있는 물건을 빼앗을 때, 부정적 터치로 코딩한다.

예시
부모: (아동이 꼭 쥐고 있는 통나무를 잡아당긴다.) (NTO)

| 긍정적 터치(PTO) |

부모의 긍정적 터치 예시	
(아동을 팔로 감싼다.)	(아동의 다리에 손을 올린다.)
(넘어지는 아동을 붙잡는다.)	(아동의 볼에 곰인형으로 뽀뽀를 해 준다.)
(부모의 등을 껴 안는 아동을 안아 준다.)	(아동을 2분간 무릎에 앉혀 놓는다.)
(아동의 팔을 짧게 여러 번 다독거려 준다.)	(아동을 들어 올려 안아 준다.)
(아동의 머리를 빗겨 주는 동안, 방해되는 의자를 발로 찬다.)	

결정규칙

1. 신체 접촉이 발생했는지 분명하지 않을 경우, 긍정적 터치나 부정적 터치로 코딩하지 않는다.

2. 긍정적 터치가 의도적인지 실수였는지 분명하지 않을 경우, 긍정적 터치로 코딩하지 않는다.

3. 신체 접촉이 부정적인지 긍정적인지 분명하지 않을 경우, 긍정적 터치로 코딩한다.

4. 긍정적 터치가 한 번 발생했는지 두 번 발생했는지 분명하지 않을 경우, 한 번의 긍정적 터치로 코딩한다.

부모의 긍정적 터치 가이드라인

1. 아동에게 한 모든 의도적인 터치는 긍정적 터치 또는 부정적 터치로 코딩한다. 우연한 터치는 코딩하지 않는다.

예시
부모: (아동을 안아 준다.) (PTO) **부모:** (아동의 무릎에 손을 올린다.) (PTO) **부모:** (아동을 때린다.) (NTO)
그러나: 부모: (아동에게 연필을 건네준다.) (코딩하지 않는다.)

2. 긍정적 터치인지 부정적 터치인지를 결정하기 위해서 상황을 고려하는 것이 종종 필요하다. 상황을 고려하여 판단할 때, 아동에게 미친 영향이 아닌 부모의 의도로 판단한다.

예시	
아동: (즐겁게 놀고 있다.) **부모:** (부드럽게 아동을 터치한다.) (PTO) **그러나: 아동:** 만지지 마세요! 　　　　 **부모:** (부드럽게 아동을 터치한다.) (NTO)	**아동:** (부모에게 완성된 그림을 보여 준다.) **부모:** (아동의 머리를 헝클어지게 쓰다듬으며) 잘했어! 　　　　 (PTO+UP) **그러나: 아동:** (머리를 조심스럽게 빗는다.) 　　　　 **부모:** (약 올리듯 웃으며 아동의 머리를 헝클어 　　　　　　　 지게 쓰다듬는다.) (NTO)

3. 부모의 긍정적 터치에는 부모의 신체 일부나 물건으로 아동에게 일상적 터치를 하는 것과 긍정적 터치를 하는 것 둘 다가 포함된다.

예시	
부모: (아동의 다리를 엄마의 다리로 붙이며) 누구 다리가 더 길지? (PTO+IQ)	**부모:** (털이 많은 인형으로 아동의 코를 만지며) 너 귀엽다. (PTO+UP) **그러나: 아동:** 거기 크레파스 좀 주실래요. 　　　　 **부모:** (아동의 손에 크레파스를 떨어뜨린다.) 　　　　　　　 (코딩하지 않는다.)

4. 부모의 긍정적 터치는 직접적인 신체 접촉이 있을 때에만 코딩한다.

예시	
부모: (아동에게 뽀뽀를 해 준다.) (PTO) **그러나: 부모:** (아동에게 뽀뽀하는 시늉을 한다.) (코딩 　　　　　　　 하지 않는다.)	**아동:** 나 잘했죠? **부모:** (아동과 악수를 한다.) (PTO) **그러나: 부모:** (박수를 보낸다.) (코딩하지 않는다.)
아동: (찰흙 인형을 들어 올려 보이며) 엄마/아빠를 위해 만들었어요. **부모:** (아동의 손을 만지며) 고마워. (PTO+UP)	
그러나: 부모: (아동이 갖고 있는 인형을 만지며) 고마워. (UP)	

5. 부모의 긍정적 터치에 대한 답례로 아동이 긍정적 터치를 하는 경우 또는 그 반대로 이루어지는 경우, 부모의 긍정적 터치와 아동의 긍정적 터치 둘 다를 코딩한다.

예시

부모: (아동을 안아 준다.) (PTO) **아동:** (부모를 안기 위해 팔로 감싼다.) (PTO)	**부모:** (아동의 볼에 뽀뽀한다.) (PTO) **아동:** (부모의 볼에 뽀뽀한다.) (PTO)
아동: 하이파이브! **함께:** (서로 손뼉을 마주친다.) (부모의 PTO+아동의 PTO)	

6. 한 종류의 긍정적 터치가 계속 진행되고 있을 때, 그 행위가 끝나는 시점에서 코딩한다. 만약 또 다른 긍정적 터치가 동시에 발생한다면, 그것 또한 코딩한다.

예시

부모: (아동을 무릎에 앉히고 뽀뽀해 준다.) (PTO) **부모:** (30초 후에 무릎에서 내려놓는다.) (PTO)	**부모:** (아동을 팔로 감싼다.) (아직 코딩하지 않는다.) **부모:** (아동을 팔로 감싼 상황에서 장난스럽게 아동의 코를 만진다.) (PTO) **부모:** (20초 후에 감싸고 있던 팔을 푼다.) (PTO)

7. 계속 진행되고 있지 않은 긍정적 터치가 짧은 시간 내(2초 이내)에 반복적으로 있어날 경우, 한 번의 긍정적 터치로 코딩한다. 같은 형태의 연속적인 긍정적 터치 사이에 2초 이상의 시간이 지났으면 두 번째 긍정적 터치도 코딩한다.

예시

부모: (아동의 머리를 쓰다듬는다.) (쓰다듬기, 쓰다듬기, 쓰다듬기) (PTO) **부모:** (아동의 머리를 쓰다듬는다.) (쓰다듬기, 쓰다듬기, 쓰다듬기, [2초 쉼] 쓰다듬기, 쓰다듬기, 쓰다듬기) (PTO+PTO)	**부모:** (아동의 등을 다독거린다.) [다독, 다독 (2초 후) 다독, 다독, 다독, 다독, (4초) 다독, 다독] (PTO+PTO+PTO)

8. 두 종류 이상의 확연히 구분되는 긍정적 터치가 동시에 시작되고 끝나면, 한 번의 긍정적 터치로만 코딩한다.

예시
부모: (아동의 어깨에 손을 올리고 동시에 뽀뽀한다.) (PTO)
그러나: 부모: (아동의 어깨에 손을 올리고 [2초] 뽀뽀한다.) (PTO＋PTO)

9. 부모의 긍정적 터치는 부정적 터치와 동시에 코딩할 수 없다. 부모가 아동을 터치함과 동시에 부정적 터치를 하는 경우에는, 부정적 터치로 코딩한다.

예시	
부모: (한 팔로는 아동을 살짝 터치하면서, 다른 팔로는 아동을 때린다.) (NTO)	**아동:** (주먹으로 장난감 탑을 넘어뜨리려 한다.) **부모:** (장난감 탑을 넘어뜨리는 것을 막으려고 살짝 아동의 손을 붙잡는다.) (NTO)

10. 부모의 긍정적 터치는 다른 언어 또는 음성 카테고리와 동시에 일어날 수 있다.

예시	
부모: (아동의 입을 만지며, "이게 네 입이야.") (PTO＋TA)	**부모:** (고양이 인형을 아동의 팔 옆으로 걷게 하며 "야옹, 야옹") (PTO＋PT)
아동: 제 머리 좀 빗겨 주실래요? **부모:** (아동의 머리를 빗겨 주면서, "물론") (PTO＋TA)	**함께:** ('Pat-a-cake' 노래를 부르며 서로 손뼉을 마주친다.) (PT＋PTO) ('Pat-a-cake' 노래를 부르며 서로 손뼉을 마주친다.) (PT＋PTO) ('Baker's man' 노래를 부르며 서로 손뼉을 마주친다.) (PT＋PTO) ('Bake me a cake' 노래를 부르며 서로 손뼉을 마주친다.) (PT＋PTO) ('As fast as you can' 노래를 부르며 서로 손뼉을 마주친다.) (PT＋PTO)

아동 카테고리

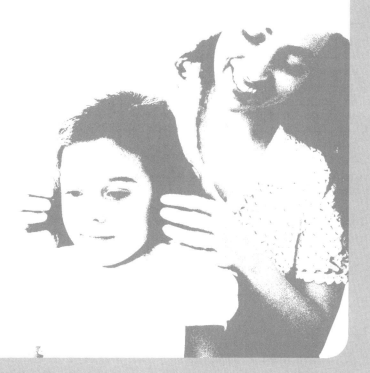

부정적인 말(NTA) ○

정의

부정적인 말이란 부모를 비난하는 말 혹은 부모의 특징, 활동, 성과물, 선택에 대해 비난하여 말하는 것을 의미한다. 부정적인 말에는 건방진, 빈정대는, 버릇없는, 무례한 말도 포함된다.

아동의 부정적인 말 예시	
부모: 그 상자를 여기 가져와. **아동:** 엄마가 하세요.	**부모:** 신발을 올려 놔. **아동:** 싫어요.
부모: (조립식 장난감이 바닥에 쏟아진다.) **아동:** 잘하셨네요.	**부모:** 이 방에서는 껌을 씹을 수 없어. **아동:** 제 껌을 주지 않으면, 엄마를 때릴 거예요.
엄마는 못되게 굴고 있어요.	그만 그만 그만!
그건 정말 안 좋은데.	울퉁불퉁해 보여요. 그리고 엄마는 팔을 너무 짧게 그렸어요.
엄마 그림은 엉망이야.	엄마가 그걸 아빠에게 말하고 제 물건을 가져가서 저 지금 화났어요.
엄마는 못됐어.	절 그렇게 쥐고 흔들면서 이래라 저래라 하지 말아요.
엄마는 분명 틀리게 했어요.	그만 좀 멍청하게 굴어요.
저를 좀 내버려두세요.	허접한 엄마 작품들을 치워요.
너무 작게 만들었네요.	웩.
(웃으며) 그걸 못 하다니 바보네요.	(소리 지르며, "거기 앉지 마요!")
그건 쓰레기가 아니에요!	엄마만 그렇게 말을 많이 하지 않으면 조용해질 수 있어요.
여기에 크레파스를 쓰면 안 돼요.	엄마만 소리 지르지 않으면 제가 모두 제자리에 가져다 놓을게요.
그만두세요.	우린 바보짓했네요.
부모: 너는 이 게임을 좋아할 거야. **아동:** (빈정거리는 톤으로) 그렇겠지요.	**부모:** 이제부터 우리는 정리할 거야. **아동:** 누가 그래요?
부모: 선생님이 그러시는데 네가 싸움을 시작했다고 하시는구나. **아동:** 선생님은 거짓말쟁이예요.	**부모:** 똑바로 행동하지 않으면, 넌 외출금지야. **아동:** 상관없어요.
부모: 좀 더 높게 만들어야 하지 않겠니? **아동:** (빈정대며 대답한다, "대체 이게 누구 탑이에요?")	**부모:** 소풍에 보내 줄 수 없구나. **아동:** 복수하고 말 거예요.

결정규칙

1. 부정적인 말인지 묘사, 반영, 질문, 지시 혹은 일상적인 말과 같은 낮은 우선순위 카테고리인지 불분명할 때는 부정적인 말로 코딩하지 않는다.
2. 부정적인 말인지 일상적인 말인지 불분명할 때는 부정적인 말로 코딩하지 않는다.

아동의 부정적인 말 가이드라인

1. 부모나 부모의 행동, 작품, 특성, 선택에 대해 부정적으로 평가하는 의견이 부정적인 말이다.

예시			
부모:	(개를 그리고 있다.)	**부모:**	(만들기를 하고 있다.) 엄마의 로켓이 괜찮니?
아동:	개를 못 생기게 그리네요. (NTA)	**아동:**	별로 잘 만들지 못했네요. (NTA)
부모:	엄마는 왕을 다시 제자리에 놓고 있어.	**부모:**	엄마 머리 염색했어.
아동:	그건 바보짓이에요. (NTA)	**아동:**	못 봐주겠어요. (NTA)
아동:	엄마가 싫어요! (NTA)	**아동:**	엄마는 공평하지 않아요! (NTA)
그러나: 아동:	이 게임이 싫어요! (PRO)	**그러나: 아동:**	그건 공평하지 않아요! (PRO)

2. 부정적으로 평가하는 뚜렷한 단어가 없더라도 문맥 자체에서 명백하게 부정적인 평가가 있는 경우 이는 부정적인 말이다.

예시			
아동:	엄마는 꽃을 만들었어요?	**아동:**	엄마 이름을 최대한 빨리 써 보세요.
부모:	난 최선을 다했어.	**부모:**	(이름을 쓴다.)
아동:	그것은 꽃 같지 않아요. (NTA)	**아동:**	느리네요. (NTA)
그러나: 부모:	엄마가 만든 게 무엇인지 맞춰 봐.	**그러나: 아동:**	천천히 해 봐요.
아동:	꽃 같지 않아요. (PRO)	**부모:**	(천천히 한다.)
		아동:	느리네요. (PRO)
부모:	내 게임이 마음에 드니?		
아동:	아니요. (NTA)		

3. 부모의 잘못된 점을 지적하여 바로잡기 위해 사용하는 질문은 부정적인 말이다.

예시	
부모: 넌 바보 멍청이야! **아동:** 좋지 않은 말인 것 몰라요? (NTA)	**부모:** 내가 쏟아진 소다를 닦을게. **아동:** 왜 어떤 것도 내 스스로 하게 놔두질 못해요? (NTA)
부모: 양쪽에 날개가 딱 맞네. **아동:** 왜 엄마는 항상 엄마 마음대로 해요? (NTA)	

4. 부모의 특성, 활동, 결과물 혹은 선택을 받아들이지 못한다는 표현들도 부정적인 말이다.

예시	
부모: (장난감을 묘사하고 있다.) **아동:** 엄마는 말이 너무 많아요. (NTA)	**부모:** 이것은 이렇게 하는 거니? **아동:** 아빠가 더 잘하네요. (NTA)
부모: 엄마가 할 거는 다 끝냈어. **아동:** 너무 빨리 하시네요. (NTA)	

5. 달콤하거나 경쾌한 톤으로 말한다고 해도 부모의 잘못된 점을 지적하여 부모의 행동을 고치려는 표현은 부정적인 말이다.

예시	
부모: (철수를 들어 올리며) "영희야!" **아동:** (웃으며) 그건 영희가 아니거든요! (NTA) ------ **그러나: 아동:** 그건 철수예요! (PRO)	**부모:** 엄마는 최선을 다해서 맞추고 있어. **아동:** (미소 지으며 장난스럽게, "별로 잘 맞지 않는데요.") (NTA) ------ **그러나: 아동:** 거의 맞네요. (PRO) ------ **주의: 아동:** 맞네요. (PRO)

6. 아동이 부모가 하는 어떤 행동을 그만두게 하기 위해 '아니요' 혹은 그 동의어를 사용한다면, 이는 하나의 독립된 부정적인 말로 코딩한다.

예시	
부모: (블록을 치우기 시작한다.) **아동:** 안 돼요. (NTA)	**부모:** (주차장 경사로에 차를 올라가게 하고 있다.) **아동:** (차를 가로막으며) 어-어. (1초 쉼) 이리 주세요. (NTA+CM)
부모: (감자인형을 분리하기 시작한다.) **아동:** 그만! (NTA)	

7. 부모가 잘못 말한 것에 대해 직접적으로 부모에게 하는 말은 비판적인 말이다. 그러나 부모가 부정적인 자기평가를 하는 데 대해 아동이 부인해 주는 것은 예외이다.

   a. 부모의 말을 직접적으로 부정하며 '수정' 해 주는 말은 비판적인 말이다. 부모를 혹은 부모의 말을 직접적으로 부정하지 않고 단순히 올바른 정보를 제공해 준다면 이는 비판적인 말이 아니다.

예시	
부모: 이건 뽀로로야. **아동:** 그건 뽀로로가 아니에요. (NTA)	**부모:** 돼지가 먹고 있네. **아동:** 그건 돼지가 아니에요. (NTA)
또는: 아동: 엄마가 틀렸어요. (NTA)	**또는: 아동:** 먹고 있는 게 아니에요. (NTA)
그러나: 아동: 그건 크롱이에요. (PRO)	**그러나: 아동:** 개가 먹고 있네요. (PRO)

   b. 아동이 '아니요'라는 단어나 그 동의어를 사용해서 부모가 틀렸음을 시사할 때, '아니요' 혹은 그 동의어는 비판적인 말로 코딩한다. 그 다음 따라오는 말들은 별개로 코딩한다.

예시	
부모: 이게 제일 큰 것이야. **아동:** 아니에요. (NTA)	**부모:** 꽃들이 노랗구나. **아동:** 아니아니. 꽃들이 빨갛네요. (NTA+PRO)
	그러나: 아동: 꽃들이 빨갛기도 해요. (PRO)

8. 부모가 자신을 평가하는 질문 혹은 말을 할 경우 그에 대한 반응으로 아동이 '아니요' 혹은 그 동의어를 사용하여 부정적인 평가를 한다면 이는 부정적인 말로 코딩한다.

예시	
부모: 엄마는 좋은 엄마지? **아동:** 아니요. (NTA)	**부모:** 엄마는 잘 만드는 것 같아. **아동:** 아니거든요! (NTA)
그러나: 부모: 엄마는 나쁜 엄마지? **아동:** 아니요. (PRO)	**그러나: 부모:** 엄마는 끔찍히도 못 만드는 것 같아. **아동:** 아니에요, 그렇지 않아요. (PRO+PRO)
부모: 엄마가 만든 작품이 마음에 드니? **아동:** 아니요, (쉼 없이) 근데 그게 뭔데요? (NTA+QU)	
그러나: 부모: 엄마가 만든 게 무언지 아니? **아동:** 아니요, (쉼 없이) 근데 그게 뭔데요? (PRO+QU)	

9. 부모가 자신이 하고 싶은 것 혹은 가지고 싶은 것을 표현했을 때 아동이 부모의 말에 '아니요' 혹은 그 동의어로 반응하였다면, '아니요'는 부정적인 말이 아닌 친사회적인 말로 코딩한다.

예시	
부모: 네 티셔츠를 바지 속으로 넣고 싶은데. **아동:** 싫어요. (PRO)	**함께:** (감자인형을 가지고 놀고 있다.) **부모:** 초록 모자가 좋겠어. **아동:** 아니요, 파란 모자가 인형 눈과 더 잘 어울려요. (PRO+PRO)
부모: 큰 막대기가 있었으면 좋겠구나. **아동:** 안 돼요, 제가 지금 쓰고 있어요. (PRO+PRO)	**주의: 부모:** 네가 파란색 조각을 엄마에게 주면 좋겠어. **아동:** 안 돼요, 제가 지금 쓰고 있어요. (NTA+PRO)

10. 아동이 현재 하고 있거나 또는 막 시작하거나 끝마친 행동을 부모가 하지 말라고 직접적으로 지시하는 말은 부정적인 말이다.

예시	
부모: 엄마가 오늘 아침에 네 장난감들을 정리했어. **아동:** 제 물건을 만지지 마세요. (NTA)	**부모:** (퍼즐을 맞추고 있다.) **아동:** 그거 가지고 놀지 말라고 했잖아요. (NTA)
부모: (레고 상자 뚜껑을 연다.) **아동:** 작은 레고들은 아직 꺼내지 마세요. (NTA)	**부모:** (아동을 안는다.) **아동:** 하지 마세요. (NTA)
부모: 그것을 치우도록 해. **아동:** 이래라 저래라 하시지 않았으면 좋겠어요. (NTA)	**부모:** 이제 이것을 정리할 시간이야. **아동:** 제발 그걸 가져가지 마세요. (NTA)
부모: 엄마는 대기실에 갈 거야. **아동:** 절 혼자 두지 않으면 좋겠어요. (NTA)	**부모:** (아동의 차에 엄마가 차를 부딪힌다.) **아동:** 그만하세요. (NTA)

11. 부모가 하지 말아야 할 행동을 하고 있거나 시작하거나 혹은 끝마쳤을 때 이를 지적하는 말(예 : '엄마는 …할 수 없어', '엄마는 …해서는 안 돼', '엄마는 …하지 않을 거죠')들은 부정적인 말이다. 그러나 이러한 말들을 현재 하고 있거나 혹은 막 끝마친 행동과 관련 없이 일반적인 규칙을 설명하기 위해 사용한다면 이는 일상적인 말로 코딩한다.

예시

아동 : 엄마는 여기에 그리면 안 돼요. (NTA)
그러나 : 함께 : (종이에 크레파스로 그림을 그리고 있다.) 　　　　 **아동 :** 칠판에 크레파스로 그림을 그리는 건 안 돼요. (PRO)
부모 : (아동의 사진에 그림을 그리기 시작한다.) **부모 :** (아동이 맞추고 있는 퍼즐에 조각을 맞추기 시작한다.) **아동 :** 엄마는 이건 쓸 수 없어요. (NTA)
그러나 : 부모 : (아동이 퍼즐을 맞추는 것을 지켜본다.) 　　　　 **아동 :** 이것을 맞출 때 그림을 보면서 하면 안 돼요. (PRO)

12. 부모와 아동 모두를 비난하는 말이나 그들의 공통된 특성, 함께한 활동, 결과물, 혹은 함께한 선택을 비난하는 말은 부정적인 말로 코딩한다.

예시

함께 : (함께 쌓은 건물을 바라본다.) **아동 :** 건물이 별로 좋지 못하네요. (NTA)	**함께 :** (풍차를 만들기 위해 도표를 보고 있다.) **아동 :** 우리는 그것을 잘못 만들고 있어요. (NTA)
함께 : (도형들을 오려내고 있다.) **아동 :** 우리는 이렇게 많은 종이를 사용하면 안 돼. 　　　　 (NTA)	**부모 :** 우리가 이 방을 어지럽혔구나. **아동 :** 우리가 정말 어지럽혔네요. (NTA)

13. 아동이 자기를 비판하는 말은 부정적인 말로 코딩하지 않는다.

예시

부모 : 너는 그것을 매우 크게 그리고 있구나. **아동 :** 난 말을 잘 못 그려요. (PRO)	**부모 :** 넌 머리카락을 빠뜨렸구나. **아동 :** 바보 같죠, 그렇지요? (QU)
부모 : 사용한 것들은 엄마가 버렸어. **아동 :** 제 못생긴 작품들을 다 버렸네요. (PRO)	

14. 멈추지 않고 동일한 비판적인 단어를 반복해서 말하는 것은 하나의 부정적인 말로 코딩한다.

예시		
부모: (아동이 숨겨놓은 장난감을 찾으려 한다.) **아동:** 아냐~ 아냐~ 아냐~ (그만두라는 뜻으로) (NTA)	**부모:** (정리하기 시작한다.) **아동:** 안 돼, 안 돼, 안 돼. (NTA)	
부모: 우리 인형을 가지고 놀자. **아동:** 우웩, 우웩 (NTA)		
그러나: 부모: (아동의 코를 풀려고 한다.) 　　　**아동:** 싫어, 그만, 우웩. (NTA＋NTA＋NTA)		

15. 한 문장의 말 속에 명확히 독립적인 부모의 행동을 묘사하는 두 개 이상의 의미 있는 동사구가 있고 적어도 한 개의 부정적인 평가 단어나 구가 그 동사구들을 수식하는 경우, 수식을 받는 동사구들은 부정적인 말로 각각 코딩된다.

예시
아동: 종이를 가져가 버리고 크레파스를 가져가 버리는 건 좋지 못한 행동이에요. (NTA＋NTA)
그러나: 아동: 종이와 크레파스를 가져가 버리는 건 좋지 못한 행동이에요. (NTA)
아동: 제 차례에 엄마가 대신 해 버리고 보드판도 제가 잘 볼 수 없게 돌려버려서 엄마가 싫어요. (NTA＋NTA)

16. 동일한 행동을 설명하는 데 있어서 두 개 이상의 동사구가 포함된 비판적인 말은 한 개의 부정적인 말로 코딩한다.

예시	
아동: 제 코트를 떨어뜨려서 더럽히지 마세요. (NTA)	**아동:** 책상을 쳐서 제 탑을 무너뜨리지 마세요. (NTA)
아동: 절 쥐고 흔들지 말고 모든 걸 이래라 저래라 하지 말아 주세요. (NTA)	**아동:** 거기에 빨간색 코를 붙이지 마세요. 초록색 귀걸이를 해 주세요. (NTA＋CM)
아동: 엄마가 저에게 화내고 소리 지르지 않았으면 좋겠어요. (NTA)	
그러나: 아동: 엄마가 제게 소리 지르지 않으면 좋겠고 제 물건들을 가져가지 않으면 좋겠어요. (NTA＋NTA)	

17. 부정적인 말은 다른 어떤 부모 카테고리와도 동시에 코딩할 수 없다. 부정적인 말은 다른 어떤 카테고리의 말보다도 우선적으로 코딩한다.

a. 부모의 행동, 결과물 혹은 특성을 비판적으로 평가하는 내용의 질문은 부정적인 말이다.

<table>
<tr><td colspan="2" align="center">예시</td></tr>
<tr>
<td>부모: 엄마가 그림을 먼저 완성했어.
아동: (빈정거리며) 그래서요? (NTA)</td>
<td>부모: (아동이 원하는 바와 다르게 장난감을 치우고 있다.)
아동: 내 말 안 들려요? (NTA)</td>
</tr>
<tr>
<td>아동: 왜 저한테 이래라 저래라 하세요? (NTA)</td>
<td>아동: 비열한 행동 좀 그만할래요? (NTA)</td>
</tr>
<tr>
<td colspan="2">아동: 그건 정말 좋지 않아요, 그렇죠? (NTA)</td>
</tr>
</table>

b. 부모의 활동, 결과물 혹은 특성을 비판적으로 평가하는 내용의 지시는 부정적인 말이다.

<table>
<tr><td colspan="2" align="center">예시</td></tr>
<tr>
<td>아동: (소리 지르며, "내 자동차에서 그 바보 같은 손 떼요.") (YE+NTA)</td>
<td>아동: 엄마의 그 역겨운 디자인을 찢어 버리지 그래요? (NTA)</td>
</tr>
<tr>
<td>부모: 이제 정리할 시간이야.
아동: 귀찮게 하지 말아요. (NTA)</td>
<td>부모: 엄마 말 들었니?
아동: 닥치세요. (CM이 아니고 NTA)</td>
</tr>
<tr>
<td colspan="2">아동: 그것보다는 더 잘해야지요. (NTA)</td>
</tr>
</table>

c. 적절한 행동에 대한 일반적인 규칙을 알려 주는 말이나 지시는 부모가 현재 하고 있거나 혹은 막 끝마친 행동에 대해 잘못된 점을 지적하기 위해 사용되는 경우에만 부정적인 말이다.

<table>
<tr><td colspan="2" align="center">예시</td></tr>
<tr>
<td>부모: 넌 못된 녀석이구나.
아동: 부모들은 자기 자녀에게 그런 식으로 말하면 안 돼요. (NTA)

그러나: 아동: 부모들은 자기 자녀들에게 친절하게 말해야 해요! (CM+NOC)</td>
<td>주의: 부모: 너가 오늘 못되게 굴었다고 엄마가 말하더라.
아동: 부모들은 자기 자녀에게 그런 식으로 말하지 않지요. (PRO)</td>
</tr>
<tr>
<td>부모: (소리 지른다.)
아동: 실내에 있을 때는 소리 지르면 안 돼요. (NTA)

그러나: 아동: 실내에 있을 때는 조용히 해야 해요. (CM+NOC)</td>
<td>주의: 함께: (다른 방에서 한 아동이 짜증내는 소리가 크게 들리고 있다)
부모: 저 아동은 시끄럽구나.
아동: 실내에 있을 때는 소리 지르면 안 돼요. (PRO)
아동: 실내에 있을 때는 조용히 해야 해요. (PRO)</td>
</tr>
</table>

d. 보통 부모의 활동, 결과물 혹은 특성에 불만을 표하기 위해 사용된 친사회적인 말은 부정적인 말로 코딩한다.

예시		
부모: 엄마가 뱀을 그렸어. **아동:** 윽! (NTA)	**아동:** 끈적거려요. **부모:** 난 씻어야겠다. **아동:** (얼굴을 찌푸리며) 우웩! (NTA)	
부모: 엄마가 방을 어지럽힌 것 같구나. **아동:** 엄마가 온 사방을 어지럽혔어요. (NTA)	**부모:** 내 그림은 별로야. **아동:** 엄마 그림은 별로예요. (NTA)	
부모: (조립식 장난감을 서투르게 연결하며) 나는 제대로 하는 게 하나도 없네. **아동:** 엄마는 그것도 제대로 못하네요. (NTA)	**부모:** 네 아빠는 게을러. **아동:** 아빠는 게으른 돼지예요. (NTA)	
부모: 집을 가지고 놀자. **아동:** (찡그리며) 싫어요! (NTA)	**부모:** 재미있겠다. **아동:** 아닌데. (NTA)	
부모: (아동의 블록 탑을 모르고 넘어뜨린다.) **아동:** (비아냥거리며) 잘하셨어요. (NTA)		

18. 아동이 역할놀이에서 '역할 중에' 부정적인 말을 할 경우, 이는 부정적인 말로 코딩한다.

예시	
함께: (병원놀이를 하고 있다.) **부모:** 네가 의사할 거니? **아동:** (낮은 목소리로, "오늘 당신은 매우 아파보이는군요.") (PT)	**함께:** (농장 동물들을 가지고 놀고 있다.) **아동:** (닭을 튕기며, 매우 높은 톤의 목소리로, "넌 네 새끼한테 너무 이기적이야!") (PT)

19. 어떤 조건부적인 말은 부정적인 말이다. 조건부 말은 부모가 현재 하고 있는 행동에 대한 언급일 경우에만 부정적인 말에 속한다. 현재 부모가 하고 있는 행동에 대한 언급이 아닐 경우, 부정적인 말이 아니다. 조건부 말을 코딩하기 위한 가이드라인은 부록 A를 참고하라.

a. 조건부적인 말이 부모가 현재 하고 있거나 막 시작하거나 혹은 끝마친 행동을 중단하는 경우 어떤 자연스러운 결과가 생길지를 말한다면, 그 말은 일상적인 말이 아닌 부정적인 말로 코딩한다.

예시	
부모: (아이스크림 콘을 핥고 있다.) **아동:** 엄마가 제 아이스크림을 그만 먹지 않으면, 전 아무것도 못 먹을 거예요. (NTA)	**부모:** (아동의 그림에 색을 칠하고 있다.) **아동:** 엄마가 제 종이에 색칠하는 걸 그만두지 않으면, 제가 사용할 것이 없을 거예요. (NTA)
부모: (아동의 머리카락을 헝클고 있다.) **아동:** 그만두지 않으면, 제 머리는 엉망이 되고 말 거예요. (NTA)	

b. 아동이 부모에게 부정적인 결과가 따를 것이라고 명시하는 조건부 말은 부정적인 말이다.

예시	
부모: (아동을 무릎 위에 안고 있다.) **아동:** 절 놔주지 않으면, 발로 찰 거예요. (NTA)	**부모:** (아동의 레고 작품에 변화를 주고 있다.) **아동:** 그걸 망가뜨리면, 엄마랑 더 이상 놀지 않을 거예요. (NTA)
부모: (종이에 집을 그리고 있다.) **아동:** 집 그리는 것을 그만두지 않으면 종이를 찢어버릴 거예요. (NTA)	**부모:** 이제 엄마가 빨간색을 가질 차례구나. **아동:** 엄마가 빨간색을 가져가면, 생각하는 의자에 보낼 거예요. (NTA)
부모: 네가 앉아 있으면 좋겠구나. **아동:** 저에게 손대면, 후회하게 만들 거예요. (NTA)	**부모:** (장난감을 줍고 있다.) **아동:** 그 장난감들을 돌려주지 아니면 알아서 해요! (NTA)
부모: (아동을 때리기 위해 손을 올린다.) **아동:** 절 때리면, 아빠에게 다 이를 거예요. (NTA)	

c. 조건부 말이 부모가 현재 하고 있거나 막 시작하거나 혹은 끝마친 행동에 대해 말한다면, 그리고 그 말이 그 행동을 중단하는 경우 보상을 받게 될 것임을 암시한다면 그 말은 일상적인 말이 아닌 부정적인 말로 코딩한다.

예시	
부모: (흥얼거리고 있다.) **아동:** 그 소리를 그만 내면, 제가 테이블로 돌아갈게요. (NTA)	**부모:** 블록을 주우렴. **아동:** 엄마가 이래라 저래라 하는 것을 그만둔다면, 방 전체를 치우도록 할게요. (NTA)

d. 모든 조건부 말에 있어서, 한 개 이상의 DPICS 카테고리 요소가 포함되어 있을 경우, 코딩 카테고리에 대한 우선순위가 적용된다.

예시	
아동: 탑 흔드는 걸 그만두지 않으면, 엄마의 높은 탑이 무너지고 말 거예요. (NTA)	**아동:** 그 말을 그만하지 않으면 크림을 묻힐 거예요. (NTA)

20. 부모가 소유하고 있는 것이나 만든 것이 아닌 주변에 있는 물건에 대한 비판적 평가 혹은 결점을 찾아내는 말은 부정적인 말이 아니다.

예시	
함께: (놀이 테이블에 앉아 있다.) **아동:** 이 탁자는 흔들려요. (PRO)	**함께:** (책을 보고 있다.) **아동:** 이 이야기는 지루해요. (PRO)
함께: (벽에 붙은 그림을 보고 있다.) **아동:** 저 그림은 별로예요. (PRO) **그러나: 부모:** (그림을 그린다.) 　　　　**아동:** 그 그림은 별로예요. (NTA)	**부모:** (부모가 테이블 위에 쌓은 탑이 균형을 잡게 하기 위해 아동의 손을 잡아 건들지 못하게 떼어 놓는다.) **아동:** 손을 놓지 않으면, 테이블을 발로 찰 거예요. (NTA)

21. 건방지고 빈정거리는 목소리톤으로 하는 말은 부정적인 말로 코딩한다.

예시	
부모: 엄마가 제대로 그리지 못했구나. **아동:** (빈정거리는 톤으로) 장난 아니네요. (NTA)	**부모:** 엄마가 빨리 주우라고 했어. **아동:** (빈정거리며) 들었다구요. (NTA)
부모: 이 게임에서 엄마가 질 것 같아. **아동:** (버릇없게, 노래 부르는 톤으로) 나-나-나-나-나. (NTA)	**부모:** 이제 정리하는 게 어떨까? **아동:** (빈정거리는 톤으로) 그게 어떨까요. (NTA)
부모: 이 노래 어떻게 하는지 알려 줄까? **아동:** (빈정거리는 톤으로) 됐네요. (NTA)	**부모:** 이제 자동차를 치워. **아동:** (빈정거리는 톤으로) 엄마가 꺼냈잖아요. (NTA)

22. 건방진 말투가 아니더라도 그러한 내용의 말을 할 경우 이는 부정적인 말로 코딩한다.

예시	
부모: (장난감 상자를 들며) 엄마 좀 도와줄래? **아동:** 제가 엄마 좋은 아니잖아요. (NTA)	**부모:** 이리 좀 와 봐. **아동:** 나중에 봐요.
부모: 다 큰 얘들은 테이블에 부딪히지 않아. **아동:** 그래서요. (NTA)	**부모:** 당장 신발을 도로 가져다 놔. **아동:** 그러면 뭐 해 줄 건데요? (NTA)
부모: 이건 좋은 그림이구나. **아동:** 머리가 어떻게 되셨어요? (NTA)	**부모:** 넌 진정해야 해. **아동:** 왜 그래야 하죠? (NTA)
부모: 난 네가 테이블에서 내려왔으면 좋겠어. **아동:** 그렇게는 안 될 걸요. (NTA)	**부모:** 엄마가 왕이다. **아동:** 제가 왕이에요. (NTA)
아동: 엄마, 제가 치우라고 말했지요! (NTA)	**아동:** 엄마는 제가 말하는 건 뭐든 해야 해요. (NTA)

23. 욕이나 불경스런 말은 부정적인 말이다.

예시	
부모: 어려운 퍼즐이구나. **아동:** 이 _____ 퍼즐 못 하겠어요. (NTA)	**아동:** (크레파스를 부러뜨린다.) **아동:** 오, _____! (NTA)
부모: (크레파스를 부러뜨린다.) **아동:** 오, _____! (NTA)	**부모:** 이 크레파스를 써 봐. **아동:** 그 _____ 조각은 아무짝에도 쓸모없는 거예요. (NTA)

24. 부모, 다른 사람들 혹은 어떤 것이라도 부정적인 평가 단어로 빗대어 부르는 것은 부정적인 말이다.

예시	
아동: 엄마는 멍청해. (NTA)	**아동:** 엄마는 지저분해. (NTA)
부모: 선생님이 그러시는데 오늘 네가 싸움을 걸었다고 하시더구나. **아동:** 선생님은 거짓말쟁이야. (NTA) - **그러나: 아동:** 그러지 않았어요. (PRO)	**부모:** 방이 지저분하구나. **아동:** 여긴 쓰레기장이네요. (NTA) - **그러나: 아동:** 여기는 정말 지저분해요. (PRO)

25. 부모가 방금 아동에게 지시한 행동을 역으로 아동이 부모에게 하도록 지시하는 말은 부정적인 말이다.

예시		
부모: 네가 크레파스를 찾으면 하는데. **아동:** 엄마가 찾으세요. (NTA)	**부모:** 막대기를 평평하게 깔아야 해. **아동:** 엄마가 해요. (NTA)	
	그러나: **부모:** 그 다음에는 빨간색을 놓아. **아동:** 그 다음에는 초록색을 놓아요. (CM)	
주의: 빈정거리는 톤으로 말하지 않는다면, 역으로 부모가 아동에게 특정 행동을 하도록 지시하는 말은 부정적인 말이 아니다.		

26. 아동이 부모의 지시에 '아니요'(혹은 동의어)로 대답했을 경우 추후에 순응하거나 다른 말을 하더라도 이는 부정적인 말로 코딩한다.

예시	
부모: 그걸 테이블에 놓도록 해. **아동:** 싫어요. (2초 경과) (NTA)	**부모:** 엄마랑 눈송이를 그리지 않을래? **아동:** 싫어요. (2초 경과) (NTA)
또는: **아동:** 싫어요. (쉼 없이) 그걸 들 수가 없어요. (NTA+PRO)	**또는:** **아동:** 싫어요. (눈송이를 그리기 시작한다.) (NTA+CO)
또는: **아동:** 싫어요, 엄마가 하세요. (NTA+NTA)	**그러나:** **아동:** 그건 너무 어려워요. (PRO)
또는: **아동:** 오, 어리석은 자. (NTA)	
부모: 봐봐. **아동:** 싫어요. (NTA)	
또는: **아동:** 아냐~ 아냐. (NTA)	
주의: 부모가 아동의 요구에 '안 돼'(혹은 동의어)라고 말하고 2초간 아무런 추가적인 말을 하지 않으면, '안 돼'는 단순한 거절이고 이는 부정적인 말로 코딩한다. '안 돼'가 부정적인 말일 때 개별적인 말로 코딩된다. 아동의 요구에 대해 부모가 '안 돼'라고 말하고 2초 내에 어떤 말을 하는 경우, 이때 '안 돼'는 그뒤에 이어지는 말과 연관시켜 일상적인 말로 코딩한다.	

27. 부정적인 말은 비언어 카테고리(예 : 음성표현, 신체행동, 질문에 대한 반응들)의 행동들과 동시에 발생할 수도 있다.

예시			
부모:	엄마가 네게 코트를 입힐 수 있게 도와줘.	**부모:**	이건 멋진 퍼즐이 될 거야.
아동:	(엄마의 팔을 잡으며) "싫어요."라고 말한다. (NTO+NTA)	**아동:**	(소리 지르며, "그건 @#$% 퍼즐이야!" (YE-NTA)
부모:	A를 엄마에게 보여 줘.		
아동:	(A를 건드리며 "싫어요."라고 투덜거린다.) (WH-NTA+CO)		

28. 거짓말임이 명백할 경우 이는 부정적인 말로 여긴다. 어떤 말이 부모의 질문에 대답하려는 경우이면서 아동이 거짓말을 하는 것인지 옳은 답을 알지 못하는 것인지 불분명할 때는 친사회적인 말로 코딩한다.

예시			
아동:	(일부러 탑을 무너뜨린다.)	**부모:**	(빨간색 블록을 들고 있다.) "이게 무슨 색이지?" (IQ)
부모:	"무너뜨리지 마!" (NTA)	**아동:**	"주황색이요." (PRO)
아동:	"난 건드리지 않았어요! 그게 그냥 넘어졌어요!" (NTA+NTA)		

지시(CM)

정의

지시는 아동이 부모에게 언어 또는 신체행동을 지시하는 말이다. 지시를 할 때는 직접적으로 지시를 하거나 간접적으로 제안을 한다.

아동의 지시 예시	
저한테 차를 주세요.	잠깐만요.
친절하게 대해 주세요.	보세요.
저를 한 번 더 위로 올려 주세요.	이것 중에 하나를 크리스마스 선물로 사 주세요.
이봐요, 옆으로 비켜 주세요.	이것들을 치우도록 도와주겠죠.
우리가 몇 시에 가야 하는지 알려 주세요.	주실래요 … 그거 모두를 제게 건네주세요.
쾅하는 소리를 내보세요.	봐요. 봐.
제 말을 잘 들어야 해요.	여왕은 이쪽에 놓고 왕은 여기에 두세요.
저한테 종이를 더 주셔야 해요	그리고 열어 보세요.
저는 시계라고 말했어요.	사탕이 있는지 확인해 보세요.
조심하세요.	창문에 고양이를 놓고 밖을 볼 수 있도록 해 주세요.
서둘러요.	이것도 좋지만, 더 크게 원을 그려 주세요.
여기에 놓으세요, 알았죠?	기다려 주실래요?
엄마 종이에 그려 주시겠어요?	집에 가면 내 인형을 꿰매 주시겠어요?
엄마들은 친절해야 해요.	엄마?
호랑이를 같이 놓아요.	엄마 등에 저를 태워 준다면 참 재미있을 거예요.
우리는 그것의 꼬리를 붙여야 해요.	아빠? (1초) 아빠?
지금 몇 시인지 좀 알려 주실래요	제발요. (1초) 제발.
저한테 빨간색을 주시길 원해요.	하트를 그리고 빨간색으로 칠하세요, 알겠죠?
이봐요.	블록을 가져와서 저랑 만드실래요?
그건 보라색으로 칠해도 돼요.	저를 도와주실래요?
제 생각에는 그것을 돌려야 할 것 같아요.	우리는 칠판을 지우고 모든 분필을 칠판에서 꺼내놓으면 돼.
큰 원을 그려도 돼요.	이것도 좋지만 다른 것을 시도해 볼 수 있나요?
여기에는 무엇을 놓아야 할지 생각해 주실래요?	나한테 그 사탕을 주면, 얌전히 있을게요.
조심하세요, 알겠죠?	엄마가 제 종이 위에 그만 그리면, 저는 더 잘 그릴 거예요.

결정규칙

1. 지시인지 부정적인 말인지가 불확실할 때는 지시로 코딩한다.

2. 지시인지 더 낮은 순위의 카테고리(예 : 질문, 친사회적인 말)인지가 불확실할 때는 더 낮은 순위의 카테고리로 코딩한다.

아동의 지시 가이드라인

1. 지시는 평서문이나 질문 형태일 수 있다.

<table>
<tr><td colspan="2" align="center">예시</td></tr>
<tr>
<td>아동 : 저한테 보라색 크레파스를 주세요. (CM)</td>
<td>아동 : 저한테 알파벳을 말해 줘요. (CM)</td>
</tr>
<tr>
<td>아동 : 저한테 보라색 크레파스를 주실래요? (CM)</td>
<td>아동 : 저한테 알파벳 좀 말해 주실래요? (CM)</td>
</tr>
<tr>
<td>함께 : (블록놀이를 하고 있다.)
아동 : 탑을 만드실래요? (CM)
아동 : 탑을 만들어요, 알겠죠? (CM)</td>
<td>함께 : (장난감 농장놀이를 하면서)
아동 : 돼지 소리 낼 수 있어요? (CM)
아동 : 돼지 소리 내봐요, 알겠죠? (CM)</td>
</tr>
<tr>
<td>아동 : 그 작은 블록을 잡으세요. (CM)</td>
<td>아동 : 그 작은 블록을 잡으세요, 알겠죠? (CM)</td>
</tr>
<tr>
<td>함께 : (색칠을 하고 있다.)
아동 : 노란색으로 칠하지 그래요? (CM)
아동 : 노란색으로 칠해요, 알겠죠? (CM)</td>
<td></td>
</tr>
</table>

2. 지시는 항상 긍정적으로 표현된다. 아동은 부모가 무엇을 <u>해야 할지</u>를 말한다. 부모가 무엇을 <u>하지 말아야 할지</u>를 말하는 것은 부정적인 말이다.

<table>
<tr><td colspan="2" align="center">예시</td></tr>
<tr>
<td>함께 : (색칠을 하고 있다.)
아동 : 남자의 모자는 파랑으로 칠해요. (CM)</td>
<td>아동 : 이 페이지를 다시 읽어 주세요. (CM)</td>
</tr>
<tr>
<td>그러나 : 아동 : 남자의 모자를 빨강으로 칠하지 마세요. (NTA)</td>
<td>그러나 : 아동 : 페이지 넘기지 마세요. (NTA)</td>
</tr>
<tr>
<td>아동 : 작은별 노래를 불러 주세요. (CM)</td>
<td>아동 : 블록으로 기차를 만드세요. (CM)</td>
</tr>
<tr>
<td>그러나 : 아동 : 작은별 노래를 그만 불러요. (NTA)</td>
<td>그러나 : 아동 : 탑 쌓기 그만하세요. (NTA)</td>
</tr>
</table>

3. 지시는 항상 명령 동사가 포함되어 있고 문장의 주어가 '상대방'임을 내포하고 있다. 지시는 '상대방'이나 그 동의어 또는 명령 동사의 의미를 변화시키지 않는 다른 단어로 시작될 수 있다.

예시	
아동: 집 안에 소녀를 넣으세요. (CM)	**아동:** 엄마가 그것을 하세요. (CM)
	또는: 아동: 엄마는 그것을 할 수 있을 거예요. (CM)
아동: 엄마가 저한테 몇 개를 주셔야 돼요. (CM)	**아동:** 엄마, 차를 저한테 주세요. (CM)
아동: 이것들을 집을 수 있도록 도와주세요. (CM)	**아동:** 에이, 제가 지붕을 얹게 해 주세요. (CM)
아동: 좋아요, 이것을 사용하세요. (CM)	

4. 지시문에서 문장의 주어는 항상 '상대방' 또는 '우리'를 말하거나 내포하고 있다. 문장이 누가 행동을 수행할지를 나타내고 있지 않을 때(예 : 주어가 '그것') 그 문장은 친사회적인 말로 코딩한다.

예시	
함께: (집을 짓고 있다.) **아동:** 우리 집을 더 크게 만들어 봐요. (CM)	**아동:** 노란색 해를 그리세요. (CM)
함께: (집을 짓고 있다.) **아동:** 집을 더 크게 만드세요. (CM)	**아동:** 우리는 지금 노란색 해를 그려야 해요. (CM)
그러나: 아동: 그것은 더 크게 만들어져야 해요. (PRO)	**그러나: 아동:** 해는 노란색이어야 해요. (PRO)

5. 지시에서 동사구는 순종이 필수적임을 내포하는 말(가령 '…해야만 한다') 또는 순종이 선택적이라고 (가령, '…해도 된다. …할 수도 있다') 제안하는 말로 표현될 수 있다.

예시	
아동: 엄마는 눈을 꼭 감아야 해요. (CM)	**아동:** 엄마는 그것을 세게 밀어야 해요. (CM)
아동: 엄마가 그 새로운 조각을 꼭 사용해야 해요. (CM)	**아동:** 엄마가 빨간 것을 가져야만 해요. (CM)
아동: 우리가 무엇을 만들었는지 아빠에게 말해야 해요. (CM)	**아동:** 엄마는 막대기 두 개를 엇갈리게 놓아야 해요. (CM)
아동: 우리는 여기에 잔디를 그려야 해요. (CM)	**아동:** 엄마는 여기서 시작해야만 해요. (CM)
아동: 엄마가 굴뚝을 여기에 놓아도 돼요. (CM)	**아동:** 아마 엄마가 이것을 움직일 수 있을 거예요. (CM)
아동: 아마도 엄마는 저에게 초록색을 주실 거예요. (CM)	

6. 지시문에는 '내가 말했다', '나는 안다', '나는 확신한다', '나는 생각한다' 또는 '나는 추측한다'와 같은 문구가 있을 수 있다.

예시

아동: 제 500원을 주세요. (CM) **부모:** (아무것도 하지 않는다.) **아동:** 저는 500원을 달라고 말했어요. (CM)		**아동:** 엄마가 다음 차례에 해야 해요. (CM) **부모:** 그 규칙이 기억나지 않는데. **아동:** 제가 아는데요, 엄마가 다음 차례에 해야 해요. 　　　(CM)
아동: 상자에 엄마 이름을 쓰세요. (CM) **부모:** 여기에 맞지 않네. **아동:** 제 생각에, 엄마는 어디에든 이름을 써도 돼요. 　　　(CM)		**아동:** 배를 그리세요. (CM) **부모:** (아무것도 하지 않는다.) **아동:** 제 생각에는, 엄마가 그 배를 그려야만 해요. 　　　(CM)

7. 지시나 질문 형식으로, 관찰할 수 없는 내적인 행동을 하도록 요구하는 동사구는 지시로 코딩한다. (부록 B의 추가 카테고리에서 상세하게 설명된 '지시에 대한 부모의 반응' 부분을 참고하라.)

예시

아동: 자, 과연 제가 그것을 찾을 수 있을지를 보지요. (CM)	**아동:** 잠시만 기다려 주세요. (CM)
아동: 보세요. (CM)	**아동:** 제가 이걸 하게 해 주세요. (CM)
아동: 엄마가 그린맨이라는 것을 기억하세요. (CM)	**아동:** 어서요. (예 : 서둘러요.) (CM)
아동: 조심해 주실래요? (CM)	**아동:** 제가 이걸 하게 해 주실래요? (CM)
아동: 이걸 기억하세요, 알겠죠? (CM)	**아동:** 제가 준비하라고 말 할 때까지 기다려 주지 그래요? (CM)
아동: 제 말을 들어보세요. (CM)	**아동:** 서두르세요. (CM)
아동: 그것이 찬장 안에 있는지 알아 보세요. (CM)	

8. 지시에는 앞으로(>5초) 일어날 행동에 대한 지시도 포함된다. (부록 B의 추가 카테고리에서 상세하게 설명된, '순종기회 상실' 부분을 참고하라.)

예시		
부모: (동물인형으로 놀면서) **아동:** 집에 가서 인형을 꿰매 줘야 해요. (CM)	**부모:** 그들은 나무블록을 많이 가지고 있지 않구나. **아동:** 다음번에는 저한테 나무블록을 가져다주세요. (CM)
아동: 집에 가서 제 자전거를 아빠가 고쳐 주세요. (CM/NOC)	**아동:** 제가 인형한테 잠옷을 입힌 뒤에 엄마가 그것을 침대에 놓으면 돼요. (CM/NOC)
아동: 가게에 가면 쿠키를 사 주실래요? (CM/NOC)	**함께:** (그림을 그리고 있다.) **아동:** 제가 배를 다 그리고 나면, 엄마는 물을 그려야 해요. (CM)

9. 동일한 '한 단어 지시'를 2초 내에 반복할 때는 한 개의 지시로 코딩한다.

예시
아동: 기다리세요, 기다리세요, 기다리세요. (CM) **아동:** 보세요, 보세요, 보세요. (CM)
그러나: 아동: 보세요. (2초) 보세요. (CM＋CM) 　　　　**아동:** 기다리세요, 기다리세요. (2초) 보세요. (CM＋CM) 　　　　**아동:** 기다리세요, 보세요, 잘 봐요. (CM＋CM＋CM)

10. '너는 …할 것이다'가 포함된 문장이 부모에게 특정한 언어 또는 신체행동을 수행하도록 제안을 하고 있고 아직 부모가 그 행동을 시작하지 않은 경우 지시로 코딩한다.

예시		
부모: (블록을 쌓아 높은 탑을 만들고 있다.) **아동:** 만약 무너지면 엄마가 그것들을 치워야 해요. (CM)	**부모:** 내가 무엇을 하면 되지? **아동:** 제가 램프를 설치하면 엄마는 트럭을 램프 위로 밀어 올리면 돼요. (CM)
그러나: 아동: 엄마는 그것을 높게 만들 거군요. (PRO)	**그러나: 부모:** (차고 안의 램프로 트럭을 밀어 올린다) **아동:** 제가 차를 찾는 동안 엄마는 트럭을 밀어 올릴 거군요. (PRO)

11. 부모가 아동에게 허락을 구하거나 조언을 부탁할 때, 아동의 대답 속에 부모로 하여금 언어 또는 신체행동을 하라고 지시하는 동사구가 포함되어 있을 때만 지시로 코딩한다.

예시		예시	
부모:	내가 초록색 막대기를 사용해도 되니?	**부모:**	누구를 마차에 앉게 할까?
아동:	초록색 막대기를 쓰세요. (CM)	**아동:**	개를 마차에 앉히세요. (CM)
그러나: 아동: 네. (PRO)		**그러나: 아동:** 개요. (PRO)	
아동: 괜찮아요. (PRO)		아동: 아무 동물이나. (PRO)	
		아동: 개는 어때요? (QU)	
부모:	내 동물들을 네 헛간에 넣어도 괜찮겠니?	**부모:**	내가 오리를 할까?
아동:	동물들을 마당에 넣으세요. (CM)	**아동:**	네, '꽥꽥' 소리를 내주세요. (PRO＋CM)
그러나: 아동: 다락 안에만요. (PRO)		**그러나: 아동:** 네, 오리를 해도 돼요. (PRO＋PRO)	

12. 두 개 이상의 지시가 한 문장 속에서 '그리고', '하지만'으로 연결되어 있으면 각각의 지시는 보통 독립적으로 코딩한다.

예시			
아동:	타원형은 여기에 놓고, 그리고 삼각형은 여기에 놓으세요. (CM＋CM)	**아동:**	저에게 작은 것을 주세요. 그런데 그 큰 것도 주세요. (CM＋CM)
아동:	저한테 빨간 것을 건네주실래요. 그런데 먼저 그것을 깎아 주실래요? (CM＋CM)	**아동:**	인형에게 귀를 붙이고, 귀걸이도 걸어 주실래요? (CM＋CM)
아동:	인형한테 모자를 씌우고, 하이힐을 신기세요. (CM＋CM)	**아동:**	여기에 엄마 그림을 그리세요. 하지만 제 그림부터 먼저 도와줄래요? (CM＋CM)

13. 지시문 형태로 두 개 이상의 동사구가 '그리고'로 연결되어 있는 문장에서 한 동사구가 독립적인 의미를 담고 있지 않을 때는 한 개의 지시로만 코딩한다.

예시			
아동:	노력해서 이 상자를 들어 올리세요. (CM)	**아동:**	분필을 집어서 탁자 위에 올려놓으세요. (CM)
아동:	그것이 엄마 지갑 속에 있는지 확인해 주실래요? (CM)	**아동:**	엄마가 안경을 집어서 그 인형에 씌워 주면 어때요? (CM)
아동:	노력해서 그것을 빨리 해 주실래요? (CM)	**아동:**	엄마가 노력해서 애가 먹게 해 주실래요? (CM)
아동:	말이 어디 있는지 보고 확인해 주세요. (CM)	**아동:**	그것이 탁자 아래에 있는지 보고 확인해 주세요. (CM)

14. 지시문 형태로 두 개 이상의 동사구가 '그리고'로 연결되어 있지만 그 동사구가 한 부모의 행동에 대해 말하는 경우, 두 개의 동사구 모두 지시로 코딩한다.

예시
아동: 제 인형을 가져와서 그 인형을 잡고 있으세요. (CM+CM)
아동: 이 색깔을 사용해서, 그것을 빨갛게 만드세요. (CM+CM)
아동: 새장 덮개를 벗겨서, 새가 밖을 볼 수 있게 해 주세요. (CM+CM)
아동: 우리가 이 종이들을 쌓아 올려서, 이것들을 깔끔하게 만드는 게 어때요. (CM+CM)
아동: 우리는 사과를 그리는 데 빨간색을 써도 돼요. (CM+CM)
아동: 엄마가 그것을 저한테 주셔서 제가 그것을 갖고 있게 해 주세요. (CM+CM)

15. 지시문 형태로 두 개 이상의 동사구가 '그리고'로 연결되어 있는 문장에서, 그 문장에 첫 번째 '직접지시'의 의미를 다른 언어 카테고리(예 : 질문, 친사회적인 말)로 변화시키는 어구가 포함되어 있다면 "그리고"가 새로운 문장을 시작한다는 분명한 억양이나 중단이 없으면 두 번째 직접지시의 의미도 변화된다.

예시			
아동:	엄마는 크랭크를 돌려서, 건초더미를 내리고 싶으세요?	**아동:**	이제 우리가 앉아서 그림을 그릴 차례예요.
코딩:	엄마는 크랭크를 돌리고 싶으세요? (QU) 그리고 건초더미를 내리고 싶으세요? (QU)	**코딩:**	이제 우리가 앉을 차례예요. (PRO) 그리고 그림을 그릴 (차례예요.) (PRO)
아동:	엄마는 체커 놀이를 해서 제가 이기게 해 주기로 약속했잖아요.	**아동:**	껌을 가져와서 그것을 벗겨 주실래요?
코딩:	엄마는 체커 놀이를 하기로 약속했어요. (PRO) 그리고 제가 이기게 해 주기로 (약속했어요.) (PRO)	**코딩:**	껌을 가져 오실래요? (CM) 그리고 그것을 벗겨 주실래요? (CM)
		그러나:아동:	사탕을 가져다주실래요? (사탕을 가져온다.) 그리고 그것을 벗겨주세요. (CM+CM)
아동:	엄마는 핸들을 돌려서, 건초더미를 내려 놓고 싶으세요?	**아동:**	통을 열어서 막대기를 꺼내주실래요?
코딩:	엄마는 핸들을 돌리고 싶으세요? (QU) 그리고 건초더미를 내려놓고 (싶으세요?) (QU)	**코딩:**	통을 열어주시겠어요? (CM) 그리고 막대기를 꺼내 (주실래요?) (CM)
그러나:아동:	엄마는 핸들을 돌리고 싶으세요? (잠시 쉼) 그리고 건초더미를 내려 놓으세요. (QU+CM)		

아동: 벽장을 열고 크레파스를 꺼내 주실래요? **코딩:** 벽장을 열어 주실래요? (CM) 그리고 크레파스를 꺼내 (주실래요?) (CM)	
그러나: 아동: 벽장을 열어 주실래요? (무엇을 가지고 놀 지 살펴본다.) 그리고 크레파스를 꺼내 주 실래요? (CM+CM)	

16. 지시가 또 다른 완전한 문장과 '그리고' 또는 '하지만'으로 연결되어 있을 때는 그 지시와 다른 문장
    둘 다를 코딩한다.

예시

부모: 내 그림을 봐. **아동:** 괜찮은 그림을 그렸네요. 하지만 거기에 별을 그려야 해요. (PRO+CM)
부모: 내가 무엇을 그려야 하지? **아동:** 하트를 그리고, 그 안에 화살표를 그리세요. (CM+CM)
부모: 이건 네 것이란다. **아동:** 제 것이군요. 하지만 엄마 것을 써도 될까요? (RF+CM)
함께: (학교 놀이를 하고 있다.) **아동:** (자신이 되어 말하며) 너는 나한테 분필을 주면 돼, (선생님이 되어 말하며) 그리고 너도 하나 가져라. (CM+NO CODE)
부모: 내가 너를 위해서 이 자동차를 그렸어. **아동:** 멋진 자동차를 그렸네요. 그런데 저한테 더 큰 자동차를 그려 주실래요? (PRO+CM)
부모: 이건 네 것이란다. **아동:** 좋아요. 그런데 제가 엄마 것도 가져도 될까요? (PRO+CM)
부모: 내가 너를 위해 이 뱀을 만들었어. **아동:** 나는 이게 좋아요. 그런데 하나 더 만들어 줘도 될 텐데. (PRO+CM)
부모: 이 탑 괜찮니? **아동:** 흔들리는 것 같아요. 그래서 똑바로 해야 돼요. (PRO+CM)
부모: 아기는 자고 있어. **아동:** 엄마가 아기를 흔들어 주고 있네요. 하지만 제가 해 보게 해 주세요. (PRO+CM)
부모: 무엇을 해 보고 싶니? **아동:** 하트를 그리고, 발렌타인 데이 카드를 만들어요. (CM+CM)
부모: 어디에 이것을 놓으면 되지? **아동:** 여기에 놓으세요. 하지만 이 부분은 뭐예요? (CM+QU)

부모:	이건 어떻게 작동하지?
아동:	둥근 것을 맨 위에 놓으세요. 그리고 그것을 넘어뜨리지 마세요. (CM+NTA)
부모:	소가 여기 있네.
아동:	이건 소예요. 그런데 염소를 주세요. (PRO+CM)
부모:	무엇을 갖고 놀고 싶니?
아동:	자동차를 주세요. 그런데 바퀴는 없는 거 아니에요? (CM+QU)
부모:	염소가 여기 있네.
아동:	그러네요. 그리고 양을 주세요. (PRO+CM)

17. 아동이 말한 지시문 속에 그 지시에 따르지 않으면 나쁜 결과가 있을 것이라는 의미를 내포하고 있거나 위협하는 어구가 포함되어 있으면 지시가 아니라 부정적인 말로 코딩한다.

<table>
<tr><td colspan="2" align="center">예시</td></tr>
<tr><td>아동: 자동차를 주세요. (CM)</td><td>아동: 두 개를 갖게 해 주세요. (CM)</td></tr>
<tr><td>그러나:아동: 나한테 차를 주지 않으면 큰일 나요. (NTA)</td><td>그러나:부모: 두 개를 주세요. 그렇지 않으면 발로 찰 거예요. (NTA)</td></tr>
<tr><td>아동: 이것을 붙여요. (CM)</td><td></td></tr>
<tr><td>그러나:아동: 이것을 붙이세요. 그렇지 않으면 엄마는 생각하는 의자로 가야 해요. (NTA)</td><td></td></tr>
</table>

18. 질문은 단지 일상적인 말을 하도록 요구하는 데 반해서, 지시는 부모로 하여금 특정한 언어적 또는 신체적 반응을 하도록 요구한다.

<table>
<tr><td colspan="2" align="center">예시</td></tr>
<tr><td>함께: (색칠을 하고 있다.)
아동: 제가 이 부분을 파랑으로 칠하면 어떨까요? (QU)</td><td>부모: (주황색 막대기 쪽으로 손을 뻗고 있다.)
아동: 엄마는 주황색을 원하는군요. 그렇죠? (QU)</td></tr>
<tr><td rowspan="2">그러나:아동: 엄마가 이 부분을 파랑으로 칠하는 게 어때요? (CM)</td><td>그러나:아동: (부모 앞에 주황색 막대기를 놓는다.) 주황색을 사용하지 그러세요? (CM)</td></tr>
<tr></tr>
<tr><td>함께: (장난감 헛간에 동물을 넣고 있다.)
아동: 여기에 말이 있나요? (QU)</td><td>함께: (자동차 놀이를 하고 있다.)
아동: 이 자동차가 필요하세요? (QU)</td></tr>
<tr><td>그러나:아동: 엄마가 거기에 트랙터도 넣어 주실래요? (CM)</td><td>그러나:아동: 저한테 자동차를 주실래요? (CM)</td></tr>
</table>

19. 적절한 행동에 대한 일반적인 규칙을 설명하는 긍정적인 문장이지만 부모의 방금 끝마친 행동이나 현재 하고 있는 행동이 앞으로는 달라져야 한다는 것을 내포하고 있지 않으면 지시가 아니라 친사회적인 말로 코딩한다.

예시	
아동: (탁자 위에서 뛴다.) **부모:** 규칙이 뭐지? **아동:** 엄마들은 놀이실에서 좋게 말하기로 되어 있어요. (PRO)	**부모:** 선생님이 지난번에 청바지 입는 것에 대해서 뭐라고 하셨니? **아동:** 부모님은 아이들이 선택하도록 두어야 한다고요. (PRO)
그러나: 부모: 너는 참 못된 아이구나. 　　　　**아동:** 엄마들은 놀이실에서 좋게 말하기로 되어 있어요. (CM)	**그러나: 부모:** 나는 빨강을 할테니 너는 검정을 해. 　　　　**아동:** 부모님은 아이들이 선택하도록 두어야 해요. (CM)
부모: 이 게임의 규칙이 뭐였지? **아동:** 사람들은 이 게임에서 차례대로 돌아가면서 하기로 되어 있어요. (PRO)	
그러나: 부모: (부모가 보드게임에서 아이의 조각을 옮긴다.) 　　　　**아동:** 이 게임에서는 차례대로 돌아가면서 하기로 되어 있어요. (CM)	

20. 지시의 주어가 '상대방'이나 '우리' 또는 그에 해당하는 동의어가 아닐 때, 그 문장은 친사회적인 말로 코딩한다.

예시	
함께: (눈송이 모양을 자르고 있다.) **아동:** 엄마는 종이 찌꺼기들을 치워도 돼요. (CM)	**부모:** 우리는 짧은 막대기를 전부 사용했어. **아동:** 이제 우리 긴 막대기를 사용하도록 해요! (CM)
그러나: 아동: 저는 종이 찌꺼기들을 치워야 해요. (PRO) 　　　　**아동:** 누군가는 종이 찌꺼기들을 치워야 해요. (PRO)	**그러나: 아동:** 긴 막대기는 잘 맞을 거예요. (PRO)
부모: 소민이는 교회에 갈 준비를 다 한 것 같구나. **아동:** 우리는 그 애에게 비옷을 입혀야 해요. (CM)	
그러나: 아동: 그 애는 코트가 필요해요. (PRO)	

21. 아동이 함께 무엇을 하기 위해서 부모의 지시를 반복해서 말한다면, 이것은 친사회적 말이 아니라 지시이다.

예시	
부모: 텔레비전을 그려 보자. **아동:** 해 보자구요. (CM)	**부모:** 우리는 여기에 바퀴를 끼워야 해. **아동:** 알겠어요, 우리는 여기에 바퀴를 끼워도 돼요. (CM)
그러나: 아동: 엄마는 우리가 텔레비전을 그려야 한다고 생각하네요! (PRO)	**그러나: 아동:** 오, 여기에 바퀴를 끼우고 싶군요. (PRO)

22. 많은 아동은 넌지시 부모의 반응을 요구한다. 그러나 지시는 아동의 말 속에 부모가 언어행동이나 신체행동을 하도록 요구하는 지시 동사구가 포함되어 있을 때만 코딩된다.

　　a. 질문 형태의 지시는 행위 동사구가 있는지 여부에 따라 질문과 구별된다.

예시	
함께: (지도를 보고 있다.) **아동:** 우리 집이 어디에 있는지 보여 주실래요? (CM)	**부모:** (동화책 읽기는 마치면서) **아동:** 마지막 부분을 다시 읽어 주실래요? (CM)
그러나: 아동: 우리 집은 어디에요? (QU)	**그러나: 아동:** 마지막에 어떻게 되었어요? (QU)
함께: (장난감 농장놀이를 하고 있다.) **아동:** 나는 엄마가 소처럼 말했으면 좋겠어요, 알겠죠? (CM)	
그러나: 아동: 소는 어떤 소리를 낼까요? (QU)	

　　b. 평서문 형태의 지시는 행위 동사구가 있는지 여부에 따라 친사회적인 말과 구별된다.

예시	
부모: (아이를 약 올리며, 인형의 모자를 고양이한테 씌운다.) **아동:** 그 모자를 인형한테 씌워 줘야만 해요! (CM)	**함께:** (조립식 블록을 갖고 놀고 있다.) **부모:** (아동에게 몇 개의 조각을 준다.) **아동:** 저에게 긴 것을 주었으면 좋겠어요. (CM)
그러나: 아동: 그 모자는 인형한테 맞아요! (PRO)	**그러나: 아동:** 저는 긴 것이 필요해요. (PRO)
함께: (집을 지으면서) **아동:** 우리는 굴뚝을 놓아야 해요. (CM)	
그러나: 아동: 우리는 굴뚝이 필요해요. (PRO)	

23. 아동이 자신의 감정, 기대 또는 기호에 대해 말해서 부모에게 어떤 행동을 하도록 분명하게 요구할 때에는 지시이다.

예시

아동:	엄마가 그것을 이렇게 놓았으면 좋겠어요. (CM)	아동:	엄마가 다음번에는 인형을 가져왔으면 좋겠어요. (CM)
그러나: 아동: 그것을 저렇게 놓고 싶어요. (PRO)		**그러나: 아동:** 다음 시간에는 인형을 가져오고 싶어요. (PRO)	
아동: 엄마가 저랑 줄넘기를 하면 재미있을 거예요. (CM)			
그러나: 아동: 제가 줄넘기를 할 수 있으면 재미있을 거예요. (PRO)			

24. '당신은 …할 수 있다', '당신은 …할지도 모른다' 또는 '당신은 …해도 된다'가 포함된 문장이 부모가 바로 전에 요청한 것을 아동이 들어주고 있거나 또는 부모가 이미 그 행동에 관여하고 있지 않다면, 지시로 코딩한다.

예시

함께: (긴 기찻길을 만들고 있다.) **아동:** 엄마는 더 짧게 만들어야 해요. (CM) **아동:** 엄마는 더 짧게 만들 필요가 있어요. (CM)	**부모:** (꼭대기에 작은 블록을 올리고 있다.) **아동:** 꼭대기에 큰 것을 놓는 게 어때요. (CM) **아동:** 꼭대기에 큰 것을 놓아야만 해요. (CM)
부모: 나는 새를 그렸어. **아동:** 엄마가 새 입에 벌레를 그려도 돼요. (CM) **아동:** 엄마가 새 둥지를 그려야 해요. (CM)	**부모:** 그녀한테 나중에 물어볼 거야. **아동:** 지금 물어보는 게 어때요? (CM) **아동:** 지금 물어봐요. (CM)
부모: 내가 보니까, 너는 트럭을 택하려 하는구나. **아동:** 엄마는 어떤 자동차를 택해도 돼요. (CM)	**부모:** (자동차를 아주 느리게 경사 아래로 움직인다.) **아동:** 이제 엄마는 빨리 운전할 수 있어요. (CM)

그러나: 부모: 내가 그 차를 가져도 될까?
    아동: 엄마는 모든 자동차를 가져도 돼요. (PRO)
	그러나: 부모: (테이블을 가로질러 자동차를 매우 빠르게 운전한다.)
	    아동: 엄마는 그것을 빨리 운전할 수 있네요! (PRO)

25. '당신은 …할 수 있나요?'가 포함된 문장은 다른 가능한 의도된 의미와 상관없이 지시로 코딩한다. 왜냐하면 대부분의 경우에서 의미를 구별하기 어렵기 때문이다.

예시			
함께:	(종이비행기를 접고 있다.)	**함께:**	(퍼즐을 함께 맞추고 있다.)
아동:	엄마는 지한테 종이를 더 줄 수 있나요? (CM)	**아동:**	엄마는 이 조각을 맞출 수 있나요? (CM)
부모:	나는 점토를 쓰고 싶어.	**부모:**	(높은 선반에서 게임기를 꺼내려 애쓰고 있다.)
아동:	엄마는 그것을 찾을 수 있어요? (CM)	**아동:**	엄마는 손이 닿을 수 있나요? (CM)
부모:	우주 캠프 등록이 마감됐어.	**부모:**	이 조각은 어렵네.
아동:	엄마는 그래도 나를 등록시킬 수 있어요? (CM)	**아동:**	어디에 놓아야 할지 알 수 있어요? (CM)

26. 평서문에서든 의문문에서든, 부모의 이름이나 그 동의어는 '주의집중을 요구하는' 말('집중하세요', '제 말을 들어보세요'를 간접적으로 전달하는 말)의 역할을 한다. 아동이 '주의집중을 요구하는' 말을 서두나 종결 단어로 사용할 때(2초 미만으로 분리되어 있을 때)는 개별적으로 코딩하지 않는다. '주의집중을 요구하는' 말이 또 다른 아동의 말과 2초 이상 분리되거나 부모가 끼어드는 말을 해서 분리될 때는 지시하기로 각각 코딩한다(부록 B의 부모의 순종기회 상실을 참고하라).

예시		
아동: 엄마. (CM)		**아동:** 아빠? (CM)
그러나: 아동: 엄마. (2초) 크레파스 주세요. (CM+CM)		**그러나: 아동:** 아빠? (1초) 헬리콥터 만들어요. (CM)
그러나: 아동: 엄마, 크레파스 주세요. (CM)		**그러나: 아동:** 아빠? (2초) 헬리콥터 만들어요. (CM+CM)
아동: 저기요, 엄마. (CM)		**아동:** 이봐요! (CM)
그러나: 아동: 저기요, 엄마 (쉼 없이) 어느 차로 놀까요? (QU) **아동:** 어느 차로 놀까요? (2초) 이봐요 엄마! (QU+CM)		**그러나: 아동:** 이봐요! (쉼 없이) 조심하세요. (CM) **그러나: 아동:** 이봐요! (부모가 "뭐?"라고 한다.) 조심하세요. (CM+CM)
주의: '제발요'는 종종 주의를 환기시키는 말로 사용된다.		

27. '주의집중을 요구하는' 말이 2초 간격 없이 두 번 이상 이어질 때 하나의 지시로 코딩한다.

예시
아동: 저기요, (쉼 없이) 저기요. (CM)
아동: 저기요, 엄마. (CM)
아동: 제발, 제발, 제발. (CM)
그러나: 아동: 아빠. (2초) 아빠. (CM+CM)
아동: 저기요 (쉼 없이) 엄마, 그건 내 것이에요. (PRO)

28. 어떤 조건문과 질문은 지시이다.

　a. 조건문이 부모가 현재 하고 있는 행동이나 앞으로 할 행동에 대해서 말하고 있고 그 행동을 부모가 시작하거나 계속하는 것에 대해 아동이 좋은 행동이나 보답을 하겠다고 구체적으로 말하면 그 말은 지시로 코딩한다.

예시	
아동: 블록을 꺼내 주면 엄마와 놀 거예요. (CM)	**아동:** 엄마가 저와 그림을 계속 그리면 착하게 행동할 거예요. (CM)
아동: 나한테 종이를 더 주면 제가 이 그림을 줄게요. (CM)	**아동:** 제가 옷에 안 묻힌다고 약속하면 저한테 분필을 줄 거예요? (CM)

　b. 조건문이 현재 부모가 하고 있는 행동에 대해서 말하고 있고 그 행동을 그만한다면 보상이 뒤따를 것이라고 아동이 말하면 그 말은 지시가 아니고 부정적인 말이다.

예시	
아동: 저를 붙잡고 있는 것을 멈추면, 계속 앉아 있을 게요. (NTA)	**아동:** 제가 혼자 해를 그려 넣으면, 제 그림 위에 그리는 걸 멈출래요? (NTA)
아동: 저한테 이래라 저래라 그만하면, 전 더 잘할 거예요. (NTA)	

c. 아동이 부모에게 적용시킬 부정적인 결과를 말하는 조건문은 부정적인 말이다.

예시		
아동:	엄마가 색칠을 시작하지 않으면, 엄마 종이에 낙서 할 거예요. (NTA)	**아동:** 제가 부탁한 대로 색칠을 시작하지 않으면, 엄마는 생각하는 의자에 가서 앉아야 해요. (NTA)
아동:	제 탑을 건드리면, 엄마를 때릴 거예요. (NTA)	**아동:** 나를 놔 주지 않으면 저는 침을 뱉을 거예요. (NTA)

d. 모든 조건문에서, 부모의 행동에 관련된 아동의 말이 한 개 이상의 DPICS 카테고리 요소를 포함하고 있다면 코딩 카테고리에 대한 우선순위가 사용된다.

예시		
아동: 이번에 엄마가 정리를 해 주면, 다음 시간에는 제가 할게요. (CM)		**아동:** 엄마가 만든 말을 저한테 주면, 엄마를 위해 그림을 그려 줄게요. (CM)
그러나: 아동: 엄마가 저기에 있는 어질러진 것을 치워 주면, 저는 이 블록을 치울게요. (NTA)		**그러나: 아동:** 엄마가 만든 멋진 말을 저한테 주면, 엄마를 위해 그림을 그려 줄게요. (PRO)

지시에 대한 반응

둘 중 한 명이 지시를 한 후에 상대방은 반응까지 5초의 시간이 있다. 지시에 반응하는 것을 설명하는 세 가지 카테고리가 있다. 즉, 순종(Compliance, Co), 불순종(Noncompliance, NC), 그리고 순종기회 상실 (No Opportunity for Compliance, NOC). 순종은 지시에 바로 순종하거나 5초 내에 순종을 하기 시작할 때 코딩한다. 불순종은 지시에 바로 순종하지 않거나 5초 내에 순종할 의도가 없을 때 또는 지시에 맞지 않는 행동을 할 때 코딩한다. 순종기회 상실은 순종할 충분한 기회가 주어지지 않았을 때 코딩한다.

주의 : 지시에 대한 부모의 반응은 부록 B에 있는 추가 카테고리에 수록되어 있다.

지시에 대한 아동의 일반적인 반응 가이드라인

1. 하나의 지시가 주어지고 나서 5초 이내에 '순종기회 상실'로 자동적으로 코딩되는 지시(예 : 주의를 환기시키는 지시, 애매한 지시, 관찰이 불가능한 행동에 대한 지시)가 뒤따르는 경우, 두 번째 지시는 첫 번째 지시에 순종할 5초 간의 시간규칙을 방해하지 않는다.

예시	
부모: 코트를 입어. **아동:** (코트를 든다.) **부모:** 서둘러! (DC/NOC) **아동:** (5초 경과 시 코트 소매에 팔을 넣는다.) (DC/CO)	**부모:** 네가 먼저 큰 것들을 사용하면 좋겠다. **아동:** (통나무 속을 뒤진다.) **부모:** 여기 봐. (큰 것을 가리킨다.) (DC/NOC) **아동:** (큰 통나무를 집는다.) (IC/CO)
부모: 분홍색 자동차를 나에게 건네줘, 알겠지? **부모:** (2초 후) 얘야? (IC/NOC) **아동:** (분홍색 차를 건네준다.) (IC/CO)	**부모:** 자동차를 치워. **부모:** (3초를 기다린다.) 어서! (DC/NOC) **아동:** (자동차를 치운다.) (DC/CO)
부모: 상자에 블록을 넣어. 서둘러. **아동:** (상자에 블록을 넣는다.) (DC/CO + DC/NOC)	**부모:** 인형을 줘, 알겠지? (3초) 소민아? **아동:** (부모에게 인형을 건넨다.) (IC/CO + IC/NOC)
부모: 코트를 입어. **아동:** (코트를 든다.) **부모:** 서둘러! (DC/NOC) **아동:** (5초가 지날 무렵 코트소매에 팔을 넣는다.) (DC/CO)	**부모:** 이제 정리하자. **아동:** (계속 자동차를 가지고 논다.) **부모:** (2초 기다린다) 소민아! (IC/NOC) **아동:** (5초 경과 전에 장난감 상자에 차를 넣는다.) (IC/CO)

부모: 테이블 밑에서 나와 줄래?		**부모:** 네가 먼저 큰 것들을 사용하면 좋겠다.	
아동: (2초 후, 반응 없음)		**아동:** (4초 동안 통나무 속을 뒤진다.)	
부모: 얘야? (IC/NOC)		**부모:** 여기 봐. (큰 것을 가리킨다.) (DC/NOC)	
아동: (첫 번째 지시 이후 4초 만에 탁자 밑에서 기어 나온다.) (IC/CO)		**아동:** (6초 후에 큰 통나무를 집는다.) (IC/NC)	

부모: 블록을 각각의 용기에 담아. (DC)	
부모: (3초 기다린다.) 제발. (IC/NOC)	
아동: (용기에 블록을 담기 시작한다.) (CO)	

그러나: 부모: 블록을 각각의 용기에 담아. (DC)	
아동: (블록을 용기에 던진다.) (CO)	
부모: (3초 기다린다.) 조용히. (TA)	
아동: (블록을 조용히 담는다.) (코딩하지 않는다.)	

그러나: 부모: 블록을 각각의 용기에 담아. (DC)	
부모: (3초 기다린다.) 소민아! (IC/NOC)	
아동: (2초 이상 꾸물거린다.) (NC)	

2. 지시 이후 5초 내에 아동이 첫 번째 지시를 수행하기 전에 부모가 두 번째 지시를 내리고 두 번째 지시가 자동적으로 '순종기회 상실'로 코딩되지 않는다면, 두 번째 지시는 순종으로 코딩되고 첫 번째 지시가 순종기회 상실로 코딩된다.

예시	
부모: 모자를 나한테 줘. **아동:** 뭐요? **부모:** (1초) 모자를 줘. (DC/NOC+DC)	**부모:** 퍼즐에 이 웃는 모양 조각을 놓아. **아동:** 어디에요? **부모:** (1초) 여기에 놓아. (DC/NOC+DC)
부모: 여기에 놔. (쉼 없이) 여기에 놓아. (DC/NOC+DC)	**부모:** 여기에 놓아. (쉼 없이) 여기에 놓아. (DC/NOC+DC)
부모: 책을 지금 치워라. **아동:** 이 이야기 먼저 끝내고 치워도 돼요? **부모:** (1초) 아니, 치워라. (DC/NOC+TA+DC)	**부모:** 동그란 것을 줘. **아동:** (동그란 것을 찾는다.) **부모:** 대신에 네모를 주었으면 좋겠구나. (DC/NOC+IC)
부모: 해를 노란색으로 칠해. **아동:** (4초 동안 검은색 박쥐를 계속 그린다.) **부모:** 광선도 노란색으로 칠해. (DC/NOC+DC)	**부모:** 여기에 놓아. 여기에 놓아. **아동:** (부모가 가리키는 곳에 나무 조각을 놓는다.) (DC/NOC+DC/CO)

부모:	농장동물을 바닥에서 치워.	**부모:**	해를 노란색으로 칠해.
아동:	(3초 후, 반응 없음)	**아동:**	(2초 동안 계속 초록색으로 잔디를 칠한다.)
부모:	내 말 들었니? (DQ)	**부모:**	말도 그려. (DC/NOC+DC)
아동:	(부모 말을 무시한다.) (NC)		
부모:	더 작은 것을 찾아 주겠니?	**부모:**	자리에 앉지 그러니?
아동:	(작은 조각을 찾는다.)	**아동:**	(2초 동안 망설인다.)
부모:	(3초 후) 아니야, 대신에 긴 것을 줘.	**부모:**	(옆에 있는 의자를 툭툭 치며) 내 옆에. (TA)
아동:	(긴 것을 준다.) (IC/NOC+DC/CO)	**아동:**	(지시가 내려진 5초 후에도 여전히 서 있음) (NC)
부모:	네 머리를 빗어.	**부모:**	네 머리를 빗어.
아동:	(머리를 빗지 않는다.)	**아동:**	(머리를 빗지 않는다.)
부모:	(4초 기다린다.) 머리 빗으라고 말했어. (DC/NOC+DC)	**부모:**	(4초 기다린다.) 머리 빗으라고 말했어. (DC/NOC+DC)
부모:	이제 정리하는 게 어때?	**부모:**	비행기를 줘.
아동:	(1초 동안 반응 없음)	**아동:**	뭐요?
부모:	크레파스를 전부 집어서 그것을 상자에 넣어. (IC/NOC+DC+DC)	**부모:**	(1초) 비행기를 줘. (DC/NOC+DC)
부모:	그릇을 치워.	**부모:**	그 책을 치워.
아동:	(그릇을 든다.) 어디에 두면 돼요?	**아동:**	이 이야기를 먼저 다 읽고 치워도 돼요?
부모:	(1초) 장난감 상자 안에 넣어. (DC/NOC+DC)	**부모:**	(1초) 아니, 이걸 정리해. (DC/NOC+TA+DC)
부모:	인형을 나한테 줘.	**부모:**	선반에 인형을 올려 놔.
아동:	(인형 쪽으로 손을 뻗는다.)	**아동:**	(3초, 계속 놀이를 하고 있다.)
부모:	대신에 뿡뿡이를 줘. (DC/NOC+DC)	**부모:**	트럭을 장난감 상자에 넣어. (DC/NOC+DC)
부모:	여기에 앉아		
아동:	(4초, 여전히 서 있다.)		
부모:	이 그림을 색칠해. (DC/NOC+DC)		

3. 여러 개의 지시가 한 문장 속에 '그리고' 또는 '그러나'로 연결되어 있을 때, 각각의 지시와 반응들은 각기 따로 코딩한다. 5초의 시간 측정은 전체 문장이 끝났을 때부터 재기 시작한다.

   a. 여러 개의 지시가 순차적이지 않을 때(지시가 어떤 순서로 완성되어도 괜찮은 경우) 그 지시들은 순종 또는 불순종할 기회를 가지게 될 것이다. 아이가 여전히 다른 지시를 마무리하고 있기 때문에 5초 내에 시작할 수 없었던 지시는 순종기회 상실로 코딩한다.

예시	
부모: 앉아, 그리고 코트를 벗어. **아동:** (부모를 피하며 방을 뛰어다닌다.) (NC+NC) **아동:** (코트를 벗는다.) (CO), (5초 지나서도 방을 걸어 다닌다.) (NC) **아동:** (앉는다.) (CO), (5초가 지날 때까지 그림을 그린다.) (NC)	**부모:** 바닥에 있는 장난감을 줍고, 그리고 탁자에 올려놔. **아동:** (한 번에 하나씩 장난감을 집어서 각각을 탁자에 놓는다.) (CO+CO)
부모: 파란 상자에 빨간 단추를 넣고 빨간 상자에는 파란 단추를 넣어. **아동:** (파란 상자에 빨간 단추를 넣고 빨간 상자에는 파란 단추를 넣는다.) (CO+CO)	**또는: 아동:** (5초 동안 모든 장난감을 한 번에 모아서 탁자 위에 올려놓는다.) (CO+CO)
또는: 아동: (5초가 지날 무렵 빨간 단추를 파란 상자에 조심스럽게 넣는다.) (CO+NOC)	**그러나: 아동:** (모든 장난감을 한 번에 모은다. 탁자 위에 올리기 시작하기 전에 5초가 지난다.) (CO+NOC)
또는: 아동: (모든 단추를 파란 상자에 넣는다.) (CO+NC)	
부모: 앉아, 그리고 코트를 벗어. **아동:** (5초 동안 코트를 벗으려고 애쓴다.) (DC/CO) ('앉아'라는 지시는 NOC로 코딩된다.)	**부모:** 블록을 탁자에 올리고, 그리고 탑을 쌓아. **아동:** (모든 블록을 탁자에 올린다. 탑을 쌓기 전에 5초 경과) (DC/CO+DC/NOC)
	그러나: 아동: (한 번에 블록 한 개를 탁자 위에 올리고 5초가 지날 무렵 두 번째 블록을 그 위에 쌓는다.) (DC/CO+DC/CO) **아동:** (블록들을 하나씩 탁자에 올리고 5초가 지날 무렵 다른 하나를 올리기 시작한다.) (DC/CO+DC/CO)
부모: 내 것에 동그라미를 그려, 그리고 네 것에는 네모를 그려. **아동:** (부모의 것에는 동그라미를, 자신의 것에는 네모를 그린다.) (CO+CO)	**부모:** 앉아, 그리고 코트를 벗어. **아동:** (코트를 벗고 앉는다.) (CO+CO)

b. 문장 속에 있는 여러 지시가 특정한 순서로 마무리되어야 할 때 어떤 지시에 아동이 순종했을 때는 마무리되어야 하는 순서와 관계없이 순종으로 코딩된다. 아동이 다른 지시를 계속 마무리하고 있기 때문에 5초 시간 내에 시작할 수 없었던 지시는 순종기회 상실로 코딩된다.

예시

부모: 노란색 크레파스를 골라, 그리고 해를 그려. **아동:** (노란색 크레파스를 고른다.) (CO) (해를 그린다.) (CO)	**부모:** 크리넥스를 가져와, 그리고 코를 닦아. **아동:** (크리넥스를 가져온다.) (CO) (크리넥스로 코를 닦는다.) (CO) **아동:** (소매에 코를 닦는다.) (CO), (5초 경과할 즈음 크리넥스 상자 쪽으로 걸어간다.) (CO)
또는: 아동: (들고 있던 빨간색으로 해를 그린다.) (CO) (노란색 크레파스를 고른다.) (CO)	
그러나: 아동: (5초가 지날 무렵 들고 있던 빨간색 크레파스로 해를 그린다.) (CO) (노란색 크레파스를 고르지 못한다.) (NOC)	**그러나: 아동:** (5초 경과할 때쯤 소매에 코를 닦는다.) (CO), (크리넥스를 가져오지 못한다.) (NOC) **아동:** (5초 경과까지 크리넥스를 가져온다.) (CO), (코 닦기에 대해서는 NOC) **아동:** (크리넥스를 가져온다.) (CO), (5초 경과할 때까지 코를 닦지 않는다.) (NC)
부모: 코트를 입고 지퍼를 올려. **아동:** (5초가 지날 무렵 코트를 입지 못한 채 지퍼를 올리려고 애쓴다.) (DC/CO+코트 입기에 대해서는 DC/NOC)	**부모:** 붓을 서랍장에 넣어. 하지만 먼저 그것들을 말려. **아동:** (5초가 지날 즈음 젖은 붓을 서랍장에 넣기 시작한다.) (DC/CO+붓을 말리는 것에 대해서는 DC/NOC)
아동: (의자를 넘어뜨린다.) **부모:** 의자를 세우고 그리고 앉아. **아동:** (5초 경과할 즈음 바닥에 앉는다.) (DC/CO+의자를 세우기에 대해서는 DC/NOC)	**부모:** 크리넥스를 가져와서 코를 닦아. **아동:** (5초 경과까지 소매에 코를 닦는다.) (DC/CO+크리넥스 가져오기에 대해서는 DC/NOC)
	또는: 아동: (5초 경과까지 크리넥스를 가져온다.) (DC/CO+코 닦기에 대해서는 DC/NOC)
	그러나: 아동: (소매에 코를 닦고 5초가 지날 무렵 크리넥스 상자 쪽으로 걸어간다.) (DC/CO+DC/CO)
부모: 테이블 위를 치워, 그런데 먼저 문을 닫아. **아동:** (5초가 경과할 때까지 테이블 위를 치운다.) (NOC+CO)	**부모:** 트랙터를 타, 그리고 헛간으로 운전해. **아동:** (트랙터를 타고 헛간으로 운전한다.) (8b 참고)
부모: 장난감을 각각의 용기에 담아, 그리고 용기를 장난감 상자에 넣어. **아동:** (용기를 장난감 상자에 넣는다. 그리고 칠판에 그림을 그린다.) (CO+NC)	**부모:** 빨간색을 잡아, 그리고 하트를 그려. **아동:** (빨간색을 잡는다. 그리고 종이에 낙서를 한다.) (CO+NC)
	그러나: 아동: (초록색으로 하트를 그린다. 그리고 나서 빨간색을 잡는다.) (CO+CO)

c. 문장 속에 있는 일련의 지시가 순차적일 때(예 : 지시들이 순서가 뒤바뀌어 완성될 수 없음), 말이 끝난 다음부터 5초 내에 시작될 수 없었던 지시는 순종기회 상실로 코딩한다.

예시
부모: 크레파스 상자를 열어서 나한테 보라색을 줘. **아동:** (상자를 연다.) (CO), (보라색을 준다.) (CO)
또는: **아동:** (상자를 연다.) (CO), (5초가 지날 무렵 보라색을 찾는다.) (CO) **그러나:** **아동:** (상자를 연다.) (CO), (보라색 크레용으로 그림을 그린다.) (NC)
부모: 감자인형의 코를 찾아서 인형에 그것을 끼워. **아동:** (5초 동안 코를 찾는다.) (DC/CO+코를 끼우라는 지시에 대해서는 DC/NOC)
그러나: **아동:** (코를 찾는다, 그리고 5초가 지날 때 인형에 코를 끼우고 있다.) (DC/CO+DC/CO) **아동:** (코를 집는다, 그리고 5초가 경과할 때까지 살펴보고 있다.) (DC/CO+DC/NC)
부모: 크레파스 상자를 열어서 나한테 보라색을 줘. **아동:** (5초 지날 때 상자를 연다.) (DC/CO+부모에게 크레파스를 건네주는 것에 대해서는 DC/NOC)
그러나: **아동:** (상자를 연다, 그리고 5초 지날 때 보라색 크레용을 찾는다.) (DC/CO+DC/CO) **아동:** (상자를 연다, 그리고 5초 지날 때 보라색 크레용으로 그림을 그린다.) (DC/CO+DC/NC)
부모: 서랍장을 열어서 블록을 꺼내. **아동:** (5초 동안 서랍장을 열지 않는다.) (NC+NOC)   **아동:** (인형의 모자를 떨어뜨린다.) **부모:** 모자를 주워서 머리에 씌워. **아동:** (모자를 줍지 않는다.) (NC+NOC)

4. 부모의 지시 뒤에 지시가 아닌 부모의 말이 이어질 때, 그 말이 원래의 지시를 취소하는 역할을 하지 않는다면 원래의 지시에 응답할 5초간의 시간을 방해하지 않는다.

     주의 : 지시를 취소하거나 순종을 방해하는 역할을 하는 지시를 한 후 5초 이내에 부모가 한 말은 적당한 언어 카테고리로 코딩되고 원래의 지시는 순종기회 상실로 코딩된다.

예시	
함께: (경주용 자동차 놀이를 하고 있다.) **부모:** 제자리에! (TA) **아동:** (출발선에 차를 댄다.) (코딩하지 않는다.) **부모:** 준비해라. (DC/NOC) **아동:** (기다린다.) **부모:** 출발해라! (DC) **아동:** (자동차를 민다.) (CO)	**부모:** 너는 퍼즐을 구석에 놓으면 돼. **아동:** (2초 동안 망설인다.) **부모:** (가리키며) 바로 저기에. (TA) **아동:** (부모가 가리킨 곳에 퍼즐을 놓는다.) (CO) **그러나:** **부모:** 핸들을 돌려. **아동:** (핸들 쪽으로 손을 뻗는다.) **부모:** 내가 먼저 해보게 해줘. (DC/NOC+DC/NOC)

부모: 농장 동물들을 바닥에서 주워. 아동: (3초 후, 반응 없음) 부모: 내 말 들었니? (DQ) 아동: (4초에 동물들을 줍기 시작한다.) (CO)	부모: (크리스마스 트리를 그리고 있다.) 부모: 맨 위에 별을 놓으면 어때? 아동: 좋아요. (PRO) 부모: 하지만 먼저 나뭇가지에 이런 장식물을 놓아야겠어. (DC/NOC+TA)
부모: 맨 위에 큰 상자를 놓아. 오, 내가 할께. (DC/NOC+DC/NOC)	부모: 맨 위에 빨간 것을 놓아. 내 말은 파란 것을 맨 위에 놓으라는 거야. (DC/NOC+DC)
부모: 맨 위에 별을 그려. 사실 너는 먼저 우리 크리스마스 트리에 달 장식물을 더 만들고 싶지? (DC/NOC+DQ)	

5. 지시한 것이 아동의 능력 밖에 있는 것일 때 아동이 순종하려고 하지 않더라도 그것은 불순종보다 순종기회 상실로 코딩한다. 아동이 지시에 순종하려고 시도하거나 순종하려는 아동을 부모가 칭찬할 때는 순종으로 코딩한다. 부모가 타임아웃 경고를 하면 불순종으로 코딩한다.

예시

부모: 맨 꼭대기 선반 위에 깡통을 놔. (선반은 손이 닿기에는 너무 높다.) 아동: (선반에 깡통을 올려 놓기 위해 손을 뻗어 애쓴다.) (CO)	함께: (책에 있는 야생동물 사진을 보고 있다.) 부모: 오랑우탄을 짚어 봐. 아동: (다른 동물을 짚는다.) (CO)
	그러나: 아동: (아무것도 하지 않는다.) (NOC)
그러나: 아동: 손이 안 닿아요. (시도하지 않는다.) (PRO+NOC)	
부모: (2살 된 아동에게 말한다.) 호박색 크레파스를 찾아. 아동: (크레파스 상자가 있는 곳에 가서 안을 살펴본다.) (CO)	부모: 빨간색 레고 블록을 줘. 아동: (아동을 볼 수 없다.) 부모: 내 말을 잘 듣고 빨간 블록을 줘서 고마워. 아동: (CO)
그러나: 아동: (계속 색칠한다.) (NOC)	
부모: 부모: 맨 꼭대기 선반 위에 깡통을 놔. (선반은 손이 닿기에는 너무 높다.) 　아동: 손이 안 닿아요. (하지 않는다.) (DC/NOC)	부모: 연두색 크레파스를 줘. 아동: (시도하지 않는다.) 연두색이 뭐예요? (NOC)
그러나: 아동: (선반에 올려놓기 위해 손을 뻗어 애쓴다.) (DC/CO)	그러나: 아동: (크레파스를 하나 집고 "이것이 연두색이예요?") (CO) 　아동: (크레파스 상자쪽으로 가서 안을 살펴본다.) (DC/(CO)
부모: 나한테 자동차를 주렴. 아동: (아동을 볼 수 없다.) 부모: (5초 후) 자동차를 주지 않으면 너는 생각하는 의자에 가야 해. (NC로 코딩할 것)	부모: 용기에 자동차를 넣어 주세요. 아동: (아동이 안 보임) 부모: 고마워. 아동: (CO)

| 순종(CO) |

정의

부모가 지시한 뒤 5초 이내에 아동이 지시대로 하거나, 하려고 시작하거나, 하려고 시도할 때 순종으로 코딩한다.

주의 : 부모의 순종은 부록 B의 추가 코딩 카테고리에 포함되어 있다.

아동의 순종 예시			
부모:	엄마에게 보라색을 건네줄래?	**부모:**	문 좀 닫아줄래?
아동:	(2초 후, 보라색 블록을 건네준다.)	**아동:**	싫어요. (일부러 문을 쾅 닫는다.)
부모:	모든 장난감을 주워라.	**부모:**	성의 지붕을 고정해 줄 수 있겠니?
아동:	(5초가 지날 무렵, 장난감 한 개를 줍는다.)	**아동:**	전 어떻게 하는지 몰라요. (지붕을 고정하는 것을 시작한다.)
부모:	모든 파란색을 한쪽으로 모아라.	**부모:**	줄을 똑바로 그어라.
아동:	(2초 후, 아동은 파란색을 한쪽으로 모으기 시작했고, 5초가 경과할 때까지도 계속 했다.)	**아동:**	(신중히 줄을 긋는다.)

결정규칙

1. 아동이 순종했는지, 순종하지 않았는지, 순종기회 상실인지 불확실할 때에는 순종기회 상실로 코딩한다.

2. 아동이 순종했는지, 순종하지 않았는지 불확실할 때에는 순종으로 코딩한다.

아동의 순종 가이드라인

1. 아동이 요구된 행동을 마쳤을 때, 순종으로 즉시 코딩하고 5초 시간 측정은 중지한다.

예시			
부모:	왕좌에 왕을 놓아라.	**부모:**	빨간 크레용으로 그리는 게 어때?
아동:	(쉼 없이. 왕 인형을 왕좌에 놓는다.) (CO)	**아동:**	(1초) (빨간 크레용으로 그린다.) (CO)
부모:	나에게 몇 시인지 알려 줘.		
아동:	(3초 경과) 4시예요. (CO+PRO)		

2. 5초 안에 아동이 요구된 행동을 시작했으나 마치지 못했을 때, 순종으로 코딩되기 위해서는 아동이 순종하려는 시도를 계속해야 하고 5초 중 남은 시간 동안 순종과 상반되는 행동을 시작해서는 안 된다.

예시		
부모: 엄마에게 빨간 막대기 좀 줄래? **아동:** (엄마에게 빨간 막대기의 반을 넘겨줬을 때 5초 경과) (CO)	**부모:** 나비야 노래를 불러 봐. **아동:** (4초 경과) ("나비야 나비야 이리 날아오너라"라고 노래를 부른다.) (CO)	
부모: 나무를 그려 봐. **아동:** (5초 경과할 때까지 나무의 윤곽을 그렸다.) (CO)	**부모:** 자동차 찾을래? **아동:** (4초 경과 때 장난감 상자로 간다.) (CO)	
	그러나: 부모: 인형을 건네줘. **아동:** (인형을 주워서 탁자 아래에 둔다.) (NC)	

3. 아동이 지시에 순종하거나 순종하려고 시도한다면 부적절한 행동을 수반하더라도 순종으로 코딩한다.

예시	
부모: 엄마에게 구슬을 주세요. **아동:** (징징대며, "불공평해."라고 말하고는 엄마에게 구슬을 준다.) (WH-PRO+CO)	**부모:** 먼저 분리부터 하자. **아동:** 시끄러워요. (레고를 분리하기 시작한다.) (CO+NTA)
부모: 블록을 정리하거라, 알았지? **아동:** 이래라 저래라 하지 마세요. (블록을 정리하기 시작한다.) (CO+NTA)	

4. 아동이 순종하기 꺼려하는 어떤 말을 하더라도 5초 안에 지시에 따른다면 순종으로 코딩한다.

예시	
부모: 무지개를 그려 봐라. **아동:** 난 농장놀이하고 싶은데. (종이에 색칠한다.) (CO+PRO)	**부모:** 장난감을 지금 치워라. **아동:** 치우고 싶지 않아요. (상자에 블록을 넣는다.) (CO+PRO)
부모: 의자에 앉아라, 그래 줄래? **아동:** 바닥에 앉으면 안 돼요? (3초) (의자에 앉는다.) (CO+QU)	**부모:** 파란색 드레스를 입은 인형을 엄마에게 줘. **아동:** 그 인형 내가 좋아하는 건데. (엄마에게 인형을 준다.) (CO+PRO)

5. 아동이 요구된 행동을 수행했다면, 그 행동이 분명히 지시에 상반되지 않는다면 응답의 질은 고려되지 않는다.

예시	
부모: 깔끔하게 그려라. **아동:** (그린다.) (CO)	**부모:** 인형을 아래에 조심해서 놔. **아동:** (탁자 위에 인형 집을 조심스럽게 놓는다.) (CO)
그러나: 부모: 깔끔하게 그려라. 　　　**아동:** (성의 없이 막 낙서한다.) (NC)	**그러나: 부모:** 부드럽게 내려 놔라. 　　　**아동:** (일부러 바닥에 인형 집을 떨어뜨린다.) 　　　　　　(NC)
부모: 엄마에게 블록을 줘. **아동:** (엄마 가까이에 블록을 둔다.) (CO)	
그러나: 부모: (손을 내밀며) 엄마에게 블록을 줘. 　　　**아동:** (엄마 가까이에 있는 책상에 블록을 둔다.) (NC)	

| 불순종(NC) |

정의

부모로부터 직접적·간접적인 지시가 있었을 때, 5초 이내에 아동이 수행하지 않거나, 수행하려고 시도하지 않거나, 수행하는 것을 멈추었을 때 불순종으로 코딩한다.

주의 : 부모의 불순종에 관한 자료는 부록 B의 추가 코딩 카테고리를 참고해라.

예시			
부모:	자리에 앉아라.	**부모:**	바닥에서 인형을 치워.
아동:	(5초 동안 방을 뛰어 돌아다닌다.)	**아동:**	(6초 동안 색칠하고, 그 후 인형을 줍는다.)
부모:	칠판을 지워라.	**부모:**	지금 나무블록 놀이하자.
아동:	(지우기 시작했지만 그림을 그리려고 멈춘다.)	**아동:**	전 별로예요. (이렇게 말하고 시작하지 않는다.)
부모:	레고를 주워.		
아동:	엄마가 어지럽혔잖아요. (레고 놀이를 계속한다.)		

결정규칙

1. 아동이 순종했는지, 불순종했는지, 순종기회 상실인지 불확실하면 순종이나 순종기회 상실 둘 중 하나로 코딩한다.
2. 아동이 순종했는지 불순종했는지 확실하지 않으면 순종으로 코딩한다.

아동의 불순종 가이드라인

1. 아동이 부모의 요구에 상반되는 행동을 했을 때 불순종으로 코딩한다. 불순종으로 코딩된 즉시 5초의 시간 측정은 중지한다.

예시			
함께:	(색칠하기 놀이를 하고 있다.)	**부모:**	내게 인형을 줘.
부모:	이 모자를 검은색으로 칠해 봐. (검은색 크레용을 가리킨다.)	**아동:**	(반대 방향으로 인형을 민다.) (NC)
아동:	(빨간색으로 모자 모양을 색칠한다.) (NC)		
부모:	농장놀이하자.		
아동:	(칠판을 들어 올린다.) (NC)		

2. 5초 내에 시작하지 못했거나 순종하려는 시도도 없었다면 불순종으로 코딩한다. 아동의 반응 없이 5초가 흐르면 불순종으로 코딩한다.

예시			
부모: 여기로 와.		**부모:** 모두 치우자.	
아동: (계속 놀이를 하고 5초 동안 무시한다.) (NC)		**아동:** (5초 동안 트럭을 가지고 논다.) (NC)	
부모: 서커스 기차를 여기로 옮겨.		**부모:** 나무 그림을 그리는 건 어때?	
아동: (6초 후, 아동은 기차를 엄마쪽으로 옮기기 시작한다.) (NC)		**아동:** (5초 동안 태양 그림을 계속 그린다.) (NC)	
부모: 엄마는 네가 인형에게 다시 옷을 입혀 주면 좋겠어.			
아동: (6초 후, 인형 드레스를 줍는다.) (NC)			

3. 아동이 5초 이내에 요구된 행동을 시작은 했으나 마치지 못했을 경우, 아동이 5초 중 남은 시간 동안 고의적으로 지시와 상반되는 행동을 하거나 지시에 순종하려는 시도를 중단한다면 불순종으로 코딩한다.

예시			
부모: 감자인형을 차에 넣어 줄 수 있겠니?		**부모:** 블록을 주워라.	
아동: (감자인형을 줍지만 탁자에서 차를 밀어 낸다.) (NC)		**아동:** (블록 한 개를 옮긴 후 다른 블록으로 새 타워를 만들기 시작한다.) (NC)	
부모: 넌 비행기를 치워야 해.			
아동: (장난감 비행기를 상자로 날린다, [2초 경과] 5초 경과할 때까지 계속 비행기를 날린다. (NC)			

4. 아동이 기꺼이 순종할 것을 나타내는 말을 하더라도 5초 이내에 요구된 행동을 하지 않거나 하려는 시도조차 하지 않는다면 불순종으로 코딩한다.

예시			
부모: 이야기를 들려줘.		**부모:** 빨간색 타일 전부를 골라내라.	
아동: 좋아요. 내가 이야기 하나 해드릴게요.		**아동:** 좋아요. (5초 동안 보드에 파란색 타일을 붙이고 있다.) (NC)	
아동: (5초 지나도, 아동은 이야기를 시작하지 않는다.) (NC)			
부모: 자동차를 줍자.			
아동: 나중에 할게요. (5초 동안 경주용 자동차를 가지고 논다.) (NC)			

5. 부적절한 행동을 수반하는 것과 상관없이, 지시에 순종하지 않거나 순종하려는 시도조차 하지 않을 때 불순종으로 코딩한다.

예시		
부모: 앉아라. **아동:** 싫어요. (NTA) (계속 서 있는다.) (NC)		**부모:** 지금 청소하는 건 어때? **아동:** ("난 집에 가기 싫어요."라고 말하며 비명을 지른다) (YE-PRO) (장난감 상자에서 다른 장난감을 꺼낸다.) (NC)
부모: 앉는 건 어때? **아동:** ("나는 앉는 건 지겨워요."라고 징징댄다.) (WH-PRO) (농구골대에 공을 넣는다.) (NC)		**부모:** 색칠놀이 책을 덮어라. **아동:** 엄마 마음대로 그렇게는 못할 걸요! (NTA) (계속 색칠한다.) (NC)

| 순종기회 상실(NOC) |

정의

아동에게 지시에 순종할 충분한 기회가 주어지지 않았을 때 순종기회 상실로 코딩한다.

주의 : 부모의 순종기회 상실은 부록 B의 추가 코딩 카테고리를 참고해라.

예시	
부모 : 너는 집에 가면 네 방을 치워야 해.	**부모 :** 착하게 행동해라.
부모 : 네 코트를 걸어둬라. (엄마가 옷걸이에 코트를 건다.)	**부모 :** 잘 들어봐.
부모 : (아동이 소리 지른 후) 사람들은 실내에서는 조용히 해야 한단다.	**부모 :** ○○야.
부모 : 봐라.	**부모 :** 제발 좀.
부모 : 네가 토끼처럼 빨리 뛸 수 있을까?	

결정규칙

1. 아이에게 순종할 기회를 부모가 충분히 주었는지 아닌지 불확실하면 순종기회 상실로 코딩한다.

아동의 순종기회 상실 가이드라인

1. 5초 이내에 수행해야 할 행동이 지시될 때는 순종기회 상실로 코딩한다.

예시	
함께 : (집 벽을 만들고 있다.) **부모 :** 우리가 다 완성하면 넌 굴뚝을 올리면 돼. (IC/NOC)	**아동 :** 내일 성적표를 가져올 거예요. **부모 :** 집에 오자마자 그것을 내게 보여 줘. (DC/NOC)
아동 : (크레용을 쏟는다.) **부모 :** 다 그렸을 때 크레용을 치워야 한다. (DC/NOC)	

2. 부모가 아동에게 요구한 행동을 5초가 지나기 전에 부모 스스로 한다면, 아동이 순종하는 것을 방해하게 되어 순종기회 상실로 코딩한다. 그러나 부모가 아동의 순종을 방해하지 않고 요구된 행동을 함께했다면 순종기회 상실로 코딩하지 않는다.

<table>
<tr><td align="center" colspan="2">예시</td></tr>
</table>

부모: 바닥에 있는 계산대를 치우자. **아동:** (자동차를 가지고 계속 놀고 있다.) **부모:** (4초 후 계산대를 치운다.) (IC/NOC)
그러나: 부모: 조립식 장난감을 정리하자. 　　　　 **부모:** (1초 후, 정리상자에 장난감을 넣기 시작한다.) 　　　　 **아동:** (3초 후, 정리상자에 장난감을 넣기 시작한다.) (IC/CO)

3. 부적절한 행동에 대해서 즉각적으로 적절한 행동에 대한 일반적인 규칙을 긍정적으로 말하는 지시는 순종기회 상실로 코딩한다.

예시	
아동: 당신은 마약중독자야. **부모:** 아이들은 부모님에게 말을 착하게 해야만 해. 　　　　(IC/NOC)	**아동:** (고함을 지른다.) **부모:** 사람들은 실내에 있을 때 조용히 말해야만 한다. (IC/NOC)
아동: (시끄럽게 껌을 씹고 있다.) **부모:** 껌을 씹을 때는 입을 다무는 게 예의란다. 　　　　(IC/NOC)	**아동:** 나는 수지에게 못생겼다고 말했어요. **부모:** 친구에게는 좋게 말해 줘야 하는 거야. 　　　　(IC/NOC)
그러나: 아동: 왜 재환이가 내 바비 인형을 가지고 놀게 　　　　 했어요? 　　　　 **부모:** 네 친구들과 너의 장난감을 공유하는 건 　　　　 중요해. (TA)	**그러나: 아동:** 나는 수지에게 못생겼다고 말했어요. 　　　　 **부모:** 친구에게 못되게 말해서는 안 돼. (NTA)

4. 아동이 기대되는 행동을 할 수 있도록 충분한 정보를 주지 못하는 동사구는 순종기회 상실로 코딩한다. 이러한 동사구는 내적이거나 관찰되지 않는 행동 혹은 순종을 판단하기에 너무 모호한 것이 포함된다.

예시	
부모: 흉내 내. (DC/NOC)	**부모:** 인내심을 가져. (DC/NOC)
부모: 서둘러라. (DC/NOC)	**부모:** 착하게 행동해. (DC/NOC)
그러나: 부모: 빨리. (TA)	**그러나: 부모:** 착하게. (TA)
부모: 주의해. (DC/NOC)	**부모:** 단정하게 해. (DC/NOC)

부모: 조심해라. (DC/NOC)	부모: 준비해. (DC/NOC)
그러나: 부모: 조심스럽게. (TA)	
부모: 얌전하게 행동해. (DC/NOC)	부모: 쉿. (예를 들어, 조용해.) (DC/NOC)
부모: 들어봐. (DC/NOC)	부모: 진정해 볼래? (IC/NOC)
부모: 잠시만 기다려. (DC/NOC)	부모: 이걸 기억하렴, 알겠지? (IC/NOC)
부모: 봐. (DC/NOC)	부모: 내가 하게 해줘. (DC/NOC)

5. 아동의 이름이나 아동을 부르는 동의어들이 주의를 끄는 말로 사용되고, 2초 이상 다른 말과 분리되어 있을 때, 순종기회 없는 간접지시로 코딩한다. (간접지시 가이드라인 15번 참조.)

예시	
부모: 승환아? (IC/NOC)	부모: 얘야. (IC/NOC)
그러나: 부모: 너 종이가 더 필요하니, 승환아? (DQ)	그러나: 부모: 얘야, (<2초) 우리 다음에 뭐 해야 되니? (IQ)
부모: 재환아, (>2초) 그건 주황색이구나. (IC/NOC+TA)	
그러나: 부모: 재환아, (<2초) 그건 주황색이구나. (TA) 부모: 그건 주황색이구나, (쉼 없이) 재환아. (TA)	

6. "제발"이라는 단어가 2초 이상의 시간간격을 두고 다른 말과 떨어져 있고 앞서 말한 지시를 수행하라는 암시적인 지시로서 쓰일 때, "제발"은 간접지시/순종기회상실로 코딩된다.

예시	
부모: 작은 조각 좀 건네 줘. 아동: 안돼요. 부모: (2초 후)제발. (IC/NOC)	부모: 나한테 비행기 좀 그려줘 아동: 싫어요. 부모: 제발. (IC/NOC)

질문(QU) ○

정의

질문은 문법적으로 의문문의 구조를 가지고 있거나 문장의 끝에서 억양을 올리는 것으로 일반적인 평서문과 구별되는 말로서 한 사람이 다른 사람에게 하는 언어적 질의이다. 질문은 대답을 요구하지만, 다른 사람으로 하여금 어떤 행동을 하도록 제안하는 것은 아니다.

아동의 질문 예시

뭐하고 놀고 싶으세요?	어떤 돼지가 시장에 가요?
둘 중에서 어떤 것을 갖고 싶으세요?	오리건 주는 어디에 있어요?
누가 감옥에 있어요? (2초) 네?	네?
내가 언제 좋은 장난감으로 놀 수 있어요?	그건 멋진 트럭 아닌가요?
이건 활주로예요?	'다 끝났니'라고 말했어요?
정말요?	내가 큰 걸 쓰면 어때요?
그건 커요, 그렇죠?	있잖아요?
더 높이 만들고 있죠, 그렇죠?	이게 뭔지 아세요?
멋지네요, 그렇죠?	행맨 게임 하고 싶죠, 그렇죠?
그게 엄마가 좋아하는 거예요?	차 만들고 싶어요?
우리는 그 아이를 스파이크라고 불러야 하나요?	도널드 덕을 기억하세요?
이게 그거예요?	탁자로 갈 건가요?
블록 어디 있어요?	이거 맘에 들어요? (2초) 네?
연(시의 절이나 연)이라구요??	

결정규칙

1. 지시인지 질문인지 불확실할 때에는 질문으로 코딩한다.
2. 친사회적인 말인지 질문인지 불확실할 때에는 친사회적인 말로 코딩한다.

아동의 질문 가이드라인

1. 어떤 친사회적인 말은 문장의 끝을 올리는 억양으로 질문이 된다.

예시		
부모: (블록 다리를 만들고 있다.) **아동:** 그건 다리예요? (QU)	**부모:** 이건 소란다. **아동:** 소? (QU)	
부모: 너 500원짜리 아직 가지고 있니? **아동:** (주머니에서 동전을 꺼낸다.) 있죠? (QU)	**부모:** 얘는 신발에 로켓 발사 장치를 가지고 있구나. **아동:** 정말요? (QU)	
부모: 이 모든 장난감은 새 것이구나. **아동:** 그렇죠? (QU)	**부모:** 넌 네 햇님에 노란 빛줄기를 그리고 있구나. **아동:** 이게 빛줄기예요? (QU)	
부모: 난 공룡을 그리고 있어. **아동:** 그래요? (QU)		

2. 어떤 친사회적인 말은 문장의 마지막에 부가의문문을 덧붙이는 것으로 질문이 된다.

예시	
부모: 네 건 더 크네. **아동:** 그건 정말 더 크네요, 그렇죠? (QU)	**부모:** (인형의 집을 차리고 있다.) **아동:** 엄마는 새로운 가구들만 쓰네요, 맞죠? (QU)
부모: 넌 그걸 사탕 사는 데 쓸 거니? **아동:** 난 사탕을 원해요, 괜찮죠? (QU)	**부모:** 네 개가 지붕에 있구나. **아동:** 그 개는 가장 똑똑해요, 아닌가요? (QU)

3. 부모의 정보 질문이나 묘사/반영 질문을 아동이 따라 말하는 경우 질문으로 코딩한다.

예시	
부모: 빨간 블록은 어디 있니? **아동:** 빨간 블록이 어디 있냐구요? (QU) (즉, 엄마가 말한 것이 이거예요?)	**부모:** (중얼거리면서) 다음에는 뭐가 와야지? **아동:** 다음에 무엇이 와야 하냐구요? (QU) (엄마가 말한 것이 이거예요?)
부모: 파란색 자동차가 어디 있니? **아동:** 어디에 파란 자동차가 있느냐구요? (QU)	**부모:** (경주용 자동차를 함께 잡고 있다) **아동:** 다음에는 무엇을 해야지? (QU)
부모: 그건 굴뚝이다. 그렇지? **아동:** 굴뚝요? (QU)	**부모:** 조각을 모두 다 찾았지? **아동:** 모두 다요? (QU)

4. 질문은 부모로부터 언어적인 대답만을 요구한다. 반면에 간접지시는 부모가 특정한 말이나 행동을 할 것을 제안한다.

예시

부모 :	(색칠을 하고 있다)	**부모 :**	(동물 상자 속을 들여다본다)
아동 :	제가 이 부분을 파란색으로 칠해도 돼요? (QU)	**아동 :**	거기에 말이 있어요? (QU)
그러나 : 아동 :	엄마가 이 부분을 파란색으로 칠해주실래요? (CM)	**그러나 : 아동 :**	엄마가 상자 속에서 말 좀 가져다주실래요? (CM)
부모 :	(장난감 시계를 보고 있다)	**부모 :**	(농장 놀이를 하고 있다)
아동 :	몇 시예요? (QU)	**아동 :**	오리는 어떻게 소리 내요? (QU)
그러나 : 아동 :	몇 시인지 좀 알려주실래요? (CM)	**그러나 : 아동 :**	오리 소리 좀 내주실래요? (CM)

5. 아동의 진짜 질문과 지시를 의도된 질문과 구별하기 어렵기 때문에 아동의 의도와 상관없이 의문구가 있는 문장은 질문(QU)으로 코딩한다. 이러한 의문구는 "…를 알고 있니?", "…하고 싶니?", "…를 기억하니?", "…하려고 하니?" 등이다.

예시

둘이서 : (색칠을 하고 있다)		**부모 :**	네 선생님은 휴가 중이야.
아동 : 뭔지 아세요? (QU)		**아동 :**	선생님이 어디에 갔는지 아세요? (QU)
둘이서 : (자석으로 된 모양맞추기 놀이를 하고 있다.)		**부모 :**	색깔들이 다양하네.
아동 : (6각형을 집는다.)		**아동 :**	(후크시아 식물을 잡는다). 이 식물 기억하세요? (QU)
아동 : 이게 무슨 모양인지 알아요? (QU)			
부모 : 이것은 애매한 모양인데.		**둘이서 :** (감자인형 옷을 입히고 있다.)	
아동 : 저한테 말해주실 거예요? (QU)		**아동 :** 엄마는 이것을 어디에 꽂아야하는지 아세요? (QU)	
부모 : 그들은 새 크레파스가 있더라.		**부모 :** 상자 뚜껑을 찾을 수가 없구나.	
아동 : 색칠하고 싶으세요? (QU)		**아동 :** 바닥에 있어요, 기억나세요? (QU)	
둘이서 : (감자인형 옷을 입히고 있다.)		**아동 :** (퍼즐 조각을 맞추려고 애쓰고 있다.)	
아동 : 제가 이걸 어디에 꽂을지 아세요? (QU)		**아동 :** 이 조각을 어디에 맞춰야하는지 기억하세요? (QU)	
아동 : (큰 탑이 쓰러지지 않게 하려고 애쓰고 있다.)		**둘이서 :** (개를 그리고 있다.)	
아동 : 저를 돕고 싶으세요? (QU)		**아동 :** 포키(강아지 이름)를 기억하세요? (QU)	
부모 : (농장 쪽으로 트렉터를 밀고 있다.)		**부모 :** 현관에서 5센트를 찾았다.	
아동 : 농장으로 갈거예요? (QU)		**아동 :** 저한테 주실 거예요? (QU)	
그러나 : 부모 : (커다란 분홍색 하트를 자르고 있다.)		**그러나 : 부모 :** (그림 파일을 정리하려다가 바닥에 떨어뜨린다.)	
아동 : 엄마는 제가 멋진 발렌타인 데이를 보내게 할 거 같네요? (PRO)		**아동 :** 제 물건 좀 그만 망가뜨리실래요? (NTA)	

6. 아이의 진짜 질문과 질문형식으로 하는 지시를 구별하기 어렵기 때문에 "…할 수 있어요"가 포함된 문장은 아이의 실제 의미와 상관없이, 질문이 아니라 지시로 코딩한다.

예시	
부모: (기차선로 조각이 들어 있는 상자를 잡고 있다.) **아동:** 저한테 몇 조각 주실래요? (CM)	**둘이서:** (모양을 그리고 있다.) **아동:** 저한테 사각형 좀 만들어주실래요? (CM)
부모: 노란색 크레파스가 필요하네. **아동:** 제가 초록색 쓸 수 있게 해주실래요? (CM)	**부모:** 소민이가 이번 주에 디즈니 갈꺼래. **아동:** 엄마가 저를 좀 거기에 데려가 주실래요? (CM)
부모: (큰 탑을 만들고 있다.) **아동:** 엄마가 이것 좀 해 주실래요? (CM)	

7. "네?" 또는 그 동의어가 질문 후 2초 내에 말해지면 원래 질문과 따로 코딩하지 않는다. "네?"가 질문 후 2초 이상 지나서 나오고 (아동이나 부모의 말이 끼어 있지 않으면) "네?"는 질문으로 따로 코딩한다.

예시	
아동: 엄마 이거 좋아하세요? (쉼 없이) 네? (QU)	**아동:** 거기서 뭐하실래요, (쉼 없이) 네? (QU)
그러나: 아동: 엄마 이거 좋아하세요? (2초) 네? (QU+QU)	**아동:** 거기서 뭐하실래요? (2초) 네? (QU+QU)

8. 질문에는 부모 또는 부모의 작품이나 행동에 대한 칭찬이나 비판이 포함되어 있지 않다.

   a. 아이의 질문에 부모 또는 부모의 작품이나 행동에 대한 칭찬이 포함되어 있으면 친사회적인 말로 코딩한다.

예시	
엄마: 나는 너를 위해서 기차선로를 만들고 있어. **아동:** 아빠는 선로를 잘 만들죠, 그렇죠? (QU)	**둘이서:** (각자 공룡을 그리고 있다.) **아동:** 제 공룡이 멋지지 않아요? (QU)
그러나: 아동: 엄마는 선로를 길고 멋지게 만들고 있네요, 그렇죠? (PRO)	**그러나: 아동:** 엄마는 멋진 공룡을 그렸네요, 그렇죠? (PRO)

b. 질문에 부모 또는 부모의 작품이나 행동에 대한 비판이 포함되어 있으면, 부정적인 말로 코딩한다. 질문에 부모 이외의 다른 사람에 대한 비판이 포함되어 있으면 질문으로 코딩한다.

예시		
둘이서 : (각자 글자를 베껴 쓰고 있다.) **아동 :** 제가 쓴 A는 잘 못썼죠, 그렇죠? (QU)		**둘이서 :** (집을 그리고 있다.) **아동 :** 형은 멋진 집을 그릴 수 없죠, 그렇죠? (QU)
그러나 : 아동 : 엄마가 쓴 A는 잘 못썼네요. 그렇죠? 　　　　　　(NTA)		**그러나 : 아동 :** 엄마는 고리타분한 집을 그렸네요, 그렇죠? (NTA)

c. 아이의 질문에 아이와 부모 둘 다에 대한 평가적인 말이 포함되어 있으면 부모에 대한 평가가 우선시된다.

예시		
둘이서 : (탑을 쌓고 있다.) **아동 :** 우리가 만든 탑이 높아졌어요, 그렇죠? (QU)		**둘이서 :** (자석 그림판에 그림을 그리고 있다.) **아동 :** 우리는 뱀을 만들고 있죠, 그렇죠? (QU)
그러나 : 아동 : 우리 탑은 별로예요, 그렇죠? (NTA) 　　　**아동 :** 우리 탑은 멋져 보여요, 그렇죠? (PRO)		**그러나 : 아동 :** 우리는 멋진 뱀을 그리고 있죠, 그렇죠? 　　　　　　(PRO) 　　　**아동 :** 우리는 멋진 뱀을 그리지는 못했네요, 그렇죠? (NTA)

d. 질문 속에 부모가 가지고 있거나 만든 것이 아닌 놀이상황(예 : 놀잇감, 활동, 생각)의 어떤 측면에 대한 칭찬이나 비판이 포함되어 있으면, 질문으로 코딩한다.

예시		
부모 : (여자 감자인형을 쳐다보고 있다.) **아동 :** 그녀는 멋진 지갑이 없나요? (QU)		**둘이서 :** (블록을 가지고 놀고 있다.) **아동 :** 여기서 고약한 냄새가 난다고 생각하세요? (QU)
둘이서 : (통나무 조각이 바닥에 온통 흐트러져 있는 방에 들어간다.) **아동 :** 여기는 지저분하죠, 그렇죠? (QU)		**부모 :** 우리가 장난감을 다 치웠다. **아동 :** 저 장난감 상자들은 별로죠? (QU)

질문에 대한 반응

정보 질문은 간단한 일상적인 말 이상의 특정 정보를 요구한다. 질문 카테고리에 대한 적당한 반응은 정보 질문 이후 5초 내에 일어난 사건에 기초하여 코딩된다. 정보 질문 다음에 코딩되는 세 가지 반응 카테고리는 응답, 무응답, 응답기회 상실이다. 질문에 대한 반응 유형을 코딩하는 것에 추가하여, 대답의 내용(언어 카테고리), 목소리 톤(음성 카테고리)이 또한 코딩된다.

주의 : 질문에 대한 부모의 반응은 부록 B에 있는 추가코딩 시스템에 포함되어 있다.

질문에 대한 아동의 일반적인 반응 가이드라인

1. 부모의 정보 질문에 대한 아동의 반응(또는 무응답의 경우 반응 없음)이 또한 코딩될 수 있는 언어 카테고리(예 : 질문, 친사회적인 말)라면, 언어 카테고리와 질문에 대한 적절한 반응 카테고리 둘 다가 코딩된다.

예시	
아동 : (책을 읽고 있다.) **부모 :** 그 이야기는 무슨 내용이야? **아동 :** 공주이야기예요. (AN+PRO)	**부모 :** 이 조각은 어디다 맞춰야 하니? **아동 :** (빈정거리는 말투로 "안 보이세요?"라고 말하면서 제대로 맞춘다. (AN+NTA)
부모 : 내가 자동차를 어디에 놓아야하니? **아동 :** 주차장에 두세요. (AN+CM)	**부모 :** 가장 큰 것은 어디 있니? **아동 :** 이것이 가장 큰 거예요? (AN+QU)
부모 : 어떤 것이 파란색이니? **아동 :** 나는 먼저 빨간색을 쓰고 싶어요. (NA+PRO)	**부모 :** 어떤 장난감을 가지고 놀 수 있니? **아동 :** 엄마는 놀 수 없어요. 왜냐하면 엄마는 재미가 없잖아요. (NA+NTA)

2. 질문에 대한 응답이 옳은 답이어야 할 필요는 없다. 아동이 요구된 정보에 반응하려고 시도했다면, 응답으로 코딩해라. 아동이 고의로 잘못된 대답을 하고 있는 것이 분명하다면, 무응답으로 코딩해라.

예시	
부모 : (빨간 블록을 쥐고 있다.) 이것은 무슨 색깔이니? **아동 :** (진지하게 묻는다.) "파란색?" (AN+QU)	**부모 :** 2 더하기 1은 얼마니? **아동 :** 4요. (AN+PRO)
그러나 : 아동 : (눈을 가리고 말한다.) "파란색. 다시 말해 녹색이죠. 다시 말해 분홍색이네요." (NA+PRO+PRO+PRO)	**그러나 : 아동 :** (헛웃음치며 말한다.) "6천요." (NA+PRO)

부모: 너희 반 소풍은 언제 가니? **아동:** 토요일이나 일요일요. (AN+PRO)	**부모:** (그림책 속에서 돼지를 가리킨다.) **부모:** 이것은 뭐니? **아동:** (헛웃음치며 말한다.) "엄마요?" (NA+NTA)
그러나: 아동: (비꼬는 투로) "지난 크리스마스에요." 　　　　　　(NA+NTA)	**그러나: 아동:** 돼지요. (AN+PRO)

3. 정보 질문에 대해서 '나는 몰라요'와 '어디든지요' 같은 구체적이지 않은 응답을 할 경우, 정보 질문에 대한 응답으로 받아들일 수 있다. 그렇지만 아동이 아는 답이어도 고의로 답을 주지 않는 것이 명백하다면 무응답(NA)으로 코딩한다.

예시

부모: 너는 뭘 가지고 놀고 싶니? **아동:** (장난감 상자를 뒤적이면서 "나도 몰라요."라고 말한다.) (AN+PRO)	**부모:** 이 게임은 어떻게 하는 거야? **아동:** 확실히 몰라요. (AN+PRO)
그러나: 아동: (엄마에게서 등을 돌리고 화난 억양으로 "나도 몰라."라고 말한다.) (NA+PRO)	**그러나: 아동:** 난 상관없다니까! (NA+NTA)
부모: 뭘 가지고 놀고 싶니? **아동:** (엄마에게서 등을 돌리고 "무슨 상관이에요?"라고 말한다.) (NA+NTA)	**부모:** 이걸 어떻게 붙였니? **아동:** (조각을 밀어버리고 화난 억양으로 "난 몰라요."라고 말한다.) (NA+PRO)
그러나: 아동: (엄마 옆으로 의자를 끌어당기고 "상관없어요."라고 말한다.) (AN+PRO)	**그러나: 아동:** (조각을 집어올리고 "말할 수 없어요."라고 말한다.) (AN+PRO)
부모: 꼭대기에 내가 뭘 놔야 하니? **아동:** (지나쳐 버리며 "아무거나요."라고 말한다.) (NA+PRO)	**부모:** 이걸 어디에 놓고 싶니? **아동:** 어디든지요. (AN+PRO)
그러나: 아동: 아무거나 좋아요. (AN+PRO)	**그러나: 아동:** (테이블에서 걸어 나가며 지겨운 억양으로 "아무 데나요.") (NA+PRO)

4. 질문에 대한 아동의 반응이 징징대기(WH), 고함지르기(YE) 혹은 웃음(LA)(추가 코딩)이라면, 적절한 음성 카테고리는 물론 질문에 대한 반응 카테고리도 코딩한다.

예시	
부모: 우리가 지금 잠 잘 시간을 몇 시로 해야 하니? **아동:** ("9시로 할 수 있어요?"라며 칭얼거린다.) (AN+WH+QU)	**부모:** 소풍을 어디로 갈 거니? **아동:** ("동물원이요."라고 고함지른다.) (AN+YE+PRO)
아동: (그림을 그리고 있다.) **부모:** 뭐 만들고 있니? **아동:** ("아무것도 아니에요!"라고 소리 지른다.) (NA+YE+PRO)	**부모:** 네가 놀고 싶은 게임이 뭐니? **아동:** ("난 놀고 싶지 않아요."라고 징징대고 있다.) (NA+WH+PRO)
부모: (못생긴 인형을 가리키며) 이 어릿광대 이름은 뭐니? **아동:** ("난 말 안 할 거예요."라고 말하면서 웃는다.) (NA+LA+PRO)	**부모:** 장난감 상자 안에 누가 있나? **아동:** ("저예요!"라고 뛰쳐나오며 웃으며 말한다.) (AN+LA+PRO)

5. 질문에 대한 반응과 신체행동 카테고리가 동시에 발생한다면, 질문에 대한 반응 카테고리와 신체접촉 카테고리 둘 다 코딩한다.

예시	
부모: 내가 어떤 자동차를 가지고 놀 수 있니? **아동:** 이거요.(차를 던져서 엄마를 맞힌다.) (AN+PRO+NTO)	**부모:** 내 코는 어디에 있니? **아동:** (부모의 코를 만진다.) (AN+PTO)
부모: 뭐가 문제니? **아동:** ("난 엄마가 미워."라고 말하면서 엄마를 때린다.) (NA+NTA+NTO)	

6. 한 개의 문장에 '그리고'나 '그러나'로 연결되는 질문이 올 때, 각각의 질문과 반응은 개별적으로 코딩한다. 전체 문장을 말한 후 5초 시간규칙을 적용한다.

    a. 아동이 5초 내에 두 개의 질문에 대답한다면, 그 두 개의 질문에 대한 응답으로 코딩한다. 만약 아동이 5초 내로 두 개의 질문에 대답하려고 시도하지 않는다면, 두 질문 모두 무응답으로 코딩한다.

예시

부모: 그 게임은 뭐니 그리고 어떻게 가지고 노는 거니? **아동:** (5초 내, 시범을 보이며 "그건 '막대기 줍기'라는 놀이예요. 그건 이렇게 하는 거예요.") (AN+PRO+AN+PRO)
그러나: 아동: (막대기를 던져버리고 인형을 집어 올린다.) (NA+NA)
부모: 얘 이름은 뭐고, 쟤 이름은 뭐니? **아동:** 걔네들은 미키와 미니예요. (AN+AN+PRO)
그러나: 아동: 관심 없어요. (NA+NA+PRO)

    b. 아동이 5초 경과할 동안 하나의 질문에만 대답하고 있다면, 다른 질문은 응답기회 상실로 코딩한다. 그러나 만약 아동이 다른 질문에 대답할 시간이 남아 있지만 그 질문에 대답할 시도도 하지 않으면서 하나의 질문에만 대답한다면, 대답하지 않은 정보 질문은 무응답으로 코딩한다.

예시

함께: (디즈니 장난감을 가지고 놀고 있다.) **부모:** 얘 이름은 뭐고, 쟤 이름은 뭐니? **아동:** 내 생각에 쟤는 오리예요. 그래서 쟤 이름은 음… 도날드요. (5초 경과) (NOA+AN+PRO)
그러나: 아동: 쟤는 도날드 덕이에요. (그 후 3초 동안 조용히 도날드 덕에 조각들을 놓고 있다.) (NA+AN+PRO)
함께: (색칠 공부에 있는 그림을 보고 있다.) **부모:** 이 동물을 뭐라고 부르고 거기에 무슨 색을 칠하면 될까? **아동:** 그건 큰, 거대한, 거인 같은 고릴라예요. (5초 경과) (AN+PRO+NOA)
그러나: 아동: (고함친다.) 내 생각에 큰 원숭이예요! (5초 경과) (AN+NA+PRO+YE)

7. 부모가 명백하게 아동이 대답할 수 있는 능력 밖의 질문을 하는 경우 아동이 대답하려고 시도하지도 않는다면 무응답으로 코딩하지 않고 응답기회 상실로 코딩한다. 만약에 아동이 질문에 대답하려고 했다면 응답으로 코딩한다.

예시	
부모: 어떤 부분이 부분가발 같니? (IQ) **아동:** (혼란스런 얼굴로 감자 아저씨의 부품을 찾고 있다.) (AN) **그러나: 아동:** (혼란스런 얼굴로 '부분가발이요?'라고 말한다.) (NOA+QU)	**함께:** (성을 만들고 있다.) **부모:** 우리가 성의 꼭대기에 지은 작은 탑에 뭘 이용할 수 있을까? **아동:** 뭐라고요? (NOA+QU)
부모: ('실로폰'이라는 단어를 가리킨다.) **부모:** 이건 무슨 말이니? (IQ) **아동:** (아무 말도 하지 못한다.) (NOA) **그러나: 아동:** (단어를 소리 내보려고 한다.) (AN)	**부모:** 5 곱하기 5는 뭐니? (IQ) **아동:** (아무것도 말하지 못한다.) (NOA) **그러나: 아동:** 난 몰라요. (AN)
부모: 넌 어떻게(알아들을 수 없게)? (IQ) **아동:** 뭐라고요? (NOA)	

8. 부모의 정보 질문에 아동이 답을 하려고 하기도 전에 5초 내로 부모의 다른 말이 뒤 따라올 때 그 말은 보통 아동의 응답기회를 없애게 된다. 응답기회를 방해하지 않는 말은 간단하게 응답을 촉구하는 말, 주의를 환기시키는 말, 관찰 불가능한 행동에 대한 지시, 그리고 "네?" 같은 단어와 그 동의어들이다. 부모의 정보 질문 뒤에 이러한 간단한 말들이 따라오는 경우 아동의 대답에 따라 응답 혹은 무응답으로 코딩한다.

a. 정보 질문 뒤에 오는 부모의 말이 질문을 명확히 하려는 것이거나 정보 질문에 대한 답을 촉구하는 것이고 질문의 초점에서 벗어나지 않는다면, 그 말은 5초간의 응답 시간을 방해하지 않는 것으로 간주한다. 그러나 정보 질문 뒤에 오는 부모의 말이 아동이 대답을 시작할 시간도 주지 않는다면(예를 들어, 5초가 경과하는 동안 부모가 계속 질문을 명확히 하는 말이나 대답을 촉구하는 경우) 응답기회 상실로 코딩한다.

	예시

부모:	그건 뭐니?
부모:	네 손에 있는 거.
아동:	("개구리요." 5초가 지나기 전에 말한다.) (AN)

그러나: 부모:	그 작은 새는 어디에 있니?
부모:	(쉼 없이) 우리 로빈(새)처럼 생긴 그 작은 새, (1초) 그런데 이 새는 파란색이네. 여기 어디에 있단다. (5초 경과) (IQ/NOA+TA+TA)

부모:	그건 뭐니?
부모:	네 손에 있는 거.
아동:	(손을 뒤에 놓고 "뭐 말이에요?"라고 말하는 데 5초가 경과) (NA+QU)

그러나: 부모:	그 작은 동물은 어디 있니?
부모:	양처럼 생긴 그 작은 동물, (1초) 그런데 그건 파란색이네. 그건 여기 어디에 있단다. (5초 경과) (IQ/NOA+TA+TA)

b. 자동적으로 응답 기회상실 지시로 코딩되고 아동이 질문에 응답하는 것을 방해하지 않는 주의를 끄는 지시와 관찰 불가능한 행동에 대한 지시는 정보 질문에 대답할 5초 시간을 방해하지 않는다. 이러한 지시가 정보 질문에서 아동의 관심을 돌려버린다면 그 정보 질문은 응답기회 상실로 코딩한다.

	예시

함께:	(색칠을 하고 있다.)	**부모:**	(모양들을 가리키며 "어떤 것이 더 크니?"라고 말한다.)
부모:	오늘 학교는 어땠니?		
부모:	(3초) 소민아? (IC/NOC) (처음 질문은 여전히 대답 기회가 있다.)	**아동:**	(3초 동안 대답이 없다.)
		부모:	오, 이 닭을 봐라. (IQ/NOA+DC/NOC)

부모:	이건 뭐라고 부르니? (감자인형의 귀를 가리키고 있다.)	**부모:**	오늘 학교는 어땠니?
아동:	(3초 동안 응답이 없다.)	**부모:**	(3초) 크리스토퍼? (IC/NOC)
부모:	애야? (IC/NOC)	**아동:**	그거에 대해서 말하고 싶지 않아요. (NA+PRO)
아동:	인형의 귀예요. (AN+PRO)		

그러나: 아동:	(무례하게) 난 바빠요. (NA+NTA)

부모:	이건 뭐라고 부르니? (감자인형의 귀를 가리키고 있다.)
아동:	(1초 동안 대답이 없다.)
부모:	애야? (IC/NOC)
아동:	난 이 편지 쓰고 있는 중이에요, 엄마. (NA+PRO)

c. "어?"나 "응?" 같은 단어와 그 동의어들이 정보 질문 후 2초 뒤에 따라오고, 정보 질문에 대한 답을 촉구하는 것 외에는 아무 의미도 없는 것일 때, "어?"는 응답기회가 없는 정보 질문으로 코딩한다. 이런 경우에는 기회가 없기 때문에, "어?"는 원래의 질문에 대한 5초 시간 규칙을 방해하지 않는다.

예시
부모: 그건 무슨 종류의 새니? **아동:** (2초 동안 응답이 없다.) **부모:** 어? (IQ/NOA) **아동:** 그건 닭이에요. (AN+PRO)
그러나: 부모: 그건 무슨 종류 공룡이니? **아동:** 티라노사우루스. (AN+PRO) **부모:** 응? ("뭐라고 말했니?"의 의미) (IQ)
부모: 그건 무슨 종류의 새니? **아동:** (2초 동안 응답이 없다.) **부모:** 어? (IQ/NOA) **아동:** (응답 없음)(첫 질문에 대한 NA)
그러나: 부모: 그건 무슨 종류 공룡이니? **아동:** 스테고사우루스? (AN+QU) **부모:** 응? ("뭐라고 말했니?"의 의미)(기회가 있는 IQ)

9. 부모가 정보 질문을 했는데 그 질문이 대답이 기대되지 않는 명백한 수사의문문이라면, 아동이 응답을 시도하지 않더라도 무응답보다는 응답기회 상실로 코딩한다. 아동이 수사적 정보 질문에 응답을 시도한다면 응답으로 코딩한다.

예시		
부모: (크레용 상자를 들여다보다가 레고를 찾았다.) 도대체 어떻게 이게 여기에 들어갔지! (IQ) **아동:** 어떤 사람이 거기에 넣었겠지요. (AN+PRO)		**부모:** (고장난 현금 출납기를 가지고 놀고 있다.) **부모:** 이건 뭐가 문제지? (IQ) **아동:** 저도 몰라요. (AN+PRO)
그러나: 아동: (부모를 쳐다보지만 아무런 말도 하지 않는다.) (NOA)		**그러나: 아동:** (계속해서 인형과 놀고 있다.) (NOA)
함께: (감자인형을 가지고 놀고 있다.) **아동:** 엄마가 인형에게 여자애 모자를 씌웠네요. (PRO) **부모:** 내가 무슨 생각을 하고 있는지! (IQ/NOA)		**아동:** 레고들 안에 공룡이 있어요. (PRO) **부모:** 그게 여기에 어떻게 들어갔지! (IQ/NOA)

함께: (체커를 가지고 놀고 있다.) **아동:** 나에게 왕을 주세요! (CM) **부모:** 이 규칙들은 누가 만들었는지! (IQ/NOA)	

10. 아동이 정보 질문에 "뭐라고요?" 같은 말이나 그 동의어들로 응답할 경우, 아동이 일부러 대답을 피하는 것처럼 보일 때에만 무응답으로 코딩한다. 아동이 질문을 듣지 못했거나 이해하지 못한 것처럼 보인다면 응답기회 상실로 코딩한다.

예시	
함께: (성을 만들고 있다.) **부모:** 우리 작은 탑은 뭐로 만들까? (IQ) **아동:** 뭐라고요? (NOA+QU)	**부모:** 이 애벌레는 다리가 몇 개나 있을까? (IQ) **아동:** (혼란스런 얼굴로 있다.) 뭐라고요? (NOA+QU)
	그러나: 부모: 이 애벌레는 다리가 몇 개나 있을까? (IQ) **아동:** (테이블 밑에 숨으면서 "뭐라고요? 뭐라고요? 뭐라고요?") (NA+QU+QU+QU)

| 응답(AN) |

정의

응답은 정보 질문에 언어적 또는 비언어적으로 반응을 하는 것으로, 질문에서 요구된 정보를 주거나 정보를 주려고 시도한다.

주의 : 부모의 응답은 부록 B의 추가 코딩 카테고리에 포함되어 있다.

아동 응답 예시	
부모: 감자인형의 코가 어디에 있지? (IQ; AN) **아동:** 탁자 밑에 있어요. (PRO)	**부모:** 이것은 어떻게 작동되지? (IQ; AN) **아동:** 핸들을 돌리는 거예요. (PRO)
부모: 공은 철자를 어떻게 쓰지? (IQ; AN) **아동:** B.A.L. (5초 경과) (PRO)	**부모:** 깃발에는 무슨 색깔이 있지? (IQ; AN) **아동:** 빨강과 파랑이요. (PRO)

결정규칙

1. 정보 질문에 대한 반응이 응답인지 또는 무응답인지 분명치 않을 때는 응답으로 코딩한다.
2. 아동이 의도적으로 질문에 대답을 하지 않은 건지 아닌지가 분명치 않을 때는 무응답으로 코딩하지 않는다.

아동의 응답 가이드라인

1. 아동이 질문받은 정보를 5초 내에 주거나 또는 정보를 주려고 언어적으로 반응하는 것은 질문에 응답한 것으로 코딩한다. 아동이 요구된 정보를 제공할 때, 응답은 즉시 코딩되며 5초 측정을 멈춘다.

예시	
부모: (파란색 블록을 들고) 이것은 무슨 색깔이지? (IQ; AN) **아동:** 파란색이요. (PRO)	**부모:** 오늘 기분이 어떠니? (IQ; AN) **아동:** 배고파요. (PRO)
부모: (열 개의 블록을 가리키며) 몇 개가 있지? (IQ; AN) **아동:** ('하나, 둘, [1초] 셋, 넷' [5초 경과]) (PRO)	

2. 아동이 대답하기 시작했지만 5초 이내에 대답을 끝마치지 못한 경우, 5초 중 남은 시간 동안 그 대답을 하려고 계속해서 노력하고 있어야만 응답으로 코딩한다.

<table>
<tr><td colspan="2" align="center">예시</td></tr>
<tr><td>**부모:**</td><td>(열 개의 블록을 가리키며) 몇 개가 있지? (IQ; AN)</td></tr>
<tr><td>**아동:**</td><td>(4초 동안 블록을 바라보다 대답하기 시작한다, "하나, 둘..") (PRO)</td></tr>
<tr><td>**그러나: 부모:**</td><td>(열 개의 블록을 가리키며) 몇 개가 있지? (IQ; NA)</td></tr>
<tr><td>**아동:**</td><td>("하나, 둘… 저기 우리가 예전에 못 찾았던 것이 있어요." (PRO＋PRO)</td></tr>
</table>

3. 정보 질문에 여러 개의 가능한 대답이 있을 수 있다면, 아동이 적어도 그 중 한 개의 대답을 해야만 응답으로 코딩한다. 응답은 응답 속에 있는 문장의 수와 상관없이 단 한 번 코딩된다.

<table>
<tr><td colspan="2" align="center">예시</td><td colspan="2"></td></tr>
<tr><td>**부모:**</td><td>바비 인형은 무엇을 입고 있지? (IQ; AN)</td><td>**부모:**</td><td>바비 인형은 무엇을 입고 있지? (IQ; AN)</td></tr>
<tr><td>**아동:**</td><td>바비는 가방, 드레스, 하이힐, 그리고 초록색 모자를 입고 있어요. (PRO)</td><td>**아동:**</td><td>바비는 가방을 들고 같은 색깔의 하이힐을 신었어요. (PRO＋PRO)</td></tr>
<tr><td>**부모:**</td><td>바비 인형은 무엇을 입고 있지? (IQ; AN)</td><td></td><td></td></tr>
<tr><td>**아동:**</td><td>바비는 가방을 들고 드레스를 입었어요. 또 발에는 하이힐을 신었어요.
(PRO＋PRO＋PRO)</td><td></td><td></td></tr>
</table>

4. 요청받은 정보를 주거나 주려고 의도적으로 노력하는 비언어적인 반응은 응답으로 코딩한다.

<table>
<tr><td colspan="2" align="center">예시</td><td colspan="2"></td></tr>
<tr><td>**부모:**</td><td>내가 가지고 있는 크레파스는 몇 개지? (IQ; AN)</td><td>**부모:**</td><td>어떤 동물이 "꼬－끼－오－"라고 소리를 내지? (IQ; AN)</td></tr>
<tr><td>**아동:**</td><td>(세 개의 손가락을 펴 보인다.)</td><td>**아동:**</td><td>(수탉을 들어 부모에게 보여 준다.)</td></tr>
<tr><td>**부모:**</td><td>(그림을 그리고 막대로 지우기 놀이를 하면서) 이것을 어떻게 지우지? (IQ; AN)</td><td>**부모:**</td><td>어떤 것이 네모일까? (IQ; AN)</td></tr>
<tr><td>**아동:**</td><td>(부모의 그림을 지우려고 손을 뻗어 막대를 움직인다.)</td><td>**아동:**</td><td>(동그라미를 가리킨다.)</td></tr>
<tr><td>**그러나: 아동:**</td><td>(부모에게 그림을 보여 주지 않고 자신의 그림을 지운다.) (NA)</td><td></td><td></td></tr>
</table>

5. 응답은 요청받은 정보를 5초 내에 실제로 주거나 정보를 주려고 시도할 때만 코딩한다. 정보를 주려는 의도가 없는 반응은 그 반응이 적절하거나 예의 바르더라도 무응답으로 코딩한다.

예시		
아동: (블록으로 집을 짓고 있다.) **부모:** 그 집에는 문이 몇 개 있니? (IQ; NA) **아동:** 잠깐만요. (PRO)		**아동:** (그림을 그리고 있다.) **부모:** 그것은 뭐야? (IQ; NA) **아동:** 맞춰 보세요. (CM)
함께: (동물원 놀이를 하고 있다.) **부모:** 하마는 어디에서 살까? (IQ, NA) **아동:** 놀라운데! (PRO)		**함께:** (글자 놀이를 하고 있다.) **부모:** 고양이는 무슨 글자로 시작하지? (IQ; NA) **아동:** 너무 쉬워요! (PRO)

6. 정보 질문에 아동이 대답하고 있는데 5초 이내에 부모가 다른 말을 하면 처음 질문에 답하려는 시도는 응답으로 코딩한다.

예시		
부모: 몇 개의 자동차가 있지? (IQ; AN) **아동:** (소리 내어 세고 있다.) **부모:** (처음 질문한 지 4초 후에) 저기에는 몇 개가 있지?		**부모:** 어떻게 하면 이것을 튀어오르게 할 수 있니? (IQ; AN) **아동:** (2초 동안 상자를 탐색한다.) **부모:** 핸들을 돌려 봐. (DC)
부모: 어떤 것이 초록색이니? (IQ; AN) **아동:** (부모에게 청록빛 색깔의 크레파스를 준다.) **부모:** 이것은 진짜 초록색이 아니야. (NTA)		

| 무응답(NA) |

정의

정보 질문에 대한 무응답은 아동이 질문에서 요청받은 정보를 주려고 시도하지 않을 때 발생한다.

주의 : 부모의 무응답은 부록 B의 추가 코딩 카테고리에 포함되어 있다.

아동의 무응답 예시	
부모: 몇 살이야? (IQ; NA) **아동:** (무응답)	**부모:** 토끼 코는 무슨 색깔이지? (IQ; NA) **아동:** 날 좀 내버려둬요. (NTA)
부모: 너는 어느 것이 좋니? (IQ; NA) **아동:** 하나 이상 고르면 안 돼요?	**부모:** 몇 개를 가지고 있니? (IQ; NA) **아동:** 하나… 둘… (5초 지날 때 놀이를 시작한다.)

결정규칙

1. 정보 질문에 아동이 반응 한 것이 응답인지 또는 무응답인지 분명하지 않으면, 응답으로 코딩한다.
2. 정보 질문에 아동이 반응한 것이 무응답인지 또는 응답기회 상실인지 분명하지 않으면, 응답기회 상실로 코딩한다.

아동의 무응답 가이드라인

1. 아동이 응답할 수 있는 질문에 언어적 또는 비언어적으로 반응하지 않는 경우, 이것은 무응답으로 코딩한다.

예시	
부모: 너는 무엇을 가지고 놀고 싶니? (IQ; NA) **아동:** (5초 동안 뿌루퉁하게 앉아 있다.)	**부모:** 네 인형의 이름은 뭐니? (IQ; NA) **아동:** (무반응)
부모: (빨간 자동차를 가리키며) 이건 무슨 색깔이야? (IQ; NA) **아동:** (응답하지 않고 자동차로 계속 놀고 있다.)	

2. 아동의 반응이 요청받은 질문에 정보를 주지 않거나 정보를 주려고 시도하지 않는 경우 무응답으로 코딩한다.

예시		
부모: 뭐하고 놀고 있니? (IQ; NA)	**부모:** 무슨 놀이를 하고 싶어? (IQ; NA)	
아동: 저리 가요. (CM)	**아동:** 난 놀기 싫어요. (PRO)	
부모: 어떤 차를 갖고 싶니? (IQ; NA)	**부모:** 너는 몇 살이지? (IQ; NA)	
아동: 어떤 것을 원하세요? (QU)	**아동:** 이미 알잖아요. (NA＋PRO)	

3. 정보 질문에 아동이 대답하기 시작했지만 대답을 끝마치지 못한 경우, 아동이 적절한 응답을 주지 않거나 5초 중 남은 시간 동안 계속해서 응답하려는 노력을 하지 않을 때만 무응답으로 코딩한다.

예시	
부모: 너는 종이를 몇 장이나 가지고 있어? (IQ; NA) **아동:** 하나… 둘… (종이 세기를 멈추고 그림 그리기를 시작한다.) (PRO)	**부모:** 깃발에 있는 세 가지 색깔은 무엇일까? (IQ; NA) **아동:** 빨강. (2초 쉼) 우리 학교에는 큰 깃발이 있어요. (PRO＋PRO)
	그러나: 부모: 바비 인형은 무엇을 입고 있지? (IQ; AN) **아동:** 바비는 가방을 들고 있어요. (남은 5초 동안 가방을 열려고 애쓴다.) (PRO)

| 응답기회 상실(NOA) |

정의

응답기회 상실은 부모가 정보 질문을 했을 때, 아동에게 그에 맞는 정보를 제공할 적절한 기회가 주어지지 않은 경우 코딩한다.

주의 : 부모의 응답기회 상실은 부록 B의 추가 코딩 카테고리에 포함되어 있다.

아동의 응답기회 상실 예시		
부모:	이 글자가 뭐지? (3초) 이건 '가'야.	**부모:** 내가 이걸 어디에 놓았으면 좋겠니? (쉼 없이) 나는 네 그림이 아주 마음에 드는 구나. (쉼 없이) 색감이 좋네!
부모:	이거 어떻게 작동하지? (5초 동안 이야기를 계속 한다.)	**부모:** 뭐? (1초) 뭐라고 했어?
부모:	네 손에 뭐가 있니? 그게 뭐야?	**부모:** 오늘 학교에서 뭐 했어? (큰 소음이 생긴다.) 이 소음은 뭐지?
부모:	언제 먹고 싶어? (2초) 응?	**부모:** 이건 무슨 색깔이지? 이것이 무슨 색깔인지 말해 줘.
부모:	이거 어때 보여? (2초) 애야?	**부모:** 그것들을 어디에 놓으러 가는 거니? 조심해.

결정규칙

1. 아동이 응답할 충분한 기회를 가졌는지 분명하지 않은 경우, 응답기회 상실로 코딩한다.

아동의 응답기회 상실 가이드라인

1. 부모가 정보 질문을 한 후 아동이 대답을 하기 전 5초 내에 부모가 다른 말을 하면, 질문을 명확하게 하기 위해 하는 짧은 말을 제외하고, 이 부모의 말은 아동이 정보 질문에 대답할 기회를 빼앗는 것이다.

   a. 부모가 정보 질문을 하고 뒤이어 자신이 빠르게(<5초) 답변을 하는 경우, 응답기회 상실로 코딩한다.

예시	
부모: 어느 것이 빨간색이지? (IQ + NOA)	**부모:** 어떤 것을 여기에 놓을까? (IQ + NOA)
아동: (블록을 살핀다.)	**아동:** (반응 없음)
부모: (3초) 이것이 빨간색이야. (TA)	**부모:** (2초) 그 작은 워이 여기로 가는 거네. (TA)

b. 부모가 정보 질문을 한 후 아동이 대답하기도 전, 5초 내에 그 질문의 대답을 촉구하는 말이 아니거나 질문의 초점에서 벗어난 말을 부모가 할 경우, 그 정보 질문은 응답기회 상실로 코딩한다.

예시	
부모: 이것은 뭐지? (IQ+NOA) **부모:** 오, 내가 더 좋은 장난감을 찾았네. 이 장난감이 이것보다 더 크구나. (TA+TA)	**부모:** 무엇을 그리고 있니? (IQ+NOA) **아동:** (3초 동안 반응 없음) **부모:** 너는 많은 색깔들을 사용하고 있구나. (BD)
부모: 어떤 막대기가 가장 길지? (IQ+NOA) **아동:** (4초간 반응 없음) **부모:** 얘야, 너는 틀린 막대기를 사용하고 있단다. (NTA)	

c. 부모가 정보 질문을 했지만 질문에 이어 5초 동안 말을 계속 한다면, 정보 질문은 응답기회 상실로 코딩한다.

예시
부모: 이건 어떻게 작동하지? (IQ+NOA) **부모:** 아, 알겠다. 이 버튼을 누르면 벨이 울려. 네가 핸들을 돌리면 현금 서랍이 열려. 이거 참 재미있구나. (TA+TA+TA+TA)

d. 부모가 정보 질문을 한 후 그 질문을 명확히 하거나 대답을 촉구하거나 질문의 초점에서 벗어나지 않은 말을 뒤이어서 한 경우, 그 말은 5초의 대답할 시간을 방해하는 것이 아니다. 하지만 정보 질문 이후에 부모가 말을 계속 해서 아동에게 대답할 시간을 주지 않는다면(예: 부모가 5초가 지날 때까지 계속 질문을 명확히 하는 말을 하고 있다) 응답기회 상실로 코딩한다.

예시	
부모: 어디에 게임이 있지? (IQ+NOA) **부모:** 너도 알겠지만, 작은 자동차들이 있고 차들을 운전하는 그 게임 말야. 특정한 자리에 가게 되면 돈을 받는 그 게임. (TA+TA+TA)	**함께:** (체커게임을 시작하고 있다.) **부모:** 넌 어떤 색깔로 하고 싶니? (IQ) **부모:** (2초) 내가 너한테 질문했잖아. (TA) (아직 질문에 응답할 기회가 있음)
그러나: 부모: 그것이 무엇이지? (IQ+AN) **부모:** 네 손에 있는 것 말이야. **아동:** (5초 경과 이전에 "개구리예요."라고 말한다.) (PRO)	
부모: 이것을 어떻게 튀어오르게 하지? (IQ) **아동:** (2초 동안 반응 없음) **부모:** 나 기다리고 있어. (TA) (여전히 질문에 응답할 기회가 있음)	

2. 부모가 정보 질문을 한 후 아동이 답변하기 전 5초 이내에 "응?"과 또는 이와 유사한 말을 제외한 다른 질문을 할 경우, 아동에게 정보 질문에 응답할 기회를 주지 않는 것이다.

  a. 부모가 아동이 대답하려고 하기 전 5초 내에 정보 질문을 반복하는 경우, 첫 번째 질문은 두 번째 질문을 하자마자 즉시 응답기회 상실로 코딩한다.

예시	
부모: 네 인형의 이름은 무엇이니? (IQ+NOA) **부모:** (2초) 인형 이름이 무엇이지, 응? (IQ)	**함께:** (농장놀이를 하고 있다.) **부모:** 소들은 무엇을 먹어? (IQ+NOA) **부모:** (3초) 소들은 쿠키를 먹어? (DQ)
함께: (동물원 놀이를 하고 있다.) **부모:** 이 동물의 이름이 무엇이니? (IQ+NOA) **아동:** (3초 동안 반응 없음) **부모:** 긴 코가 있고 땅콩을 좋아하는 동물이 무엇이지? (IQ)	**부모:** 세서미 스트리트에서 누가 제일 좋아? (IQ+NOA) **아동:** (2초 동안 반응 없음) **부모:** 너는 빅버드를 제일 좋아하잖아, 맞지? (DQ)

  b. 부모가 정보 질문을 한 뒤, 5초 이내에 그리고 아동이 응답하려 하기 전에 다른 관련 없는 주제에 관해 질문을 해서 화제를 바꾸는 경우, 첫 번째 질문은 응답기회 상실로 코딩한다.

예시	
부모: 무엇으로 놀고 싶니? (IQ+NOA) **아동:** (바닥을 쳐다본다.) **부모:** 무엇을 보고 있어? (IQ)	**부모:** 빨간색 크레파스가 어디에 있지? (IQ+NOA) **아동:** (3초 동안 반응 없음) **부모:** 오늘 저녁에 뭐 먹고 싶어? (IQ)

  c. 정보 질문에 이어 2초 또는 그 이상 이후에 "응?" 또는 그 동의어가 오고 이것이 응답을 촉구하는 의미 외에 다른 의미가 없다면, "응?"은 기회가 없음을 포함하는 정보 질문으로 코딩한다. 왜냐하면 이러한 "응?"의 경우 맨 처음의 질문에 대한 5초 응답기회를 방해하지는 않지만 그 자체로 응답기회가 없기 때문이다.

예시
부모: 이 트럭은 어떤 종류지? **아동:** (2초 동안 반응 없음) **부모:** 응? (IQ+NOA) **아동:** 덤프트럭이에요. (처음 질문에 대한 AN이다.) -- **그러나: 부모:** 이 동물은 어떤 종류야? (IQ+AN) **아동:** 암소예요. (PRO) **부모:** 응? (이때는 "뭐라고 말했니?" 의미로 IQ는 응답기회 있음)

3. 부모가 정보 질문에 대해 아동이 응답하기 전 5초 이내에 어떤 지시를 내리면, 지시는 아동의 정보 질문에 대한 응답기회를 방해하는 것이다.

    a. 부모가 정보 질문에 대해 아동이 응답하기 전 5초 내에 관찰이 가능한 행동을 지시한 경우, 정보 질문은 응답기회 상실로 코딩하고 그 다음 지시와 이것에 대한 응답도 코딩한다.

예시	
부모: 초록색인 것은 어디에 있지? (IQ+NOA) **부모:** (3초) 초록색인 것을 보여 줘. (DC)	**부모:** 어느 조각들이 같이 있어야 하지? (IQ+NOA) **아동:** (반응 없음) **부모:** 이 조각 두 개를 같이 놓아. (DC+CO) **아동:** (2초) (조각 두 개를 놓기 시작)
부모: 어디에 네 코트를 뒀어? (IQ+NOA) **아동:** (3초 동안 반응 없음) **부모:** 대답해. (DC)	

    b. 주위를 환기시키는 지시와 관찰 불가능한 내적인 행동에 대한 지시는 자동적으로 응답기회 상실로 코딩되고 아동이 질문에 응답하는 것을 방해하지 않는다. 그리고 정보 질문에 대답할 5초 시간을 방해하지 않는다. 이러한 지시가 정보 질문에서 아동의 관심을 돌려버린다면 그 정보 질문은 응답기회 상실로 코딩된다.

예시	
부모: (탑을 가리키면서) 어느 것이 더 크지? (응답할 기회가 있는 IC) **아동:** (3초 동안 반응 없음) **부모:** (3초) 재환아? (IC/NOC)	**부모:** (토끼를 티슈 밑에 둔다.) **부모:** 토끼가 어디에 있지? (응답할 기회가 있는 IC) **아동:** (2초 동안 반응 없음) **부모:** 애야? (IC/NOC)

그러나: 부모: (탑을 가리키면서) 어느 것이 더 크지?
    (IQ+NOA)
    아동: (3초 동안 반응 없음)
    부모: 잠시만 기다려. (큰 탑에 블록을 더 올리는 동안 5초 경과) (DC/NOC)
	그러나: 부모: 토끼가 어디에 있지? (IQ+NOA)
	    아동: (2초 동안 반응 없음)
	    부모: (빈 토끼장을 가리키며) 봐.
	    (DC+NOC)

친사회적인 말(PRO)(TA+BD+UP+LP+RF+AK) ◉

정의

친사회적인 말은 부모–아동 상호작용에 긍정적으로 기여하는 여러 카테고리를 통합한다. 부모의 특성, 작품 혹은 행동을 (특별히 또는 일반적으로) 긍정적으로 평가하는 말들도 모두 친사회적인 말에 포함된다. 부모의 행동을 묘사하는 것, 일반적인 정보를 제공하는 것, 부모의 말을 반영하는 것, 부모의 말을 인정하는 것도 친사회적인 말이다.

아동의 친사회적인 말 예시	
알겠어요.	안녕!
정말 그렇군요.	(소리 지르며) 아, 안 돼요!
저는 부모님 말씀을 잘 듣고 있어요.	난 분홍색 막대가 하나 더 필요해요.
엄마 무릎에 앉고 싶어요.	이제 엄마가 카드를 뽑을 차례예요.
엄마 화난 것 같아요.	가, 나, 다, 라
사랑해요.	엄마는 최고 엄마예요.
좋아요!	아싸!
엄마는 예뻐요.	엄마 머릿결은 참 좋아요.
엄마는 훌륭한 화가예요.	우리가 그것을 정말 완벽하게 보이게 만들었어요.
엄마는 재미있고, 저는 엄마와 노는 게 좋아요.	저는 엄마가 하는 방식이 마음에 들어요.
엄마가 제 그림을 멋지게 색칠해 주었네요.	그건 엄마가 그린 멋진 코끼리네요.
엄마의 감자인형은 멋져요.	엄마 노랫소리는 예뻐요.
엄마가 만든 헬리콥터는 최고예요.	엄마가 그린 공룡 그림은 정말 멋져요.
우리가 칠한 무지개는 굉장해요.	엄마는 예쁜 소녀를 그린 거죠, 그렇지요?
엄마가 그린 광대는 정말 멋져요!	엄마가 만든 훌륭한 배를 좀 보세요.
엄마의 최고 높은 탑을 여기 놓으면, 더 높아 보일 거예요.	**부모:** 긴 막대가 더 없을까? **아동:** 긴 막대라.
엄마는 모자를 만들고 있군요.	한 개를 여기 놓고 그것을 원 위에 놓았군요.
엄마는 노래를 부르고 있군요.	엄마는 꽃을 빨갛게 칠하고 있군요.
엄마가 무언가 네모난 것을 짓고 있다는 걸 알아요.	엄마는 자동차를 그리고 있네요. (2초) 바퀴를 그리고 있네요.
엄마는 지금 그걸 만들고 있네요.	예쁜 방에 인형을 놓았네요.
부모: 아, 그것은 여기 놓는 거구나. **아동:** 그건 거기에 놓는 거예요. 맨 위에 놓는 거예요.	**부모:** 농부가 소들에게 먹이를 주고 있어. **아동:** 소들에게 먹이를 주고 있구나.

결정규칙

1. 친사회적인 말인지 부정적인 말인지 지시 혹은 질문인지 불분명한 경우, 친사회적인 말로 코딩한다.

2. 친사회적인 말인지 혹은 다른 카테고리의 말인지 불분명할 경우, 친사회적인 말로 코딩한다.

3. 친사회적인 말인지 혹은 코딩할 수 없는 말인지 불분명할 경우, 코딩하지 않는다.

4. 묘사하는 말들이 연결되어 한 문장인지 혹은 여러 문장인지 불분명할 경우, 한 문장으로 코딩한다.

5. 아동의 친사회적인 말이 독자적으로 한 말인지(예 : 부모의 말에 반응으로 한 말인지) 불분명할 경우, 친사회적인 말로 코딩한다.

아동의 친사회적인 말 가이드라인

1. 아동이 부모를 보고 있거나 부모의 말을 듣고 있다는 사실을 부모에게 알려 주는 간단한 반응들은 친사회적인 말로 코딩한다.

예시	
부모 : (블록으로 엄청나게 높은 탑을 쌓고 있다.) **아동 :** 우와. (PRO)	**부모 :** 무너졌네. **아동 :** 네. (PRO)
부모 : (블록으로 쌓은 탑이 무너진다.) **아동 :** 아, 안 돼. (PRO)	

2. 친사회적인 말은 다음을 설명할 수 있다.

　　a. 아동의 독자적인 행동

예시	
함께 : (장난감 비행장을 가지고 놀고 있다.) **부모 :** (비행기를 착륙시킨다.) **아동 :** 저는 제 헬리콥터를 착륙시키고 있어요. (PRO) **그러나 : 아동 :** 엄마는 비행기를 착륙시키고 있네요. 　　　　(PRO)	**함께 :** (레고로 집을 만들고 있다.) **아동 :** 저는 벽을 만들고 있어요. (PRO) --- **그러나 : 아동 :** 엄마는 벽을 만들고 있네요. (PRO)

b. 장난감, 사물, 사람들, 그리고 활동

예시

부모 :	(기차 길을 연결하고 있다.)	함께 :	(장난감을 정리한다.)
아동 :	이제 기차는 빨리 갈 수 있어요. (PRO)	아동 :	이것들을 넣을 만한 장난감 상자가 있어요. (PRO)
함께 :	(조립식 장난감을 가지고 놀고 있다.)	부모 :	(오늘) 학교생활은 어땠니?
부모 :	빨간 바퀴가 네 개 있네.	아동 :	오늘 선생님께서 제게 스티커를 주셨어요. (PRO)
아동 :	엄마가 다 가지고 있네요. (PRO)		
부모 :	이 조각들은 딱 붙었네.	함께 :	(숫자를 그리고 있다.)
아동 :	배트맨은 그것들을 뗄 수 있을 거예요. (PRO)	아동 :	저는 네 살이에요. (PRO)

c. 감정 또는 동기

예시

부모 :	이모가 매우 아프단다.	부모 :	(보트를 그리고 있다.)
아동 :	이모가 아파서 엄마가 매우 슬프군요. (PRO)	아동 :	엄마는 돛단배를 그리고 싶은가 봐요. (PRO)
또는 :	아동 : 이모가 아파서 전 너무 슬퍼요. (PRO)	또는 :	아동 : 엄마와 함께 그리고 싶어요. (PRO)
부모 :	배고프다.	아동 :	(테이블에 소다를 엎지른다.)
아동 :	저도 배고파요. (PRO)	아동 :	엄마 지금 저에게 화나셨나 봐요. (PRO)
또는 :	아동 : 저는 목말라요. (PRO)	또는 :	아동 : 죄송해요. (PRO)
부모 :	신발을 신어라.	아동 :	엄마 기분이 좋으신가 봐요. (PRO)
아동 :	신고 싶지 않아요. (PRO)		
아동 :	행복해 보여요, 엄마. (PRO)	아동 :	엄마가 저를 자랑스러워하실 게 분명해요. (PRO)

d. 부모의 현재 하고 있는 행동, 방금 마친 행동, 과거 또는 미래의 행동

예시

부모 :	(발꿈치를 들고 게임을 꺼내려고 하고 있다.)	부모 :	(지붕에 자동차 경사로를 끼우고 있다..)
아동 :	게임을 꺼내려고 하시네요. (PRO)	아동 :	엄마는 자동차를 위로 운전해 가고 있네요. (PRO)
그러나 :	아동 : 지난주에도 엄마가 그 게임을 가져왔어요. (PRO)	그러나 :	아동 : 지난주에도 엄마가 차를 경사로로 몰았었어요. (PRO)
	아동 : 엄마는 그걸 분명 떨어뜨릴 거예요. (PRO)		아동 : 이제 곧 경사로에 많은 자동차가 있겠네요. (PRO)
부모 :	(작은 토끼를 그리고 큰 말을 그린다.)	아동 :	토끼를 그렸네요. (PRO)
아동 :	말을 그렸네요. (PRO)	아동 :	다 하고 나면 엄마는 농장도 그리겠지요. (PRO)
또는 :	아동 : 동물 두 마리를 그렸네요. (PRO)		

e. 일반적인 코멘트

예시	
부모: (자동차를 가지고 놀고 있다.) **아동:** (인형을 가지고 놀며) 인형 머리가 금발이네요. (PRO)	**부모:** 많은 장난감들이 있네. **아동:** 집에 없는 장난감들도 몇 개 있어요. (PRO)
함께: (칠판에 그림을 그린다.) **부모:** 엄마는 정원을 그렸어. **아동:** 저는 꽃을 그릴 거예요. (PRO)	**부모:** 오, 꼭대기 선반에 게임이 있네. **아동:** 전 안 보여요. (PRO)

3. 아동이 부모의 언어적 또는 비언어적 행동에 대해 반응하거나 인정하는 말은 친사회적인 말로 코딩한다. 부모가 아동의 시선에서 벗어나 있고 부모가 아동에게 말하고 있지 않을 때는 친사회적인 말로 코딩하지 않는다.

예시	
부모: 이거 재미있구나. **아동:** 음-흠. (PRO)	**아동:** 엄마, 트럭을 꼭대기에 놓으세요. **부모:** (지시에 따른다.) **아동:** 좋아요. (PRO)
부모: 이거 여기 놓아도 될까? **아동:** 그러세요. (PRO)	**부모:** (아동에게 빨간색 크레파스를 준다.) **아동:** 아싸. (PRO)
부모: 엄마가 할게. **아동:** (일반적인 톤으로) 아직이요. (PRO)	**부모:** (실수로 블록을 떨어뜨린다.) **아동:** 아이고. (PRO)
	그러나: 아동: (부모에게 등을 돌린 채 실수로 블록을 떨어뜨린다). **아동:** 아이고. (코딩하지 않는다.)
부모: 아가야? **아동:** 잠시만요. (PRO)	**부모:** 엄마가 그거 가져도 될까? **아동:** 엄마는 제일 좋은 것을 달라고 하고 있어요. (PRO)
	또는: 아동: 엄마는 제가 원하는 것을 달라고 하고 있어요. (PRO)
부모: (상자에서 말을 꺼낸다.) **부모:** 이건 국제연합사무국 비서야. **아동:** 말에게 엄청난 타이틀을 주었네요. (PRO)	**부모:** (여물통에 양의 코를 넣는다.) **부모:** 양이 목마르대. **아동:** 엄마가 양에게 마실 것을 주고 있군요. (PRO)
	그러나: 아동: 양이 쿨에이드를 마시고 있어요. (PRO)

4. 묘사/반영 질문에 대한 간단한 대답은 친사회적인 말로 코딩한다. 여기서 말하는 대답으로는 '예', '아니요', '모르겠어요', '아마도요'와 그 외 동의어를 말한다.

예 시			
부모:	이게 여기 놓는 건가?	**부모:**	오늘 밤 맥도널드에 가서 먹고 싶니?
아동:	맞아요. (PRO)	**아동:**	예. (PRO)
또는:	**아동:** 아니요. (PRO)	**또는:**	**아동:** 당연하지요! (PRO)
	아동: 그럴 수도 있지요. (PRO)		**아동:** 별로요. (PRO)
	아동: 그런 것 같아요. (PRO)		
기타:	응. 그럼요. 네. 좋아요. 오케이. 생각좀 해 보고요. 알았어요. 아마도요(혹은 아마도 아니죠). 그럴 수도 있어요. 가능해요. 그럴걸요.		
주의:	정보를 묻는 질문에 '모르겠어요'라고 대답한다면 이는 친사회적인 말로 코딩한다.		

5. 놀라움 외에 어떠한 내용도 포함하지 않는 감탄사는 친사회적인 말이다.

예 시			
부모:	(실수로 크레파스를 부러뜨린다.)	**부모:**	공룡을 그렸다!
아동:	엄마! (PRO)	**아동:**	오, 깜짝이야! (PRO)
부모:	(손잡이를 돌리자 도깨비가 튀어나온다.)	**기타:**	아, 안 돼!, 조심해!, 아우, 헤이! 어-오! 맙소사!
아동:	엄마야! (PRO)		오 하나님! 세상에! 어머나! 난 몰라!

6. '자동적으로 나오는' 사회적 말들도 친사회적인 말이다.

예 시			
부모:	(재채기한다.)	**부모:**	(조립식 장난감 탑을 둘러본다.)
아동:	신의 가호가 있기를. (PRO)	**아동:**	안녕. (PRO)
부모:	고마워	**기타:**	죄송해요. 안녕. 실례합니다. 건강 조심하세요.
아동:	천만에요. (PRO)		
주의:	'감사합니다'는 친사회적인 말로 코딩한다.		

7. 물어보는 억양으로 된 친사회적인 말은 수사의문문이 되고 이는 질문으로 코딩한다. 질문 형식(예 : 물음표가 붙거나 물어보는 억양)으로 된 부모의 말을 아동이 반복하는 경우도 질문으로 코딩한다.

예시	
부모: 엄마 차는 날 수 있어. **아동:** 그래요? (QU)	**부모:** (퍼즐 조각을 맞추고 있다.) **아동:** 어떻게 맞추셨어요? (QU)
부모: 빨간색 차가 더 빨라. **아동:** 이것이 더 빨라요. (PRO)	**부모:** 엄마는 이제 집을 거의 끝냈어. **아동:** 엄마 집은 이제 거의 끝나가네요. (PRO)
그러나: 아동: 빨간 차가 더 빨라요, 그렇죠? (QU)	**그러나: 아동:** 엄마 집 거의 다 끝났어요? (QU)
또는: 아동: 빨간 차가요? (QU)	**또는: 아동:** 엄마 집 거의 다 끝나가지요, 그렇죠? (QU)
부모: 이 인형의 이름은 마돈나야. **아동:** 정말요? (QU)	

8. 부모의 특정 행동이나 작품에 대하여 아동이 인정하거나 기쁨을 명확히 표현하는 말을 한다면 이는 친사회적인 말이다.

예시	
부모: (아동에게 엄마가 그린 그림을 건네준다.) **아동:** 마음에 들어요. (PRO)	**부모:** (빨간색 사과를 그린다.) **아동:** 엄마는 그것을 예쁘게 그렸네요. (PRO)
부모: 엄마 건 높은 블록 탑이야. **아동:** 높은 게 마음에 들어요. (PRO)	**부모:** (색칠하고 있다.) **아동:** 멋지게 색칠하네요, 엄마. (PRO)
함께: (요새를 짓고 있다.) **아동:** 엄마와 함께 만드니까 재미있어요. (PRO)	

9. 부모에 대하여 혹은 부모의 행동, 활동, 작품에 대하여 긍정적인 평가를 하는 단어 혹은 문구가 포함된 말은 친사회적인 말로 코딩한다.

   a. 긍정적인 평가 단어에는 좋은 그리고 그 동의어가 포함된다. DPICS에서 긍정적인 평가 단어로 규정하는 묘사적 단어들은 예쁜, 지적인, 깔끔한, 예의 바른, 올바르게 행동하는, 옳은, 생각이 깊은, 재미있는, 조심성 있는, 우수한, 뛰어난, 똑똑한, 만족스러운, 아름다운, 완벽한, 멋진, 잘생긴, 끈기 있는, 밝은, 특출난, 사려 깊은, 즐거운, 최상의, 최고의, 믿기 어려운, 훌륭한, 단정한, 굉장한, 근사한, 상상력이 뛰어난, 창의적인, 그리고 그 외 동의어이다.

예시			
부모:	이건 이렇게 하는 거니?	**함께:**	(웃고 있다.)
아동:	제대로 하셨어요. (PRO)	**아동:**	엄마랑 노는 게 재미있어요. (PRO)
부모:	(동화를 지어내고 있다.)	**아동:**	공룡을 그려 보세요.
아동:	멋진 이야기예요. (PRO)	**부모:**	(공룡을 그린다.)
		아동:	정말 멋진 그림이에요! (PRO)

b. 칭찬이라고 하기에는 충분히 긍정적이지 못한 묘사적 단어들도 포함되는데 그런 단어는—조용한, 괜찮은, 적당한, 빠른, 느린, 급한, 웃긴, 흥미로운, 힘이 센, 어리석은, 신나는, 힘이 넘치는, 바른, 화려한, 그리고 그 외의 동의어들이다.

예시			
부모:	여기 놓아도 괜찮을까?	**부모:**	소가 트랙터를 운전하고 있어.
아동:	거긴 별로예요. (PRO)	**아동:**	같이 놀 때 엄마는 참 바보 같아요. (PRO)
아동:	천천히 올라가게 하세요.	**아동:**	도와주실래요?
부모:	(기차를 산 길을 따라 밀어 올린다.)	**부모:**	(장난감 상자를 집어든다.)
아동:	천천히 밀었네요! (PRO)	**아동:**	엄마는 그걸 들다니 힘이 세네요. (PRO)
부모:	(동화를 지어낸다.)		
아동:	웃긴 이야기네요. (PRO)		

c. 친사회적인 말의 긍정적인 평가 요소들은 상징(은유)일 수도 있다.

예시	
아동: 엄마가 이것을 도와주는 것을 보니 엄마는 최고 엄마예요. (PRO)	**아동:** 엄마가 저랑 놀아 주시니까 엄마는 멋진 친구에요. (PRO)
그러나: 아동: 엄마는 최고 엄마예요! (PRO)	**그러나: 아동:** 엄마는 멋진 친구예요. (PRO)

10. 부모와 아동이 함께 하는 활동 혹은 함께 만드는 작품에 대한 아동의 칭찬 표현들은 친사회적인 말로 코딩한다.

예시
아동: 우리가 최고의 우주 비행선을 만들었어요! (PRO)
또는: **아동:** 우리가 그린 뱀 그림은 최고예요! (PRO)
또는: **아동:** 우리가 멋진 집을 지었군요! (PRO)

11. 특정 말 속에 부모의 행동을 묘사해 주는 두 개 이상의 서로 명확하게 구별되는 동사구가 있고, 그 동사들을 수식해 주는 최소 한 개 이상의 긍정적 평가 단어 혹은 구가 있다면, 각 동사구는 친사회적인 말로 각각 코딩한다.

예시	
아동: 엄마는 지금 멋진 곡선을 그리고 있고, 그 곡선들을 예쁜 색으로 칠하고 있네요. (PRO+PRO)	**아동:** 전 엄마가 지금 하고 있는 방식이 마음에 들고, 그 멋진 노래를 부르는 것도 좋아요. (PRO+PRO)
아동: 엄마가 그 벌레를 그리는 방식도 멋지고, 오늘 너무 재미있다는 사실도 최고예요. (PRO+PRO)	**아동:** 엄마가 공룡을 그리는 방식도 공룡을 색칠하는 방식도 너무 멋져요. (PRO+PRO)
아동: 엄마 저에게 구조차를 주고 고리를 어디에 걸어야 하는지 보여 주어서 고마워요. (PRO+PRO)	**아동:** 엄마는 오늘 저를 친절하게 대하고 있고 재미있게 해 주고 있어요. (PRO+PRO)
그러나: 아동: 엄마 저에게 구조차와 자동차를 주어서 고마워요. (PRO)	**그러나: 아동:** 엄마는 오늘 친절하고 너무 재미있어요. (PRO)
아동: 엄마가 제 손을 잡은 것도 좋고, 그 위에 스티커를 붙인 것도 좋아요. (PRO+PRO)	**부모:** (차고를 가지고 놀고 있다.) **아동:** 엄마가 저와 트럭을 가지고 놀아 줄 때 재미있고, 엄마가 빅버드 흉내 내 줄 때도 재미있어요. (PRO+PRO)
그러나: 아동: 엄마가 제 손을 잡고 스티커를 붙이니 좋아요. (PRO)	**그러나: 아동:** 엄마가 빅버드 흉내 낼 때 웃겨요. (PRO)

12. 부모의 행동 혹은 작품을 명확하게 긍정적으로 평가하는 말은 질문형식의 말이라 할지라도 친사회적 인 말로 코딩한다. (우선순위를 참고하라)

예시	
아동: 엄마가 완벽하게 고쳤어요, 그렇지요? (PRO)	**아동:** 엄마가 아름다운 고양이를 그렸어요, 그렇지 않아요? (PRO)
아동: 그건 멋지네요, 안 그래요? (PRO)	**아동:** 정말 멋진 것 같아요, 그렇게 생각하지 않아요? (PRO)
아동: 엄마가 그것을 예쁘게 만들었네요, 그렇지요? (PRO)	**아동:** 제가 엄마를 얼마나 사랑하는지 아세요? (PRO)
아동: (부모의 성을 보며) 정말 숨기에는 최고의 공간인 것 같지 않아요? (PRO)	

13. 자동적으로 '순종기회 상실'로 코딩되는 지시문에 부모를 긍정적으로 평가하는 말이 포함되어 있을 경우 친사회적인 말로 코딩한다.

예시	
부모: (로봇을 만들었다.) **아동:** 엄마가 얼마나 멋진 로봇을 만들었는지 봐요! (CM이 아닌 PRO)	**부모:** 탑을 완성했단다. **아동:** 제가 엄마 탑처럼 멋진 탑을 만들 수 있는지 해봐야겠어요. (CM이 아닌 PRO)
그러나: 아동: 저를 위해 멋진 로봇을 또 하나 만들어 주는 게 어때요? (CM)	**그러나: 아동:** 엄마가 첫 번째로 만든 탑처럼 멋진 탑을 또 하나 만들어요. (CM)

14. 부모의 작품이 아닌 일반 사물에 대해 긍정적으로 평가하는 말 또한 친사회적인 말로 코딩한다.

예시	
부모: (긴 열차를 만들기 위해 열차들을 연결한다.) **아동:** 멋진 기차네요. (PRO)	**부모:** (레고 자동차를 만든다.) **아동:** 엄마, 멋진 자동차네요. (PRO)
그러나: 부모: (상자에서 기차 연결 세트를 꺼낸다.) **아동:** 멋진 기차네요. (PRO)	**그러나: 부모:** (테이블 위에서 자동차를 민다.) **아동:** 엄마, 멋진 자동차네요. (PRO)

15. 아동이 역할놀이 도중 '역할 속에서' 친사회적인 말을 할 경우, 이 또한 친사회적인 말로 코딩한다.

예시	
부모: (그림판에 거미줄을 그리고 있다.) **아동:** (스파이더맨 인형이 되어 말하며) 거미줄을 만들어줘서 고마워요. (PRO)	**부모:** (엄마 인형이 되어 말하며) 잘자라, 아가야. **아동:** (아가 인형이 되어 말하며) 안녕히 주무세요, 엄마. (PRO)
부모: (유니콘 인형을 들고 있다.) **아동:** (유니콘에게) 참 아름답구나, 찰리. (PRO)	**부모:** (아동을 무릎에 놓는다.) **아동:** (바니 노래를 부르며 "난 너를 사랑해, 넌 나를 사랑해.") (PRO+PRO)
부모: (자신의 손에 끼고 있는 악어 퍼펫에게 말하며) 넌 정말 무시무시한 악어구나. **아동:** (퍼펫으로 말하며) 악어야, 넌 입을 크게 벌리고 있구나! (PRO)	**부모:** 넌 카우보이를 하렴. **아동:** (손을 총 모양으로 만들며) 보안관, 당신은 배지를 차고 있군. (PRO)
부모: 오스카, 내 자동차는 세차가 필요해요. (PRO) **아동:** (오스카가 되어 말하며) 당신 차는 확실히 세차가 필요하군요. (PRO)	**부모:** (부모 본인이 되어 말하며) 감자인형이 가게를 향해 운전해 가고 있어. **아동:** (감자인형이 되어 말하며) 난 가게를 향해 운전해 가고 있어. (PRO)
AND: 아동: (자신으로 돌아와) 엄마 차는 확실히 세차가 필요해요. (PRO)	**AND: 아동:** 감자인형이 가게를 향해 운전해 가고 있어요. (PRO)
부모: (노래를 부르며, "아기 거미가…") **아동:** (노래를 부르며, "아기 거미가 분수대를 올라가네.") (PT)	**부모:** (악어 퍼펫이 되어 말하며) 넌 잡아먹기 딱 좋게 생겼군. **아동:** (악어 퍼펫에게) 넌 예쁜 이빨을 가졌구나. (PT)
부모: (장난감 쥐를 튕기며) 찍찍, 찍찍, 찍찍. **아동:** (쥐에게) 쥐 아저씨, 온 사방으로 뛰어다니고 계시네요. (PT)	

16. 부모가 스스로에 대해 긍정적으로 평가하는 말을 할 때 아동이 이에 대해 긍정적인 인정을 한다면 이는 친사회적인 말로 코딩한다.

예시	
부모: (제시간에 지붕을 고치다.) 이제 제대로 했군. **아동:** 정말 그렇네요. (PRO)	**부모:** (스스로의 그림을 보며) 이건 꽤 잘 그렸군. **아동:** 맞아요. (PRO)
	그러나: 부모: 엄마 집은 빨간색이야. **아동:** 그렇네요. (PRO)

17. 특정 말 속에 부모의 특성, 작품 혹은 활동을 평가하는 말이 포함되어 있다면, 그 평가하는 말은 긍정적이거나 혹은 중립적으로 평가하는 말이어야만 친사회적인 말로 코딩한다. 부정적으로 평가하는 말은 부정적인 말로 코딩한다.

    a. 부모의 활동, 작품 혹은 특성에 대해 찬성하거나 긍정적으로 평가하기 위해 사용하는 말은 친사회적인 말로 코딩한다.

예시	
부모: 해냈다! **아동:** (부모를 껴안으며) 아자! (PRO)	**부모:** 어디 맞춰 볼게. 네가 제일 좋아하는 색은… 파랑!? **아동:** (손뼉을 치며) 딩동댕! (PRO)
부모: (나무블록으로 오두막집을 짓고 있다.) **아동:** 오두막집을 짓고 있네요. (PRO)	**부모:** (만들기를 하며 노래를 부른다.) **아동:** TV에 나오는 노래를 부르고 있네요. (PRO)
그러나 : 아동: 이상하게 생긴 오두막을 짓고 있네요. (NTA)	**그러나 : 아동:** 엄마는 노래에는 그다지 소질이 없는 것 같아요. (NTA)
아동: 제가 무얼 그렸는지 아세요? **부모:** 그건 너와 가게에 있는 할머니잖아. **아동:** (손뼉을 치고 탄성을 지르며) "맞아요!" (PRO)	**부모:** 오늘 아침에 엄마가 초콜릿을 사왔어. **아동:** (하이파이브를 하려고 손을 들며) 좋았어요! (PRO)

    b. 부모의 활동, 작품 혹은 특성에 대해 반대하거나 부정적으로 평가하기 위해 사용하는 말(예 : '젠장', '우웩', '윽')은 친사회적인 말이 아닌 부정적인 말로 코딩한다.

예시	
부모: 이것이 찬장에 다시 들어갈 수 있게 네가 한 번 던져 봐. **아동:** (소리 지르며, "아우, 젠장!") (YE-NTA)	**부모:** 나는 자석 숫자놀이를 가지고 놀고 싶구나. **아동:** 우웩. (NTA)

    c. 부모가 만든 작품이나 부모가 유발한 사건이 아닌 일반적인 사물 혹은 사건에 대해 부정적으로 평가하는 친사회적인 말은 부정적인 말이 아닌 친사회적인 말로 코딩한다.

예시	
부모: 조립식 장난감 막대기가 모자라구나. **아동:** 이런. (PRO)	**부모:** 장난감 상자에 인형이 있어. **아동:** 그래요! (PRO)
부모: 장난감 상자에 인형이 있어. **아동:** 앗싸! (PRO)	**부모:** 새로운 게임이야! **아동:** 아주 좋아요. (PRO)

d. 아동이 부모를 명사로 표현할 경우, 그 명사가 중립적 혹은 긍정적 평가 단어로 수식된다면 친사
　　　회적인 말이다.

예시	
부모: (그림을 색칠하고 있다.) **아동:** 엄마는 훌륭한 화가네요. (PRO)	**부모:** (자동차를 민다.) **아동:** 엄마는 최고의 자동차 레이서예요. (PRO)
또는: 부모: (아동이 그림 그린 것을 보며) 넌 훌륭한 　　　　　　화가야. 　　　　**아동:** 엄마도 훌륭한 화가예요. (PRO)	**또는: 부모:** 우리 저번 주에 했던 것처럼 자동차로 경 　　　　　　주하자. 　　　　**아동:** 엄마는 최고의 자동차 레이서예요. (PRO)
부모: (종이로 비행기를 접고 있다.) **아동:** 엄마는 멋진 비행기 만드는 사람이에요. (PRO)	
또는: 부모: (종이를 집으며) 보트를 만들 거야. 　　　　**아동:** 엄마는 멋진 비행기 만드는 사람이기도 하지요. (PRO)	

18. 부모가 긍정적 혹은 부정적으로 자기 평가를 하면서 아동에게 이에 동의하는지 반대하는지를 묻는
　　묘사/반영 질문을 할 경우, 이 때 아동의 답변에는 암시적인 긍정적인 평가나 비판이 포함되어 있을
　　수 있다. 아동의 답변이 긍정적일 경우 이는 친사회적인 말로, 부정적일 경우 부정적인 말로 코딩한다.

예시	
부모: (립스틱을 바르며) 엄마가 더 예뻐 보이지 않니? **아동:** 아니요. (NTA)	**부모:** 엄마가 그린 그림 멋지지 않니? **아동:** 별로요. (NTA)
부모: 엄마 그림이 마음에 드니? **아동:** 예. (PRO)	**부모:** 엄마 것 예쁘지, 그렇지 않니? **아동:** 예. (PRO)

19. 앞서서 부모가 한 말 혹은 행동에 따라 '아니요'도 이따금 친사회적인 말로 코딩한다.
　　a. 부모가 감정, 소망 혹은 그 외의 내적인 상태를 표현하는 말 혹은 질문을 했을 경우, 아동이 부모
　　　의 말에 '아니요' 혹은 그 동의어로 대답한다면 이는 친사회적인 말로 코딩한다.

예시	
부모: 이 과자 정말 맛있지 않니? **아동:** 아니요. (PRO)	**부모:** 비행기 날개를 제대로 달아야겠어. **아동:** 아니에요, 제가 먼저 날려 보고 싶어요. (PRO)
부모: 이제 엄마는 성을 지어 보고 싶어. **아동:** 안 돼요, 우리 우선 집을 완성해요. (CM)	

b. 앞서서 부모가 한 말이 틀렸음을 알리기 위해 아동이 '아니요' 혹은 그 동의어를 사용했을 경우, 여기서 '아니요' 혹은 동의어는 친사회적인 말이 아닌 부정적인 말로 코딩한다. 단, 부모가 부정적 자기평가를 하는 데 대해 아동이 반박하는 것은 예외이다.

예시	
부모: 그는 수리공이야. **아동:** 아니에요, 그는 세차해 주는 사람이에요. (NTA＋PRO)	**부모:** 이제 갈 시간이야. **아동:** 안 돼요, 아직 덜 놀았단 말예요. (NTA＋PRO)

c. 아동이 부모의 지시에 '아니요' 혹은 그 동의어로 대답할 경우, 추후 아동이 지시에 응하거나 수긍하는 어떤 말을 하더라도 관계없이 부정적인 말로 코딩한다.

예시	
부모: 파란색을 엄마에게 주렴. **아동:** 싫어요, (1초) 엄마가 스스로 가져가세요. (NTA＋CM)	**부모:** 파란색을 엄마에게 주렴. **아동:** 싫어요, (쉼 없이) 파란색은 부러졌어요. (NTA＋PRO)
부모: 파란색을 엄마에게 주렴. **아동:** ("싫어요"라고 말하며, 결국 엄마에게 파란색 크레파스를 건네준다.) (NTA＋CO)	

20. 친사회적인 말을 빈정대는 말투로 했을 경우, 이는 부정적인 말로 코딩한다.

예시	
부모: 엄마가 먼저 끝났네. **아동:** (빈정거리는 톤으로) 와. (NTA)	**부모:** 이거 재미있겠다. **아동:** (빈정거리며) 그ー렇겠네요. (NTA)

21. 정보 질문에 적절하게 대답한다면 이는 친사회적인 말이다. (또한 정보 질문에 대한 적절한 응답으로 코딩한다.)

예시	
부모: 무슨 색을 원하니? **아동:** 빨간색이요. (PRO/AN)	**부모:** 어떤 게 더 예쁘니? **아동:** 잘 모르겠어요. (PRO/AN)

22. 부모가 하고 있지 않은 행동에 대해 비판적이지 않은 말을 하는 것은 친사회적인 말로 코딩한다.

예시	
부모: (종이로 비행기를 접고 있다.) **아동:** 엄마는 이번에는 색판지를 사용하지 않네요. (PRO)	**부모:** (몇몇 둥지형 유생(물속에 있는 알덩어리)을 테이블에 올려놓고 있다.) **아동:** 그 끈적거리는 것들은 안 꺼내네요. (PRO)
또는: 아동: 이번에는 색판지를 쓰고 있네요. (PRO)	**또는: 아동:** 새로운 동물들을 꺼내 놓았네요. (PRO)
부모: (그림에 비를 그려 넣고 있다.) **아동:** 이 그림에 해는 그려 넣지 않고 있네요. (PRO)	
또는: 아동: 비오는 날을 그리고 있네요. (PRO)	

23. 아동이 '…할 수 있어요'라는 말을 했을 때 부모가 이미 아동이 묘사하고 있는 동일한 행동을 시작했다면 '…할 수 있어요'는 친사회적인 말로 코딩한다. 부모가 아동에게 허락을 구하거나 혹은 구체적인 의견을 요구하는 경우 그에 대한 답변으로 아동이 '…할 수 있어요'라고 말을 한다면 이 역시 친사회적인 말로 코딩한다. 부모가 의견을 묻지 않은 경우와 아동이 묘사하는 특정 행동을 부모가 시작하지 않은 경우에는 아동의 '…할 수 있어요'를 지시로 코딩한다.

예시	
부모: (공룡을 그린다.) **아동:** 공룡을 그릴 수 있네요! (PRO)	**부모:** (상자에서 블록을 꺼내고 있다.) **아동:** 조금 가져가도 좋아요. (PRO)
그러나: 부모: 엄마가 무엇을 그렸으면 좋겠니? **아동:** 공룡을 그려도 좋아요! (PRO)	**그러나: 부모:** 블록 몇 개만 가져가도 될까? **아동:** 조금 가져가도 좋아요. (PRO)

24. 아동이 '엄마는 …할 거군요'라는 말을 했을 때 부모가 이미 아동이 묘사하고 있는 행동을 시작했고 아동의 말 속에 부모로 하여금 다르거나 새로운 특정 행동을 하도록 제안하는 말이 포함되어 있지 않다면, '엄마는 …할 거군요'는 친사회적인 말로 코딩한다.

예시	
부모: (나무블록을 쌓아올리고 있다.) **아동:** 엄마는 통나무 더미를 만들 거군요. (PRO)	**부모:** (그림을 그리기 시작한다.) **아동:** 그림을 그릴 예정이군요. (PRO)
그러나: 아동: (징징대며, "주세요, 주세요, 주세요.") **부모:** (아동을 무시하고 있다.) **아동:** 엄마가 나에게 그걸 주어야 해요. (CM)	**그러나: 부모:** 이제 집에 갈 시간이야. **아동:** 엄마가 또 다른 그림을 그려 줬으면 좋겠어요. **부모:** (상자에 크레파스를 정리한다.) **아동:** (소리 지르며, "그림을 그려야 해요.") (YE-CM)

25. 친사회적인 말에는 지시나 혹은 요구하는 말이 포함되지 않는다.

    a. 정보를 제공하기 위해 일반적인 사람(들)을 지칭하는 'you'와 부모에게 지시하기 위해 사용하는 'you'를 혼동해서는 안 된다.

<table>
<tr><td colspan="2" align="center">예시</td></tr>
<tr>
<td>함께: (블록을 가지고 놀고 있다.)
아동: 탑은 이렇게 만드는 거예요. (블록 위에 블록을 놓는다.) (PRO)</td>
<td>아동: (장난감 차고에서 엘리베이터를 어떻게 사용하는 것인지 시범을 보이고 있다.)
아동: (손잡이를 돌리며) 엘리베이터를 올라가게 하려면 손잡이를 돌리세요. (PRO)</td>
</tr>
<tr>
<td>그러나: 아동: 엄마가 탑을 만들어도 좋아요. (CM)</td>
<td>그러나: 아동: 손잡이를 돌려요, 알았지요? (CM)</td>
</tr>
</table>

    b. 아동이 '…할 수 있어', '…해도 좋아', '…하는 게 좋을지도 몰라' 혹은 '…해도 좋을 텐데' 등의 부모의 어떤 요청에 대해 허락하는 말은 친사회적인 말이다. 만약 아동이 부모가 청하지도 않은 것을 허락하는 말을 한다면 이는 지시이다.

<table>
<tr><td colspan="2" align="center">예시</td></tr>
<tr>
<td>부모: 이 조각을 엄마가 가져가도 되겠니?
아동: 가져가도 좋아요. (PRO)</td>
<td>부모: (초록색 조각을 집으려 한다.)
아동: 빨간색을 가져가도 좋아요. (CM)</td>
</tr>
<tr>
<td>부모: 파란색을 엄마가 가져가도 되겠니?
아동: 파란색을 가져가세요. (CM)</td>
<td>부모: 엄마가 갈퀴를 그려도 괜찮겠니?
아동: 갈퀴를 그려도 좋아요. (PRO)</td>
</tr>
<tr>
<td>아동: 인형 옷을 입히고 계시네요. (PRO)

그러나: 아동: 엄마가 인형에게 옷을 입혀도 좋아요. (CM)</td>
<td>아동: 내 킹 옆으로 왔네요.
부모: 이건 무효야.
아동: 안 돼요, 엄마가 했으니까 무효가 아니예요. (NTA+PRO)</td>
</tr>
<tr>
<td></td>
<td>그러나: 아동: 엄마 차례예요.
    부모: 엄마는 이번에 쉬고 싶구나.
    아동: 안 돼요, 엄마 차례니까 하세요! (NTA+CM)</td>
</tr>
<tr>
<td>부모: (아동이 그림 그리는 모습을 보고 있다.)
아동: 원한다면 엄마가 갈퀴를 그려도 좋아요. (CM)</td>
<td>부모: (아동이 그림을 그리는 모습을 보고 있다.)
아동: 갈퀴를 그리세요. (CM)</td>
</tr>
</table>

c. 미래에 일어날 수도 있는 일을 묘사하는 미래 행동에 대한 말은 친사회적인 말이지만 직접적으로 부모에게 미래에 특정 행동을 하도록 지시하는 말은 지시이다.

예시			
부모: 내일은 선생님 면담하는 날이야. **아동:** 내일 학교에 가시겠네요. (PRO)		**부모:** 여기가 엄마 집이야. **아동:** 문이 있어야겠어요. (PRO)	
그러나: 아동: 내일 학교에 가셔야 해요. (CM)		**그러나: 아동:** 문을 달아야 해요. (CM)	
부모: 엄마는 레고를 가지고 놀고 싶구나. **아동:** 엄마는 저에게 치우라고 하실 거예요. (예측; PRO)			

26. 몇몇 친사회적인 말은 부모가 어떤 행동을 행하도록 넌지시 제안하는 말을 포함하고 있다. 그러나 지시는 부모로 하여금 어떤 말이나 행동을 하도록 요구하는 동사구를 포함하고 있을 때에만 지시로 코딩한다.

예시			
함께: (경주차를 트랙을 따라 움직이고 있다.) **아동:** 파란색이 그 다음 차례예요. (PRO)		**함께:** (체커판을 설치하고 있다.) **아동:** 난 빨간색 말 할래요. (PRO)	
그러나: 아동: 그 다음엔 파란차를 움직여요. (CM)		**그러나: 아동:** 엄마가 저에게 빨간색 말을 주세요. (CM)	
부모: 굴뚝을 찾았어. **아동:** (지붕 꼭대기를 가리키며) 그건 여기에 있어야 해요. (PRO)		**부모:** 무엇을 원하니? **아동:** 껌 씹고 싶어요. (PRO)	
그러나: 아동: (지붕 꼭대기를 가리키며) 우린 그걸 여기 놓아야 해요. (CM)		**그러나: 아동:** 껌 좀 주세요. (CM)	
아동: 그 코를 건네주시겠어요? **부모:** (3초간 감자인형의 여러 신체 부위들을 찾아본다.) **아동:** 파란색 코 말이에요. (PRO)		**주의:** 아동이 "이제 엄마가 …할 시간이에요." 혹은 "이제 엄마가 …할 차례예요."와 같은 말을 하고 그 뒤에 행위 동사가 온다면 이는 친사회적인 말이다.	

27. 부모가 정보 질문을 사용하여 아동에게 부모가 어떻게 해야 할지를 물었을 경우, 부모에게 특정 행동을 하도록 지시하는 동사를 포함하고 있지 않는 한 그에 따른 대답은 친사회적인 말이다.

예시		
부모: 여기에 무엇을 올려놓아야 할까? **아동:** 해를 올려놓을 수 있지요. (PRO)		**부모:** 엄마는 무슨 색을 할까? **아동:** 빨간색이요. (PRO)
그러나: 아동: 공룡을 만들어 줄래요? (CM)		**그러나: 아동:** 빨간색을 가져가요. (CM)
부모: 이것은 어디에 놓아야 하지? **아동:** 맨 꼭대기요. (PRO)		
그러나: 아동: 맨 꼭대기에 올려 보세요. (CM)		

28. 바람직한 행동에 대해 일반적인 규칙을 제공하는 말은 친사회적인 말일 수도 있고, 지시 혹은 부정적인 말일 수도 있다.

a. 긍정적인 말을 사용하여 일반적인 규칙을 설명해 주지만, 부모가 현재 하고 있거나 혹은 방금 마친 행동을 다음에는 다르게 해야 한다는 내용을 포함하고 있지 않을 때, 친사회적인 말이다.

예시		
부모: 누군가 색칠공부 책에 마구 낙서를 해 놓았구나. **아동:** 보통은 선 안쪽에 색칠을 하는 건데 말이죠. (PRO)		**부모:** 이제 집에 갈 시간이 거의 다 되었어. **아동:** 장난감을 치울게요. **아동:** 엄마가 장난감을 가지고 놀았다면, 치워야 하는 게 당연해요. (PRO)
그러나: 부모: 엄마는 비와 우박을 그릴 거야. **아동:** 보통은 선 안쪽에 색칠을 해야 해요. (CM)		**그러나: 부모:** 장난감을 스스로 치우렴. **아동:** 엄마도 같이 가지고 놀았잖아요. **아동:** 엄마가 장난감을 가지고 놀았다면, 치워야 하는 게 당연해요. (CM)
부모: 재환이 엄마는 재환이가 늦게까지 깨어 있지 못하게 한다네. **아동:** 엄마들은 원래 자녀들에게 친절해야 하는 거예요. (PRO)		
그러나: 부모: 와, 엄마가 이겼어. **아동:** 엄마들은 원래 자녀들에게 친절해야 해요. (CM)		

b. 부정적인 말(예 : 부모에게 무언가를 하지 말라고 하는 말)을 사용하여 바람직한 행동에 대한 일반적인 규칙을 설명해 주지만, 부모가 현재 하고 있거나 혹은 방금 마친 행동을 비판하지 않을 때는 친사회적인 말이다.

예시		
아동: 아빠, 눈을 감아 보세요. **아동:** 살짝 엿보시면 안 돼요. (PRO)		**아동:** (아동용 의자에 앉는다.) **아동:** 어른들은 여기 앉으면 안 되는 거예요. (PRO)
그러나:아동: (장난감을 숨기는데 부모가 본다.) **아동:** 살짝 엿보는 건 안 돼요. (NTA)		**그러나:부모:** (아동용 의자에 앉는다.) **아동:** 어른들은 여기 앉으면 안 돼요. (NTA)
아동: 학교에서 오늘 무얼 배웠니? **아동:** 거짓말 하는 건 나쁘다는 것이요. (PRO)		
그러나:부모: 콜라를 사줄 돈이 없구나. **아동:** 거짓말 하는 건 나빠요. (NTA)		

29. 정보 질문에 친사회적인 말로 적절한 답변을 하는 경우 이는 친사회적인 말로 코딩한다.

예시	
부모: 이건 어디에 놓아야 할까? **아동:** 잘 모르겠어요. (AN+PRO)	**부모:** '네'는 어떻게 쓰지? **아동:** ㄴ.ㅓ.ㅣ. (AN+PRO)
	그러나:부모: 이거 재미있지 않니? **아동:** 네. (PRO)

30. 몇몇 조건부 말은 친사회적인 말이다.

  a. 부모의 어떤 행동에 뒤따르게 되는 자연스러운 결과나 아동의 중립적 반응을 설명하는 조건부 말은 친사회적인 말로 코딩한다.

예시	
아동: 엄마가 제 손을 놓는다면 저는 길을 잃어버릴지도 몰라요. (PRO)	**아동:** 만약 이렇게 블록들을 놓는다면, 블록들이 좀 더 잘 붙어 있을 거예요. (PRO)
아동: 엄마가 이 크레파스들을 부러뜨린다면, 제대로 된 크레파스는 한 개도 남지 않을 거예요. (PRO)	**아동:** 엄마가 도와준다면 좀 더 빨리 집이 지어질 수 있을 거예요. (PRO)

b. 아동이 싫어하는 행동을 부모가 하지 않는다면 아동이 좋은 행동을 한다거나 혹은 보상을 준다는 내용의 조건부 말은 친사회적인 말로 코딩한다.

예시	
아동: 엄마가 저녁에 저에게 브로콜리를 먹게 하지 않는다면, 오늘 밤 제 방을 청소하겠어요. (PRO)	**아동:** 엄마가 오늘 저를 구석에 앉히지 않는다면, 엄마가 원하는 게임을 하겠어요. (PRO)

c. 부정적인 결과가 부모에게 뒤따를 것이라는 조건부 말은 친사회적인 말이 아닌 부정적인 말이다.

예시	
아동: 제가 말한 대로 색칠하지 않으면, 엄마는 곤란해질 거예요. (NTA)	**아동:** 크레파스를 제게 주지 않으면, 엄마는 생각하는 의자에 가서 앉아야 할 거예요. (NTA)
아동: 엄마가 제 그림에 색칠을 하면, 모든 크레파스들을 다 부러뜨려 버릴 거예요. (NTA)	

d. 조건부 말 속에 DPICS 카테고리 중 한 개 이상의 카테고리가 포함되어 있다면, 코딩 카테고리 우선순위에 따라 코딩한다.

예시	
아동: 엄마가 이번에 방을 치운다면, 제가 다음번에 치울게요. (CM)	**아동:** 엄마가 만든 말을 제게 준다면, 엄마를 위해 그림을 그려 줄게요. (CM)
그러나: 아동: 엄마가 마구 어질러 놓은 저 곳을 엄마가 치우면, 저는 블록을 주울게요. (NTA)	**그러나: 아동:** 엄마가 만든 멋진 말을 제게 준다면, 제가 엄마를 위해 그림을 그려 줄게요. (PRO)
아동: 고장난 것을 제게 주면, 제가 고칠게요. (CM)	
그러나: 아동: 엄마가 그 일에 대해서 입만 다물어 준다면, 제가 그걸 고칠게요. (NTA)	

31. 부모가 한 말을 아동이 따라 말하거나 혹은 다시 말하는 것은 친사회적인 말로 코딩한다.

예시	
부모: 원숭이를 나무에 놓았어. **아동:** 원숭이가 나무에 있네요. (PRO)	**부모:** 말이 자고 있어. **아동:** 말이 자고 있네요. (PRO)
부모: 터널을 지나가도록 기차 길을 설치하고 있어. **아동:** 기차 길이 터널을 지나가게 되어 있네요. (PRO)	

32. 부모가 한 말을 아동이 반복해서 말하는 것을 친사회적인 말로 코딩하는 이유는, 그것이 반영이기 때문이다. 계속해서 추가적으로 부모의 말을 반복하게 될 때 그 말이 친사회적인 말을 포함하여 TA, BD, UP, LP 혹은 AK와 같은 부모 카테고리에 해당될 경우 적절한 코딩 카테고리로 코딩한다.

예시	
부모: 엄마가 토끼를 그렸어. **아동:** 복슬복슬한 토끼를 그렸네요. 복슬복슬하고 큰 토끼를 그렸네요. (PRO+PRO)	**부모:** 버트는 농장을 향해 트랙터를 운전하고 있어. **아동:** 그가 트랙터를 운전하네요. 농장에 가고 있어요. (PRO+PRO)
함께: (광대 그림을 보고 있다.) **부모:** 광대 옷깃에 하얗고 검은 동그라미들이 있네. **아동:** 광대 옷깃에 검고 큰 폴카 물방울 무늬가 있어요. 검고 하얀 옷깃이네요. (PRO+PRO)	**부모:** 엄마는 깃발을 주황색, 파란색, 그리고 하얀색으로 칠하고 있어. **아동:** 주황색과 파란색. 엄마는 우리 팀 색을 칠하고 있군요. (PRO+PRO)

33. 부모가 미래에 하게 될 활동에 대해 설명하거나 제안한 말을 아동이 따라 말하고, 그 말이 부모에게 무언가를 하라고 지시하는 내용일 경우, 이는 친사회적인 말이 아닌 지시이다.

예시	
부모: 엄마는 이 경주용 자동차를 분해할 거야. **아동:** 엄마는 경주용 차를 분해할 거군요. (PRO)	**부모:** 같이 색칠하도록 하자. **아동:** 엄마는 색칠하고 싶군요. (PRO)
그러나: 아동: 경주용 차를 분해해요. (CM)	**그러나: 아동:** 같이 색칠해요. (CM)
또는: 아동: 경주용 차를 분해하는 게, 어때요? (CM)	
부모: 이걸 고쳐야겠어. **아동:** 엄마가 그걸 고쳐야겠다고 생각하는군요. (PRO)	
그러나: 아동: 엄마는 그걸 고쳐야 해요. (CM)	

34. 아동이 동사를 포함하지 않고 구와 단어만을 사용하여 의미 있는 친사회적인 말을 할 경우, 각각의 말 사이에 2초 혹은 그 이상의 쉼(pause)이 있고 독자적인 의미를 가지고 있어야만 개별적으로 코딩한다.

예시	
아동 : 공을 굴리고 있네요. (2초) 경사길 아래로. (PRO + PRO)	**아동 :** 뱀을 그리고 있네요. (3초) 길게. (PRO + PRO)
그러나 : 아동 : 공을 굴리고 있네요. (1초) 경사길 아래로. (PRO)	**그러나 : 아동 :** 뱀을 그리고 있네요. (쉼 없이) 길게. (PRO)

터치(TOUCH)

신체적인 접촉 카테고리는 부모와 아동 사이에서 일어나는 비언어적인 의사소통에 관한 정보를 제공해 준다. 우연히 발생한 터치를 제외하고 둘 사이에서 일어난 어떤 신체적인 접촉도 코딩된다. 터치는 긍정적 터치와 부정적 터치로 구분된다.

| 부정적 터치(NTO) |

정의

부정적 터치는 지시적이고, 적대적이고, 비난하고 감정을 상하게 하거나 부모의 행동을 구속하려고 하는 신체적인 접촉을 말한다.

아동의 부정적 터치 예시	
(부모를 때린다.)	(부모를 꼬집는다.)
(부모가 '자꾸 찌르지마'라고 말했을 때, 아동이 조롱하듯이 터치한다)	(나무블록으로 부모를 때린다.)
(부모를 발로 찬다.)	(부모 손의 장난감 비행기를 잡아챈다.)
(맞추지는 못했지만, 부모에게 캐릭터 장난감을 집어 던진다.)	(부모가 장난감을 치우는 것을 막기 위해 아동이 부모의 팔을 붙잡는다.)
(부모의 팔을 문 쪽으로 끌어당긴다.)	(세 번 연속으로 부모를 발로 찬다.)
(부모의 팔을 붙잡고 문다.)	(부모의 볼을 만지면서 침을 뱉는다.)
(부모의 손을 쳐서 장난감이 땅에 떨어져 부서지게 한다.)	('앉아요' 하면서 부모를 의자 쪽으로 민다.)

결정규칙

1. 신체 접촉이 발생했는지 아닌지 분명하지 않을 경우, 긍정적 터치나 부정적 터치로 코딩하지 않는다.

2. 부정적 터치가 고의적인지 실수였는지 분명하지 않을 경우, 부정적 터치로 코딩하지 않는다.

3. 신체 접촉이 부정적인지 긍정적인지 분명하지 않을 경우, 긍정적 터치로 코딩한다.

4. 부정적 터치가 한번 발생했는지 또는 두 번 발생했는지 분명하지 않을 경우, 한 번의 부정적 터치로 코딩한다.

아동의 부정적 터치 가이드라인

1. 부모에 대한 모든 의도적인 터치는 긍정적 터치 또는 부정적 터치로 코딩한다. 일상적인 터치는 긍정적 터치로 코딩한다. 우연한 터치는 코딩하지 않는다.

<table>
<tr><td colspan="2" align="center">예시</td></tr>
<tr><td>**아동:**</td><td>(부모를 때린다.) (NTO)</td></tr>
<tr><td>**그러나:아동:**</td><td>(부모를 껴안는다.) (PTO)</td></tr>
<tr><td></td><td>**아동:** (그림을 그리다가 부모 쪽으로 기댄다.) (PTO)</td></tr>
<tr><td></td><td>**아동:** (부모에게 연필을 건네준다.) (코딩하지 않는다.)</td></tr>
<tr><td></td><td>**아동:** (특정사물을 잡기 위해 우발적으로 부모를 터치한다.) (코딩하지 않는다.)</td></tr>
</table>

2. 긍정적 터치인지 부정적 터치인지를 코딩하기 위해서 상황을 고려하는 것이 필요하다. 상황을 고려하여 판단하는 경우에는 부모에 대한 영향이 아닌 아동의 의도로 판단한다.

<table>
<tr><td colspan="2" align="center">예시</td></tr>
<tr>
<td>

부모: (아동에게 하트를 그려 준다.)
아동: (부모의 무릎으로 뛰어오르면서) 사랑해요!
(PTO+UP)
부모: ("아야" 소리친다.)

그러나:부모: 좀 얌전히 있어.
　　　아동: (부모의 무릎으로 뛰어오르면서) 싫어요!
　　　　　(NTO+NTA)

</td>
<td>

부모: 장난감 트랙 하나만 던져 줄래?
아동: (장난감 트랙을 던져 주나 부모가 잡지 못하고 우연히 얼굴에 맞는다.) (코딩하지 않는다.)

그러나:부모: 네 장난감 트랙이 다 휘었네.
　　　아동: (장난감 트랙을 부모에게 던져서 부모의 얼굴에 맞는다.) (NTO)

</td>
</tr>
<tr>
<td colspan="2">

부모: (장난감 탑을 무너뜨리려고 팔을 뻗는다.)
아동: (부모가 장난감 탑을 무너뜨리는 것을 막기 위해 팔꿈치로 친다.) (NTO)

그러나:함께: (높은 장난감 탑을 만들고 있다.)
　　　아동: (쓰러지는 탑을 붙잡다가 실수로 부모를 팔꿈치로 친다.) (코딩하지 않는다.)

</td>
</tr>
</table>

3. 아동의 부정적 터치는 아동의 신체부위나 물건으로 부모에게 부정적 터치를 하는 것이 포함된다.

예시	
아동: (부모를 문다.) (NTO)	**아동**: (부모의 머리를 잡아당긴다.) (NTO)
아동: (부모의 손가락을 비튼다.) (NTO)	**아동**: (부모의 발가락을 밟는다.) (NTO)
아동: (나무블록으로 부모의 손을 때린다.) (NTO)	**아동**: (부모의 등에 인형을 던진다.) (NTO)
아동: (손가락 인형으로 부모의 팔을 때린다.) (NTO)	**아동**: (엄마의 치마에 매달린다.) (NTO)

4. 부모의 동의를 얻은 경우를 제외하고, 아동이 부모의 손에서 물건을 빼앗는 행위는 아동의 부정적 터치에 해당된다. 주의 : 이 규칙은 부모에게 적용되지 않는다.

예시	
함께: (장난감 기차 세트를 갖고 논다.) **아동**: ("나 이 조각이 필요해."라면서 부모의 손에서 장난감 트랙 조각을 빼앗는다.) (NTO+PRO)	**부모**: (나무블록으로 호텔을 짓는다.) **아동**: (부모의 손에서 굴뚝 조각을 빼앗는다.) 엄마는 제대로 할 줄 모르니까 이 조각 쓸 수 없어요. (NTO+NTA)

5. 아동의 부정적 터치는 부모와의 직접적인 신체 접촉이 있을 때에만 코딩한다.

예시	
아동: (주먹을 휘둘러 부모를 때린다.) (NTO)	**아동**: (장난감 블록을 던져 부모를 맞힌다.) (NTO)
그러나: 아동: (부모를 위협하며 주먹을 휘두르지만, 직접적인 신체 접촉은 없다.) (코딩하지 않는다.)	**그러나: 함께**: (색칠공부를 하고 있다.) **부모**: (종이를 더 집으려고 한다.) **아동**: (종이를 못 집게 부모의 손을 밀쳐낸다.) (NTO)
	그러나: 아동: (부모 손이 닿지 않게 종이를 밀어낸다.) (코딩하지 않는다.)

6. 한 가지 부정적 터치가 지속적으로 이어지고 있을 때, 그 행위가 끝나는 시점에서 코딩한다. 만약 이때 또 다른 부정적 터치가 발생한다면, 그것 또한 코딩한다.

<table>
<tr><td colspan="2" align="center">예시</td></tr>
<tr><td>**부모:**</td><td>이제 정리할 시간이다.</td></tr>
<tr><td>**아동:**</td><td>(부모의 팔을 문 쪽으로 끌어당기며) 나가요! (PRO, NTO는 아직 코딩하지 않는다.)</td></tr>
<tr><td>**아동:**</td><td>(팔을 끌어당기는 행위가 지속되며) 가요! (IC, NTO는 아직 코딩하지 않는다.)</td></tr>
<tr><td>**아동:**</td><td>(아직도 팔을 끌어당기는 행위가 지속되며, 부모에게 침을 뱉는다.) (NTO)</td></tr>
<tr><td>**아동:**</td><td>(부모의 팔을 놔 준다.) (NTO)</td></tr>
</table>

7. 부정적 터치가 계속 진행되지는 않지만 짧은 시간 내(2초 이내)에 반복적으로 일어날 경우, 한 번의 부정적 터치로 코딩한다. 같은 형태의 연속적인 부정적 터치 사이에 2초 이상의 쉼이 있다면 별개의 부정적 터치로 각각 코딩한다.

<table>
<tr><td colspan="2" align="center">예시</td></tr>
<tr><td>**아동:**</td><td>(부모의 팔을 때린다.) (찰싹, 찰싹, 찰싹) (NTO)</td></tr>
<tr><td>**아동:**</td><td>(부모의 팔을 때린다.) (찰싹, 찰싹, 찰싹 [2초간 쉼] 찰싹, 찰싹, 찰싹) (NTO+NTO)</td></tr>
<tr><td>**그러나: 아동:**</td><td>(부모를 조롱하며 찌른다. 콕, 콕, 콕, [쉼 없이] 부모를 발로 찬다.) (NTO+NTO)</td></tr>
</table>

8. 만약 두 종류(또는 그 이상)의 확연히 구분되는 부정적 터치가 동시에 발생해서 끝나면, 한 번의 부정적 터치로 코딩한다.

<table>
<tr><td colspan="2" align="center">예시</td></tr>
<tr><td>**아동:**</td><td>(부모의 팔을 붙잡고 동시에 깨문다.) (NTO)</td></tr>
<tr><td>**그러나: 아동:**</td><td>(부모의 팔을 붙잡고, 2초 쉼, 부모의 팔을 깨문다.) (NTO+NTO)</td></tr>
</table>

9. 아동의 부정적 터치는 긍정적 터치와 동시에 코딩할 수 없다. 아동이 부모를 살짝 터치함과 동시에 부정적 터치를 하는 경우에는, 부정적 터치로 코딩한다.

예시	
아동: (한 손은 부모의 팔에 얹어 놓은 채, 다른 한 손으로는 부모를 때린다.) (NTO)	**아동:** (부모를 껴안은 동시에 부모의 얼굴에 침을 뱉는다.) (NTO)

10. 아동의 부정적 터치는 언어 카테고리나 음성 카테고리와 동시에 발생할 수 있다.

예시	
아동: (손으로 부모의 입을 막으면서 "입 닥쳐요.") (NTO+NTA)	**아동:** (인형으로 부모를 밀쳐내며, 인형 목소리로 "저리 비켜!") (NTO+PT)
부모: (아동에게서 장난감을 빼앗으며) 나 이거 필요해. **아동:** (부모의 팔을 억누르며, "안 돼, 내 꺼예요!") (NTO+NTA+PRO)	

11. 아동이 부모의 행위를 막기 위해 물건을 빼앗을 때, 신체 접촉이 일어날 경우 부정적 터치로 코딩한다.

예시
아동: (부모가 꼭 쥐고 있는 나무블록을 잡아당긴다.) (NTO)

| 긍정적 터치(PTO) |

정의

긍정적 터치는 부모와 아동 사이의 의도적인 긍정적 신체 접촉을 의미한다.

아동의 긍정적 터치 예시	
(부모를 팔로 감싼다.)	(부모의 팔을 쓰다듬는다.)
(넘어지는 부모의 팔을 붙잡는다.)	(부모 볼에 곰 인형으로 뽀뽀를 해 준다.)
(아동을 안아주는 부모를 안아 준다.)	(부모의 무릎에 2분간 앉아 있는다.)
(부모의 팔을 짧게 여러 번 다독거려 준다.)	(부모를 껴안고 뽀뽀해 준다.)
(부모를 안기 위해 상자에 올라선다.)	(수염이 까칠한 아버지의 볼을 쓰다듬는다.)
(장난치듯이 부모의 코를 찌르고 웃는다.)	

결정규칙

1. 신체 접촉이 발생했는지 분명하지 않을 경우, 긍정적 터치 또는 부정적 터치로 코딩하지 않는다.
2. 긍정적 터치가 의도적인지 실수였는지 분명하지 않을 경우, 긍정적 터치로 코딩하지 않는다.
3. 신체 접촉이 부정적인지 긍정적인지 분명하지 않을 경우, 긍정적 터치로 코딩한다.
4. 긍정적 터치가 한 번 발생했는지 또는 두 번 발생했는지 분명하지 않을 경우, 한 번의 긍정적 터치로 코딩한다.

아동의 긍정적 터치 가이드라인

1. 부모에 대한 모든 의도적인 터치는 긍정적 터치 또는 부정적 터치로 코딩한다. 우연한 터치는 코딩하지 않는다.

예시
아동: (부모를 안아 준다.) (PTO) **아동:** (부모를 때린다.) (NTO)
그러나: 아동: (부모에게 장난감 차를 건네준다.) (코딩하지 않는다.)

2. 긍정적 터치인지 또는 부정적 터치인지를 코딩하기 위해서 상황을 고려하는 것이 필요하다. 상황을 고려하여 판단하는 경우에는 부모에게 미친 영향이 아닌, 아동의 의도로 판단한다.

예시	
부모: (레고를 갖고 논다.) **아동:** (살짝 부모를 터치한다.) (PTO)	**부모:** (아동에게 장난감 로켓을 준다.) **부모:** (부모를 안으면서) 멋지다! (PTO + UP)
그러나: 부모: 자꾸 만지지 마! 　　　　**아동:** (살짝 부모를 터치한다.) (NTO)	**그러나: 부모:** 만지지 말고 손 좀 가만히 놔둬. 　　　　**아동:** (조롱하듯 웃으며 부모를 껴안는다.) 　　　　　　　(NTO)

3. 아동의 긍정적 터치에는 신체 부위나 사물을 이용하여 부모에게 일상적이고 긍정적인 터치를 한 것이 포함된다.

예시	
아동: (부모의 무릎 위로 기어 올라오면서) 마실 것 좀 주실래요? (PTO + DQ)	**아동:** (부모를 간지럼 태우면서 웃는다.) (PTO + LA)
아동: (장난감으로 부모의 입술을 살짝 건드리며) 뽀뽀. (PTO + PT)	
그러나: 부모: 빅버드 인형 좀 주실래요? 　　　　**아동:** (부모의 손에 인형을 올려놓는다.) 　　　　　　　(코딩하지 않는다.)	

4. 아동의 긍정적 터치는 직접적인 신체 접촉이 있을 때에만 코딩한다.

예시	
아동: (부모에게 뽀뽀한다.) (PTO)	**부모:** 참 잘했어요. **아동:** (팔로 부모를 감싼다.) (PTO)
그러나: 아동: (신체 접촉 없이 부모에게 뽀뽀하는 시늉을 한다.) (코딩하지 않는다.)	**그러나: 아동:** (박수를 친다.) (코딩하지 않는다.)
부모: (인형을 주며) 이름이 샐리야. **아동:** (부모를 껴안으며) 감사합니다. (PTO + UP)	
그러나: 아동: (인형을 껴안으며) 감사합니다. (UP)	

5. 만약 아동이 부모의 긍정적 터치에 대한 보답으로 긍정적 터치를 하는 경우와 그와 반대로 이루어지는 경우, 아동의 긍정적 터치와 부모의 긍정적 터치 모두를 코딩한다.

예시	
아동: (부모를 껴안는다.) (PTO) **부모:** (아동을 안기 위해 팔로 감싼다.) (PTO)	**아동:** (부모의 볼에 뽀뽀한다.) (PTO) **부모:** (아동의 볼에 뽀뽀한다.) (PTO)
부모: 하이파이브! **함께:** (손뼉을 마주친다.) (부모의 PTO+아동의 PTO)	

6. 한 가지 긍정적 터치가 지속적으로 이어지고 있을 때, 그 행위가 끝나는 시점에 코딩한다. 만약 이때 또 다른 종류의 긍정적 터치가 발생한다면, 그것 또한 코딩한다.

예시	
아동: (부모의 무릎에 기어오른다.) (아직 코딩하지 않는다.) **아동:** (무릎에 앉고 30초 후, 부모에게 뽀뽀한다.) (PTO) **아동:** (부모의 무릎에서 내려온다.) (PTO)	**아동:** (부모를 팔로 감싼다.) (아직 코딩하지 않는다.) **아동:** (부모를 팔로 감싸며, 장난스럽게 부모의 볼을 만진다.) (PTO) **아동:** (20초 후에 감싸고 있던 팔을 푼다.) (PTO)

7. 만약 두 종류(또는 그 이상)의 확연히 구분되는 긍정적 터치가 동시에 발생하면, 한 번의 긍정적 터치로 코딩한다.

예시
아동: (부모를 껴안고 동시에 뽀뽀한다.) (PTO)
그러나: 아동: (부모를 껴안고, [2초] 뽀뽀한다.) (PTO+PTO)

8. 지속적이지 않은 긍정적 터치가 반복적으로 짧은 시간 내(2초 이내)에 일어날 경우, 한 번의 긍정적 터치로 코딩한다. 2초 이상 잠시 쉬고 연속적으로 같은 종류의 긍정적 터치가 이어지면 두 번째 긍정적 터치도 각각 코딩한다.

예시		
아동: (부모의 팔을 다독거린다.) (다독, 다독, 다독) (PTO)	**아동:** (부모의 팔을 다독거린다) (다독, 다독, 다독 [2초 쉼] 다독, 다독, 다독) (PTO+PTO)	
아동: (부모의 팔을 다독거린다.) (다독, 다독 [2초] 다독, 다독, 다독, 다독, (4초) 다독, 다독) (PTO+PTO+PTO)		

9. 아동의 긍정적 터치는 부정적 터치와 동시에 코딩할 수 없다. 아동이 부정적 터치를 하면서 동시에 부모를 터치하는 경우, 부정적 터치로 코딩한다.

예시		
아동: (부모의 무릎에 앉은 상태로, 다른 손으로 부모를 때린다.) (NTO)	**부모:** 우리 이제 가야 해. **아동:** (부모가 가는 것을 막기 위해 팔로 부모 다리를 감싼다.) (NTO)	

10. 아동의 긍정적 터치는 언어 카테고리나 음성 카테고리와 동시에 발생할 수 있다.

예시		
아동: (부모의 입을 만지며, "엄마(또는 아빠) 입은 여기 있어요.") (PTO+PRO)	**아동:** (부모를 껴안으며, "사랑해요.") (PTO+UP)	
부모: 내가 최고 아빠지? **아동:** ("네."라고 하면서, 부모를 터치한다.) (PTO+UP)	**함께:** ('작은 별' 노래를 부르며 서로 손뼉을 마주친다.) (PT+PTO) ('작은 별' 노래를 부르며 서로 손뼉을 마주친다.) (PT+PTO) ('나비야' 노래를 부르며 서로 손뼉을 마주친다.) (PT+PTO) ('나비야' 노래를 부르며 서로 손뼉을 마주친다.) (PT+PTO) ('쎄쎄쎄' 노래를 부르며 서로 손뼉을 마주친다.) (PT+PTO)	

음성표현

음성표현은 웃음, 불평, 고함을 포함해서 부모와 아동 사이의 언어소통에서 사용되는 음성의 톤에 대한 것을 말한다. 이런 음성표현은 상호작용에 긍정적이거나 부정적으로 영향을 주게 된다.

주의 : 아동의 웃음은 부록 B의 추가 코딩 카테고리에 포함되어 있다. 부모의 웃음은 DPICS에 포함되어 있지 않다.

| 고함(YE) |

정의

고함은 비명을 지르거나 소리치거나 피하고 싶을 만큼 시끄럽게 하는 음성이나 언어표현이다.

주의 : 부모의 고함은 부록 B의 추가 코딩 카테고리에 포함되어 있다.

결정규칙

1. 고함이 일어났는지 아닌지 불확실할 때에는 고함으로 코딩하지 않는다.
2. 어떤 소리가 고함인지 징징대기인지 불확실할 때에는 징징대기로 코딩한다.
3. 웃음인지 고함인지 불확실할 때에는 웃음으로 코딩한다.

아동의 고함 가이드라인

1. 고함은 언어표현과 동시에 발생할 수 있다. 아동이 소리 내는 것을 포함하여 말로 고함칠 때, 음성 카테고리와(고함) 적절한 언어 카테고리 둘다 코딩한다.

예시		
부모: (탑의 꼭대기에 블록을 놓고 있다.) **아동:** ("그만하세요!"라고 소리 지른다.) (YE-NTA)	**함께:** (체커 게임을 하고 있다.) **아동:** ("야, 내가 이겼다!"라고 소리친다.) (YE-PRO)	
아동: (부모의 자동차 쪽으로 자동차를 민다.) **아동:** (크게 부딪히는 소리를 낸다.) (YE)		

2. 이해할 수 있는 내용이 없는 음성표현(웃음, 징징대기, 고함)은 적절한 음성 카테고리로 코딩하고 언어 카테고리는 코딩하지 않는다.

예시			
부모:	엄마가 널 간지럽힐 거야!	**부모:**	난 라이온 킹이다.
아동:	("악!"하며 고함친다.) (YE)	**아동:**	(킥킥거린다.) (LA)
부모:	그렇게 세게 누르면 안 돼.		
아동:	("아우"하며 징징거린다.) (WH)		

3. 고함으로 표현되는 정서는 긍정적이거나 부정적일 수 있다. 피하고 싶을 만큼 시끄러운 것이 고함으로 정해진다.

예시			
아동:	(고무로 된 거미를 장난감 상자에서 발견한다.)	**부모:**	(아동을 위해 주머니에서 사탕을 꺼낸다.)
아동:	(이해할 수 없는 비명) (YE)	**아동:**	(이해할 수 없는 비명) (YE)
부모:	(아동을 팔로 가볍게 터치한다.)		
아동:	(이해할 수 없는 고함) (YE)		

4. 아동이 이해할 수 없는 고함을 친다면, 한 번의 고함은 고함치는 사건이 끝날 때 코딩한다. 고함치는 각 사건은 어떤 말이나 2초간 쉬는 것으로 종결된다. 소리치면서 연속해서 말을 한 경우, 그 말들은 별개의 고함치기로 코딩한다.

예시			
부모:	(아동을 간지럽힌다.)	**둘이서:**	(매우 높은 탑을 쌓고 있고 그것이 흔들리고 있다.)
아동:	(3초 동안 큰 소리로 고함친다; 2초 쉼; 다시 고함친다.) (YE＋YE)	**아동:**	(이해할 수 없는 날카로운 소리를 낸다; "쓰러져요!"라고 말하며 고함친다. 또다시 이해할 수 없는 날카로운 비명을 지른다.) (YE＋YE−PRO＋YE)
아동:	(주사위를 굴린다.)	**부모:**	(5번이나 질문을 반복한다.)
아동:	("6이다!, 6이다!"라고 말하며 고함친다.) (YE−PRO＋YE−PRO)	**아동:**	(고함치며 말한다. "내가 이미 말했잖아요!, 그만 좀 물어보세요!") (YE−PRO＋YE−NTA)

5. 하나의 음성표현이 한 개 이상의 음성 카테고리(웃음, 징징대기, 또는 고함)를 내포하고 있다 해도, 한 종류의 음성 카테고리로 코딩한다. 음성표현이 고함과 다른 음성 카테고리 둘 다를 내포하고 있는 경우, 고함을 우선으로 코딩한다.

예시	
부모: (재미있는 이야기를 읽고 있다.) **아동:** (매우 큰소리로 웃는다.) (YE)	**부모:** 블록을 갖고 놀고 싶다. **아동:** (매우 큰소리로 불평하며) "저는 그걸로 놀고 싶지 않아요." (YE−PRO)

6. 고함은 음성이고 신체행동과 동시에 발생할 수 있다(예 : 부정적인 터치나 긍정적인 터치).

예시
부모: (테이블에서 장난감을 집는다) **아동:** (고함치며, "제꺼예요!" 그리고 동시에 부모한테서 장난감을 뺏는다.) (YE−PRO+NTO)

| 징징대기(WH) |

정의

징징대기는 웅얼거리거나 투덜대고, 고음을 내거나 혹은 가성으로 내는 어조나 말이다.

주의 : 부모의 불평은 부록 B에서 추가 코딩 카테고리에 포함되어 있다.

결정규칙

1. 아동의 음성이 실제로 징징대기인지 원래 음성인지 불확실할 때, 징징대기로 코딩하지 않는다.
2. 음성표현이 징징대기인지 고함인지 불확실할 때에는 징징대기로 코딩한다.
3. 음성표현이 징징대기인지 웃음인지 불확실할 때에는 웃음으로 코딩한다.

아동의 징징대기 가이드라인

1. 징징대기는 언어, 즉 말과 동시에 발생하기도 하고 그러지 않을 수도 있다. 아동이 말하면서 징징댈 때, 음성과 언어 두 가지 카테고리 모두 코딩한다.

예시	
부모 : 나는 지금 색칠하고 싶어. **아동 :** ("나는 아픈데."라며 징징댄다.)(WH-PRO)	**부모 :** (아동이 만든 집을 무너뜨렸다.) **아동 :** ("엄마는 나빠요."라고 가성으로 말한다.) (WH-NTA)

2. 이해할 수 있는 내용이 없는 음성(예 : 웃음, 징징대기, 고함)은 적당한 음성 카테고리로 코딩하고 언어 카테고리는 코딩하지 않는다.

예시	
부모 : 우리는 집으로 가야만 해. **아동 :** ("우우."라고 하며 징징댄다.) (WH)	**부모 :** 이건 우리 물고기 그림이구나. **아동 :** (웃고 있다.) (LA)
부모 : (아동의 손목을 잡고 "그만!"이라고 말한다.) **아동 :** ("아우!"라고 고함치다.) (YE)	

3. 음성의 질은 징징대기를 코딩하는 데 있어서 중요한 구분 요소이다. 만약 징징대기가 이해할 수 있는 내용을 포함한다면, 그 내용은 긍정적이거나 부정적이거나 중립적일 수 있다.

<table>
<tr><td colspan="2" align="center">예시</td></tr>
<tr>
<td>부모: 테이블에 장난감을 놔.
아동: ("그렇지만 그건 너무 무거워요."라며 징징댄다.) (WH-PRO)</td>
<td>함께: (요새를 만들고 있다.)
부모: 지금 우리는 지붕을 놓을 거야.
아동: ("그렇지만, 엄마는 더 잘 만들잖아요."라며 징징댄다.) (WH-UP)</td>
</tr>
<tr>
<td>부모: 엄마는 성 가지고 놀고 싶어.
아동: ("엄마는 날 사랑하지 않아."라며 훌쩍거린다.) (WH-NTA)</td>
<td></td>
</tr>
</table>

4. 아동이 이해할 수 없는 징징대기를 한다면, 한 번의 징징대기는 징징대는 사건이 끝날 때 코딩된다. 징징대는 각 사건은 어떤 말이나 2초간 쉬는 것으로 종결된다.

<table>
<tr><td colspan="2" align="center">예시</td></tr>
<tr>
<td>부모: 아가야, 괜찮니?
아동: (이해할 수 없는 말로 징징댄다.) (WH)</td>
<td>부모: (아동을 무시하고 있다.)
아동: (이해할 수 없는 말로 징징대고 있다. 2초 쉼. 이해할 수 없는 징징대기) (WH+WH)</td>
</tr>
<tr>
<td>아동: (놀이방을 나가려고 하고 있다.)
아동: (이해할 수 없는 말로 징징댄다. "난 나가고 싶어."라며 징징댄다. 이해할 수 없는 말로 징징댄다.) (WH+WH-PRO+WH)</td>
<td></td>
</tr>
</table>

5. 각각의 징징대기는 별개의 징징대기로 구성되어 있다. 2초 이상 침묵이 있을 때 서로 분리된 징징대기는 각각의 징징대기로 코딩한다.

<table>
<tr><td colspan="2" align="center">예시</td></tr>
<tr>
<td>아동: ("난 그걸 원해. 난 그걸 원해."라고 징징댄다.) (WH-PRO+WH-PRO)</td>
<td>아동: (블록을 들여다보며, "난 하고 싶은데…"라며 징징댄다, 아동이 찾는 동안 3초 경과, "난 그게 갖고 싶어."라고 징징댄다.) (WH+WH-PRO)</td>
</tr>
</table>

6. 징징대기는 음성표현이고 고함이나 웃음 같은 다른 음성 카테고리와 동시에 코딩될 수 없다. 만약 아동에게 징징대기와 고함이 동시에 발생한다면 고함으로 코딩한다. 하나의 음성표현이 징징대기도 되고 웃음도 될 수는 없다.

예시		
아동:	("그거 멈춰."라며 징징대는 톤으로 고함지른다.) (YE-NTA)	**아동:** ("난 그걸 원해요!"라고 매우 시끄럽게 징징댄다.) (YE-PRO)
아동:	("엄마가 그걸 망쳤어요!"라며 매우 시끄럽게 징징댄다.) (YE-NTA)	

7. 징징대기는 음성행동이고 부정적 터치나 긍정적 터치 같은 아동의 신체행동과 동시에 일어날 수 있다.

예시		
아동:	(부모를 껴안고 "난 엄마가 날 꼭 안아 줬으면 좋겠어요."라며 징징댄다.) (PTO+WH-IC\NOC)	**아동:** "그걸 거기에 놓지 마요."라고 징징대며 부모의 팔을 제지시킨다.) (NTO+WH-NTA)

부록 A : 심화 코딩 가이드라인

타임아웃(TO) 코딩하기

5분 관찰은 특정한 상호작용의 유형을 포착하기 위해 행해진다. 드물지만, 관찰 시간 내에 발생하는 타임아웃은 부모와 아동의 상호작용을 의미있게 변화시키기 때문에 5분 관찰 시간의 일부로 코딩되지 않는다. 코딩기호(TO)는 타임아웃 때문에 코딩을 잠깐 멈췄다는 것을 나타내기 위해 사용된다. 5분의 관찰 시간 내에 아동이 부모에 의해 타임아웃이 된다면, 아동이 타임아웃에 들어가는 순간(예 : 의자에 앉는다, 구석에 서 있는다, 타임아웃 방에 들어간다)에 부모와 아동행동에 대한 코딩은 중단되고 5분 상호작용의 시간은 타임아웃 사건이 종료될 때까지 중단된다.

부모-아동 상호작용의 코딩은 일반적으로 부모가 말이나 신체적으로 아동을 타임아웃에서 풀어줄 때 다시 시작된다. 아동이 타임아웃을 끝마쳤다고 부모가 보여준 이후에 발생한 부모나 아동의 첫 번째 행동부터 코딩이 시작된다. 만약에 아동이 허락 없이 타임아웃을 그만두었다면, 타임아웃을 계속 하고자 하는 부모의 시도가 약하다고 판단되어 타임아웃이 끝났다는 게 분명하지 않다면 코딩은 시작되지 않는다. 이 판단은 부모가 아동을 타임아웃으로 되돌리기 위한 어떤 말이나 신체적 시도를 하는지 그렇지 않은 지에 의해 결정된다. 만약 부모가 아동을 타임아웃으로 돌아가게 하는 것을 포기한다면, 코딩은 TO 상황을 끝내는 결정을 하는 데 사용된 부모의 행동부터 시작된다. 관찰자들은 세 가지 구조화된 상황에서 정의된 총 5분의 상호작용을 코딩할 때까지 코딩을 재개한다.

부모:	상자를 엄마에게 줘. (DC)
아동:	(5초 동안 부모를 무시한다.) (NC)
부모:	만약에 엄마에게 상자를 주지 않으면, 너는 생각하는 의자에 앉아야 될 거야. (IC)
아동:	(부모에게 상자를 건네준다.) (CO)
부모:	나에게 상자를 줘서 고마워. (LP)
부모:	나에게 노란색 크레용을 줘. (DC)
아동:	(탁자 밑으로 기어들어가 "싫어요."라고 말한다.) (NC+NTA)
부모:	나에게 노랑 크레용을 주지 않으면, 생각하는 의자에 앉아야 될 거야. (IC)
아동:	입 닥쳐요. (NTA)
부모:	엄마가 너에게 하라고 한 것을 하지 않아서 지금 넌 생각하는 의자로 가야만 돼. (TA) (아동을 생각하는 의자에 앉힌다.)(코딩을 멈춘다.)
부모:	(3분의 타임아웃을 한 후에 "노란 크레용을 엄마에게 줄 준비됐니?")(코딩하지 않는다.)
아동:	("예."라면서 끄덕이고 의자에서 내려오도록 허락받는다.)(코딩이 재개된다.)
아동:	(원래 지시에 복종한다.)(코딩되지 않는다; 앞선 지시는 코딩하지 않는다.)
부모:	크레용을 엄마에게 줘서 고맙구나. (LP)

부모:	엄마가 이것 만드는 거 네가 도와줄래? (IC)
아동:	스스로 하세요. (NTA)
아동:	(만드는 걸 돕지 않는다.) (NC)

부모:	구석에 앉아 있고 싶니? (DQ)
아동:	(만드는 걸 돕지 않는다.)
부모:	(아동을 방 구석으로 끌고 간다.)(코딩은 멈춘다.)
아동:	난 엄마가 싫어! (코딩하지 않는다.)
아동:	(구석에서 벗어난다.)
부모:	바로 거기로 돌아가! (코딩하지 않는다.)
아동:	("해 보시지!"라고 고함지르며 탁자 밑으로 기어들어간다.)(코딩하지 않는다.)
부모:	(아동을 10초 동안 무시한다.)
부모:	성 가지고 놀래? (부모가 포기한 것으로 보여 진다. 코딩을 시작한다.) (DQ)

※ 비디오테이프로 코딩하는 코딩자는 타임아웃 상황 후에 관찰자 간 일치도를 유지하기 위해서 코딩을 재개하기 위해 사용된 말을 기록하는 일지를 쓸 것을 권고한다.

조건적인 말 코딩하기

조건적인 말은 일반적으로 "만약에 네가 친절하다면, 너는 더 많은 친구들을 갖게 될 거야."같이 '만약에 … 그땐 …'의 형식을 가지는 말이다. 이런 말들은 '만약'이나 '그땐' 같은 특정 단어를 사용해야만 하는 것이 아니라 행동이나 특성과 결과 사이의 관계가 확실해야만 한다. 내용에 따라, 조건적인 말은 부모의 직접지시(DC), 간접지시(IC), 일상적인 말(TA), 구체적인 칭찬(LP)이나 부정적인 말(NTA)로 코딩된다. 아동의 경우, 조건적인 말은 지시(CM), 친사회적인 말(PRO) 혹은 부정적인 말(NTA)로 코딩된다.

일반 규칙 : 모든 조건적인 말에서 하나 이상의 DPICS 카테고리 요소가 포함된다면, 코딩 카테고리의 우선순위가 사용된다.

부모나 아동이 한 말			
만약 네가 …면	그땐 내가 …할 거다.	…에 관하여	코딩
긍정적인 행동을 시작하거나 계속한다.	보상	아동이 미래에 시작할 행동 또는 하고 있는 행동	IC(부모) CM(아동)
어떤 행동을 시작하지 않거나 계속하지 않는다.	관습적인 부정적 결과가 발생하다.	시작되었거나 지속되는 행동	IC 또는 DC(부모) CM(아동)
모든 행동	중립적인 말이나 결과를 제공하다.	모든 행동	TA(부모) PRO(아동)
싫어하는 행동을 시작하지 않는다.	보상	아직 시작되지 않은 행동	TA(부모) PRO(아동)
부정적인 행동을 계속한다.	관습적인 부정적 결과를 적용하다.	막 시작되거나, 지속되거나 막 끝난 행동	NTA
지속적인 부정적 행동을 멈춘다.	보상	막 시작되거나, 지속되거나 막 끝난 행동	NTA
막 시작되거나, 지속되거나 막 끝난 행동을 멈춘다.	자연적인 결과를 제공하다.	막 시작되거나, 지속되거나 막 끝난 행동	NTA
아동이 한 말			
어떤 행동을 멈춘다.	보상	막 시작되거나 지속되거나 막 끝난 부모의 행동	NTA
부모의 모든 행동을 멈추거나 시작하거나 지속한다.	벌	전에, 최근에 혹은 미래의 부모 행동	NTA
부모가 한 말			
모든 아동 행동	구체적이지 않거나 관습적이지 않은 부모가 부과한 부정적인 결과	모든 아동의 행동	NTA

※ 조건문에서 일상적인 말이 아동의 구체적인 행동, 활동이나 결과를 긍정적으로 평가하는 것을 포함하고 있다면 구체적인 칭찬으로 코딩한다.

코딩되지 않는 말/음성

DPICS의 목적은 부모와 아동의 상호작용을 묘사하는 것이다. 관찰하는 과정에서 어떤 언어와 음성은 상호작용에 기여하지 않을 수도 있다. 이런 말이나 음성은 코딩하지 않는다.

코딩하지 않기에 대한 가이드라인

1. 완전하지 않은 문장은 코딩하지 않는다. 의미 없이 말하거나 화자가 자신의 생각을 결론 짓지 않은 것이 확실하다면 그 말은 불완전한 것으로 간주한다.

<table>
<tr><td colspan="2" align="center">예시</td></tr>
<tr><td>부모: 왜 넌 그렇게… (완전히 끝내지 않았다.) (코딩하지 않는다.)</td><td>부모: 엄마에게 가져다… 음… (2초) 나에게 블록을 가져다줘. (코딩하지 않는다. +DC)</td></tr>
<tr><td>아동: 이러면… (탑이 무너진다.) 지금 우린 새 것을 만들어야만 되요. (코딩하지 않는다. +CM)</td><td>아동: 난 하려고 하는데… (2초) 난 농장놀이 가져올 거예요. (코딩하지 않는다. +PRO)</td></tr>
</table>

2. "혼잣말"처럼 부모가 자신에게 한 말은 코딩하지 않는다. 코딩을 하지 않기 위해서는 아동에게 한 말이 아니라는 것이 명백해야만 한다.

   예외 : 아동이 분명히 무시되고 있지만 아동에게 들으라는 의도가 명백한 말은 적절한 카테고리로 코딩한다.

<table>
<tr><td colspan="2" align="center">예시</td></tr>
<tr><td>부모: (아동이 타임아웃하고 있는 동안 탑을 만들고 있는데 탑이 무너진다.) 어머나. (코딩하지 않는다.)</td><td>함께: (테이블에서 서로 옆에 앉아서 장난감으로 놀고 있다.)
부모: (테이블에 무릎을 부딪힌다.) 아야. (코딩하지 않는다.)</td></tr>
<tr><td>그러나 : 아동: (벽을 차고 있다.)
　　　　부모: (블록을 가지고 놀면서 아동을 무시하고 있다.) 난 이 블록으로 노는 것이 너무 재미있다. (TA)</td><td>그러나 : 아동: (자신의 팔에 있는 반창고를 가리킨다.)
　　　　부모: 아우. (TA)</td></tr>
<tr><td rowspan="2">부모: (관찰실에 있는 상담자에게 말하고 있다.) 귀에 이것을 어떻게 고정시키지요? (코딩하지 않는다.)</td><td>그러나 : 부모: (트림을 한다.) 미안해. (TA)</td></tr>
<tr><td>부모: 오! 그것이 문제였구나! (코딩하지 않는다.)</td></tr>
<tr><td colspan="2">부모: (무릎을 꿇고 장난감 상자를 뒤지고 있다.) 나는 모르겠는데 만약에… 기다려봐, 아니구나, 이것도 그게 아닌데. (코딩하지 않는다.)</td></tr>
</table>

3. 효과음과 소음은 코딩하지 않는다.

예시	
아동: (블록으로 만들고 있다.) 딴딴따딴따 (코딩하지 않는다.)	**아동:** (음식 장난감으로 놀고 있다.) 부르르르르르 부르르르르르 (코딩하지 않는다.)
그러나: 부모: (우스운 표정을 만든다.) 　　　　**아동:** 우웩! (NTA)	**그러나: 아동:** (방을 돌아다니며 장난감 비행기를 날리고 있다.) 부릉 부릉 부르르르릉 (PT) 　　　　**아동:** (노래하고 있다.) 뽀로로로롱 (PT)

중문 코딩하기

1. '그리고'나 '그러나'으로 연결된 두 개의 완전한 문장이 있을 때, 각각의 말을 독립적으로 코딩한다.

예시	
부모: 빨간색을 엄마에게 줘, 그렇지만 우선 초록색을 치워라. (DC+DC)	**부모:** 꽃을 여기에 놔라. 그리고 풀은 여기에 둬. (DC+DC)
부모: 큰 차를 엄마에게 줘, 그런데 작은 차를 먼저 치우는 게 어때? (DC+IC)	**부모:** 그 애의 빨간 모자를 벗겨. 그리고 검정 모자를 씌워, 알았지? (DC+IC)
함께: (와플 블록으로 놀고 있다.) **아동:** 엄마의 요새는 멋져요. 그리고 깨끗한 창문이 거기에 있어요. (PRO+PRO)	**부모:** (돛단배 그림을 그리고 있다.) **아동:** 배는 깔끔하고 거기에 환상적인 돛이 있어요. (PRO+PRO)
그러나: 아동: 엄마의 요새는 멋져요, 그리고 창문이 거기에 있어요. (PRO+PRO)	**아동:** 그 배는 높은 파도 속에 있고 엄마가 멋진 항해를 하고 있어요. (PRO+PRO)
아동: 트럭을 저에게 주실래요, 그리고 난 서커스단에 운전해서 갈 거예요. (CM+PRO)	**아동:** 엄마는 커다란 통나무들을 모두 가지고 있네요, 그래서 뭐 만드실 거예요? (PRO+QU)
부모: 여기에 공주님이 있다. **아동:** 그녀는 공주님이지만, 그녀에게 왕관이 없어요. (PRO+PRO)	**부모:** 이건 무슨 색이니? **아동:** 파란색, 그리고 이건 무슨 색이에요? (PRO+QU)
함께: (나무 못과 망치를 가지고 놀고 있다.) **아동:** 엄마는 나무를 망치질하고 그것을 평편하게 만들고 있네요. (PRO+PRO)	**함께:** (색칠하고 있다.) **아동:** 엄마는 사과를 그리고 있네요. 그렇지만 갈색으로 칠하고 있네요. (PRO+PRO)
함께: (인형의 집을 가지고 놀고 있다.) **아동:** 엄마는 그 애를 침대에 놓고 있고, 이불을 덮어주고 있네요. (PRO+PRO)	**함께:** (조립식 장난감을 가지고 놀고 있다.) **아동:** 엄마는 빨간색을 꽂고 있고 끝에 노란색을 놓고 있네요. (PRO+PRO)

부모:	(장난감 차고를 가지고 놀고 있다.)	함께:	(퍼즐을 하고 있다.)
아동:	엄마는 차를 엘리베이터에 태워서 꼭대기로 갔고, 신호 따라 주차했네요. (PRO+PRO+PRO)	아동:	엄마는 큰 것을 놓고 있지만 나에게는 어려운 걸 주고 있어요. (PRO+PRO)
함께:	(그림판에 그리고 있다.)	부모:	난 감자인형의 가방을 놓고 있단다.
아동:	꼭대기로 올라가서 구석으로 가서 밑으로 내려올 거예요. (PRO+PRO+PRO)	아동:	알았어요, 하지만 그건 감자 아줌마예요. (PRO+PRO)
부모:	(동물 게임을 하고 있다.)	부모:	(알파벳 블록을 가지고 놀고 있다.)
아동:	엄마는 닭 자리에 쥐를 놓고 있어요. 하지만 나는 그렇게 하고 싶어요. (PRO+PRO)	아동:	엄마는 내 이름을 쓰고 있어요, 그리고 엄마 이름은 어떻게 써요? (PRO+QU)
부모:	(실수로 그림 그리는 종이를 찢는다.)	부모:	(색칠하기를 하고 있다.)
아동:	엄마는 종이를 찢었네요, 그렇지만 엄마는 아직도 그걸 쓸 수 있어요. (PRO+CM)	아동:	엄마는 내 그림에 색칠하고 있네요. 그렇지만 그걸 망쳐버렸어요. (PRO+NTA)
부모:	(풍차를 만들고 있다.)	부모:	지금 난 지붕을 하고 있어.
아동:	최고예요, 그리고 엄마는 그걸 돌리고 있네요. (PRO+PRO)	아동:	알았어요, (2초) 그리고 엄마는 그걸 주황색으로 만들고 있네요. (PRO+PRO)
부모:	(블록을 쌓고 있다.)	함께:	(통나무집을 만들고 있다.)
아동:	엄마는 파란색을 놓고 있고, 아이고! (PRO+PRO)	아동:	엄마는 집을 만들고 있지만, 거기에는 사람이 없어요. (PRO+PRO)
부모:	내가 그걸 맞게 하고 있었니?		
아동:	엄마는 그 빌딩을 맞게 했고요, 그리고 잘하고 있어요. (PRO+PRO)		
그러나 : 아동:	엄마는 꼭 내가 원하는 것처럼 했고요, 그리고 그건 멋져요. (PRO+PRO)		

2. '그래서'나 '왜냐하면'으로 연결된 두 개의 문장이 있을 때, '그래서'나 '왜냐하면'이 포함되지 않는 어구만 코딩한다.

예시

부모:	제발 장난감 상자에 장난감을 넣어라, 왜냐하면 갈 시간이야. (DC)	아동:	미끄럼틀을 탈 수 있도록 맥도널드에 가고 싶어요. (PRO)
부모:	노란 지붕을 그 위에 놓을 수 있어서 그런데 노란색은 어떠니? (DQ)	아동:	날 집에 데려다 주세요. 왜냐하면 난 여기서 놀고 싶지 않아요. (CM)

3. 어떤 문장이 두 개 이상의 의미 있는 동사 구를 포함하고 있다면 모든 구절을 코딩한다.

예시	
아동: 엄마는 훌륭한 곡선을 그리고 그걸 멋진 색으로 칠하고 있네요. (PRO + PRO)	**아동:** 난 엄마가 일하는 방식과 그 멋진 노래를 하는 방식이 좋아요. (PRO + PRO)
아동: 엄마가 그린 벌레는 멋져요. 그리고 오늘 너무 재미있어서 좋았어요. (PRO + PRO)	**아동:** 엄마가 그 공룡을 그리고 색칠하는 방식은 너무 멋져요. (PRO + PRO)
아동: 나에게 구조차를 줘서 고맙고 어디에 고리를 걸 어야 하는지 알려 줘서 고마워요. (PRO + PRO)	**아동:** 엄마는 오늘 친절하게 해 주고 재미있게 해 주 었어요. (PRO + PRO)
그러나: 아동: 나에게 구조차와 차를 줘서 고마워요. (PRO)	**그러나: 아동:** 엄마는 오늘 친절하고 재미있게 해 주었 어요. (PRO)
아동: 엄마는 인형 머리를 빗기고 있고, 머리핀을 꼽 고, 인형을 예쁘게 만들고 있네요. (PRO + PRO + PRO)	**아동:** 우리는 도로를 만들고, 그것이 우리 주위를 돌게 만들고 그것을 길게 만들고 있어요. (PRO + PRO + PRO)
아동: 난 엄마가 내 손을 잡아주고 거기에 스티커를 붙여줘서 좋아요. (PRO + PRO)	**부모:** (차고를 가지고 놀고 있다.) **아동:** 엄마가 나랑 트럭놀이를 할 때 재미있고, 뽀로로 흉내 낼 때 재미있어요. (PRO + PRO)
그러나: 아동: 난 엄마가 내 손에 스티커를 붙여 줘서 좋 아요. (PRO)	**그러나: 아동:** 엄마가 뽀로로 흉내 낼 때, 재미있어요. (PRO)

4. "그리고"로 연결된 두 개 이상의 동사구가 포함된 문장에서, 첫 번째 언어 카테고리를 다른 언어 카 테고리(예: 지시에서 질문으로)로 변화시키는 구로 문장이 시작되면서, "그리고"가 새로운 문장을 시작한다는 것을 나타내는 분명한 억양과 2초의 쉼이 없다면, 두 번째 언어의 의미 또한 변화 된다.

예시	
부모: 크레파스를 가져오고 싶고 그림을 그리고 싶니? **코딩:** 크레파스를 가져오고 싶니? (DQ) 그리고 그림을 그리고 싶니? (DQ)	**부모:** 네가 토끼를 그렸으면 좋겠어. 그리고 엄마에게 선물로 주었으면 좋겠구나. **코딩:** 네가 토끼를 그렸으면 좋겠어. (TA) 엄마에게 선 물로 주었으면 좋겠구나. (TA)
그러나: 부모: 크레파스를 가져오고 싶니? (2초 쉼) 그리 고 그림을 그려. (DQ + DC)	**그러나: 부모:** 네가 토끼를 그렸으면 좋겠구나. (쉼) 그 리고 그 그림을 엄마에게 선물로 주렴. (TA + DC)

부모 :	이제 그와 떨어져서 그를 컨테이너에 넣을 시간이야.	**부모 :**	깡통을 주워서 장난감들을 버리겠니?
코딩 :	이제 그와 떨어져서 (TA) 그를 컨테이너에 넣을 시간이야. (TA)	**코딩 :**	깡통을 주워주겠니? (IC) 그리고 장난감들을 버리겠니? (IC)
그러나 : 부모 :	이제 그와 떨어질 시간이야. 그리고 그를 컨테이너에 넣어. (TA+DC)	**그러나 : 부모 :**	깡통을 주워주겠니? (장난감을 버릴 장소를 찾는다) 그리고 장난감들을 버려. (IC+DC)

5. "그리고"로 연결된 부모의 직접지시 형태에 두 개 이상의 동사구사 포함되어 있지만 그 동사구가 아동의 단일 행동을 말하는 경우, 두 개의 동사구는 부모의 직접지시로 코딩한다. (주의 : 아동의 반응을 코딩하기 위해서는 지시에 대한 아동의 반응 가이드라인을 참고해라). 비슷하게, "그리고"로 연결된 아동의 지시 형태에 두 개 이상의 동사구가 포함되어 있지만 그 동사구가 단일의 부모행동을 말하는 경우, 두 동사구는 아동의 지시로 코딩된다.

예시

함께 :	(건물을 짓기 위해 블록을 쌓고 있다.)	**부모 :**	이건 토끼예요.
부모 :	이걸 맨 위에 놓아서 5층을 만들어. (DC+DC/NOC)	**부모 :**	토끼에게 이름을 지어줘, 그런데 웃긴 이름을 지어 줘야해. (DC+DC/NOC)
부모 :	(농장놀이를 하고 있다.)		
아동 :	카우보이를 침대에 눕혀서 자게 하세요. (CM+CM/NOC)		

6. 직접지시가 '그리고' 혹은 '그러나'에 의해 완전히 다른 문장으로 연결되어 있는 경우, 지시와 다른 언어 카테고리 둘 다 코딩한다.

예시

부모 :	예쁘구나, 그렇지만 넌 그걸 끝내야 해. (UP+DC)	**부모 :**	하트를 그리고, 빨간색으로 칠하는 건 어때? (DC+IC)
부모 :	여기 놓으렴, 그런데 이건 어느 부위지? (DC+IQ)	**부모 :**	성을 짓고 있구나, 그러나 이제 무너뜨려라. (BD+DC)
부모 :	그건 높아, 그러니 네가 조심해. (TA+DC)	**부모 :**	그 조각을 여기에 놓아라, 그리고 망가뜨리지 말아라. (DC+NTA)
부모 :	앉아, 그리고 입 닥쳐. (DC+NTA)	**부모 :**	그걸 꺼내라, 그런데 그거 부러지지 않았니? (DC+DQ)

부모:	(본인이 되어 말하며) 왕좌를 내려놓아, (여왕 인형이 되어 말하며) 내가 앉아야겠다. (DC+PT)	

7. 한 단위의 언어행동은 한 문장으로 취급한다.

  a. 개념상 독립적으로 되어 있는 의미 단위는 각각 분리해서 코딩한다.

<table>
<tr><td colspan="2" align="center">예시</td></tr>
<tr>
<td>
함께: (알파벳 블록을 가지고 놀고 있다.)
부모: 엄마 이름 철자를 만들어 봤어.
아동: (각 블록을 가리키며) M.O.M. (PRO+PRO+PRO)
</td>
<td>
부모: 주황색을 엄마에게 주렴.
아동: ("하나. 둘. 셋."이라고 말하며 주황색 막대를 엄마에게 건네주고 있다.) (PRO+PRO+PRO)
</td>
</tr>
<tr>
<td>그러나: 아동: '엄마'를 엄. 마―라고 쓰는군요. (PRO)</td>
<td>그러나: 부모: 세 개를 세어 봐.
아동: 하나, 둘, 셋. (PRO)</td>
</tr>
<tr>
<td>
부모: 이 글자를 읽어 보렴.
아동: P. L. D. B. (PRO+PRO+PRO+PRO)
</td>
<td>
부모: (꽃그림을 가리키며) 이 그림에는 무슨 색이 있지?
아동: 분홍색. 파란색. 초록색. (PRO+PRO+PRO)
</td>
</tr>
<tr>
<td>그러나: 부모: 가나다라를 외워 봐.
아동: 가, 나, 다, 라, 마, 바, 사. (PRO)</td>
<td>그러나: 아동: 분홍색과 파란색 그리고 초록색. (PRO)
아동: 분홍색, 파란색 그리고 초록색이 보여요. (PRO)</td>
</tr>
</table>

  b. 의미 있는 말들이 함께 연결되어 있으나 각각의 말들이 2초 이상 시간을 두고 떨어져 있는 경우 개별적인 문장으로 코딩한다. 의미가 없는 부분 문장은 코딩하지 않는다.

<table>
<tr><td colspan="2" align="center">예시</td></tr>
<tr>
<td>
부모: (아동에게 가족 사진을 보여 준다.) 이건 누구지?
아동: 저랑 아빠랑 엄마요. (PRO)
</td>
<td>
부모: (두 개의 피규어를 가지고 놀고 있다.)
아동: 그건 지수와 승주예요. (PRO)
</td>
</tr>
<tr>
<td>또는: 아동: 저도 있고 아빠도 있어요. (사진을 떨어드려 줍는 데 2초 이상의 시간이 소요된다.) 그리고 엄마도요. (PRO+PRO)</td>
<td>또는: 아동: 그건 지수구요, (2초) 그리고 그건 승주예요. (PRO+PRO)</td>
</tr>
<tr>
<td></td>
<td>그러나: 아동: 그건 (2초) 지수와 승주예요. (PRO)</td>
</tr>
<tr>
<td colspan="2">
부모: 조각이 몇 개나 남았니?
아동: 한 개, 두 개 (2초. 다른 조각을 찾는 데 시간을 소요한다.) 셋, 넷. (PRO+PRO)
</td>
</tr>
</table>

c. 아동이 말을 시작했으나 중요한 생각을 말하기 전에 잠시 쉬는 경우, 멈춘 시간의 길이와 상관없이 아동이 중요한 말을 마치면 한 개의 언어 카테고리로 코딩한다.

예시		
아동 : 제 생각엔 엄마가 (5초) 그것을 보라색으로 칠하고 있는 것 같아요. (PRO)	**아동 :** 그건 마치 (2초) 열쇠를 그리고 있는 것처럼 보여요. (PRO)	
그러나 : 아동 : 제 생각엔 엄마가 그것을 칠하고 있는 것 같아요, (5초) 보라색으로. (PRO+PRO)	**그러나 : 아동 :** 엄마는 그리고 있는 것처럼 보여요, (2초) 열쇠를요. (PRO+PRO)	

d. 아동이 말을 하다가 중간에 멈추고 다른 말을 한 후 다시 처음 말을 이어갈 경우, 말의 두 부분 모두 개별적인 의미로 각각 코딩해야 한다. 특별한 의미가 없는 부분 문장은 코딩하지 않는다.

예시	
아동 : 엄마가 …를 잡고 있는 것 같아요. **아동 :** 그건 초록색이에요. **아동 :** … 지붕을 만들려고 빨간색을. (첫 번째 부분은 코딩하지 않음+PRO+PRO)	**아동 :** 우리는 블록을 쌓고 있어요… **부모 :** (음료수를 아동에게 건네준다.) **아동 :** 고맙습니다. **아동 :** … 탑 속에. (PRO+PRO+PRO)
	그러나 : 아동 : 곰을 걷게 하고 있네요. …을 통과해서. **부모 :** 그건 코뿔소란다. **아동 :** … 풀밭을. (PRO)

8. 아동이 여러 어구를 사용하여 말하는 경우, 각 어구는 동사가 빠져 있더라도 친사회적인 말로 코딩할 수 있다.

예시	
아동 : 초록색을 놓고 있네요, (2초) 파란색을 놓고 있고, (3초) 빨간색을 놓네요. (PRO+PRO+PRO)	**아동 :** 엄마는 자동차를 운전하고, (1초) 집으로 운전. (1초) 앞마당에 주차. (PRO+PRO+PRO)

9. 두 개 이상의 동사구가 '그리고'로 연결된 부모의 직접지시 또는 아동의 지시 형식의 문장에서 하나의 동사구가 독자적인 의미를 가지고 있지 않을 때, 하나의 지시로 코딩한다.

예시	
부모 : 가져와서 감자인형에 눈을 끼워 주렴. (DC)	**부모 :** 노력해서 빨간색으로 칠하도록 해봐. (DC)
아동 : 그것이 테이블 밑에 있는지 살펴봐요. (CM)	**아동 :** 몇 시인지 확인해 봐요. (CM)

부록 B : 추가 카테고리

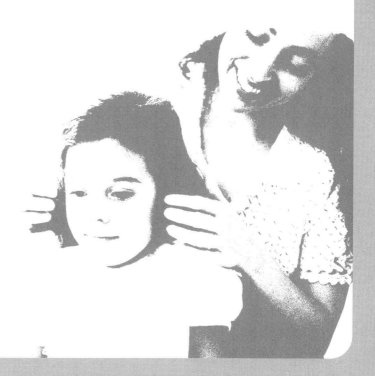

부모 카테고리

놀이말	응답	순종
고함(고함지르기)	무응답	불순종
불평	응답기회 상실	순종기회 상실

놀이말(PT)

정의

놀이말(Play Talk)은 한 사람이 다른 사람에게 직접적으로 언어를 전달하는 형식이 아닌 어떤 언어 혹은 음성행동이다.

부모의 놀이말 예시	
(왕 인형이 되어 말하며) 무릎을 꿇어라.	(토끼인 척 말하며) 박사님, 무슨 일이세요?
(아가 인형 입에 병을 갖다 대며) 우유를 마시렴.	(레고를 분리하려 하며) 도대체 뭐가 문제야?
(장난감 전화기에 대고) 여보세요?	(장난감 비행기를 가지고 놀며) 부릉부릉
(장난감 돼지를 움직이며) 꿀꿀	(노래 부르며) "떴다 떴다 비행기…"
(이야기를 낭독하듯이) 철수와 영희는 언덕 위로 올라 갔어요…	(책을 읽으며) "난 초록색 계란은 먹지 않을 거야…"
(읽으며) "'사'자는 사과할 때의 '사'"	(소리 지르며) 폭탄 투하!!
(징징대는 인형인 척 말하며) 배고파요.	(부모의 공룡이 종이를 찢는다.) 그르르릉!
세 마리 장님 쥐, 어떻게 뛰어가나 보세요.	철수는 영리하고, 철수는 빠르지.

결정규칙

1. 놀이말인지 혹은 다른 DPICS 카테고리의 말인지 불분명할 경우, 놀이말로 코딩하지 않는다.
2. 부모가 한 개 아니면 한 개 이상의 뚜렷한 음향 효과 놀이말을 했는지 불분명할 경우, 한 개의 놀이말 로 코딩한다.

부모의 놀이말 가이드라인

1. 부모가 이름을 부르며 장난감 혹은 사물에 직접 이야기하는 말 역시 놀이말이다.

예시	
부모: (인형을 침대에 놓는다.) **부모:** 잘 자고 내일 보자, 뽀로로. (PT)	**부모:** (빅버드를 엘리베이터에 태우려고 하고 있다.) **부모:** 어서 타, 빅버드. (PT)
부모: (그림판에 캐릭터를 그리고 있다.) **부모:** 넌 어디에서 왔니, 뽀로로야? (PT)	

2. 부모가 자기 자신이 아닌 장난감 혹은 캐릭터가 되어 '흉내 내는 말' 하듯이 말하는 것도 놀이말이다. 장난감 혹은 캐릭터가 되어 말하는 것인지 여부를 구분할 수 있는 방법은 a) 목소리가 달라지고, b) 말에 맞추어 장난감을 동시에 움직이는지를 보는 것이다. 말을 할 때 부모가 인형을 움직이지 않는다면, 이는 놀이말로 코딩하지 않는다.

예시	
부모: ('요정 공주' 목소리로 말하며) 안녕, 꼬마 아가씨. (PT)	**부모:** ('괴물' 목소리로 말하며) 널 잡아먹을까? (PT)
부모: (플라스틱 피규어를 앞뒤로 움직이며) 널 때릴 거야. (PT)	**부모:** (인형을 위 아래로 움직이며) 지금 네가 집에 가지 않았으면 좋겠어. (PT) **아동:** ('아이 인형' 목소리로 말하며) 난 아빠가 싫어요.
	또는: 부모: ('부모 인형' 목소리로 말하며) 넌 나쁜 아이야. (PT)
	그러나: 부모: (인형에 대해 자신의 목소리로 말하며) 이 아동은 나쁜 아이야. (TA)

3. 가상놀이에서 하나의 등장인물로서 말하는 것 또한 놀이말이다. 부모가 '역할 속에서' 하는 말인지 명확할 때만 놀이말로 코딩한다.

예시
함께: (장난감 전화기에 말하고 있다.) **부모:** 여보세요? (PT) **아동:** 여보세요. **부모:** 잘 지내니? (PT) **아동:** 난 잘 지내. 넌 어때? **부모:** 나도 잘 지내지 뭐. 그럼 안녕. (PT+PT)

4. 노래 부르기, 시 읊기 혹은 동요도 놀이말이다. 노래나 콧노래를 하며 하는 직접적인 대화는 놀이말로 코딩하지 않는다.

예시	
아동: 저에게 보트가 있어요. **부모:** (노래 부르며) 노를 노를 노를 저어라… (PT)	**아동:** 똑딱똑딱. **부모:** 쥐가 시계로 올라갔어요. (PT)
그러나: 아동: (레고를 줍고 있다.) 　　　　　**부모:** (노래 부르며) 아주 잘하고 있어요! (UP)	

5. 글을 읽는 것 또한 놀이말이다.

예시	
함께: (책을 보고 있다.) **부모:** (읽으며) "제인이 뛰어 가는 것 봐. 스팟이 뛰는 걸 봐." (PT+PT)	**함께:** (책을 읽고 있다.) **아동:** "'사'자는 사과할 때 '사'예요." **부모:** "'공'은 공놀이할 때 '공'이야." (PT)
	그러나: 함께: (알파벳 블록을 가지고 놀고 있다.) 　　　　　**아동:** ('A' 블록을 가리키며) 이건 뭐예요? 　　　　　**부모:** A란다. (TA)
	또는: 부모: '사'는 사과할 때 '사'야. (TA)

6. 놀이말 요소를 포함하여 아동에게 직접 대화하는 각각의 문장들은 놀이말로 코딩하지 않는다.

예시	
아동: 이거 뭐라고 써 있는 거예요? **부모:** 그것은, "풍선들이 날아올랐다."고 써 있어. (TA)	**함께:** (이야기책을 보고 있다.) **부모:** 이 문장은 (읽으며) "피클렛의 모자는 어디 있니?"라고 써 있는 거야. (TA)
그러나: 부모: (읽는다.) "풍선들이 날아올랐다." (PT)	**그러나: 부모:** (읽기를 계속하면서) "래빗이 말하길, 내가 그것을 숨겼어." (PT)
아동: 수탉이 뭐라고 울어요? **부모:** 그것은 (울면서) "꼬끼오."라고 울어 (TA)	**아동:** 우리는 알파벳 노래를 불렀어요. **부모:** 너는 "a, b, c, d, e, f, g" (노래하며) 배웠니? (DQ)
그러나: 부모: (울면서) "꼬끼오." (PT)	**그러나: 부모:** (노래 부른다.) "a, b, c, d, e, f, g." (PT)

7. 비록 '장난감'으로 신체행동을 한다 할지라도, 신체행동 카테고리(부정적 터치, 긍정적 터치)는 놀이말로 코딩하지 않는다.

예시	
부모: (그의/그녀의 작은 인형이 아동을 치는 흉내를 낸다.) (NTO)	**부모:** (작은 인형으로 아동의 얼굴을 터치한다.) 그는 너에게 뽀뽀하고 있어. (PTO+TA)

8. 언어 놀이말이나 음성 놀이말이 연속적으로 발생할 때, 한 문장 규칙과 2초 규칙을 이용하여 하나의 놀이말이 끝나는 시점과 다음 놀이말이 시작되는 시점을 결정한다. 일반적인 시 또는 노래는 각 '행'을 한 문장으로 간주한다.

예시	
아동: (별을 그린다.) **부모:** (노래 부른다.) 반짝, 반짝, 작은 별/아름답게 비추네/동쪽 하늘에서도/서쪽 하늘에서도/반짝, 반짝, 작은 별/아름답게 비추네. (PT+PT+PT+PT+PT+PT)	**아동:** 교회 노래 불러 주세요. **부모:** (설명하기 위해 손가락을 이용한다.) 여기는 교회가 있고, 여기 뾰족탑이 있고, 문을 열어요, 그리고 사람들을 봐요. (PT+PT+PT+PT)
부모: (노래 부른다.) 반짝, 반짝, 작은 별 아름답게(떨어진 종이를 줍기 위해 3초 쉼) 비추네. (PT+PT+PT)	

고함(YE)

정의

괴성, 소리 지르기 또는 큰소리 내기 등 듣기에 혐오스러울 정도로 큰 소리를 내는 모든 말이나 음성을 고함이라고 한다.

결정규칙

1. 고함인지 아닌지 분명치 않을 때는 고함으로 코딩하지 않는다.
2. 불평인지 또는 고함인지 분명치 않을 때는 불평으로 코딩한다.

부모의 고함 가이드라인

1. 고함은 언어표현과 동시에 일어나거나, 일어나지 않을 수도 있는 음성표현이다. 부모가 소리치며 어떤 언어표현을 할 때는, 음성표현과 그에 맞는 언어 카테고리 모두를 코딩한다.

예시	
아동: (테이블에서 부모의 무릎으로 점프하려고 한다.) **부모:** ("멈춰!"라고 소리친다.) (YE-NTA)	**아동:** (체커 게임에서 이겼다.) **부모:** ("이야, 멋쟁이!"라고 외친다.) (YE-UP)
아동: (장난감 탑의 아래쪽 블록을 빼려고 한다.) **부모:** ("아이구!", 외친다.) (YE-TA)	**아동:** 나는 엄마 코트 위에 그것을 엎질렀어요. **부모:** ("오 이런!" 우는 소리를 낸다.) (WH-TA)
그러나: 부모: (방 구석에서 혼자 만들다가, 장난감 탑이 쓰러지려는 것을 보고) **부모:** ("아이구" 소리친다) (YE)	**그러나: 부모:** (자기가 음료를 코트에 엎지르다.) **부모:** ("오 이런!" 우는 소리를 낸다.) (WH)
아동: (부모의 자동차 쪽으로 자동차를 민다.) **부모:** (충돌하는 큰 소리를 낸다.) (YE-PT)	

2. 이해할 수 있는 내용이 없는 음성표현(예 : 불평, 고함)은 적절한 음성 카테고리로 코딩하며, 언어 카테고리로는 코딩하지 않는다.

예시	
아동: (상어인 척을 한다.) **부모:** ("꺅!" 소리친다.) (YE)	**아동:** 엄마가 지고 있어요! **부모:** ("으" 우는 소리를 낸다.) (WH)

3. 고함으로 표현된 정서는 긍정적일 수도 부정적일 수도 있다. 혐오스러울 가능성이 있는 큰 소리는
   고함으로 규정한다.

예시	
아동: (고무 뱀을 찾아서 부모 앞에 놓는다.) **부모:** (이해할 수 없는 괴성을 지른다.) **(YE)**	**아동:** (깜짝 생일 선물을 테이블 위에 놓는다.) **부모:** (이해할 수 없는 비명을 지른다.) **(YE)**
아동: (부모를 나무블록으로 때린다.) **부모:** (이해할 수 없는 소리를 지른다.) **(YE)**	

4. 만약 부모가 이해할 수 없는 소리를 지른다면, 한 번의 고함은 고함치는 상황이 끝났을 때, 코딩한다.
   각각의 고함은 2초 이상의 침묵이나 말에 의해 종결된다.

예시	
아동: (부모를 간지럼 태운다.) **부모:** (이해할 수 없는 큰 소리를 3초 동안 낸다. 2초 쉼, 다시 소리 지른다.) **(YE+YE)**	**아동:** (아주 높은 탑을 지은 것이 흔들리고 있다.) **부모:** (이해할 수 없는 괴성을 지른다. "쓰러진다!"고 소리친다. 또 다른 이해할 수 없는 소리를 지른다.) **(YE+YE-TA+YE)**

5. 소리를 지르며 연속적으로 말할 때, 각각의 말은 분리하여 고함으로 코딩한다.

예시	
아동: (주사위를 굴린다.) **부모:** ("6이다! 6이야!" 외친다.) **(YE-TA+YE-TA)**	**아동:** (똑같은 질문을 다섯 번 반복한다.) **부모:** (소리치며, "내가 너에게 이미 말했잖아! 그만 물어봐라!") **(YE-TA+YE-NTA)**

6. 하나의 음성표현이 한 개 이상의 음성 카테고리(예 : 고함, 불평)를 내포하고 있더라도, 한 종류의 음
   성으로 코딩한다. 음성이 고함과 다른 카테고리 모두를 내포하고 있는 경우, 고함을 우선시한다.

예시
아동: 나 레고 가지고 놀고 싶어요. **부모:** ("난 그거 하며 놀고 싶지 않아!" 매우 큰 소리로 우는 소리를 한다.) **(YE-TA)**

7. 고함은 음성적 행위이지만 부모의 신체행동(예 : 부정적 터치 또는 긍정적 터치)과 동시에 일어날 수 있다.

예시	
아동: (장난감을 부서뜨린다.) **부모:** ("나쁜 녀석!" 소리치며 동시에 아동을 찰싹 때린다.) (YE-NTA+NTO)	**아동:** 나는 그것을 다했어요. **부모:** ("굉장하구나!" 외치면서, 아동을 껴안는다.) (YE-UP+PTO)

불평(WH)

정의

불평이란 부모가 웅얼거리고, 고음을 내거나, 또는 가성으로 내뱉는 말을 일컫는다.

결정규칙

1. 부모의 목소리가 불평인지 아니면 일상적인 목소리 톤인지 불확실할 때에는, 불평으로 코딩하지 않는다.

2. 음성표현이 불평인지 또는 고함인지 불확실할 때에는, 불평으로 코딩한다.

부모의 불평 가이드라인

1. 불평은 음성표현으로 언어표현과 동시에 이루어질 수도 있고 아닐 수도 있다. 부모가 불평으로 언어표현을 할 때에는 언어 그리고 음성 카테고리 모두를 코딩한다.

예시	
아동: 아빠랑 노는 게 더 재미있어요. **부모:** (불평하며, "넌 엄마 마음에 상처를 주는구나.") (WH-TA)	**아동:** (엄마가 만들고 있는 장난감 집을 쓰러뜨린다.) **부모:** (가성으로, "너 나빠!") (WH-NTA)
함께: (사람을 그린다.) **아동:** (찡그린 얼굴을 그린다.) **부모:** (애기 말로, "이 사람이 슬펐으면 좋겠어?") (WH-DQ)	

2. 뜻을 내포하지 않은 이해할 수 없는 음성표현(예 : 불평, 고함)은 각 해당 음성 카테고리에 맞게 코딩하며, 어떠한 언어 카테고리로도 코딩하지 않는다.

예시	
아동: 엄마(또는 아빠)랑 안 놀 거야. **부모:** (알아들을 수 없는 소리로 불평함) (WH)	**아동:** (탁자 밑에서 놀래키려고 뛰어나오며 "와!") **부모:** (알아들을 수 없는 소리로 고함지르기) (YE) ───────────────────── **그러나 : 아동:** 엄마(또는 아빠)가 애기 역할 하세요. **부모:** (애기 인형을 위아래로 튕기며, 알아들을 수 없이 불평하며 "아앙") (WH-PT)

3. 음성의 질은 불평을 코딩하는 데 있어서 중요한 구분 요소이다. 만약 불평이 이해할 수 있는 내용을 포함한다면, 그 내용은 긍정적이거나 부정적이거나 중립적일 수 있다.

예시	
아동: 화장실 가고 싶어요. **부모**: (신음소리를 내듯, "복도 끝으로 쭉 가면 있어.") (WH-TA)	**아동**: 엄마 것보다 내 것이 더 좋아. **부모**: (훌쩍이며, "네 것이 더 예쁘기는 해.") (WH-UP)
아동: 난 두 번 연속으로 할 거야. **부모**: (투덜대며, "그건 정정당당하지 않아.") (WH-NTA)	

4. 만약 부모가 알아들을 수 없는 소리로 불평한다면, 불평을 시작한 시점에 코딩한다. 각각의 불평은 2초간 쉼 또는 어떤 말에 의해 종결된다.

예시	
아동: 엄마 괜찮으세요? **부모**: (알아들을 수 없는 소리로 신음하다.) (WH)	**아동**: (체커 말을 뒤로 빼며 반칙하고 있다.) **부모**: (알아들을 수 없는 소리로 투덜댄다, 2초 쉼, 알아들을 수 없는 소리로 투덜댄다.) (WH+WH)
아동: (장난감 치우는 일 돕기를 거부하고 있다.) **부모**: (알아들을 수 없는 소리로 투덜댄다, 투덜대며, "도와줘", 알아들을 수 없는 소리로 투덜댄다.) (WH+WH-TA+WH)	

5. 각각의 불평하는 말은 별개의 불평으로 구성되어 있다. 불평 문장들은 2초 이상의 침묵이 있을 때 서로 각각 분리하여 코딩한다.

예시	
아동: (엄마의 그림에 낙서한다.) **부모**: (투덜대며, "하지 마. 하지 마.") (WH-NTA+WH-NTA) **부모**: (투덜대며, "하지 마", 2초 쉼, 투덜대며, "하지 마.") (WH-NTA+WH-NTA)	**아동**: 동전지갑 어디 있어요? **부모**: (가방 안을 뒤지며, 투덜대며, "못 찾…", 계속 가방 안을 찾으며 3초 쉼, 투덜대며, "못 찾겠다.") (WH+WH-TA)

6. 불평은 다른 음성 카테고리와 동시에 코딩될 수 없다. 만약 부모가 동시에 고함과 불평을 한다면, 고함으로 코딩한다.

예시	
부모: (불평하는 어조로 고함치며, "하지 마.") (YE-NTA)	**부모:** (큰 소리로 불평하며, "나 저거 갖고 싶어!") (YE-TA)
부모: (큰 소리로 불평하며, "네가 다 망쳐놨어!") (YE-NTA)	

7. 불평은 부모의 신체행동(예 : 부정적 터치, 긍정적 터치)과 동시에 일어날 수 있다.

예시	
부모: (아동을 안아 주며, 불평하는 어조로 "네가 착하게 놀았으면 좋겠어.") (PTO+WH-IC/NOC)	**부모:** (테이블에 색칠하려는 아동의 손을 제지하며, 불평하는 어조로 "탁자에 색칠하지 마.") (NTO+WH-NTA)

질문에 대한 반응 ◉

아동이 질문한 이후 5초 동안 일어나는 반응에 따라 [응답(AN), 무응답(NA), 응답기회 상실(NOA)]로 코딩한다. 질문에 대한 반응의 유형을 코딩할 뿐만 아니라, 응답의 내용(예 : 언어 카테고리), 그리고 가능하다면 대답할 때의 톤(예 : 음성 카테고리) 또한 코딩한다.

아동의 질문에 대한 부모의 일반적인 반응 가이드라인

1. 아동의 질문에 대한 부모의 반응이 코딩 가능한 언어 카테고리(예 : 정보 질문, 행동묘사)에 해당될 경우에는 언어 카테고리와 질문에 대한 응답 둘 다를 코딩한다.

예시	
부모 : (책을 읽고 있다.) **아동 :** 그 이야기는 무슨 내용이에요? **부모 :** 개구리 왕자에 관한 얘기야. (AN+TA)	**아동 :** 이 해를 어디에 놓을까요? **부모 :** 맨 위에 놓아라. (AN+DC)
아동 : 어떤 캐릭터가 뿡뿡이에요? **부모 :** 나는 빅버드가 보고 싶은데. (NA+TA)	**아동 :** 뭐 그릴까요? **부모 :** 엄마 종이에는 그리지 마라. (NA+NTA)
아동 : 제일 작은 것은 어디에 있어요? **부모 :** 이걸 찾는 거니? (AN+DQ)	**아동 :** 이 기차는 어디로 가요? **부모 :** (선로를 가리키며 "그것을 너무 빨리 하지는 마라."라고 말한다.) (AN+NTA)
아동 : 엄마 빨간색 갖고 있어요? **부모 :** 그래. (AN+TA)	**아동 :** 내가 가장 귀엽죠? **부모 :** 그래. (AN+UP)

2. 만약 아동의 질문에 대한 부모의 응답이 투덜대는 투거나 고함칠 경우, 음성 카테고리와 질문에 대한 응답 모두를 코딩한다.

예시	
아동 : 왜 난 혼자서 씻어야 돼요? **부모 :** (투덜대며, "왜냐하면 선생님께서 엄마가 도와주면 안 된다고 했기 때문이야.") (AN+WH+TA)	**아동 :** 엄마 어디 가고 있어요? **부모 :** ("앉으려고."라며 소리를 지른다.) (AN+YE+TA)
부모 : (아동의 통나무 오두막집을 갖고 놀고 있다.) **아동 :** 엄마 뭐하고 있어요? **부모 :** ("아무것도 아냐!"며 소리를 지른다.) (NA+YE-TA)	**아동 :** 엄마는 어떤 장난감으로 놀고 싶어요? **부모 :** (불평하는 소리로, "엄마는 너무 피곤해.") (NA+WH-TA)

3. 아동의 질문에 대한 반응이(또는 응답이 없을 때에도) 신체행동 카테고리와 동시에 나타날 경우에는, 반응 카테고리와 신체행동 카테고리 모두를 코딩한다.

예시	
아동: 빨간 장난감 어디다 뒀요? **부모**: (대답하지 않고 아동의 손에서 장난감을 가로챈다.) (NA+NTO)	**아동**: 내가 이제 뭐 해야 해요? **부모**: ("엄마는 널 사랑해."라고 말하면서 아동의 머리를 쓰다듬는다.) (NA+UP+PTO)
아동: 또 어떤 거 치워야 해요? **부모**: 이거. (아동 쪽으로 장난감 상자를 밀다가 아동과 부딪힌다.) (AN+TA+NTO)	**아동**: 내 배꼽 어디 있어요? **부모**: (아동의 배를 살살 간지럽힌다.) (AN+PTO)

4. 질문에 대한 대답이 항상 옳은 답일 필요는 없다. 부모가 요청받은 정보로 대답하려고 의도한다면, 응답으로 코딩한다. '잘 모르겠는데'와 '어디든지' 식의 구체적이지 않은 대답 또한 아동의 질문에 대한 대답으로 간주된다. 만약 부모가 의도적으로 틀린 답을 말 할 경우에는, 무응답으로 코딩한다.

예시	
아동: 내 생일선물로 뭐 줄 거예요? **부모**: 스쿠터. (AN+TA)	**아동**: 2 더하기 2는 얼마에요? **부모**: 4. (AN+TA)
그러나: **부모**: (웃으면서 말하며, "브로콜리.") (NA+TA)	**그러나**: **부모**: (억지로 웃으며, "6천") (NA+NTA)
아동: (동그라미를 그리며) 이게 무슨 모양이게요? **부모**: (눈을 가리고 말하며, "네모, 아니 직사각형, 아니 사다리꼴.") (NA+TA+TA+TA)	**아동**: 비는 왜 오는 거죠? **부모**: (비아냥거리며) "너같이 나쁜 아이들 겁주려고." (NA+NTA)
그러나: **부모**: (진지하게 물으며, "타원형?") (AN+DQ)	**그러나**: **부모**: 식물이 자라는 걸 돕기 위해서. (AN+TA)
아동: 그들이 변압기로 무엇을 했나요? **부모**: (장난감 상자를 뒤지며, "모르겠는데.") (AN+TA)	**아동**: 이 크레용들은 왜 종이로 싸여 있지 않아요? **부모**: 나도 잘 모르겠는데. (AN+TA)
그러나: **부모**: (아동을 등지며 화난 목소리로, "몰라.") (NA+TA)	**그러나**: **부모**: 내가 어떻게 알아! (NA+NTA)
아동: 상자 안에 뭐가 들었어요? **부모**: (아동을 등지며 말한다.) "알게 뭐야." (NA+NTA)	**아동**: (장난감) 성은 어떻게 만들어요? **부모**: (장난감 조각들을 밀어 내며, 화난 목소리로, "나도 몰라.") (NA+TA)
그러나: **부모**: (상자 속을 들여다보며) 말해 줄 수 없어. (AN+TA)	**그러나**: **부모**: (장난감 조각을 들어 올리며, "나도 몰라.") (AN+TA)

5. 한 문장에 '그리고' 또는 '그러나'로 연결된 여러 개의 질문이 포함되어 있는 경우, 각각의 질문과 대답을 따로 코딩한다. 전체 문장이 끝나면 5초 측정을 시작한다.

    a. 부모가 5초 이내에 두 질문에 대해 모두 대답을 했을 때에는, 두 대답 모두를 코딩한다. 그리고 부모가 5초 이내에 두 질문에 대해 모두 대답하지 않았을 때에는 둘 다 무응답으로 코딩한다.

예시
아동: 저 장난감은 뭐고 어떻게 작동시켜요? **부모:** (5초 이내에, 시범을 보이며 "이건 금전등록기야. 이렇게 하는 거야." (AN+TA+AN+TA)
그러나 : 부모: (금전등록기를 밀어내고 장난감 블록을 집어 든다.) (NA+NA)
아동: 이건 뭐고 어떻게 작동시켜요? **부모:** (5초 이내에, 시범을 보이며 "이건 자석으로 만든 그림판이야. 이렇게 하는 거야." (AN+TA+AN+TA)
그러나 : 부모: (아동을 무시하고, 장난감 블록을 갖고 논다.) (NA+NA)

    b. 부모가 첫 번째 질문에 답하는 사이에 5초가 지났을 경우, 다음 질문에 대한 대답은 응답기회 상실로 코딩한다. 그러나 부모가 첫 번째 질문에 답한 후, 시간적 여유가 있음에도 불구하고 다음 질문에 대답하려고 하지 않을 때에는 무응답으로 코딩한다.

예시
함께: (여자 감자인형과 남자 감자인형을 갖고 논다.) **아동:** 이 남자의 이름은 뭐고 이 여자의 이름은 뭐예요? **부모:** 내 생각엔 이 남자는 농부 같아. 그래서 이름은… 음… 맥도널드야. (5초 경과) (NOA+AN+TA)
그러나 : 부모: 그는 맥도널드 아저씨야. (3초간 아무 말 없이 장난감 조각을 붙이기 시작한다.) (NA+AN+TA)
아동: (두 개의 세서미 스트리트 장난감을 가리키며) 이 남자의 이름은 뭐고 이 여자의 이름은 뭐예요? (QU+QU) **부모:** 이 남자는 크고 노란색이니까, 그의 이름은… 음… 빅버드야. (5초 경과) (AN+TA+NOA)
그러나 : 부모: 그러니까 이건 빅버드야. (3초간 아무 말 없이 빅버드 장난감을 갖고 논다.) (NA+AN+TA)

6. 아동이 질문 후, 부모가 대답할 시간적 여유도 없이 5초 이내에 또 다른 언어표현을 사용한 경우에는 일반적으로 그 다른 언어표현이 부모가 답변할 기회를 상실시킨 것으로 간주된다. 대답할 기회를 방해하지 않는 것으로 간주되는 언어표현은 응답을 촉구하는 짧은 말, 주위를 환기시키는 말, 내재적인 관찰할 수 없는 행동에 대한 지시, 그리고 "뭐라고?"와 그와 비슷한 말들이다. 아동의 질문 후에 이러한 언어표현이 이어지면 부모의 반응에 따라 응답 또는 무응답으로 코딩한다.

a. 아동이 질문한 후, 대답을 재촉하거나 질문을 명확하게 하기 위한 말을 하고 그 말이 질문내용에서 벗어나지 않았다면, 그 말은 5초 간의 대답할 시간을 방해하지 않는다. 그러나 질문 후 하는 어떤 말로 인해 부모에게 대답할 시간적 여유를 주지 않았다면, (예 : 5초가 지나가는데도 여전히 아동이 대답을 재촉하거나 질문을 명확히 하고 있을 때) 응답기회 상실로 코딩한다.

예시
아동: 저건 뭐예요? **아동:** 헛간에 있는 거요. **부모:** (5초 경과 하기 전에 "건초 더미야."라고 얘기한다.) (AN+TA)
그러나: 아동: 그 작은 동물 어디 있어요? 　　　**아동:** 양처럼 생긴 작은 동물인데, (1초 경과) 근데 파란색이에요. 여기 어디 있는데. (5초 경과) 　　　　　(QU/NOA+PRO+PRO)
아동: 저건 뭐예요? **아동:** 저기 있는 저 물건. **부모:** (5초가 지날 무렵) "분홍색을 나한테 건네줘." (NA+DC)
그러나: 아동: 이상하게 생긴 조각 어디 있어요? 　　　**아동:** 비행기 만들 때 쓰던 거요. 지난번에도 썼던 거요. (5초 경과) (QU/NOA+PRO+PRO)

b. 주위를 끌기 위한 지시와 내재적인 관찰 불가능한 행동에 대한 지시는 자동적으로 응답기회 상실의 지시로 코딩하며, 이러한 지시가 부모의 관심을 질문에 답하는 것에서 벗어나게 하지 않으면 정보 질문에 대해 5초간의 대답할 시간을 방해하지 않는 것으로 간주된다. 이러한 지시들이 정보 질문으로부터 부모의 관심을 돌려 버릴 때 그 정보 질문은 응답기회 상실로 코딩한다.

예시	
함께: (색칠놀이를 한다.) **아동:** 엄마 어디 갔어요? **아동:** (3초) 아빠? (IC/NOC) (첫 질문은 아직 대답할 시간적 여유가 있다.)	**아동:** (여러 가지 모양들을 가리키며, "어느 것이 별이에요?") **부모:** (3초간 반응 없음) **아동:** 저 큰 삼각형 좀 보세요. (QU/NOA+CM/NOC)
아동: 이 동물은 뭐야? **부모:** (3초간 반응 없음) **아동:** 엄마? (CM/NOC) **부모:** 지금 바빠. (NA+TA)	**아동:** 지금 몇 시예요? **부모:** (3초간 무시한다.) **아동:** 엄마! (CM/NOC) **부모:** 입 다물어. (NA+NTA)

아동: 이건 뭐라고 불러요? (감자인형의 콧수염을 가리키며) **부모:** (1초간 반응 없음) **아동:** 엄마?! (CM/NOC) **부모:** 콧수염이야. (AN+TA)	
그러나: 부모: 애야, 나 지금 바빠. (NA+TA)	

c. 아동이 질문한 다음 2초 이후에 "네?" 또는 그와 의미가 같은 단어(예 : 예? 응?)가 아무 의미 없이 단순히 부모의 대답을 재촉하기 위한 의도로만 사용되었을 때, "네?"는 응답기회 상실로 코딩한다. 왜냐하면 이 경우에 응답할 기회가 없기 때문이다. "네?"는 원래의 질문에 대한 5초 응답 시간을 방해하지는 않는다.

예시
아동: 저건 무슨 새예요? **부모:** (2초간 반응 없음) **아동:** 네? (QU/NOA) **부모:** 백조란다. (AN+TA)

그러나: 아동: 이건 무슨 종류의 공룡이에요?
    부모: 티라노사우르스. (AN+TA)
    아동: 네? ("뭐라고 말했어요?"라는 의미) (응답할 기회가 있는 QU)

아동: 아빠를 언제 볼 수 있어요? **부모:** (2초간 반응 없음) **아동:** 네? (QU/NOA) **부모:** (반응 없음) (첫 질문에 대해 NA)

그러나: 아동: 이건 뭐라고 불러요?
    부모: 마름모. (AN)
    아동: 네? ("뭐라고 말했어요?"라는 의미) (응답할 기회가 있는 QU)

7. 아동의 질문이 분명하게 부모의 역량과 능력을 벗어날 경우, 부모가 대답할 시도를 하지 않더라도 무응답이 아닌, 응답기회 상실로 코딩한다.

<table>
<tr><th colspan="2">예시</th></tr>
<tr>
<td>
함께: (조립식 장난감 놀이를 한다.)
아동: 닌자 거북이 비행기는 어떻게 만들어요?
부모: (헷갈리는 표정으로 만들려고 노력한다.) (AN)
</td>
<td>
함께: (성을 만들고 있다.)
아동: 무엇을 이용해서 선반을 만들 수 있어요?
부모: 이 조각들? (AN+DQ)
</td>
</tr>
<tr>
<td>
그러나: 부모: (모른다는 표현으로 어깨를 들썩인다.)
(NOA)
</td>
<td>
그러나: 부모: 네가 얘기해 줘야 되겠는데. (NOA+DC)
</td>
</tr>
<tr>
<td>
함께: (동물원 퍼즐을 갖고 논다.)
아동: 공룡처럼 생긴 조각이 어디 있죠?
부모: (헷갈리는 표정으로 조각들을 살펴본다.) (AN)
</td>
<td>
함께: (나무블록으로 로켓을 만든다.)
아동: 무엇을 이용해서 추진 로켓을 만들 수 있을까요?
부모: 뭘 만든다고? (NOA+IQ)
</td>
</tr>
<tr>
<td>
그러나: 부모: (헷갈리는 표정으로 "공룡이라고?")
(NOA+DQ)
</td>
<td></td>
</tr>
<tr>
<td>
아동: 거기가 어디더라?
부모: (아무말도 하지 않는다.) (NOA)
</td>
<td>
아동: 티로렉스 만드는 조각은 어디에 있어요?
부모: (헷갈리는 표정으로 "티로렉스?")
(QU/NOA+DQ)
</td>
</tr>
<tr>
<td>
그러나: 부모: 뒤쪽에 붙이는 손잡이 얘기하는 거 같은데. (AN)
</td>
<td>
그러나: 부모: (헷갈리는 표정으로 장난감 통을 뒤진다.)
(QU/AN)
</td>
</tr>
</table>

8. 아동이 정보 질문을 했는데 그 질문이 대답이 기대되지 않는 명백한 수사적 질문일 때, 부모가 대답을 시도하지 않더라도 무응답보다는 응답기회 상실로 코딩한다. 부모가 수사적 정보 질문에 대답을 시도한다면 응답으로 코딩한다.

<table>
<tr><th colspan="2">예시</th></tr>
<tr>
<td>
아동: (크레용을 찾으려고 상자 안을 뒤지다가 레고를 발견한다.)
아동: 이게 왜 여기 있지?
부모: 누가 거기 집어넣었나 보네. (AN)
</td>
<td>
아동: (망가진 말 장난감을 갖고 논다.)
아동: 언제 여기에 제대로 된 장난감을 가져다 놓을까요? (QU)
부모: 나도 모르겠는데. (AN)
</td>
</tr>
<tr>
<td>
그러나: 부모: (아동을 쳐다보지만, 아무 말도 하지 않는다.) (NOA)
</td>
<td>
그러나: 부모: (인형을 계속 갖고 논다.) (NOA)
</td>
</tr>
<tr>
<td>
아동: (장난감 상자에 들어가서 뚜껑을 닫는다.) 제가 어디에 있게요? (QU)
부모: (아무 대답도 하지 않는다.) (NOA)
</td>
<td>
아동: (얼굴에 가방을 뒤집어쓴다.) 왜 갑자기 어두워졌지? (QU)
부모: (웃는다.) (NOA)
</td>
</tr>
</table>

아동: (공을 입에 넣는다.) 왜 말을 할 수 없지? (IQ) **부모:** 입안에 공을 집어넣었기 때문이야. (AN)	**아동:** (자석으로 만들어진 숫자 놀이를 한다.) **아동:** 이건 왜 이렇게 지루하지? (QU) **부모:** 나도 모르겠는데. (AN)
	그러나: 부모: (말을 무시한다.) (NOA)
아동: (나무 블록 상자 안에서 플라스틱 블록을 발견한다.) 이게 왜 여기에 있지? (QU) **부모:** 아마 다른 아동이 넣었을 수도 있지. (AN)	
그러나: 부모: (아동을 쳐다보지만, 아무 말도 하지 않는다.) (NOA)	

9. 부모가 정보 질문에 대해 "뭐라고?" 또는 그 동의어로 대답할 경우, 부모가 의도적으로 대답을 회피하는 것으로 보일 때에만 무응답으로 코딩한다. 부모가 질문을 듣지 못했거나 이해하지 못했을 경우에는 응답기회 상실로 코딩한다.

예시	
아동: 아이스크림은 언제 먹을 수 있어요? **부모:** (그림을 그리며) 뭐라고? 뭐라고? 뭐라고? 　　　(NA+IQ+IQ+IQ)	**아동:** gyrosaur(아동이 잘못된 단어 선택을 한 듯) 어디에 있어요? **부모:** 뭐가 어디에 있냐고? (QU/NOA+IQ)
그러나: 아동: 아이스크림은 언제 먹을 수 있어요? 　　　**부모:** (어리둥절한 표정으로, "뭐라고?") 　　　　　(NOA+IQ)	
함께: (그림을 그린다.) **아동:** 이게 뭐처럼 보여요? **부모:** (헷갈리는 표정으로, "뭔데?") (QU/NOA+IQ)	
그러나: 아동: 저 여자의 배는 왜 저렇게 커요? 　　　**부모:** (아동 앞에다가 큰 통에 들어 있는 블록 장난감을 쏟는다.) 우리가 같이 재미있게 놀려고 이 블록들을 탁자 위에 쏟아 놓는 거야. (QU/NA+TA)	

| 응답(AN) |

정의

응답은 정보 질문에 대한 언어적 또는 비언어적 반응으로 그 질문에서 요구받은 정보를 제공하거나 제공하려고 시도한다.

부모의 응답 예시		
아동: 감자인형의 모자가 어디 있어요? **부모:** 의자 아래에.		**아동:** 이거 어떻게 작동해요? **부모:** 버튼을 눌러라.
아동: '감자' 어떻게 써요? **부모:** 감.자. (5초 경과)		**아동:** 어떤 게 여기에 맞는 조각이에요? **부모:** (3초 동안 몇 개의 조각들을 맞추려 노력한다.) **아동:** 아, 나는 맞는 걸 찾았어요.
아동: 무지개 속에 무슨 색이 있어요? **부모:** 노란색과 빨간색.		**아동:** 이거 여기 놓아요? **부모:** 그래.

결정규칙

1. 정보 질문에 대한 반응이 아동 질문에 대한 응답인지 또는 무응답인지 분명치 않을 때는 응답으로 코딩한다.

2. 부모가 의도적으로 질문에 대답을 하지 않은 것인지 아닌지 분명치 않을 때는 무응답으로 코딩하지 않는다.

부모의 응답 가이드라인

1. 요구된 정보를 제공하거나 또는 5초 내에 그것을 제공하려 시도하는 부모의 언어적 반응들은 질문에 대한 응답으로 코딩한다. 아동이 요구한 정보를 부모가 제공할 때, 응답은 즉각적으로 코딩하고 5초 측정을 멈춘다.

예시	
아동: (빨간 자동차를 들고 있다.) 이거 무슨 색이에요? **부모:** 빨간색. (AN+TA)	**아동:** 엄마는 뭐하고 싶어요? **부모:** 그림을 그리고 싶구나. (AN+TA)
아동: (다섯 송이의 꽃들을 가리키고 있다.) 몇 송이가 있어요? **부모:** ("하나, 둘," 1초 쉼, "셋, 넷" 5초 경과) (AN+TA)	

2. 부모가 대답하기 시작했지만 5초 이내에 대답을 끝마치지 못한 경우, 5초 중 남은 시간 안에 대답을 하려고 계속해서 노력하고 있어야만 응답으로 코딩한다.

예시
아동: (별 여섯 개를 가리키고 있다.) 몇 개가 있어요? **부모:** (4초 동안 별들을 쳐다본다. 그리고 "하나, 둘…"이라고 말한다) (AN+TA)
그러나: 아동: (자동차 세 개를 가리키고 있다.) 몇 개가 있어요? 　　　**부모:** ("하나, 둘…) 어머나 우리가 전에 찾을 수 없었던 하나가 있네." (NA+TA+TA)

3. 정보 질문에 여러 개의 가능한 대답이 있을 수 있다면, 아동이 적어도 그 중 한 개의 대답을 해야만 응답으로 코딩한다. 응답은 응답 속에 있는 문장의 수에 상관없이 단 한 번 코딩한다.

예시	
아동: 감자인형에는 뭐가 있어요? **부모:** 두 개의 눈, 하나의 코, 큰 분홍색 귀와 모자가 있어. (AN+TA)	**아동:** 감자인형에는 뭐가 있어요? **부모:** 지갑이 있고 마치 쇼핑하러 가는 것처럼 보이는구나. (AN+TA+TA)
아동: 감자인형에는 뭐가 있어요? **부모:** 지갑이 있고 두 개의 눈이 있어. 재밌는 발도 있구나. (AN+TA+TA+TA)	

4. 요구된 정보를 제공하거나 제공하려고 노력하는 비언어적 반응은 응답으로 코딩한다.

예시	
아동: 엄마는 어떤 걸 원해요? **부모:** (하나를 가리킨다.) (AN)	**아동:** 어떤 동물이 '멍멍' 울어요? **부모:** (개를 찾아서 아동에게 보여 준다.) (AN)
아동: 저거 어떻게 작동해요? **부모:** ("그거 쉬워."라고 말하며 핸들을 돌리는 시범을 보인다.) (AN+TA)	**아동:** 이렇게 하는 거 맞아요? **부모:** (고개를 끄덕인다.) (AN)
그러나: 부모: 그거 쉬워. 한번 해 봐. (NA+TA+DC)	

5. 응답은 부모가 요청 받은 정보를 실제로 제공하거나 또는 5초 이내에 제공하려고 시도할 때만 코딩된다. 응답이 적절한지 또는 기분 좋게 응답했는지와 상관없이, 정보를 주려고 시도하지 않은 반응은 응답으로 코딩하지 않는다.

예시	
부모: (블록 집을 짓고 있다.) **아동:** 전 뭐 할까요? **부모:** 잠시만. (NA+TA)	**부모:** (그림을 그리고 있다.) **아동:** 그거 뭐예요? **부모:** 네가 맞춰 봐. (NA+DC)
함께: (농장놀이를 하고 있다.) **아동:** 젖소가 어디 가고 있어요? **부모:** 그거 놀랍구나! (NA+TA)	**함께:** (숫자 자석으로 놀고 있다.) **아동:** 다음에 어떤 숫자예요? **부모:** 이런 (3초) 글쎄… (NA+TA+TA)

6. 부모가 아동의 질문에 대답을 하려고 시도하고 있고, 5초 내에 아동이 다른 말을 하는 경우, 처음 질문에 대해 대답하려는 부모의 시도는 응답으로 코딩한다.

예시	
아동: 거기에 블록이 몇 개나 있어요? **부모:** (큰 소리로 숫자를 세고 있다.) (IQ/AN) **아동:** (처음 질문 후, 4초) 거기에 몇 개나 있어요? (IQ)	**아동:** 이거 어디에 끼워요? **부모:** (2초 동안 퍼즐 조각을 끼우려 시도한다.) **아동:** 이제 이거 한번 해 봐요. (IQ/AN+DC)

| 무응답(NA) |

정의

아동의 질문에 대한 무응답은 부모가 요청받은 정보를 제공하려는 시도를 하지 않을 때 발생한다.

부모의 무응답 예시	
아동: 몇 시예요? **부모:** (무응답)	**아동:** 이거 무슨 모양이에요? **부모:** 저리 가라.
아동: 어떤 자동차를 갖고 놀고 싶어요? **부모:** 먼저 퍼즐을 끝내면 안 될까?	**아동:** 몇 개나 가지고 있어요? **부모:** 하나… 둘… (5초 경과할 때 놀기 시작한다.)

결정규칙

1. 부모의 반응이 응답인지 또는 무응답인지 분명치 않다면, 질문에 대한 응답으로 코딩한다.
2. 아동의 질문에 대한 부모의 반응이 무응답인지 또는 응답기회 상실인지 분명치 않을 때는 응답기회 상실로 코딩한다.

부모의 무응답 가이드라인

1. 부모가 응답할 수 있는 질문에 언어적 또는 비언어적으로 반응하지 않는 경우, 무응답으로 코딩한다.

예시	
아동: 엄마 뭐 만들고 있어요? **부모:** (반응 없음) (NA)	**아동:** (블록으로 놀고 있다.) 어떤 게 빨간색이에요? **부모:** (응답하지 않고 혼자 계속 놀이한다.) (NA)

2. 부모의 반응이 요청 받은 질문에 정보를 주지 않거나 정보를 주려고 시도하지 않는 경우, 무응답으로 코딩한다.

예시	
아동: 엄마 뭐 그리고 있어요? **부모:** 엄마 좀 내버려 둬. (NA+DC)	**아동:** 엄마 지금 뭐하고 싶어요? **부모:** 난 어떤 것도 하고 싶지 않아. (NA+TA)
아동: 엄마 어떤 조각을 원해요? **부모:** 넌 어떤 걸 원하니? (NA+IQ)	**아동:** 우리 언제 갈 거예요? **부모:** 그런 건 다시 묻지 마라. (NA+NTA)

3. 정보 질문에 부모가 대답하기 시작했지만 대답을 끝마치지 못한 경우, 5초 중 남은 시간 동안 아동이 적절한 응답을 주지 않거나 계속해서 응답하려는 노력을 하지 않을 때만 무응답으로 코딩한다.

예시
아동: (많이 쌓여 있는 블록들을 가리킨다.) **아동:** 얼마나 있어요? **부모:** 하나, 둘… (세는 것을 멈추고 저녁식사에 관한 얘기를 하기 시작한다.) (NA+TA)	**아동:** 내 이름 어떻게 써요? **부모:** M. A. (2초 중단) 엄마도 엄마 이름을 써 볼게. (NA+TA+TA+TA) **그러나: 아동:** (주차장 장난감 조각들이 들어 있는 상자를 테이블 위에 둔다.) 상자 안에 뭐가 있지? **부모:** 주차장이네. (남은 5초 동안 주차장을 만든다.) (AN+TA)

| 응답기회 상실(NOA) |

정의

응답기회 상실은 아동이 정보 질문을 했을 때, 부모에게 그에 맞는 정보를 제공할 적절한 기회가 주어지지 않을 때 코딩된다.

부모의 응답기회 상실 예시		
아동: 저거 무슨 모양이에요? (2초) 네모구나.		**아동:** 이거 어디 놓을까요? 그거 멋진 그림이에요, 엄마.
아동: 이거 어떻게 작동시켜요? (5초 동안 계속 말하고 있다.)		**아동:** 뭐라구요? (1초) 뭐라고 했어요?
아동: 주머니에 뭐가 있어요? 그 주머니 속에 뭐가 있어요?		**아동:** 우리 뭐 만들고 있어요? (큰 소리로 얘기한다.) 그거 뭐였어요?
아동: '강아지(puppy)' 스펠링이 뭐예요? (2초) 네?		**아동:** 헬리콥터 어떻게 그려요? 어떻게 그리는지 알려 줄래요?
아동: 이거 어떻게 작동해요? (2초) 아빠?		

결정규칙

부모가 충분히 대답할 기회를 가졌는지, 아닌지가 분명치 않다면, 응답기회 상실로 코딩한다.

부모의 응답기회 상실 가이드라인

1. 아동이 정보 질문을 한 후, 부모가 대답하기 전 5초 내에 다른 말을 한다면, 이러한 말들은 질문을 명확하게 하기 위한 짧은 말을 제외하고, 일반적으로 부모가 정보 질문에 대답할 기회를 빼앗는 것이다.

   a. 아동이 부모가 대답하기도 전에, 자기 자신의 정보 질문에 대해 스스로 5초 이내에 대답한다면, 부모의 반응은 응답기회 상실로 코딩한다.

예시	
아동: 어떤 블록에 'A'가 써 있어요? **부모:** (알파벳 블록들을 뒤집고 있다.) **아동:** (3초) 여기 'A' 블록 있네요. (IQ/NOA)	**아동:** 창문이 어디 있어요? **부모:** (반응 없음) **아동:** (2초) 여기 창문 있다. (IQ/NOA)

b. 아동이 정보 질문을 한 후 부모가 대답하기도 전 5초 내에 그 질문에 대한 답을 촉구하는 말이 아니거나 질문의 초점에서 벗어난 말을 할 경우, 그 정보 질문을 응답기회 상실로 코딩한다.

예시		
아동: 돼지가 어디 있어요? **아동:** 아, 여기 통나무가 있네. 같이 농장 만들어요. 　　(IQ/NOA＋TA＋IC)		**아동:** 엄마가 만드는 것은 무엇이 될까? **부모:** (3초 동안 반응 없음) **아동:** 내가 만드는 것은 로켓이 될 거예요. 　　(IQ/NOA＋TA)
아동: 어떤 막대기가 제일 길어요? **부모:** (4초 동안 반응 없음) **아동:** 엄마는 큰 집을 만들고 있네. (IQ/NOA＋BD)		

c. 아동이 정보 질문을 한 후에 5초 동안 계속 말한다면, 그 정보 질문은 응답기회 상실로 코딩한다.

예시	
아동: 엄마는 그거 어떻게 초록색으로 만들었어요? **아동:** (쉼 없이) 그것은 노란색이었고, 그 다음에 파란색을 섞으면, 초록색이 된 거구나! 　　(IQ/NOA＋TA＋TA＋TA)	**아동:** 왜 청소할 시간이에요? **아동:** (쉼 없이) 우리는 거의 놀지 못했어요. (쉼 없이) 엄마는 우리가 기차놀이 할 수 있다고 말했잖아요. (IQ/NOA＋TA＋TA)

d. 아동이 정보 질문을 한 후 뒤 이어서 그 질문을 명확하게 하거나 대답을 촉구하는 말을 하고 그 말이 질문의 초점에서 벗어나지 않는다면, 5초의 대답할 시간을 방해하지 않는다. 하지만 정보 질문 이후에 아동이 계속 말을 해서 부모에게 대답할 시간이나 기회를 주지 않는다면(예 : 아동이 5초가 지날 때까지 계속 질문을 명확하게 하는 말을 하고 있다)응답기회 상실로 코딩한다.

예시	
아동: 가장 큰 건물이 뭐예요? (IQ) **아동:** (쉼 없이) 난 잊어버렸어요. 브라운 씨가 우리한테 말해줬어요. 두 개가 있었던 것 같은데. 　　(NOA＋TA＋TA＋TA) - **그러나: 아동:** 저게 뭐예요? (IQ) 　　**아동:** (1초) 저기 바로 저거요. (TA) 　　**부모:** (5초 지나기 전에 "쥐"라고 말한다.) 　　　　(AN＋TA)	**아동:** 그 큰 동물을 뭐라고 불러요? (IQ) **아동:** (2초) 그 페이지에 있는 거요. (TA) (여전히 질문에 대답할 기회는 있다.)

2. 아동이 정보 질문을 하고 나서 부모가 대답하려고 하기 전 5초 내에 또다른 질문을 할 경우, 부모가 정보 질문에 대답할 기회를 상실한다. 그런데 다른 질문이 '네?'이거나 그 동의어인 경우는 예외이다.

    a. 아동이 부모가 대답하려고 하기 전 5초 내에 정보 질문을 반복한다면, 첫 번째 질문은 두 번째 질문을 하자마자, 응답기회 상실로 코딩된다.

예시			
아동:	이 조각은 뭐라고 불러요?	**함께:**	(장난감 농장으로 놀고 있다.)
아동:	(1초) 그거 뭐라고 불러요, 네? (IQ/NOA+IQ)	**아동:**	말들이 무엇을 먹고 있어요?
		아동:	(3초) 그것들이 아이스크림을 먹고 있나? (IQ/NOA+DQ)
아동:	내 등 뒤에 뭐가 있어요?	**아동:**	엄마 뭘 그리고 있어요?
부모:	(3초 동안 반응 없음)	**부모:**	(2초 동안 반응 없음)
아동:	어떤 동물이 "음매"하고 울어요? (IQ/NOA+IQ)	**아동:**	이글루, 그렇죠? (IQ/NOA+DQ)

    b. 아동이 정보 질문을 한 다음, 5초 이내에 그리고 부모가 대답을 하려고 하기 전에 다른 관련 없는 주제에 관해 질문을 해서 화제를 바꾸는 경우, 그 첫 번째 질문은 응답기회 상실로 코딩한다.

예시			
아동:	엄마는 뭘 가지고 놀고 싶으세요?	**아동:**	왜 그 종이는 분홍색이에요?
부모:	(방을 둘러보고 있다.)	**부모:**	(3초 동안 반응 없음)
아동:	이거 무슨 색이에요? (IQ/NOA+IQ)	**아동:**	저 의자는 왜 거꾸로 있어요? (IQ/NOA+IQ)

    c. 정보 질문 후 2초 이상 뒤에 "네?" 또는 동의어(예 : 에?, 음?)가 오고 이것이 응답을 촉구하는 의미 외에 다른 의미가 없다면 "네?"는 응답기회 상실로 코딩되며, 본래의 질문에 대한 5초 응답 시간을 방해하지 않는다.

예시	
아동:	저거 무슨 모양이에요?
부모:	(2초 동안 반응 없음)
아동:	네? (IQ/NOA)
부모:	그건 8각형이야. (첫 번째 질문에 대한 AN)
그러나 : 아동:	저건 어떤 종류의 새예요?
부모:	벌새야. (IQ/AN+TA)
아동:	네? ("뭐라고 했어요?" 의미) (대답할 기회가 있는 IQ)

3. 아동이 정보 질문을 한 후 부모가 대답하기 전 5초 내에 어떤 지시를 하면, 그 지시는 부모가 정보 질문에 대해 응답할 기회를 방해한다.

a. 아동이 정보 질문을 한 후, 부모가 대답하기 전 5초 내에 관찰 가능한 행동에 대한 지시를 한다면, 그 정보 질문은 응답기회 상실로 코딩되며, 그 지시와 그에 대한 반응도 코딩된다.

예시	
아동: 젖소 어디 있어요? **부모:** (반응 없음) **아동:** 저한테 젖소 주세요. (IQ/NOA+DC)	**아동:** 어떤 것이 정사각형이에요? **부모:** (반응 없음) **아동:** 정사각형 가져다주세요. **부모:** (2초) (정사각형을 가져다준다.) (IQ/NOA+DC/CO)

b. 주의를 환기시키는 지시와 관찰 불가능한 내적인 행동에 대한 지시는 자동적으로 순종기회 상실로 코딩되고 부모가 질문에 응답하는 것을 방해하지 않는다. 그리고 정보 질문에 대답할 5초 시간을 방해하지 않는다. 이러한 지시가 정보 질문에서 부모의 관심을 돌려버린다면 그 정보 질문은 응답기회 상실로 코딩된다.

예시	
함께: (색칠하고 있다.) **아동:** 엄마 어디 칠하고 있어요? (IQ) **부모:** (3초 동안 반응 없음) **아동:** 엄마? (IC/NOC) (첫 번째 질문은 여전히 대답할 기회가 있다.)	**아동:** 저 소리 뭐에요? **부모:** (3초 동안 반응 없음) **아동:** 아빠? (IC/NOC, IQ 여전히 대답할 기회가 있다.)
그러나: 아동: 엄마 어디 칠하고 있어요? **부모:** (3초 동안 반응 없음) **아동:** 제가 색칠한 것을 보세요. (DC/NOC+IQ/NOA)	**그러나: 아동:** 저 소리 뭐예요? **부모:** (주위를 둘러보지만 3초 동안 어떠한 말도 하지 않는다.) **아동:** (5초 경과할 때 "마치 청소기 소리같이 문 밖에서 나는 이상한 소리를 들어보세요." 라고 말한다.) (IC/NOC+IQ/NOA)

지시에 대한 반응 ⚪

한 사람이 지시를 한 후 상대방에게는 응답을 위한 5초의 시간이 주어진다. 지시에 대한 반응을 설명한 세 가지의 카테고리가 있는데 그것은 바로 순종(CO), 불순종(NC), 순종기회 상실(NOC)이다. 순종은 지시에 순종하거나 5초 내에 순종을 시작할 때 코딩한다. 불순종은 지시에 순종하지 않거나 5초 내에 순종할 의도가 없을 때 또는 지시와 맞지 않는 행동을 할 때 코딩한다. 순종기회 상실은 순종할 충분한 기회가 주어지지 않았을 때 코딩한다.

지시에 대한 부모의 일반적인 반응 가이드라인

1. 하나의 지시가 주어지고 나서 5초 이내에 '순종기회 상실'로 자동적으로 코딩되는 지시(예 : 주의를 환기시키는 지시, 애매한 지시, 관찰이 불가능한 행동에 대한 지시)가 뒤따르는 경우, 두 번째 지시는 최초의 지시에 순종할 5초의 시간을 방해하지 않는다.

예시	
아동 : 신발끈 묶는 것을 도와주세요. **부모 :** (신발을 만진다.) **아동 :** 어서요! (DC/NOC) **부모 :** (5초 경과할 때 신발끈을 묶는다.) (DC/CO)	**아동 :** 그 큰 것부터 사용하면 돼요. **부모 :** (나무블록에서 찾는다.) **아동 :** 여기 보세요.(큰 것을 가리킨다.) (DC/NOC) **부모 :** (큰 것을 집는다.) (IC/CO)
아동 : 제가 하나를 가져갈게요, 괜찮죠? **부모 :** (2초 이후, 반응 없음) **아동 :** 네? (IC/NOC) **부모 :** (크레파스를 준다.) (IC/CO)	**아동 :** 화장실에 데려가 주세요. **부모 :** (계속 자동차 놀이를 하고 있다.) **아동 :** (3초 기다림) 어서요! (DC/NOC) **부모 :** (문으로 걸어간다.) (DC/CO)
아동 : 신발 신는 것을 도와주세요. **부모 :** (신발을 든다.) **아동 :** 서둘러요! (DC/NOC) **부모 :** (5초가 지날 무렵 신발을 신겨준다.) (DC/CO)	**아동 :** 인형을 치워요. **부모 :** (계속 인형 옷을 입힌다.) **아동 :** (2초 경과) 아빠! (IC/NOC) **부모 :** (5초 지날 무렵 장난감 상자에 인형을 넣는다.) (IC/CO)
아동 : 분홍색 자동차를 주세요, 알겠죠? **부모 :** (2초 후, 반응 없음) **아동 :** 네? (IC/NOC) **부모 :** (첫 지시 이후 4초 만에 분홍색 자동차를 건넨다.) (IC/CO)	**아동 :** 요새를 만들기 전에 경비실부터 마무리해 봐요. **부모 :** (계속 요새를 만들고 있다.) **아동 :** 여기를 봐요.(경비실을 가리킨다.) (DC/NOC) **부모 :** (5초 경과까지, 계속 요새를 만든다.) (IC/NC)

아동: 내 것처럼 그리세요. **부모:** (자신의 그림을 계속 그린다.) **아동:** (3초 경과) 어서요, 엄마! (DC/NOC) **부모:** (첫 지시 이후 6초 만에 지시된 그림을 그리기 시작) (DC/NC)	**아동:** 저한테 공을 던지세요. **부모:** (3초 후 아직 반응 없음) **아동:** 네! (IC/NOC) **부모:** (즉시 공을 던진다.) (DC/CO) ───────────────────── **그러나: 아동:** 공을 던지세요. 　　　　**부모:** (즉시 공을 던진다.) (DC/CO)
아동: 나한테 트럭을 주세요. (DC) **부모:** (3초 동안 반응 없음) **아동:** 엄마! (IC/NOC) **부모:** (다음 3초 동안에도 반응 없음) (NC)	

2. 지시 이후 5초 이내에 부모가 첫 번째 지시를 수행하기 전에 아동이 두 번째 지시를 해서 두 번째 지시가 자동적으로 '순종기회 상실'로 코딩되지 않는다면, 두 번째 지시는 순종으로 코딩되고 첫 번째 지시가 순종기회 상실로 코딩된다.

예시	
아동: 그것을 나에게 줘요. (쉼 없이) 그것을 나에게 줘요. (DC/NOC＋DC)	**아동:** 여기 위로 비행기를 날리세요. **부모:** 뭐라고? **아동:** (2초) 여기 위로 비행기를 날리세요. 　　　　(DC/NOC＋DC)
아동: 나를 위로 올려 주세요, 아빠. **부모:** (올려주지 않는다.) **아동:** (4초 경과) 나를 위로 올려주세요. 　　　　(DC/NOC＋DC)	**아동:** 다음 것을 놓으세요. **부모:** 어디에 놓았으면 좋겠니? **아동:** (2초) 여기에 놓으세요. (DC/NOC＋DC)
아동: 이제 로켓을 만들어 봐요. **부모:** 내 배부터 완성해도 될까? **아동:** (2초) 안 돼요, 나랑 로켓을 만들어요. 　　　　(IC/NOC＋TA＋DC)	**아동:** 원숭이를 그리세요, 알겠죠? **부모:** (원숭이를 그리기 시작한다.) **아동:** 대신에 고래를 그리세요. (IC/NOC＋DC)
아동: 개구리를 초록색으로 칠하세요. **부모:** (3초 동안 연꽃의 잎을 그린다.) **아동:** 내가 그것을 볼 수 있게 종이를 돌리세요. 　　　　(DC/NOC＋DC)	**아동:** 해를 노란색으로 칠하세요. **부모:** (2초 동안 계속 초록색 잔디를 색칠한다.) **아동:** 말도 그리세요. (DC/NOC＋DC)
아동: 비행기를 만들어 주세요. **부모:** 뭐라고? **아동:** (1초) 비행기를 만들어 주세요. (DC/NOC＋DC)	**아동:** 내 머리에서 손을 떼 주세요. **부모:** (손을 떼지 않는다.) **아동:** (4초 후) 제발 머리에서 손을 떼 주세요. 　　　　(DC/NOC＋DC)

아동 :	그것을 저에게 주세요. (쉼 없이) 그것을 저에게 주세요. (DC/NOC+DC)	아동 :	우리 지금 물 마시러 갈까요?
		부모 :	(1초 동안 반응 없음)
		아동 :	엄마, 물 마시러 가요. (IC/NOC+IC)
아동 :	빨간 것을 주세요.	아동 :	나무블록 같이 해 봐요.
부모 :	(빨간색 크레파스를 집는다.) 어디에 색칠할거니?	부모 :	이 책을 먼저 다 읽고 해도 될까?
아동 :	(1초) 바로 여기에 두세요. (DC/NOC+DC)	아동 :	(1초) 아니요, 책은 치우고 쌓기 놀이해요. (IC/NOC+TA+DC)
아동 :	보라색을 주세요.	아동 :	아빠, 인형을 인형침대에 눕혀요.
부모 :	(보라색 크레파스를 찾는다.)	부모 :	(3초, 계속 놀이)
아동 :	어, 대신에 파란색을 주세요. (DC/NOC+DC)	아동 :	담요로 인형을 덮으세요. (DC/NOC+DC)
아동 :	나랑 색칠해요, 엄마.	아동 :	지붕 조각을 찾으세요.
부모 :	(4초 동안 계속 쌓기 놀이를 한다.)	부모 :	(찾기 시작)
아동 :	이 그림을 같이 색칠해요. (DC/NOC+DC)	아동 :	(지시 후 2초) 노란색 전부 다 주세요. (DC/NOC+DC)
아동 :	요새 만들기를 해 봐요.	아동 :	하나를 주세요.
부모 :	(3초 후, 반응 없음)	부모 :	(파란색 자동차를 찾는다.)
아동 :	알겠어요? (DQ)	아동 :	(지시 후 2초) 초록색을 원해요. (TA)
부모 :	(지시 이후 5초 반응 없음) (NC)	부모 :	(지시 후 5초) (모든 자동차를 모았다.) (NC)

3. 여러 개의 지시가 한 문장 속에 '그리고' 또는 '그러나'로 연결되어 있을 때, 각각의 지시와 반응은 각기 따로 코딩된다. 5초의 시간 측정은 전체 문장이 끝났을 때부터 재기 시작한다.

　　a. 여러 개의 지시가 순차적이지 않을 때(지시가 어떤 순서로 완성되어도 괜찮은 경우) 그 지시들은 순종 또는 불순종할 기회를 가지게 될 것이다. 5초 내에 시작될 수 없었던 지시는 순종기회 상실로 코딩된다.

예시			

아동 :	터널을 이리로 옮기고 그 안으로 기차를 밀어요. (DC+DC)	아동 :	장난감들을 주워서 탁자 위에 놓으세요.
부모 :	(터널은 옮기지만 기차는 밀지 않는다.) (CO+NC)	부모 :	(5초 지날 때까지 바닥에서 트럭을 민다.) (NC+NC)
부모 :	나는 이 놀이 안 하고 싶어. (두 지시에 모두 따르지 않는다.) (NC+NC)	부모 :	(장난감 한 개를 주워 그것으로 논다.) (NC+NC)
부모 :	(5초가 지날 무렵 기차를 터널로 통과시킨다.) (CO) (터널은 옮기지 못한다.) (NOC)	부모 :	(장난감을 모두 모은다. 탁자 위에 올리기 전에 5초 경과) (CO+NOC)

아동:	엄마, 이것들을 치우고 레고놀이를 해 봐요.	**함께:**	(조립식 장난감 놀이를 시작한다.)
부모:	(5초 동안 장난감을 치우기 시작한다.) (DC/CO) (두 번째 지시는 NOC)	**아동:**	상자에서 모두 다 꺼내서 경주용 자동차를 완성해요.
아동:	이 레고들을 분해해서 여기에 놓아요.	**부모:**	(조각들을 하나씩 상자에서 꺼내서 경주용 자동차에 조각을 하나씩 붙인다.) (CO+CO)
부모:	(만든 레고 모형을 가져온다. 용기에 레고를 모으기 전에 5초 경과) (DC/CO+DC/NOC)		
그러나: 부모:	(레고를 좀 분해하고 각각 상자에 담는다.) (DC/CO+DC/CO)	**그러나: 부모:**	(모든 조각들을 상자에서 꺼내고 5초 경과 때까지 붙이기 시작한다.) (CO+CO)
부모:	5초 경과까지 만든 레고 모형을 분해하고 용기에 담기 시작한다. (DC/CO+DC/CO)	**부모:**	(각 조각을 상자에서 꺼낸다. 자동차에 조각을 붙이기 전에 5초 경과) (CO+NOC)
아동:	자동차에 뿡뿡이를 태우고 차고로 운전하세요.		
부모:	(뿡뿡이를 장난감 자동차에 태우고 차고로 밀어 준다.) (CO+CO)		

b. 일련의 지시가 특정 순서로 행해져야 하는 경우, 실제로 행해져야 하는 순서에 상관없이 부모가 지시에 순종하는 경우 순종으로 코딩한다. 부모가 여전히 다른 지시를 완성하고 있기 때문에 5초 이내에 시작될 수 없는 지시는 순종기회 상실로 코딩한다.

예시

아동: 크레파스를 상자에 넣고 상자를 선반 위에 올리는 것을 도와줄 수 있어요?	
부모: (멍하니 상자를 선반에 올려 주고 나무블록으로 돌아온다.) (NC+CO)	

아동: 기차를 가지고 산 위로 움직여 봐요.	
부모: (기차를 가지고 자동차를 살펴보기 시작한다.) (CO+NC)	
그러나: 부모: (5초 경과까지 자동차를 산 위로 운전한다.) (NOC+CO)	

아동: 노란색 크레파스를 가지고 해를 그리세요.	
부모: (5초 경과까지 가지고 있던 빨간색으로 해를 그린다.) (CO+노란색 크레파스로 그리라는 지시에 NOC)	
그러나: 부모: (5초 경과까지 가지고 있던 빨간색으로 해를 그리고 노란색 크레파스를 집어든다.) (CO+CO)	

아동: 노란색 크레파스를 가지고 해를 그리세요.	
부모: (노란색을 집어 든다.) (CO), (해를 그린다.) (CO)	
또는: 부모: (가지고 있던 빨간색으로 해를 그린다.) (CO), (노란색 크레파스를 집는다.) (CO)	
그러나: 부모: (노란색 크레파스를 집지 않는다.) (NC), (가지고 있던 빨간색으로 해를 그린다.) (CO)	

아동: 우리 같이 지붕을 완성하고 굴뚝을 올려 봐요.	
부모: (지붕을 모으고 굴뚝을 올린다. 하지만 지붕을 집에 올리기 전에 5초 경과) (CO+CO)	
그러나: 부모: (나무블록 집에 지붕을 완성한다.) (CO), (굴뚝을 올리는 것은 NOC)	
부모: (5초 경과까지, 지붕조각에 굴뚝을 올린다. (CO), (지붕을 완성하는 것은 NOC)	

c. 일련의 지시들이 순차적일 때(예 : 지시들이 순서가 뒤바뀌어 완성될 수 없음), 문장이 끝나고 5초 이내에 시작될 수 없었던 지시는 순종기회 상실로 코딩한다.

예시
아동: 저를 위해서 그릇을 열어서 블록을 꺼내 줄 수 있어요? **부모:** (5초 동안 그릇을 열지 않는다.) (NC+NOC)
부모: (소를 떨어뜨린다.) **아동:** 아빠, 소를 주워서 헛간에 넣어요. **부모:** (소를 줍지 않는다.) (NC+NOC)
아동: 딱 맞는 조각을 찾아서 여기에 끼우세요. **부모:** (5초 경과까지 정확한 퍼즐 조각을 계속 찾는다.) (CO+퍼즐 조각을 끼우는 것에 NOC) **그러나: 부모:** (조각을 찾아 맞는지 끼워보고 다른 조각을 찾아 끼워본다. (CO+CO)   **부모:** (정확한 조각을 찾고 몇 초 동안 조각을 살펴보는 데 5초가 지난다.) (CO+NC)

아동: 감자인형의 코를 찾고 그것을 얼굴에 끼우세요. **부모:** (코를 찾는다.) (CO), (5초 경과까지 코를 끼운다.) (CO)	**아동:** 조각들을 꺼내서 노란색은 저한테 줘요. **부모:** (조각들을 꺼낸다.) (CO), (남은 5초 동안 노란색 조각을 아동에게 주지 않는다.) (NC)

4. 아동의 지시 뒤에 지시가 아닌 아동의 말이 이어질 때, 그 말이 원래의 지시를 취소하는 역할을 하지 않는다면 원래의 지시에 응답할 5초간의 시간을 방해하지 않는다. 주의 : 지시를 취소하거나 순종을 방해하는 역할을 하는 지시를 한 후 5초 이내에 아동이 한 말은 적당한 언어 카테고리로 코딩되고 원래의 지시는 순종기회 상실로 코딩된다.

예시	

아동: 여기에 공을 올리세요. (DC)
부모: (탁자 위에 공을 올려 준다.) (CO)
아동: 아니, 여기에요. (탁자의 다른 지점을 가리킨다.) (CR+TA)
부모: (아동이 가리킨 지점으로 공을 옮긴다.) (코딩하지 않는다.)
	아동: 왕관을 그릴 수 있어요?
	부모: (2초 동안 망설임)
	아동: 하나는 TV에서 본 것 같아요. (TA)
	부모: (그리기 시작한다.) (CO)
	
	그러나: 아동: 경주용 자동차를 만드세요, 좋죠?
	  부모: (조각들을 조립하기 시작한다.) (IC/NOC)
	  아동: (1초 후) 내가 해 볼게요. (TA)

아동: 껌을 좀 주세요. **부모:** (3초 후, 반응 없음) **아동:** 껌 있어요? (DQ) **부모:** (4초에 가방 속에 껌이 있나 살펴본다.) (CO)	**아동:** (인형 옷을 입히고 있다.) **아동:** 인형 머리를 빗겨 주면 어때요? **부모:** 알겠어. (TA) **아동:** 그런데 먼저 이 작은 신발을 신겨 줘야겠어요. (IC/NOC+TA)

아동:	맨 위에 초록색인 것을 올려요. 오, 내가 할게요. (DC/NOC+DC/NOC)	아동:	맨 위에 빨간 것을 올리세요. 내 말은 맨 위에 초록색을 올리라는 거예요. (DC/NOC+DC)
아동:	맨 위에 별을 그리세요. 우리가 크리스마스 트리처럼 만들 수 있을 것 같아요? (DC/NOC+DQ)		

5. 지시한 것이 부모의 능력 밖에 있는 것일 때 부모가 순종하려고 하지 않더라도 그것은 불순종보다 순종기회 상실로 코딩한다. 부모가 지시를 수행하려고 시도하거나 순종하려는 부모를 아동이 칭찬할 때는 순종으로 코딩한다.

예시			
아동:	(조립식 장난감 상자의 그림을 가리키며) 이것처럼 우주선을 만들어 주세요.	함께:	(서로 붙어 있는 조립식 장난감을 떼어내려고 하고 있다.)
부모:	한 번 해 볼게. (조각들을 조립하기 시작한다.) (CO)	아동:	이거 따로 떼어 주세요, 엄마.
		부모:	못하겠는걸. (노력하지 않는다.) (DC/NOC+TA)
그러나: 부모:	조각들이 충분하지가 않아. (시도하지 않는다.) (TA+NOC)	그러나: 부모:	(노력했지만 안 된다.) (DC/CO)
아동:	내가 좋아하는 크레파스를 찾으세요.	아동:	빨간색 레고를 나한테 줘요.
부모:	(크레파스 상자로 가서 안을 살핀다.) (CO)	부모:	(부모가 보이지 않는다.)
		아동:	나한테 그것을 줘서 고마워요.
그러나: 부모:	(계속 색칠을 하고 있다.) (NOC)	부모:	(CO)

| 순종(CO) |

정의

부모가 아동이 지시한 뒤 5초 이내에, 지시대로 하거나, 하려고 시작하거나, 하려고 시도할 때 순종으로 코딩한다.

	부모의 순종 예시		
아동:	나한테 빨간 블록을 주세요, 알겠죠?	**아동:**	내 옆에 앉을래요.
부모:	(2초 후 빨간 블록을 준다.)	**부모:**	의자가 너무 작구나. (의자에 앉는다.)
아동:	엄마 것도 치워요.	**아동:**	그것을 빨리 움직여요.
부모:	(5초 경과까지 장난감을 집는다.)	**부모:**	(자동차를 민다.)
아동:	모든 막대기로 줄 맞춰서 뉘어요.		
부모:	(2초 후 부모는 막대기 줄을 맞춰 눕히기 시작하고, 5초 경과까지 계속한다.)		
아동:	이것들을 옮기는 것을 도와줄래요?		
부모:	아니! (아동에게 있는 몇 개의 장난감을 거칠게 잡는다.)		

결정규칙

1. 부모가 순종을 했는지 하지 않았는지 혹은 순종기회 상실인지 불확실할 경우, 순종기회 상실로 코딩한다.
2. 부모가 순종했는지 불순종했는지 불확실할 때는 순종으로 코딩한다.

부모의 순종 가이드라인

1. 부모가 요구된 행동을 마쳤을 때, 순종으로 즉시 코딩하고 5초 시간 측정을 중지한다.

	예시		
아동:	저에게 자동차를 주세요.	**아동:**	우주선을 날려 주실래요?
부모:	(쉼 없이) (아동에게 자동차를 준다.) (CO)	**부모:**	(1초) (우주선을 날리기 시작한다.) (CO)
함께:	(농장놀이를 하고 있다.)		
아동:	소한테 건초를 먹여 줬으면 좋겠어요.		
부모:	(3초) (장난감 소에게 먹인다.) (CO)		

2. 부모가 5초 이내에 요청된 행동을 시작했지만 마치지 못한 경우, 남은 5초 동안 부모가 요청된 행동을 수행하기 위한 시도를 계속하고 요청과 일치하지 않는 행동을 시작하지 않을 때만 순종으로 코딩한다.

예시	
아동: 이 울타리를 같이 놓아요, 알았죠? **부모:** (5초 경과할 때, 울타리 조각의 절반을 연결한다.) (CO)	**아동:** 이야기를 해 주세요. **부모:** (4초) 옛날, 옛날에… (CO)
아동: 사람을 그리세요. **부모:** (5초 경과까지 얼굴을 그린다.) (CO)	**아동:** 나랑 같이 바닥에 앉아요, 아빠. **부모:** (처음에 아동에게로 걸어가지만, 5초 경과까지 그냥 서 있다.) (NC)

3. 순종은 부모가 부적절한 행동을 동반하더라도 요청된 행동을 수행하거나 하려고 시도했을 경우 코딩한다.

예시	
아동: 구슬을 전부 다 주세요. **부모:** (구슬을 건네는 동안 우는 소리를 하며 "이건 불공평해."라고 말한다.) (WH-TA+CO)	**아동:** 이것을 빨강으로 칠하세요. **부모:** 오 _____! (빨강으로 색칠한다.) (NTA+CO)
아동: 이 자동차를 정리하세요, 그럴거죠? **부모:** 네가 이것을 어지럽혔잖아. (자동차를 정리한다.) (NTA+CO)	

4. 부모가 순종을 꺼려하는 어떤 말을 해도, 5초 이내에 요청된 행동을 수행하면 순종으로 코딩한다.

예시	
아동: 이 페이지를 색칠해 봐요. **부모:** 나는 농장놀이가 더 좋은데. (그 페이지를 색칠한다.) (TA+CO)	**아동:** 나한테 기차를 보내세요, 엄마. **부모:** 나는 어떻게 다른 기차랑 연결되는지 보고 싶어. (하지만 아동에게 기차를 준다.) (TA+CO)
아동: 여기로 와요. **부모:** 잠시만이라도 앉아 있을 수 없을까? (아동을 향해 걸어간다.) (DQ+CO)	**아동:** 파란색 드레스를 입은 인형을 줘요. **부모:** 이건 내가 하고 싶은 건데. (아동에게 인형을 준다.) (TA+CO)

5. 부모가 요청된 행동을 수행하는 경우, 분명히 양립할 수 없는 것이 아니라면 응답의 질은 고려되지 않는다.

예시	
아동: 말 그림을 그리세요. **부모:** (그린다.) (CO)	**아동:** 그것을 살짝 내려놓으세요. **부모:** (인형의 집을 탁자에 놓는다.) (CO)
그러나:아동: 선을 그리세요. 　　　**부모:** (낙서한다.) (NC)	**그러나:아동:** 그것을 살짝 내려놓으세요. 　　　**부모:** (인형의 집을 떨어뜨린다.) (NC)

| 불순종(NC) |

정의

불순종은 두 사람 중 한 사람에 의해 주어진 직접지시나 간접지시를 응답자가 5초 이내에 요청된 행동을 수행하지 않거나 시도조차 하지 않을 때 또는 시도를 그만둘 때 코딩한다.

부모의 불순종 예시	
아동: 이리로 오세요. **부모:** (5초 동안 계속 앉아 있다.)	**아동:** 아빠, 저 트럭을 집으세요. **부모:** (6초 동안 색칠하고 트럭을 집는다.)
아동: 그것을 칠판에서 지우세요. **부모:** (지우기 시작하지만 3초 후에 멈추고 분필 먼지를 털어낸다.)	**아동:** 농장놀이를 해 봐요 **부모:** 난 하기 싫어. (놀이를 시작하지 않는다.)
아동: 레고를 정리해 주시겠어요? **부모:** 네가 어지럽혀 놓았잖아. (레고 놀이를 계속한다.)	

결정규칙

1. 부모가 순종했는지, 불순종했는지 혹은 순종기회 상실인지 불분명할 때는 순종 또는 순종기회 상실로 코딩한다.

2. 부모가 순종을 했는지 혹은 불순종을 했는지 불분명할 때는 순종으로 코딩한다.

부모의 불순종 가이드라인

1. 불순종은 지시 이후 부모가 아동의 요청과 일치하지 않는 행동을 할 때 코딩한다. 불순종으로 코딩하면 5초의 시간 측정을 멈춘다.

예시	
함께: (색칠 공부 놀이를 하고 있다.) **아동:** 얼룩말 줄무늬를 초록색으로 하세요. **부모:** (줄무늬를 검정으로 색칠한다.) (NC)	**아동:** 그 동전을 주세요. **부모:** (동전을 가방에 넣는다.) (NC)
아동: 이제 다른 탑을 쌓아 봐요. **부모:** (각 용기에 블록을 담는다.) (NC)	

2. 부모가 요청된 행동을 5초 이내에 수행하지 않거나 시도하지 않으면 불순종으로 코딩한다. 불순종은 부모에게서 별다른 반응 없이 5초가 흐르면 코딩한다.

	예시		
아동:	(문 앞에 서 있다.) 집에 가요.	**아동:**	목마를 태워 줄래요?
부모:	(5초 동안 계속 놀이하면서 무시한다.) (NC)	**부모:**	(5초 동안 계속 그린다.) (NC)
아동:	이리로 버스를 운전해서 오세요.	**아동:**	인어를 그려 주시겠어요?
부모:	(6초 후, 아동 쪽으로 버스를 움직이기 시작한다.) (NC)	**부모:**	(5초 동안 해를 계속 그린다.) (NC)
아동:	내 인형에 해 옷을 입히세요.		
부모:	(6초 후, 해 옷을 든다.) (NC)		

3. 부모가 요청된 행동을 시작했지만 5초 이내에 마치지 못했다면, 남은 5초 동안 지시와 일치하지 않는 행동을 고의적으로 하거나 지시에 순종하려는 시도를 중단했을 경우에만 불순종으로 코딩한다.

	예시		
아동:	감자인형을 차에 태워 주시겠어요?	**아동:**	다른 탑을 쌓아 주세요.
부모:	(감자인형을 들지만 8초 동안 코와 콧수염을 정리한다. (NC)	**부모:**	(블록을 내려놓고 "나는 이번에는 기차를 만들 거야."라고 말한다.) (NC)
아동:	내 종이에 별을 그리세요, 알겠죠?		
부모:	(아동의 종이를 잡으려 하다가, (2초) 5초 경과까지 아동의 그림을 칭찬한다.) (NC)		

4. 불순종은 부모가 기꺼이 순종할 것처럼 말을 하더라도 요청된 행동을 5초 이내에 수행하지 않거나 시도하지 않을 때 코딩한다.

	예시		
아동:	이야기 하나 해 주세요.	**아동:**	그 조각들을 더 가까이 옮겨요.
부모:	그래, 음… (5초 지나도, 부모는 이야기를 시작하지 않는다.) (NC)	**부모:**	그래.(하지만 5초 동안 그것들을 계속 분류한다.) (NC)
아동:	우리는 아기를 침대에 눕혀 줘야 해요.		
부모:	좋은 생각이네. (5초 동안 계속 아기 인형이 점프하는 척 한다.) (UP+NC)		

5. 불순종은 부모가 부적절한 행동을 동반하는 것과 상관없이, 지시를 수행하지 않거나 시도하지 않는 경우 코딩한다.

예시	
아동: ("비행기를 날려요!" 소리 지르며 뛴다.) **부모:** ("진정해!"라고 고함지른다. 그리고 비행기를 치워라.) (YE-DC+NC)	**아동:** 깜짝 장난감 상자 놀이하는 거 어때요? **부모:** ("그건 너무 시끄러워" 불평을 하며, 계속 색칠하고 있다.) (WH-TA+NC)
아동: 이야기 책을 덮으세요. **부모:** 네 입이나 닫아. (5초가 지나도 책을 열어 놓는다.) (NC+NTA)	

순종기회 상실(NOC)

정의

순종기회 상실은 두 사람 중 한 사람이 지시에 응할 충분한 기회를 주지 않는 경우 코딩한다.

부모의 순종기회 상실 예시			
아동:	내 그림을 냉장고에 붙여요, 알았죠?	**아동:**	인형한테 마실 것을 주세요. (아동이 인형에게 마실 것을 준다.)
아동:	그것을 오늘의 비밀 색깔로 칠하세요, 알겠죠?	**아동:**	(부모가 고함을 지른 후) 어른들은 조용히 말해야 하는 거예요.
아동:	서둘러요.	**아동:**	제발.
아동:	보세요.	**아동:**	엄마.

결정규칙

1. 부모가 순종할 적당한 기회를 가졌는지 불분명할 때는 순종기회 상실로 코딩한다.

부모의 순종기회 상실 가이드라인

1. 요청된 지시가 가까운 미래에 즉시 수행될 수 없는 것일 때(>5초), 순종기회 상실로 코딩한다.

예시			
함께:	(상자에서 농장 부품(조각)을 꺼내고 있다.)	**부모:**	내일 새 차가 올 거야.
아동:	다음에는 울타리를 만드세요. (CM/NOC)	**아동:**	새 차가 오자마자 타고 나가요. (CM/NOC)
부모:	(탁자 위에 모든 레고를 올려놓는다.)		
아동:	우리가 다하고 나면 엄마가 다 치워야만 해요. (CM/NOC)		

2. 부모의 부적절한 행동에 대해서 즉각적으로 적절한 행동에 대한 일반적인 규칙을 긍정적으로 말하는 지시는 순종기회 상실로 코딩한다.

예시	
부모: (고함지른다.) **아동:** 부모님은 아동들에게 조용하게 말해야 하는 거예요. (CM/NOC)	**부모:** (입을 막지 않고 기침한다.) **아동:** 사람들은 기침할 때, 입을 막고 해야 하는 거예요. (CM/NOC)
	그러나: 부모: 저 사람들은 하루 종일 싸우고 있어 **아동:** 사람들은 서로 사이좋게 지내야 해요, 그렇죠? (QU)
부모: 너희 엄마는 그림을 잘 못 그려, 안 그래? **아동:** 아빠는 엄마에 대해서 그렇게 말하면 안 되는 거예요. (NTA)	

3. 아동이 자신이 지시한 행동을 스스로 하여 부모의 순종을 방해하는 경우, 순종기회 상실로 코딩한다. 그러나 아동이 부모의 순종을 방해하지 않고 요구된 행동을 단순히 함께 했다면, 순종기회 상실로 코딩하지 않는다.

예시
아동: 소를 마차에 태우세요. **부모:** (지시를 무시한다.) **아동:** (4초 후, 소를 마차에 태운다.) (CM/NOC)
그러나: 아동: 동물들 전부를 헛간에 넣어요. 　　　　**부모:** (1초, 동물들을 헛간에 넣기 시작한다.) 　　　　**아동:** (3초 후, 동물들을 헛간에 넣기 시작한다.) (IC/CO)

4. 지시를 나타내는 동사구가 부모에게 기대되는 행동에 대하여 충분한 정보를 제공하지 못한다면, 순종기회 상실로 코딩한다. 이러한 동사구에는 내면적이거나 관찰할 수 없는 행동들 또는 순종 여부를 판단하기에 애매한 것들이 포함된다.

예시	
아동: 조심하세요. (CM/NOC)	**아동**: 서둘러요. (CM/NOC)
그러나: **아동**: 조심. (PRO)	**그러나**: 빨리. (PRO)
아동: 조심하세요. (CM/NOC)	**아동**: 친절하게 하세요. (CM/NOC)
	그러나: 착하게. (PRO)
아동: 준비하세요. (CM/NOC)	**아동**: 쉿.(예, 조용히 하세요.) (CM/NOC)
아동: 들어보세요. (CM/NOC)	**아동**: 기다려 주세요. (CM/NOC)
아동: 이것을 기억하세요, 알겠죠? (CM/NOC)	**아동**: 보세요. (CM/NOC)
아동: 내가 해 볼게요. (CM/NOC)	**아동**: 부드럽게 하세요. (CM/NOC)
	그러나: **아동**: 부드럽게 (PRO) **아동**: 블록을 살살 가지고 노세요. (CM)

5. 부모의 이름이나 동의어들이 주의를 환기시키기 위해 사용되고 2초 이상 다른 말과 분리될 때에는 순종기회 상실을 포함하는 간접지시로 코딩한다. (간접지시는 가이드라인 15 참고하라.)

예시	
아동: 엄마? (CM/NOC)	**아동**: 저기요. (CM/NOC)
그러나: 검정 크레파스를 쓰고 있어요, 엄마? (QU)	**그러나**: **아동**: 저기요, (<2초) 어느 것이 저기에 맞아요? (QU)
아동: 아빠, (>2초) 이건 여기에요. (CM/NOC + PRO)	
그러나: **아동**: 아빠, (<2초) 이건 여기에요. (PRO) **아동**: 이건 여기에요. (쉼 없이) 아빠. (PRO)	

6. '제발요'라는 말이 선행된 지시에서 2초 또는 그 이상 분리되고 그 지시를 반복하는 기능을 할 경우, '제발요'는 순종기회 상실을 포함한 간접지시로 코딩된다.

예시	
아동: 사탕을 좀 주세요. **부모:** (아동을 무시한다.) **아동:** (2초 후) 제발요. (CM/NOC)	**아동:** 우리 숨바꼭질 할까요? **부모:** 여기서는 안 돼. **아동:** (2초 후, 원래 질문에 대해) 제발요, 엄마. (CM/NOC) --- **그러나: 아동:** 울타리를 올리세요. 　　　　**부모:** (무시한다.) 　　　　**아동:** (2초 후) 제발 올려 주세요. (응답기회 있음. 이전 지시에 대해서는 지시/순종기회 상실임.)

아동 카테고리

아동 놀이말	아동 웃음

놀이말(PT)

정의

놀이말은 한 사람이 다른 사람에게 직접적으로 언어를 전달하는 형식이 아닌 언어 혹은 음성 행동이다.

아동의 놀이말 예시	
(임금인형이 되어 말하며) 나는 대장이다.	(토끼가 되어 말하며) 뭐하니?
(점토로 만든 뱀에게 말하며) 너는 질퍽거리는구나!	(인형 모자에게 말하며) 머리에 가만히 있어!
(선생님처럼 말하며) 말하기 전에 손을 드세요.	(자동차 놀이를 하며) 부릉, 부르릉.
(강아지 인형을 움직이며) 멍멍.	(노래하며) "나는 작은 주전자…"
(낭송 하는 중이다.) 철수와 영희는 언덕을 올라갔습니다.	(책을 읽으며) "철수가 달리는 걸 봐…"
(고함지르며, "나는 사라지고 있다.")	(아기 인형으로 징징대며) "배고파요."
(아기사자가 부모를 물며) 냠냠.	세 마리의 장님 생쥐, 그들이 어떻게 달리는지 보자.

결정규칙

1. 특정 말이 놀이말인지 혹은 다른 DPICS 카테고리의 말인지 불분명할 경우, 놀이말로 코딩하지 않는다.

2. 한 개의 놀이말을 말했는지 아니면 한 개 이상의 놀이말을 말했는지 불분명할 경우, 한 개의 놀이말로 코딩한다.

아동의 놀이말 가이드라인

1. 아동이 자기 자신이 아닌 장난감 혹은 캐릭터가 되어 '흉내 내는 말' 하듯이 말하는 것도 놀이말이다. 장난감 혹은 캐릭터가 되어 말하는 것인지 여부를 구분할 수 있는 방법은 a) 목소리가 달라지고, b) 말에 맞추어 장난감을 동시에 움직이는지를 보는 것이다. 말을 할 때 아동이 장난감을 움직이지 않는다면, 이는 놀이말로 코딩하지 않는다.

예시	
아동: (농부 목소리로) 안녕, 소 아저씨. (PT)	**아동:** (강아지 목소리로) 내 이름은 루퍼예요. (PT)
아동: (괴물 목소리로) 너를 먹어치울 테야! (PT)	**아동:** (플라스틱 사람 모양을 앞뒤로 움직이면서) 나는 이 땅에서 가장 현명해. (PT)
아동: (인형을 위 아래로 움직이며) 나를 떠나지 마세요. (PT)	**부모:** 나는 당신이 좋아요, 토끼 씨. **아동:** (토끼 인형의 꼬리를 흔들며) 나도 당신이 좋아요. (PT)
	또는: **아동:** (토끼 목소리로) 나도 당신이 좋아요. (PT) **그러나:** **아동:** (자신의 목소리로) 나도 당신이 좋아요. (PRO)

2. 놀이말에는 아동이 호칭하는 장난감이나 물건에 직접적으로 말하는 것이 포함된다.

예시	
아동: (침대에 인형을 눕힌다.) **아동:** 잘자요, 애니 씨. (PT)	**아동:** (오스카를 엘리베이터에 태우려고 애쓰고 있다.) **아동:** 여기에 타, 오스카. (PT)

3. 가상놀이에서 하나의 등장인물로서 말하는 것 또한 놀이말이다. 아동이 '역할 속에서' 하는 말인지가 명확할 때만 놀이말로 코딩한다.

예시
함께: (병원 놀이를 하고 있다.) **아동:** ("열이 있나요."라고 말하며 부모의 이마를 짚어본다.) (PT) **부모:** 잘 모르겠어요, 의사 선생님. **아동:** 열이 있군요. (PT) **부모:** 그럼 어떻게 하지요? **아동:** (약을 꺼내는 척한다.) 이 약을 먹으면 됩니다. (PT)

4. 놀이 도중 내는 효과음도 놀이말이다.

예시	
함께 : (기차를 밀고 있다.) **아동 :** 칙칙 폭폭. (PT)	**함께 :** (농장놀이를 하고 있다.) **아동 :** (돼지를 잡고) 꿀꿀꿀. (PT)
부모 : 이것이 점점 부풀고 있구나. **아동 :** (폭발음을 만든다.) (PT)	

5. 노래 부르기, 시 읊기 혹은 동요도 놀이말이다.

예시	
부모 : 별들을 많이 그렸구나. **아동 :** (노래를 부르며) 반짝, 반짝, 작은 별… (PT)	**부모 :** 똑딱 똑딱 똑딱. **아동 :** 쥐가 시계 위로 올라갔어요. (PT)

6. 글을 읽는 것 또한 놀이말이다.

예시	
함께 : (책을 보고 있다.) **아동 :** (읽으며) "제인이 뛰는 걸 봐." 스팟이 뛰는 걸 봐. (PT+PT)	**함께 :** (책을 읽고 있다.) **부모 :** "사"자는 사과할 때 "사"예요. **아동 :** "공은 공놀이 할 때 '공'이야." (PT)
	그러나 : 함께 : (알파벳 놀이를 하고 있다.) **부모 :** (자석 칠판에 있는 'A'를 가리키며) 이것은 무엇이지? **아동 :** apple의 A예요. (PRO)

7. 놀이말 요소를 포함하여 부모에게 직접 대화하는 개별 문장들은 놀이말로 코딩하지 않는다.

예시	
부모: 이거 뭐라고 써 있는 거예요? **아동:** 그것은 '그는 빨리 달린다'예요. (PRO)	**함께:** (책을 읽고 있다.) **아동:** 이 글자는 (읽으면서) '큰 자동차'예요. (PRO)
그러나: 아동: (읽는다.) "그는 빨리 달린다." (PT)	**그러나: 아동:** (책을 계속 읽는다.) "그 자동차는 크다." (PT)
부모: 수탉은 어떤 소리를 내지? **아동:** 그것은 (수탉 소리를 내면서) "꼬끼오."라고 해요. (PRO)	**부모:** 너는 알파벳을 아니? **아동:** 브라운 아주머니가 "a, b, c, d, e, f, g." (노래)하는 거예요.(PRO)
그러나: 아동: (수탉 소리를 내면서) "꼬끼오." (PT)	**그러나: 아동:** (노래한다.) "a, b, c, d, e, f, g." (PT)

8. 놀이말이 음성 카테고리(웃음, 징징대기, 고함 카테고리)와 동시에 발생할 때는 놀이말과 음성 둘 다를 코딩한다.

예시	
함께: (공룡 놀이를 하고 있다.) **아동:** (소리 지른다. "내가 가질 거야.") (YE-PT)	**함께:** (아기 인형 놀이를 하고 있다.) **아동:** (징징거리며, "엄마가 보고 싶어요.") (WH-PT)
부모: (감자인형에게 말하고 있다.) 내 입은 코 속에 있어. **아동:** (웃으며 말한다.) "너는 바보 감자구나." (LA-PT)	

9. 신체행동 카테고리(부정적 터치, 긍정적 터치)는 비록 장난감으로 신체행동을 했을지라도 놀이말로 코딩하지 않는다.

예시	
아동: (인형이 부모를 때리는 척하고 있다.) (NTO)	**아동:** (인형으로 부모의 얼굴을 만진다.) 인형이 엄마한테 뽀뽀해 주네요. (PTO＋PRO)

10. 언어 놀이말이나 음성 놀이말이 연속적으로 발생할 때, 한 문장 규칙과 2초 규칙을 이용하여 하나의 놀이말이 끝나는 시점과 다음 이어지는 놀이말이 시작되는 시점을 결정한다. 일반적인 시 또는 노래는 각 '행'을 한 문장으로 간주한다.

예시
부모: (전화소리) 따르릉, 따르릉, 따르릉 **아동:** (전화 받는 척한다.) 여보세요, 잘 지내세요? (PT+PT)
함께: (인형의 집 놀이를 하고 있다.) **아동:** (현관에서 인형을 움직인다.) 딩동, 딩동, 딩동. (PT) **부모:** (인형을 소파 뒤에 숨기며) 아무도 없어요. **아동:** 집에 있네요! 딩동, 딩동, 딩동 (2초 쉬고) 딩동, 딩동, 딩동. (PT+PT+PT)
아동: 험프티 덤프티 담벼락에 앉았네. 험프티 덤프티는 담벼락을 가졌지. 모든 왕의 말들과 사람들, 다시는 험프티를 함께 놓지 못했다네. (PT+PT+PT+PT) ─────────────────── **그러나: 아동:** "험프티 덤프티 담벼락에 앉았네. 험프티 덤프티, 아이쿠, 내가 떨어뜨렸네!" (PT+PT+PRO)

웃음(LA) ○

정의

웃음은 보통의 상호작용이나 긍정적인 상호작용을 하면서 즐겁다고 깔깔깔 웃는 소리이다. 아동 카테고리로만 코딩된다.

결정규칙

1. 웃음소리인지 아닌지 불확실할 때는 코딩하지 않는다.
2. 웃음이 적절한지 아니면 비웃거나 굴욕감을 갖게 하는지가 불확실할 때는 웃음으로 코딩하지 않는다.

아동의 웃음 가이드라인

1. 웃음은 언어와 함께 동시에 나올 수도 그렇지 않을 수도 있는 소리이다. 아동이 말하면서 웃을 때는 말과 음성 카테고리 둘 다 코딩한다.

예시	
부모: 그의 머리 위에 꽃을 놓을 거야. **아동:** ("예쁘네요."라고 말하면서 킬킬거리며 웃는다.) (LA+PRO)	**부모:** (경사로 자동차를 밀며) **아동:** ("이것은 빨리 달렸어요."라고 말하면서 웃는다.) (LA+PRO)

2. 이해할 수 있는 내용이 없는 소리(예 : 웃음, 징징대기, 고함)는 적당한 음성 카테고리로 코딩하고 언어 카테고리는 코딩하지 않는다.

예시	
부모: 너는 동화 속의 공주님이야. **아동:** (웃는다.) (LA)	**부모:** 우리에겐 남은 조각이 충분히 없어. **아동:** (징징대며, "이이이잉…") (WH)
부모: 상어인 척하고 있니? **아동:** (고함지르며, "크아아아악.") (YE)	

3. 웃음은 보통의 상호작용이나 긍정적인 상호작용의 내용에서 나올 때 코딩한다. 그 내용이 감정을 상하게 하거나 부적절한 경우는 웃음으로 코딩하지 않는다. 부모가 웃기 시작했어도 아동이나 부모의 부적절한 행동(예 : 불순종, 비웃음)이 진행되고 있는 상호작용은 웃음으로 코딩하지 않는다.

예시	
부모 : 숨바꼭질 할래? **아동 :** (웃으며 장난감 상자 안으로 기어들어간다.) (LA)	**부모 :** (고양이를 그리고 있다.) 우리 고양이처럼 그렸어. **아동 :** (웃으며 "우리 고양이는 그렇게 안 생겼어요!" 라고 말한다.) (LA+PRO)
그러나 : 부모 : 이것을 치우는 것을 도와주렴. 　　　　**아동 :** (웃으며 장난감 상자 안으로 기어들어간다.) (웃음은 코딩하지 않는다. +NC)	**그러나 :** (웃으며 "그건 똑같지 않아요.") (NTA)
함께 : (서로 꼬집으며 깔깔댄다.) (웃음은 코딩하지 않는다.) (NTO)	

4. 각각의 웃음은 개별적인 웃음으로 한다. 2초 또는 그 이상 중단되어 서로 분리된 것은 개별적인 웃음으로 코딩한다.

예시	
함께 : (레고 자동차를 만들고 있다.) **아동 :** ("멋져요. 이건 빠르게 갈 거예요."라고 말하면서 웃는다.) (LA-PRO+LA-TA)	**부모 :** (공중에 모형을 날린다.) 슈퍼맨이다. **아동 :** ("어디로 가요? 나한테로 날리세요."라고 말하면서 웃는다.) (LA-QU+LA-CM)

5. 웃음은 긍정적인 언어 카테고리이다. 웃음이 조롱이나 굴욕적일 때는 웃음으로 코딩하지 않는다.

예시	
부모 : (긴 탑에 블록을 올려놓는다. 탑이 무너진다.) **부모 :** (웃으며 "쓰러진다!") **아동 :** (웃는다.) (LA)	**부모 :** 그게 뭐니? (아동의 그림을 가리키며) **아동 :** ("이건 개구리예요."라고 말하고 웃는다.) (PRO+LA)
	그러나 : 부모 : (아동에게 손을 뻗으며 "이제 이리 와.") 　　　　**아동 :** (비웃듯이 웃으며 "싫어요." 한다.) (NTA)
부모 : (우연하게 자신의 블록 탑에 부딪힌다.) **아동 :** (조롱하며 웃는다. "엄마 것은 무너졌대요.") (PRO)	

6. 한 번의 웃음은 한 번의 웃음 또는 킬킬거림의 에피소드가 끝났을 때 코딩된다. 별개의 웃음 또는 킬킬거림의 에피소드는 어떤 말이나 2초 또는 그 이상의 쉬는 시간으로 중단된다. 어떤 말이나 2초 쉬는 시간 직후의 웃음은 새로운 웃음으로 코딩된다.

예시	
부모: (원숭이처럼 소리 지른다.) **아동:** (6초 동안 계속 깔깔대며 웃는다.) (LA)	**함께:** (댄스놀이를 하고 있다.) **아동:** (웃으며, "내가 이겼다."라고 말하고 다시 웃는다.) (LA-PRO+LA)
부모: (감자인형을 바보스럽게 꾸민다.) **아동:** (부모처럼 귀를 끼우며 웃는다.) (2초 이후) (부모처럼 입을 끼우며 웃는다.) (LA+LA)	**부모:** 나는 미소 짓는 물고기를 그렸어. **아동:** (웃으며 "행복한 물고기네요." 말하고 다시 웃는다.) (LA-PRO+LA)

7. 웃음은 다른 음성 카테고리(징징대기, 고함)와 동시에 코딩될 수 없다. 만약 부모가 웃음과 소리 지르기를 동시에 했다면 고함으로 코딩해라. 징징거림도 웃음과 동시에 코딩될 수 없다.

예시
아동: (장난감 상자 속을 재미있게 기어 들어간다.) **부모:** 내가 널 잡을 거야. **아동:** (크게 꽥 소리 지르며 웃는다.) (YE)

8. 웃음은 긍정적인 신체적 행동과 동시에 일어날 때 코딩된다. 웃음은 부정적인 신체행동(예 : 부정적 터치)과 동시에 일어날 때는 코딩되지 않는다. 이는 웃음은 긍정적인 맥락 내에서만 코딩되기 때문이다.

예시
부모: 네가 훌륭하게 해냈어! **아동:** (웃으며 부모와 꺼안는다.) (PRO+LA)
그러나: 부모: 나는 바로 돌아갈 거야. 　　　　**아동:** ("가지 마세요." 부모의 다리에 매달려 웃으며 말한다.) (NTA+NTO)

부록 C : 표

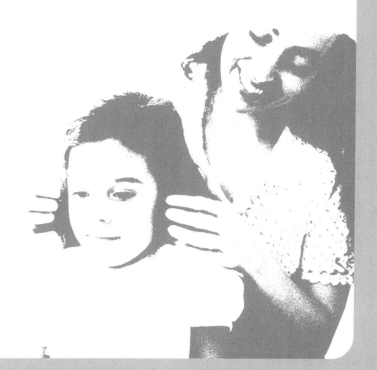

표 1. 아동주도 놀이(CLP)와 부모주도 놀이(PLP) 상황에서의 실시간 DPICS 카테고리 코딩의 신뢰도

카테고리	피어슨 상관		일치율*		코헨의 카파	
	CLP	PLP	CLP	PLP	CLP	PLP
부모 카테고리						
직접지시(DC)	.90	.65	82%	67%	.72	.66
간접지시(IC)	.85	.60	62%	36%	.59	.46
정보 질문(IQ)	.96	.82	85%	87%	.76	.82
묘사/반영 질문(DQ)	.87	.92	74%	81%	.72	.78
행동묘사(BD)	.47	.93	40%	78%	.24	.76
정보묘사(ID)	.83	.89	77%	82%	.67	.71
반영(RF)	.69	.73	65%	71%	.59	.69
인정(AK)	.80	.91	67%	77%	.65	.74
구체적인 칭찬(LP)	.72	.25	17%	25%	.13	.29
구체적이지 않은 칭찬(UP)	.90	.93	71%	77%	.76	.45
비판적인 말(CR)	.74	.45	69%	33%	.76	.17
놀이말(PT)	.99	.99	81%	75%	.86	.74
아동 카테고리						
순종(CO)	.83	.38	84%	80%	.95	.77
불순종(NC)	.93	.90	39%	67%	.67	.74
순종기회 상실(NOC)	.79	.45	83%	88%	.85	.88
응답(AN)	.82	.73	82%	94%	.83	.89
무응답(NA)	.63	.44	71%	56%	.54	.59
응답기회 상실(NOA)	.94	.91	94%	75%	.89	.80

주 : Bessmer & Eyberg, 1993. 모든 데이터는 어머니와 아동의 상호작용을 통하여 얻은 것이다.
* 일치 퍼센트는 연구자들 사이에서 일치한 것을 일치한 것과 불일치한 것의 합으로 나눠서 계산되었다.

표 2. 세 가지 DPICS 상황에서 어머니-아동 상호작용 동안에 비디오 녹화된 DPICS-II 카테고리 코딩의 신뢰도

카테고리	피어슨 상관		일치율*		코헨의 카파	
	부모	아동	부모	아동	부모	아동
정보 질문(IQ)	.93	.96	85%	80%	.80	.87
직접지시(DC)	.99	.89	82%	68%	.69	.72
묘사/반영 질문(DQ)	.90	.89	80%	68%	.74	.72
구체적이지 않은 칭찬(UP)	.88	.81	77%	50%	.70	.72
정보묘사(ID)	.86	.93	75%	78%	.63	.71
응답(AN)	.93	.82	74%	73%	.90	.82
구체적인 칭찬(LP)	.89	발생하지 않음	71%	발생하지 않음	.68	발생하지 않음
웃음(LA)	.90	.96	67%	65%	.84	.78
간접지시(IC)	.92	.74	64%	45%	.63	.61
비판적인 말(CR)	.94	.60	63%	45%	.62	.58
인정(AK)	.86	.79	58%	64%	.59	.74
놀이말(PT)	.85	.95	69%	60%	.76	.70
순종(CO)	.79	.92	54%	63%	.73	.71
순응기회 상실(NOC)	.82	.95	53%	67%	.70	.59
반영(RF)	.75	.66	48%	45%	.46	.51
행동묘사(BD)	.69	.63	43%	32%	.55	.43
비꼬는 말	.81	.91	47%	55%	.57	.70
응답기회 상실(NOA)	.78	.78	44%	59%	.65	.71
부정적 터치(NTO)	.82	.29	39%	18%	.86	.33
긍정적 터치(PTO)	.49	.37	37%	17%	.65	.61
불순종(NC)	.99	.85	37%	48%	.63	.55
무응답(NA)	.66	.64	35%	37%	.54	.51
불평(WH)	.54	.85	21%	50%	.66	.57
고함(YE)	발생하지 않음	.93	발생하지 않음	52%	발생하지 않음	.57

주 : 일치율은 연구자들 사이에서 일치한 것을 일치한 것과 불일치한 것의 합으로 나눠서 계산되었다(Bessmer, Brestan & Eyberg, 1995).

표 3. 세 가지 DPICS 상황에서 아버지-아동의 상호작용 동안 비디오에 녹화된 DPICS-II 카테고리 코딩의 신뢰도

카테고리	Kappa		급간 내 상관	
	아버지	아동	아버지	아동
순종	.86	.69	.89	.95
놀이말	.80	.76	.97	.92
응답	.79	.84	.82	.93
정보 질문	.76	.83	.91	.88
순종기회 상실	.76	.65	.66	.92
부정적 터치[a]	.74	1.0	.75	.89
묘사/반영 질문	.69	.78	.89	.90
긍정적 터치	.68	.65	.48	.40
구체적이지 않은 칭찬[a]	.66	.49	.75	.64
직접지시	.65	.67	.98	.86
간접지시	.64	.60	.92	.83
칭찬(총합)[b]	.64	.66	.89	.84
무응답	.64	.61	.49	.67
응답기회 상실	.64	.70	.54	.74
인정	.62	.81	.90	.91
반영	.58	.72	.66	.81
불순종	.58	.61	.63	.92
비판적인 말[a]	.57	.61	.92	.74
정보묘사	.57	.71	.90	.92
비꼬는 말[a]	.56	1.0	.65	.91
부정적인 말[b]	.52	.66	.92	.89
구체적인 칭찬[a]	.49	**	.05	.00
우발적인(contingent) 칭찬	.49	**	.00	**
웃음	.48	.66	.83	.85
행동묘사	.46	.60	.53	.58
파괴적[a]	**	.09	−.03	.08
불평[a]	**	.73	.26	.78
고함[a]	**	.75	**	.76

주 : Brestan, Foote, & Eyberg(2005)에서 인용. 클리닉에 의뢰된 집단(n=47 코딩 간격)과 비교 집단(n=57 코딩 간격)을 포함한 N=104, 5분간의 코딩 간격에 기초한 분석이다.
[a] 클리닉에 의뢰된 집단만 코딩한 것.
[b] 비교 집단만 코딩한 것[부정적인 말=비판적인 말/비꼬는 말, 칭찬(총합)=구체적이지 않은 칭찬/구체적인 칭찬/우발적인 칭찬]
** 충분치 않은 데이터로 계산할 수 없음

표 4. 치료 전에 파괴적인 아동-부모 쌍을 대상으로 한 DPICS-II 카테고리의 Kappa 신뢰도

카테고리	아동	부모
음성		
웃음	0.75 [b]	0.38 [a]
불평	0.83	1.00 [b]
고함	0.76	0.90 [b]
응답 코딩		
응답	0.77	0.74 [b]
무응답	0.63	0.57 [b]
응답기회 상실	0.73	0.72 [b]
순종 코딩		
순종	0.70	0.77 [b]
불순종	0.59	0.67 [b]
순종기회 상실	0.56	0.61 [b]
신체행동		
파괴적 행동	0.29 [a]	1.00
부정적 터치	0.88	0.69
긍정적 터치	0.79	0.76
언어		
인정의 말	0.80 [c]	0.69 [c]
행동묘사	0.47 [c]	0.53
비판적인 말	0.65 [c]	0.61 [c]
직접지시	0.71 [c]	0.70
묘사 질문	0.77 [c]	0.75
간접지시	0.68 [c]	0.67
정보묘사	0.72 [c]	0.66 [c]
정보 질문	0.85 [c]	0.82
구체적인 칭찬	0.50 [c]	0.70
놀이말	0.78 [b]	0.82 [b]
반영	0.72 [c]	0.56
비꼬는 말	0.71 [c]	0.57 [c]
구체적이지 않은 칭찬	0.75 [c]	0.76

주 : 표본에는 아버지-아동 42쌍과 어머니-아동 89쌍이 포함되었다. 신뢰도는 사전 검사 동안 세 가지 DPICS 상황에 따라 계산했다.
[a] 이 카테고리는 신뢰도가 낮기 때문에 세 번째 개정판에서는 삭제되었다.
[b] 이 카테고리는 이 매뉴얼의 부록 B의 DPICS 추가 카테고리로 옮겨졌다.
[c] 이 카테고리는 DPICS의 세 번째 개정판에서 다른 카테고리와 통합되었다.

표 5. 사전 검사 평가 동안 의뢰된 어머니-아동 쌍(n=79)에 대한 일주일 검사-재검사 신뢰도(피어슨 상관)

	부모주도 놀이 상황	정리 상황(clean up)
부모의 비판적인 말	.39 **	.34 **
부모의 칭찬	.47 **	.57 **
아동의 부정적인 말	.47 **	.42 **

주 : Brinkmeyer(2005)에서 인용

** $p < .001$

표 6. DPICS를 사용한 연구들

참고문헌	모집단	주어진 심리측정 자료	사용된 부모 카테고리	사용된 아동 카테고리
Aragona & Eyberg, 1981	방임된, 행동문제가 있는 아동들과 정상 아동들의 어머니	변별타당도	DC, IC, TA, CR, 지시 총합*, 묘사총합*, 칭찬*, 말의 총합	없음
Bessmer et al., 2005	정상적인 가정과 품행 문제가 있는 가정의 어머니-아동의 쌍	Normative, 평가자 간 신뢰도, 변별타당도	지시*, 직접지시 비율*, 친사회적 행동*, 부정적인 말*, 부적절한 행동*	NC, 부적절한 행동 비율*, 친사회적 행동*
Borrego Jr. et al., 2004	학대하거나 학대가 없는 어머니-아동의 쌍	변별타당도	CR, YE, DS, PN, 칭찬, PP, LA, AK, 묘사, 질문, 지시	CO, NC
Brestan et al., 2005	의뢰되었거나 의뢰되지 않은 아버지-아동의 쌍	Normaive, 평가자 간 신뢰도, 변별타당도	지시, 부적절한 행동, 친사회적 행동	CO, 부적절한 행동, 친사회적 행동
Calzada, Eyberg, Rich, & Querido, 2004	PCIT에 참여한 파괴적인 행동장애가 있는 아동들과 그 어머니들	기술통계	요구사항* 반응*	CO, 알파 순종*, 베타 순종*
Eisenstadt, Eyberg, McNeil, Newcomb, & Funderburk, 1993	파괴적인 행동치료를 위해 의뢰된 아동들과 부모	치료 민감성	칭찬 퍼센트*, 부정적인 말 퍼센트*	CO퍼센트, 부정적인 말 퍼센트
Eyberg, Boggs, & Algina, 1995	파괴적 행동 장애 치료를 위해 의뢰된 아동들과 그들의 부모	치료 민감성	PN, PP	CO, 일탈행동*
Eyberg & Matarazzo, 1980	언어장애가 있는 아동들과 그 어머니들	치료 민감성	DC, IC, DQ, DS, LP, LP, CS	없음
Eyberg & Robinson, 1982	파괴적인 행동치료를 위해 의뢰된 아동들과 그 부모들	치료 민감성	칭찬총합*, 직접지시비율*, 기회상실 비율*	일탈총합*, 순종률*, 불순종률*
Eyberg et al., 2001	파괴적 행동의 성공적인 치료 이후 아동들과 어머니들	치료 민감성	따르는 것*, 이끄는 것*, 애정*, 부정적인 행동*	긍정적인 말과 일탈행동, 알파 순종과 PN
Forster et al., 1990	품행문제가 있거나 없는 4세 내지 8세 아동들	코딩자 간 신뢰도, 변별타당도	없음	DQ, 칭찬, CR, 놀이 말, 지시

참고문헌	모집단	주어진 심리측정 자료	사용된 부모 카테고리	사용된 아동 카테고리
Gross et al., 2003	행동문제 때문에 치료 받고 있는 2세 내지 3세 아동들과 부모들	치료 민감성	모든 긍정적인 부모행동*, IC, DC, CR, 강요 (intrusion)*, PN	혐오스런 아동 행동 (NC, DS, PN, cry, WH, YE, ST), 긍정적인 아동 행동*
Hartman, Stage, & Webster-Stratton, 2003	행동문제로 치료 중인 부모와 아동들	치료 민감성	강압적인 양육*	아동의 일탈총합*
Kniskern et al., 1983	의뢰되지 않은 어머니-아동 쌍	일반화	TA, 부적절한 언어화, CR, UP, LP, DQ, IQ, TA, BD, PP, PN, TA, DC	PN, DS, YE, ST, cry, WH
McIntosh et al., 2000	행동문제가 있는 2세 아동과 그 선생님	치료 민감성	DQ, IQ, RF, BD, IC, DC, 칭찬	지시, NC, CO, 파괴적인, 무시하기
McNeil, Eyberg, Eisenstadt, & Newcomb, 1991	PCIT에 참여한 파괴적인 행동장애가 있는 아동과 그 부모들	치료 민감성	없음	CO, 일탈행동*
Nelson et al., 2005 출판되지 않은 자료분석	파괴적인 행동치료에 의뢰된 아동들과 그 부모들	평가자 간 신뢰도, 치료 민감성	모든 DPICS-II 개별 카테고리	모든 DPICS-II 개별 카테고리
Nixon et al., 2003	파괴적인 행동장애가 있는 아동들과 PCIT에 참여한 부모들	치료 민감성	칭찬, CR, DC, IC	CO, 일탈행동
Querido, Eyberg, & Boggs, 2001	파괴적 행동장애가 있는 아동들과 그 부모들	수렴타당도	CR, PN	CR, ST, WH, YE, PN
Robinson & Eyberg, 1981	정상적인 어머니-아동 쌍	DPICS(1판) 표준화	DC, IC, LP, UP, CR, 지시, 신체적인 긍정, 신체적인 부정, 아동의 일탈행동에 대한 반응	활동의 변화, WH, cry, 신체적인 부정, ST, YE, DS, CO, NC, NOC
Schuhmann et al., 1998	파괴적인 행동장애 치료를 위해 의뢰된 아동들과 그 부모들	치료 민감성 코딩자 간 신뢰도	칭찬, 칭찬 퍼센트, CR, BD	CO
Stormshak & Webster-Stratton, 1999	행동문제를 치료 중에 있는 아동들과 그 부모들	수렴타당도	없음	아동의 일탈총합*
Timmer, Borrego, & Urquiza, 2002	학대적인 어머니-아동 쌍과 학대적이지 않은 어머니-아동 쌍	수렴타당도	질문*, 애매한 지시*, 지시*, 긍정적인 행동*	AN, NA, 부정적 행동*

참고문헌	모집단	주어진 심리측정 자료	사용된 부모 카테고리	사용된 아동 카테고리
Webster-Stratton, 1985a	가정과 클리닉에서 부모와 상호작용하는 것이 관찰된 아동들	일반화	칭찬총합, CR, 지시총합, DC	일탈*
Webster-Stratton, 1994	행동문제로 치료 중인 아동과 부모	치료 민감성	칭찬, 침범하지 않는 묘사적인 말, 일탈*, CR	일탈*
Webster-Stratton, 1998	행동문제로 치료 중인 아동과 그 부모 그리고 치료받지 않는 부모-아동 쌍	치료 민감성	긍정적인 정서, 칭찬*, PP, CR, 지시	일탈*, NC, 긍정적인 정서 총합, 친사회적 행동*
Webster-Stratton Hammond, 1998	Head Start 아동과 그 부모들	수렴타당도	칭찬*, PP, CR	NC, 부정적인 행동 총합(WH, cry, YE, PN, ST, DS)
Webster-Stratton & Hammond, 1999	부부 갈등을 겪는 부모와 그 아동들	수렴타당도	긍정적인 정서*, 부정적인 정서*, CR	일탈*
Webster-Stratton & Lindsay, 1999	클리닉에 의뢰된 아동들과 의뢰되지 않은 아동들	수렴타당도(사회적 과정에 관계가 있는)	없음	아동의 일탈총합*, 불순종 총합*, 부정적인 정서*
Webster-Stratton, Reid, & Hammond, 2001	행동문제로 치료 중인 2세 내지 3세 아동과 부모들	치료 민감성	CR, PR, PP	NC, NOC, 아동의 일탈*
Wruble, Sheeber, Sorensen, & Boggs, 1991	의뢰되지 않은 학령전 아동들	기술통계	IC, DC	CO
Zangwill, 1983	부모훈련 치료를 받은 품행문제 아동들	치료 민감성	강화 비율*, 처벌 비율*	일탈행동 비율*, 순종 비율*
Zangwill & Kniskern, 1982	가정과 클리닉에서 부모들과 상호작용하는 것이 관찰된 아동들	일반화	강화 비율*, 처벌 비율*	일탈행동 비율*, 순종 비율*

* 사용된 통합카테고리에 대한 상세한 설명을 위해서는 원문을 참고하시오.

표 7. DPICS-II 카테고리에 대한 평정자 간 신뢰도와 자료의 타당도

카테고리	GIFT [a] Kappa	Foote [b] Kappa	Bessmer [c] Kappa	집단 간 차이 [d]		사전에서 사후 치료의 차이 [d]	
				차이	차이 없음	차이	차이 없음
부모의 인정(AK)	.69	.62	.59	2, 17	1	14, 10	14
부모의 응답(AN)	.74	.79	.90			14	14
부모의 행동묘사(BD)	.53	.46	.55	2, 8, 17	1	14, 8, 12, 16	7, 8
부모의 순종(CO)	.77	.86	.73			14	
부모의 우발적 칭찬(CP)	–	.49	–			14	
부모의 비판적인 말(CR)	.61	.57	.62	2, 4, 8, 17, 21	1	14, 6, 8, 9, 10, 11, 15, 16, 18, 19, 21, 22	7, 8
부모의 묘사/반영 질문(DQ)	.75	.69	.74	2, 8	17	14, 8, 12	7
부모의 직접지시(DC)	.70	.65	.69	2, 3, 8, 17	1, 4	14, 8, 9, 10, 11, 12, 15, 19	7, 8
부모의 간접지시(IC)	.67	.64	.63	2, 3, 8, 17	1, 4	14, 8, 10, 11, 12, 16, 19	7
부모의 정보묘사(ID)	.66	.57	.63	2, 8, 17	1	8, 12	7, 8
부모의 정보 질문(IQ)	.82	.76	.80	2	17	14, 12	7
부모의 구체적인 칭찬(LP)	.70	.49	.68	2, 8, 17	1, 21	14, 6, 8, 9, 10, 12, 15, 16, 19, 22	7
부모의 비꼬는 말(ST)	.57	.56	.57	3, 4		14, 6	
부모의 부정적 터치(NTO)	.69		.86	2, 3, 4, 17		14, 5, 10, 20	7
부모의 무응답(NA)	.57	.64	.54			14	
부모의 불순종(NC)	.67	.58	.63			14	
부모의 응답기회 상실(NOA)	.72	.64	.65				
부모의 순종기회 상실(NOC)	.61	.76	.70				
부모의 긍정적 터치(PTO)	.76	.68	.65	2	21	19	5, 7
부모의 반영(RF)	.56	.58	.46	17		14, 12, 18	7
부모의 구체적이지 않은 칭찬(UP)	.76	.66	.70	2, 8, 17	1, 21	14, 6, 8, 9, 10, 12, 16, 19, 22	7
부모의 놀이말(PT)	.82	.80	.76				
부모의 웃음(LA)	.38	.48	.84	2			
부모의 불평(WH)	1.00	–	.66	3, 4, 17		14	
부모의 고함(YE)	.90	–	–	2, 3, 4, 17			
부모의 파괴적(DS)	1.00	–	–	2, 3, 4, 17			
아동의 인정(AK)	.80	.81	.74		17	14	
아동의 응답(AN)	.77	.84	.82		17	14	

카테고리	GIFT[a] Kappa	Foote[b] Kappa	Bessmer[c] Kappa	집단 간 차이[d]		사전에서 사후 치료의 차이[d]	
				차이	차이 없음	차이	차이 없음
아동의 행동묘사(BD)	.47	.60	.43		17		
아동의 순종(CO)	.70	.69	.71	2, 3, 4		14, 5, 6, 9, 15, 16	12, 13
아동의 묘사 질문(DQ)	.77	.78	.72				
아동의 파괴적 행동(DS)	.29	—	—	3, 4	17	9, 11, 18, 19, 20, 21, 22	5, 7, 10, 13, 15
아동의 직접지시(DC)	.71	.67	.72				
아동의 간접지시(IC)	.68	.60	.61				
아동의 정보묘사(ID)	.72	.71	.71		17	14	14
아동의 정보 질문(IQ)	.85	.83	.87			14	14
아동의 구체적인 칭찬(LP)	.50	—	—		17		
아동의 비판적인 말(CR)	.65	.61	.58	3, 4	17		14, 6, 13, 15
아동의 비꼬는 말(ST)	.71	1.0	.70	3, 4, 23		9, 11, 18, 19, 20, 22, 24	5, 6, 7, 10, 13, 15
아동의 부정적 터치(NTO)	.88	—	.33	3, 4, 22	17	9, 11, 18, 19, 20, 21, 22, 24	5, 10, 13, 15
아동의 무응답(NA)	.63	.61	.51		17	14	14
아동의 불순종(NC)	.59	.61	.55	22		14, 9, 11, 12, 18, 19, 20, 21, 22, 24	7, 10
아동의 응답기회 상실(NOA)	.73	.70	.71			14	
아동의 순종기회 상실(NOC)	.56	.65	.59			14, 9, 22	22
아동의 긍정적 터치(PTO)	.79	.65	.61		17	19	
아동의 반영(RF)	.72	.72	.51		17		
아동의 구체적이지 않은 칭찬 (UP)	.75	.49	.72		17		
아동의 놀이말(PT)	.78	.76	.70			14	14
아동의 웃음(LA)	.75	.66	.78		17	14, 19	14, 7
아동의 불평(WH)	.83	.73	.57	3, 4, 22	17	14, 9, 11, 18, 19, 20, 21, 22, 24	14, 5, 7, 10, 13, 15
아동의 고함(YE)	.76	.75	.57	3, 4, 22	17	14, 9, 11, 18, 19, 20, 21, 22, 24	14, 5, 7, 10, 13, 15

[a] 진행 중에 있는 GIFT(미래에 함께 성장하기) 프로젝트 R01 MH 60632에서 가져온 데이터이다. Eyberg와 Boggs 인쇄중.

[b] Brestan, Foote, and Eyberg(2005)는 의뢰된 아버지-아동 쌍에 해당하는 진하게 표시된 것을 제외하고 의뢰되었거나 의뢰되지 않은 아동들을 사용한 부모-아동 카테고리에 대한 Kappas를 계산했다.

[c] Bessmer, Brestan, and Eyberg(2005)

[d] 연구 번호는 표 7에서의 숫자로 나열된 연구에 일치한다.

표 8. 집단 간 구분 또는 치료 전-후를 설명하기 위해 DPICS를 사용한 연구들

	연구	특별한 결과들
1	Aragona & Eyberg, 1981	• 방임하는 어머니는 방임하지 않는 어머니들에 비해 CDI와 PDI 동안에 더 많은 비판적인 말(CR)을 했다. • 방임하는 어머니들은 방임하지 않는 부모들에 비해 PDI 동안에 칭찬(LP, UP)과 인정은 더 적게 하고, DC는 더 많이 했다. • 묘사(ID, BD)나 간접지시의 사용에서는 방임하는 어머니와 방임하지 않는 어머니 사이에 주목할 만한 차이가 없었다. • 방임된 아동의 어머니들과 행동 문제가 있는 아동의 어머니들은 지시(IC, DC), 묘사(ID, BD), 인정, 칭찬(UP, LP)과 비판적인 말의 비율이 비슷했다. • 행동 문제가 있는 아동의 어머니들은 행동 문제가 없는 아동의 어머니들과 비교하여 PDI와 CDI에서 더 많은 비판적인 말과 PDI에서 더 적은 직접지시, 칭찬과 인정을 나타냈다.
2	Borrego, Timmer, Urquiza, & Follette, 2004	• 신체적으로 학대하는 어머니들은 학대하지 않는 어머니들보다 아동의 불순종 전이나 후에 즉각적인 부정적인 행동(CR, YE, DS, PN)을 더 많이 했다. • 학대하는 어머니들은 학대하지 않는 어머니들보다 더 낮은 비율의 긍정적인 행동(UP, LP, PP, LA)을 보였다. • 학대하는 어머니들은 아동의 순종(CO) 전에 즉각적인 긍정적인 행동(UP, LP, PP, LA)을 더 적게 보였다. • 학대하는 어머니와 학대하지 않는 어머니 둘 다 아동의 불순종(NC) 후에 중립적인 말(AK, BD, ID, IQ, DQ)보다는 지시(IC, DC)를 더 많이 했다. • 학대하는 어머니와 학대하지 않는 어머니 둘 다 아동이 중립적인 행동을 한 이후보다 순종을 한 이후에 긍정적인 행동(UP, LP, PP, LA)을 더 많이 보였다. • 학대하는 어머니와 학대하지 않는 어머니는 아동이 순종한 것을 칭찬할 가능성에서 차이가 없었다. • 순종률은 학대하지 않는 어머니보다 학대하는 어머니의 경우 더 낮았다.
3	Bessmer, Brestan, & Eyberg, 2005	• 의뢰되지 않은 어머니들은 의뢰된 어머니들보다 지시를 더 적게 했다. • 의뢰되지 않은 어머니들은 의뢰된 어머니들보다 부적절한 행동(ST, PN, WH, YE, DS)을 덜 보였다. • 의뢰되지 않은 아동은 의뢰된 아동들 보다 어머니에게 더 높은 순종을 보였다(순종 비율로서). • 의뢰되지 않은 아동들은 의뢰된 어동들보다 어머니에게 부적절한 행동(DS, CR, PN, WH, YE)을 덜 보였다.
4	Brestan, Foote, & Eyberg, 2005[b]	• 의뢰된 아버지와 의뢰되지 않은 아버지는 지시를 하는 횟수가 비슷했다. • 의뢰되지 않은 아버지는 의뢰된 아버지보다 부적절한 행동(CR, ST, PN, WH, YE, DS)을 덜 보였다. • 의뢰되지 않은 아동들은 의뢰된 아동들보다 아버지에게 순종을 더 많이 했다. • 의뢰되지 않은 아동들은 의뢰된 아동들보다 부적절한 행동(YE, WH, PN, CR, DS)을 덜 보였다.
5	Eisenstadt, Eyberg, McNeil, Newcomb, & Funderburk, 1993	• 부모들은 치료 후에 PN 행동을 덜 보였다. • 부모의 PP에 대해서 주목할 만한 치료효과가 없었다. • 아동의 순종은 치료 후에 더 높았다. [백분율 : CO/(IC+DC)] • 아동의 일탈행동 통합(DS, CR, PN, WH, YE)에 대해서 주목할 만한 치료효과가 없었다.

	연구	특별한 결과들
6	Eyberg, Boggs, & Algina, 1995	• 어머니들은 치료 후에 부정적인 말(CR, ST)을 더 적게 했다. • 아동들은 부정적인 말(CR, ST)에 대해서 치료효과를 보이지 않았다. • 어머니들은 치료 후에 칭찬을 더 많이 했다. • 아동은 치료 후에 순종을 더 잘했다.
7	Eyberg et al., 2001	• 효과크기가 보통에서 큰 수준이었지만, 아동의 일탈행동(WH, YE, 'Cry', ST, DS), 부모가 이끄는 것(DQ, DC, IQ, IC), 부모가 따라주는 것(ID, BD, RF), 부모의 감정(UP, LP, PP), 아동의 긍정적인 말(LA, '자기칭찬'), 아동의 알파 순종 비율, 부모의 부정적인 행동(CR, PN)에서 유의한 사전-사후 차이가 발견되지 않았다.
8	Eyberg & Matarazzo, 1980	• 개별적인 상호작용 훈련을 받은 어머니들은 치료를 받지 않았던 어머니들보다 PCIT의 CDI 단계 동안 더 많이 묘사했고, 덜 비판했고 지시를 더 적게 했다. PCIT의 PDI 단계에서 주목할 만한 변화는 없었다. • 개별적인 상호작용 훈련을 받은 어머니들은 치료를 받지 않았던 어머니들보다 CDI와 PDI 단계 동안 간접지시를 더 적게 했다, 질문을 더 적게 했다, 칭찬을 더 많이 했다. • 개별적인 상호작용 훈련을 받은 어머니들은 교육형식으로 집단훈련을 받은 어머니나 치료를 받지 않았던 어머니들보다 CDI 단계에서 더 적게 CR을 했다. • 개별적인 상호작용 훈련을 받았던 어머니들은 교육 형식으로 집단훈련을 받은 어머니들보다 CDI와 PDI에서 더 많은 질문을 했다, 더 적게 간접지시를 했다, 더 많이 칭찬했다.
9	Eyberg & Robinson, 1982	• 부모들은 치료 후에 덜 비판했다, 더 적게 지시했고, 지시기회 상실이 더 적었다. • 부모들은 치료 후에 더 많이 칭찬(UP, LP)했다. • 아동들은 치료 후에 더 많이 순종했다. • 아동들은 치료 후에 일탈적인 행동(DS, CR, PN, YE, WH)을 덜 보였다.
10	Gross, Fogg et al., 2003	• 통합된 아동의 행동문제 비율의 일부인 YE에 대해서는 치료효과가 없었다. • 부모의 긍정적인 행동 비율은 치료와 함께 개선되었다. • 아동의 행동 문제(DS, ST, PN, YE, WH, NC)는 치료와 함께 변화되지 않았다.
11	Hartman, Stage, & Webster-Stratton, 2003	• 부모들은 치료 후에 덜 강압적인 양육(CR, DC, IC)을 했다. • 아동들은 치료 후에 더 적은 일탈행동(YE, DS, CR, PN, NC, WH)을 보였다.
12	McIntosh, Rizza, & Bliss, 2000	• 선생님은 선생님-아동 상호작용 치료 후에 더 많은 묘사(ID, BD), 더 많은 칭찬(UP, LP), 더 많은 반영(RF), 더 적은 지시(IC, DC) 그리고 더 적은 질문(IQ, DQ)을 보였다. • 선생님-아동 치료를 하고 아동의 순종에서 주목할 만한 치료효과가 없었다.
13	McNeil, Eyberg, Eisenstadt, Newcomb, & Funderburk, 1991	• 치료 후에 아동의 일탈행동(YE, CR, DS, PN, WH)에서 주목할 만한 변화가 없었음 • 치료 후에 아동의 순종 퍼센트가 더 높았다.
14	Nelson, Eyberg, Boggs, & Stevens, 2005[a] 출판되지 않은 원자료	• 부모의 인정은 아버지를 대상으로 한 치료에서만 치료와 함께 감소했다. • 부모의 응답은 어머니를 대상으로 한 치료에서만 감소했다. • 부모의 행동묘사, 우연적인 칭찬, 반영, 구체적이지 않은 칭찬, 징징대기, 구체적인 칭찬은 아버지와 어머니를 대상으로 한 치료와 함께 증가했다. • 부모의 비판, 묘사/반영 질문, 직접지시, 정보 질문은 어머니와 아버지를 대상으로 한 치료와 함께 감소했다.

	연구	특별한 결과들
		• 알파와 베타 순종의 일부인 아동의 어머니에 대한 순종은 증가했고 단지 베타 순종의 일부인 아동의 아버지에 대한 순종은 증가했다. • 아동의 정보묘사는 어머니와 함께한 경우만 감소했다. • 아동의 정보 질문, 무응답, 불평, 고함은 어머니와 함께한 경우만 치료 즉시 감소했다. • 아동의 불순종, 응답기회 상실, 순종기회 상실은 어머니와 아버지를 대상으로 한 치료 후에 감소했다. • 아동의 놀이말, 웃음은 아버지를 대상으로 한 경우만 감소했다. • 아동의 비판적인 말에 대해서는 치료효과가 없었다.
15	Nixon, Sweeney, Erickson, & Touyz, 2003	• 어머니들은 치료 후에 덜 비판했다. • 어머니들은 대기 통제 집단에 비교해서 표준화된 PCIT 혹은 단축된 PCIT 이후에 칭찬을 더 많이 했다. • 어머니들은 치료 후에 지시(IC, DC)를 더 적게 하고 더 많이 칭찬했다. • 아동의 순종은 치료와 함께 증가했다. • 아동의 일탈총합(YE, DS, CR, PN, WH)은 치료와 함께 변하지 않았다.
16	Schuhmann et al., 1998	• 치료받은 부모 집단은 치료받지 않은 집단보다 비판적인 말을 더 적게 하고, 묘사(BD)를 더 많이 하고, 칭찬(LP, UP)을 더 많이 했다. • 치료받지 않은 집단보다 치료받은 집단은 어머니와 아버지에게 순종을 더 많이 하는 것으로 관찰되었다.
17	Timmer, Borrego, & Urquiza, 2002	• 학대하는 어머니들은 학대하지 않는 어머니들보다 더 적은 중립적인 행동(BD, ID, RF, AK)을 보였다. • 학대하는 어머니들은 학대하지 않는 어머니들보다 아동의 AK 이후에 부정적인 행동(CR, WH, YE, DS, PN)을 더 많이 보였다. • 학대하는 어머니와 학대하지 않는 어머니들은 질문(IQ, DQ)을 하는 빈도에서 차이가 없었다. • 학대하는 어머니와 학대하지 않는 어머니들은 다음과 같은 아동의 코딩의 빈도에서 차이가 없었다-AK, AN, BD, DS, ID, LP, CR, NTO, PTO, NA, RF, UP, LA, WH, YE • 학대하는 어머니와 학대하지 않는 어머니들은 질문이나 중립적인 코멘트(BD, ID, RF, AK)를 한 이후보다 지시를 한 후에 더 많은 부정적인 행동(CR, WH, YE, DS, PN)을 보였다. • 학대받은 아동들은 학대받지 않은 아동들보다 부모의 질문 후에 부정적인 행동(CR, WH, YE, DS, PN)을 더 많이 했다. • 학대받은 아동들은 학대받지 않은 아동들보다 부모의 질문에 AK로 더 많이 대답했다. • 학대받은 아동들과 학대받지 않은 아동들은 부모가 지시나 중립적인 코멘트를 한 이후 보다 질문을 한 후에 중립적인 행동(BD, ID, RF, AK)을 더 많이 했다.
18	Webster-Stratton, 1994	• 부모들은 치료 후에 비판은 더 적게 하고 반영을 더 많이 했다. • 아동들은 치료 후에 일탈행동(DS, YE, CR, PN, NC, WH)을 더 적게 보였다.
19	Webster-Stratton, 1998	• 치료 후에, 부모들은 비판과 지시(DC, IC)를 더 적게 했고 긍정적인 양육행동을 더 많이 보였다(UP, LP, PP). • 아동들은 치료 후에 더 적은 일탈과 불순종(DS, 'cry', YE, WH, NC, PN), 그리고 더 긍정적인 정서('정서적인 행동', LA)를 보였다.

	연구	특별한 결과들
20	Webster-Stratton & Hammond, 1990	• 비판적인 말의 사용과 신체적인 부정적 행동은 어머니와 아버지를 대상으로 한 치료와 함께 감소했다. • 양부모와 함께한 상호작용에서 아동의 일탈행동(WH, 'cry', PN, ST, YE, DS, NC)은 치료와 함께 감소했다.
21	Webster-Stratton, Hammond, 1998	• 만성적인 사회적 능력 문제가 있는 아동의 부모들은 그 문제가 없는 아동들의 부모보다 더 많이 비판했다. 정상적인 아동들의 부모가 가장 적게 비판했다. • 사회적 능력문제가 있는 아동들의 부모는 정상적인 아동들의 부모보다 '긍정적인 정서'를 덜 보이고, PP, UP, LP를 덜 보였다. • 만성적인 품행문제가 있는 아동의 부모들은 만성적이지 않은 품행문제가 있는 아동들의 부모보다 더 많이 비판했다. 정상 아동들의 부모가 가장 적게 비판했다. • 부모의 '긍정적인 정서', 즉 LP, UP, PP의 사용은 정상아동과 품행문제가 있는 아동을 변별하지 못했다.
22	Webster-Stratton, Hollinsworth, & Kolpacoff, 1989	• 아동들은 치료 후에 더 적은 일탈행동과 불순종(YE, CR, DS, PN, NC, WH)을 보였다. • 어머니와 아버지는 치료 후에 더 많이 칭찬(LP+UP)하였고 더 적게 비판했다. • 아버지는 치료 후에 지시기회 상실을 더 적게 했고 어머니의 경우 치료효과가 없었다.
23	Webster-Stratton & Lindsay, 1999	• 의뢰된 아동들은 의뢰되지 않은 아동들보다 더 많은 일탈행동(PN, WH, CR, ST, YE, 'Cry', 공격성)과 더 많은 NC을 보였다.
24	Webster-Stratton, Reid, & Hammond, 2001	• 의뢰되지 않은 집단보다 치료받은 집단에서 더 적은 아동의 일탈행동(YE, CR, PN, NC, WH)이 관찰되었다.

[a] 조합된 세 가지 상황

표 9. 제2판의 카테고리에서 결합되어 만들어진 이번 판의 새로운 DPICS 카테고리들

새로운 DPICS 부모 카테고리	DPICS-II에서의 이전 부모 카테고리
일상적인 말(TA)	인정(AK) + 정보묘사(ID)
부정적인 말(NTA)	비판적인 말(CR) + 비꼬는 말(ST)
새로운 DPICS 아동 카테고리	**DPICS-II에서의 이전 아동 카테고리**
친사회적인 말(PRO)	인정(AK) + 정보묘사(ID) + 행동묘사(BD) + 반영(RF) + 구체적 칭찬(LP) + 구체적이지 않은 칭찬(UP)
질문(QU)	묘사/반영 질문(DQ) + 정보 질문(IQ)
지시(CM)	직접지시(DC) + 간접지시(IC)
부정적인 말(NTA)	비판적인 말(CR) + 비꼬는 말(ST)

표 10. 어머니-아동 상호작용 : 무작위로 선정한 25쌍의 치료 전과 치료 후에 5분의 아동주도 놀이(CLP), 부모주도 놀이(PLP)와 정리(CU)시간의 상호작용 시 발생하는 카테고리의 빈도(각 DPICS 표준화된 상황에서 125분의 관찰 동안에 발생한 숫자)

	사전 CDI	사전 PDI	사전 CU	사후 CDI	사후 PDI	사후 CU
부모 카테고리						
인정	190	152	179	168	171	152
행동묘사	4	5	4	129	33	20
우발적인 칭찬	0	0	0	0	0	0
비판적인 말	62	127	148	17	37	42
직접지시	89	347	528	26	146	256
묘사 질문	249	225	180	62	66	37
파괴적인	1	1	0	1	4	0
간접지시	49	227	311	26	133	98
정보묘사	382	666	482	497	622	325
정보 질문	188	143	72	16	40	13
웃음	16	12	6	33	24	6
구체적인 칭찬	6	3	3	102	121	106
부정적인 터치	3	28	27	1	5	4
긍정적인 터치	13	11	16	10	10	26
놀이말	92	153	21	216	81	12
반영	31	15	7	109	46	23
비꼬는 말	19	12	47	2	2	2
구체적이지 않은 칭찬	34	30	63	118	175	207
경고하기	0	0	0	0	0	3
불평	1	5	12	0	2	0
고함	1	2	0	1	1	0
아동 카테고리						
인정	151	106	90	63	96	70
행동묘사	0	0	0	3	2	0
우발적인 칭찬	0	0	0	0	0	0
비판적인 말	29	67	55	25	37	24
직접지시	67	45	54	91	58	38
묘사 질문	75	49	85	64	107	80
파괴적인	40	15	30	26	12	55
간접지시	45	36	32	31	49	25
정보묘사	537	393	350	477	391	204
정보 질문	78	56	55	48	45	36
웃음	10	12	8	20	36	8
구체적인 칭찬	0	0	0	1	0	0
부정적인 터치	3	14	2	1	1	3
긍정적인 터치	0	1	6	5	9	7
놀이말	181	110	38	341	60	63
반영	12	5	1	5	6	1
비꼬는 말	9	82	149	15	34	20
구체적이지 않은 칭찬	3	0	2	14	11	8
징징대기	50	111	207	12	43	54
고함	78	83	30	29	3	11

표 11. 아버지-아동 상호작용 : 무작위로 선정한 25쌍의 치료 전과 치료 후 5분의 아동주도 놀이(CLP), 부모주도 놀이(PLP)와 정리(CU) 상황의 상호작용 시 발생하는 카테고리의 빈도(각 DPICS 표준화된 상황에서 125분의 관찰 동안에 발생한 숫자)

	사전 CLP	사전 PLP	사전 CU	사후 CLP*	사후 PLP*	사후 CU*
부모 카테고리						
인정	251	202	152	172	155	157
행동묘사	8	7	7	64	23	18
우발적인 칭찬	0	0	0	0	0	0
비판적인 말	32	112	125	18	49	41
직접지시	74	348	448	43	187	234
묘사 질문	362	269	180	71	122	65
파괴적인	18	2	2	0	4	0
간접지시	45	193	187	39	115	149
정보묘사	408	626	474	480	590	413
정보 질문	231	136	55	38	43	24
웃음	35	22	11	21	15	15
구체적인 칭찬	5	3	7	69	61	75
부정적 터치	0	13	9	4	2	4
긍정적 터치	11	29	10	15	5	22
놀이말	48	54	16	238	160	11
반영	56	28	15	79	37	10
비꼬는 말	4	4	13	1	8	7
구체적이지 않은 칭찬	37	59	59	114	121	233
경고하기	0	0	0	0	0	1
불평	0	2	3	2	2	0
고함	0	0	2	0	2	14
아동 카테고리						
인정	199	202	106	86	127	97
행동묘사	2	0	3	3	2	1
우발적인 칭찬	0	0	0	0	0	0
비판적인 말	16	38	37	34	25	17
직접지시	115	68	33	58	33	32
묘사 질문	80	59	64	60	70	67
파괴적인	70	56	45	30	25	12
간접지시	32	25	23	46	33	17
정보묘사	570	419	281	385	415	269
정보 질문	74	60	50	31	40	47
웃음	56	49	10	19	15	22
구체적인 칭찬	0	0	2	2	1	2
부정적인 터치	5	7	6	8	4	8
긍정적인 터치	8	9	2	9	0	9
놀이말	135	88	49	185	172	22
반영	7	10	2	5	9	5
비꼬는 말	21	29	71	12	26	30
구체적이지 않은 칭찬	2	9	1	10	15	5
징징대기	7	63	101	17	28	29
고함	18	33	30	9	11	38

주 : 22쌍의 관찰에 기초한 자료(110분의 관찰 동안)

표 12. 보편적인 아동의 통합 카테고리

카테고리	공식
% 알파 순종 (부모주도 놀이와 정리 상황에서만 코딩된)	$_cCO \div [(_pDC + _pIC) - _cNOC]$
% 알파 불순종 (부모주도 놀이와 정리 상황에서만 코딩된)	$_cNC \div [(_pDC + _pIC) - _cNOC]$
% 베타 순종 (부모주도 놀이와 정리 상황에서만 코딩된)	$_cCO \div (_pDC + _pIC)$
% 베타 불순종 (부모주도 놀이와 정리 상황에서만 코딩된)	$_cNC \div (_pDC + _pIC)$
% 지시할 기회 (부모주도 놀이와 정리 상황에서만 코딩된)	$(_cCO + _cNC) \div (_cCO + _cNC + _cNOC)$
% 질문에 응답	$_cAN \div (_cAN + _cNA)$
% 질문에 무응답	$_cNA \div (_pIQ - _cNOA)$
부적절한 행동	$_cNTA + _cNTO + _cYE + _cWH$

주 : 카테고리 약자의 정의에 대해서는 매뉴얼의 앞쪽에 있는 신속한 참고 가이드를 보라.
$_c$는 아동의 카테고리를 나타낸다.
$_p$는 부모의 카테고리를 나타낸다.

표 13. 보편적인 부모의 통합 카테고리

카테고리	공식
지시 총합 [a]	$_pIC + _pDC$
직접지시 비율	$_pDC \div (_pIC + _pDC)$
칭찬총합	$_pLP + _pUP$
% 칭찬	$(_pLP + _pUP) \div$ 부모의 언어 총합 [b]
% 부정적인 말	$_pNTA \div$ 부모의 언어 총합 [b]
% 긍정적인 수행 (아동주도 놀이에서만 코딩된)	$(_pBD + _pRF + _pLP + _pUP) \div$ 부모의 언어 총합 [b]
% 긍정적으로 이끌기 (부모주도 놀이와 정리 상황에서만 코딩된)	$(_pDC + _pBD + _pRF + _pLP + _pUP) \div$ 부모의 언어 총합 [b]
% 부정적으로 이끌기	$(_pDQ + _pIQ + _pIC + _pNTA) \div$ 부모의 언어 총합 [b]
부적절한 행동	$_pIQ + _pDQ + _pNTA + _pNTO$
친사회적 행동	$_pBD + _pRF + _pUP + _pLP + _pPTO$

주 : 카테고리 약자의 정의에 대해서는 매뉴얼의 앞쪽에 있는 신속한 참고 가이드를 보라.
$_p$는 부모의 카테고리를 나타낸다.
[a] 요구사항이라고 불린다(Calzada, Eyberg, Rich, & Querido, 2004).
[b] 부모의 언어 총합 $= _pNTA + _pDQ + _pIQ + _pLP + _pUP + _pIQ + _pDQ + _pRF + _pBD + _pTA$

표 14. 부모-아동 상호작용 코딩 카테고리(DPICS) 관찰을 위해 일반적으로 적절하거나 부적절한 장난감들의 예시

적절한 장난감	부적절한 장난감
블록	야구방망이 또는 야구공
레고 또는 듀플로(Duplos)	가위
목재 퍼즐	망치
알파벳과 숫자 자석	장난감 총 또는 칼
플라스틱 스트로를 조합하여 만들기 하는 장난감	영웅 모형들
조립식 장난감	이야기책들
칠판과 분필	꼭두각시 인형
그림판	장난감 전화
장난감 찻잔 세트 또는 음식	플레이도우
장난감 사람, 동물, 탈 것 등이 있는 장난감 건물	그림물감 또는 마커
감자인형	비눗방울
나무블록	보드게임 또는 카드게임
색칠하기 그림책	비디오 게임
크레용(때때로)	크레용(때때로)

표 15. DPICS 카테고리에서의 우선순위와 결정규칙

우선순위	결정규칙 순위
부모의 언어	
부정적인 말(NTA, 이전의 CR과 ST)	일상적인 말(TA, 이전의 AK와 ID)
직접지시(DC)	행동묘사(BD)
간접지시(IC)	반영(RF)
구체적인 칭찬(LP)	묘사/반영 질문(DQ)
구체적이지 않은 칭찬(UP)	정보 질문(IQ)
정보 질문(IQ)	구체적이지 않은 칭찬(UP)
묘사/반영 질문(DQ)	구체적인 칭찬(LP)
반영(RF)	간접지시(IC)
행동묘사(BD)	직접지시(DC)
일상적인 말(TA, 이전의 AK와 ID)	부정적인 말(NTA, 이전의 CR과 ST)
부모의 신체적 행동	
부정적 터치	긍정적 터치
긍정적 터치	부정적 터치
아동의 언어	
부정적인 말(NTA, 이전의 CR과 ST)	친사회적인 말 (PRO, 이전의 AK, ID, RF, BD, LP와 UP)
지시하기(CM)	질문(QU)
질문하기(QU)	지시(CM)
친사회적인 말(PRO)	부정적인 말(NTA)
아동의 음성	
고함(YE)	불평(WH)
불평(WH)	고함(YE)
아동의 신체적 행동	
부정적 터치(NTO)	긍정적 터치(PTO)
긍정적 터치(PTO)	부정적 터치(NTO)

주 : 지시에 따라오는 반응과 정보 질문 뒤에 따라오는 응답의 분류에 있는 카테고리는 동시에 발생할 수 없다.

표 16. 반항장애가 있는 아동을 대상으로 한 5분 아동주도 놀이(PLP) 상호작용에 대한 치료 전 평균

언어 카테고리	어머니		어머니와 함께한 아동		아버지		아버지와 함께한 아동	
	평균	표준편차	평균	표준편차	평균	표준편차	평균	표준편차
일상적인 말	9.12	5.68	7.09	4.55	7.51	4.81	7.32	4.01
행동묘사	0.22	0.38	0.04	0.16	0.19	0.47	0.06	0.23
우발적인 칭찬	0.00	0.00	—[a]	—[a]	0.00	0.00	—[a]	—[a]
비판적인 말	1.37	1.54	0.97	1.11	1.42	2.23	1.99	2.57
직접지시	3.50	3.73	3.42	2.94	3.71	3.44	4.21	3.25
묘사 질문	10.68	6.28	2.76	2.37	9.49	5.46	2.73	2.37
간접지시	1.23	1.18	1.49	1.47	1.33	1.34	1.57	1.27
일상적인 말	14.68	8.44	22.61	9.65	12.35	7.47	21.94	8.09
정보 질문	6.43	3.61	3.22	2.98	6.70	2.78	3.96	4.38
구체적인 칭찬	0.07	0.23	0.00	0.00	0.10	0.23	0.02	0.11
놀이말	2.27	4.70	7.02	8.64	3.37	7.16	6.70	9.06
반영	0.92	1.10	0.44	0.84	0.80	1.43	0.12	0.27
비꼬는 말	0.04	0.16	0.26	0.51	0.02	0.15	0.55	0.94
구체적이지 않은 칭찬	0.99	1.08	0.17	0.35	0.86	1.13	0.25	0.55
음성 카테고리								
웃음	—[a]	—[a]	1.51	2.00	—[a]	—[a]	1.31	1.95
불평	0.00	0.00	0.42	0.91	0.00	0.00	0.74	1.84
고함	0.02	0.13	0.33	0.88	0.00	0.00	0.42	1.09
신체적 카테고리								
부정적 터치	0.05	0.20	0.07	0.25	0.08	0.33	0.08	0.29
긍정적 터치	0.39	0.83	0.11	0.30	0.20	0.56	0.12	0.45
반응 카테고리								
응답	1.91	2.05	3.52	2.27	1.88	2.27	3.86	2.07
무응답	0.49	0.70	1.16	1.39	0.99	1.24	1.05	0.96
응답기회 상실	0.79	1.09	1.67	1.48	1.08	1.55	1.69	1.25
순종			1.25	1.57	1.50	1.98	1.42	1.17
불순종	0.30	0.47	0.38	0.57	0.48	0.69	0.70	0.77
순종기회 상실	3.36	2.48	3.11	2.95	3.74	2.49	2.94	2.75
선택된 통합 카테고리								
부적절한 행동	18.57	8.67	7.29	4.41	17.71	7.39	9.31	6.09
친사회적 행동	2.59	2.10	2.02	1.88	2.14	1.83	1.99	1.46
부정적인 언어의 퍼센트(비율)	0.45	0.11	—[a]	—[a]	0.48	0.13	—[a]	—[a]
긍정적인 반응의 퍼센트(비율)	0.04	0.04	—[a]	—[a]	0.04	0.03	—[a]	—[a]
지시의 총합	4.73	4.30	—[a]	—[a]	5.05	3.91	—[a]	—[a]
칭찬의 총합	1.06	1.15	—[a]	—[a]	0.95	1.18	—[a]	—[a]
언어의 총합	51.52	20.63	50.48	16.04	47.85	16.82	53.42	15.30

표 17. 반항장애가 있는 아동을 대상으로 한 5분 부모주도 놀이(PLP) 상호작용에 대한 치료 전 평균

	어머니		어머니와 함께한 아동		아버지		아버지와 함께한 아동	
언어 카테고리	평균	표준편차	평균	표준편차	평균	표준편차	평균	표준편차
일상적인 말	7.26	4.33	6.52	4.10	7.13	4.46	6.74	4.97
행동묘사	0.20	0.36	0.06	0.25	0.26	0.61	0.04	0.13
우발적인 칭찬	0.00	0.00	—[a]	—[a]	0.01	0.08	—[a]	—[a]
비판적인 말	6.77	4.82	2.29	3.01	6.82	5.16	1.56	2.00
직접지시	15.84	10.42	2.42	2.26	19.44	12.10	2.40	2.36
묘사 질문	10.40	5.48	2.86	2.20	10.05	5.54	2.82	2.16
간접지시	7.78	4.88	1.34	1.11	8.11	4.43	1.24	1.43
일상적인 말	23.36	9.58	19.38	8.54	21.43	8.82	18.95	7.81
정보 질문	5.79	4.41	2.47	2.14	5.63	4.54	2.81	2.49
구체적인 칭찬	0.21	0.46	0.02	0.13	0.11	0.26	0.00	0.00
놀이말	2.15	4.53	2.90	5.50	0.40	0.75	2.82	4.36
반영	0.46	0.66	0.50	0.90	0.46	0.58	0.39	0.61
비꼬는 말	0.47	1.36	2.92	4.98	0.20	0.35	3.29	5.93
구체적이지 않은 칭찬	1.98	2.58	0.18	0.39	2.05	2.10	0.24	0.64
음성 카테고리								
웃음	—[a]	—[a]	1.27	2.24	—[a]	—[a]	1.08	1.62
불평	0.00	0.00	3.91	8.43	0.00	0.00	2.67	5.31
고함	0.03	0.24	1.24	3.03	0.04	0.13	0.93	2.55
신체적 카테고리								
부정적 터치	1.19	2.76	0.51	1.36	0.68	1.60	0.39	1.86
긍정적 터치	0.53	1.18	0.16	0.59	0.26	0.68	0.04	0.13
반응 카테고리								
응답	1.36	1.29	2.78	2.24	1.69	1.95	3.08	3.33
무응답	0.65	1.03	0.85	1.12	0.58	0.79	0.88	1.10
응답기회 상실	0.43	0.59	2.09	2.05	0.48	0.55	1.61	1.23
순종	0.50	0.68	5.01	4.06	0.49	0.62	6.70	4.75
불순종	0.80	1.03	4.25	4.44	0.77	1.05	4.68	4.44
순종기회 상실	2.42	2.04	14.13	8.62	2.35	2.33	16.08	8.72
선택된 통합 카테고리								
부적절한 행동	24.62	10.38	11.05	8.08	23.38	8.80	10.87	7.42
친사회적 행동	3.38	3.83	5.93	4.42	3.14	2.52	7.40	4.68
부정적인 언어의 퍼센트(비율)	—[a]	—[a]	—[a]	—[a]	—[a]	—[a]	—[a]	—[a]
긍정적인 반응의 퍼센트(비율)	—[a]	—[a]	—[a]	—[a]	—[a]	—[a]	—[a]	—[a]
지시의 총합	23.62	12.70	—[a]	—[a]	27.55	12.84	—[a]	—[a]
칭찬의 총합	2.19	2.93	—[a]	—[a]	2.15	2.10	—[a]	—[a]
언어의 총합	82.66	23.55	46.46	16.14	82.11	20.87	44.86	17.17

표 18. 반항장애가 있는 아동을 대상으로 한 5분 정리하기(CU) 상호작용에 대한 치료 전 평균

	어머니		어머니와 함께한 아동		아버지		아버지와 함께한 아동	
언어 카테고리	평균	표준편차	평균	표준편차	평균	표준편차	평균	표준편차
일상적인 말	6.53	4.26	4.27	3.16	4.78	4.52	4.25	2.97
행동묘사	0.15	0.35	0.00	0.00	0.11	0.31	0.01	0.08
우발적인 칭찬	0.01	0.11	—[a]	—[a]	0.00	0.00	—[a]	—[a]
비판적인 말	5.82	4.34	1.91	2.81	4.76	4.49	1.39	1.79
직접지시	23.01	14.99	2.19	2.28	21.39	14.57	1.70	2.21
묘사 질문	6.45	4.21	2.67	2.35	6.04	3.98	2.85	2.83
간접지시	10.70	6.92	1.15	1.56	8.50	5.47	0.98	1.03
일상적인 말	17.61	7.48	14.31	5.73	15.54	8.92	14.00	7.39
정보 질문	2.69	2.65	3.21	2.51	3.01	3.18	2.83	3.30
구체적인 칭찬	0.26	0.63	0.00	0.00	0.25	0.60	0.01	0.08
놀이말	0.34	1.55	1.43	2.52	0.23	0.52	6.70	9.06
반영	0.30	0.58	0.09	0.23	0.30	0.46	0.15	0.40
비꼬는 말	0.65	1.78	5.89	7.65	0.28	0.53	0.55	0.94
구체적이지 않은 칭찬	2.58	3.16	0.05	0.15	2.35	2.95	0.11	0.31
음성 카테고리								
웃음	—[a]	—[a]	0.43	1.03	—[a]	—[a]	0.45	0.66
불평	0.01	0.07	6.98	8.62	0.00	0.00	5.24	9.78
고함	0.19	1.45	1.92	3.57	0.06	0.32	1.91	4.21
신체적 카테고리								
부정적 터치	0.95	2.01	0.13	0.31	0.46	0.98	0.31	1.37
긍정적 터치	0.41	0.78	0.09	0.23	0.25	0.49	0.11	0.42
반응 카테고리								
응답	2.10	1.66	1.29	1.34	1.83	2.44	1.40	1.57
무응답	0.71	0.79	0.52	0.90	0.54	0.74	0.66	1.18
응답기회 상실	0.36	0.57	0.85	1.11	0.40	0.51	0.93	1.21
순종	0.30	0.51	6.64	4.45	0.24	0.65	6.85	4.93
불순종	1.43	2.27	7.86	6.66	1.03	1.35	6.78	7.22
순종기회 상실	1.55	1.85	18.95	12.64	1.31	1.60	16.16	10.30
선택된 통합 카테고리								
부적절한 행동	16.58	8.24	13.81	9.62	14.55	7.30	11.46	8.46
친사회적 행동	3.70	4.08	6.87	4.47	3.26	3.55	7.25	5.05
부정적인 언어의 퍼센트(비율)	—[a]	—[a]	—[a]	—[a]	—[a]	—[a]	—[a]	—[a]
긍정적인 반응의 퍼센트(비율)	—[a]	—[a]	—[a]	—[a]	—[a]	—[a]	—[a]	—[a]
지시의 총합	33.70	17.75	—[a]	—[a]	29.89	17.08	—[a]	—[a]
칭찬의 총합	2.84	3.60	—[a]	—[a]	2.60	3.30	—[a]	—[a]
언어의 총합	77.10	24.79	39.09	13.77	67.53	28.00	35.16	16.50

Aragona, J. A., & Eyberg, S. M. (1981). Neglected children: Mothers' report of child behavior problems and observed verbal behavior. *Child Development, 52*(2), 596-602.

Baumrind, D. (1967). Child care practices anteceding three patterns of preschool behavior. *Genetic Psychology Monographs, 75*(1), 43-88.

Baumrind, D. (1991). The influence of parenting style on adolescent competence and substance use. *Journal of Early Adolescence, 11*(1), 56-95.

Bessmer, J. L., Brestan, E. V., & Eyberg, S. M. (2005). The Dyadic parent-child interaction coding system II (DPICS II): Reliability and validity with mother-child dyads. Manuscript in preparation.

Bessmer, J. L., & Eyberg, S. M. (1993, November). *dyadic Parent-Child Interaction Coding System--II (DPICS): Initial reliability and validity of the clinical version.* Paper presented at the AABT Preconference on Social Learning and the Family, Atlanta, GA.

Boggs, S. R., Nelson, M. M., & Eyberg, S. M. (2005). Efficacy of parent-child interaction therapy: Final report of a randomized trial with short-term maintenance. *Manuscript in preparation.*

Borrego Jr., J., Timmer, S. G., Urquiza, A. J., & Follette, W. C. (2004). Physically Abusive Mothers' Responses Following Episodes of Child Noncompliance and Compliance. *Journal of Consulting & Clinical Psychology, 72* (5), 897-903.

Brestan, E. V., Foote, R. C., & Eyberg, S. M. (2005). The dyadic parent-child interaction coding system II (DPICS II): Reliability and validity wit h father-child dyads. Manuscript in preparation.

Brinkmeyer, M. Y. (2005). *Conduct Disorder in Young Children: A Comparison of Clinical Presentation and Treatment Outcome in Preschoolers with Conduct Disorder versus Oppositional Defiant Disorder. Dissertation in preparation.* University of Florida, Gainesville.

Calzada, E. J., Eyberg, S. M., Rich, B., & Querido, J. G. (2004). Parenting Disruptive Preschoolers: Experiences of Mothers and Fathers. *Journal of Abnormal Child Psychology, 32*(2), 203-213.

Deskins, M. M., Loper, M. B., Hughes, J. C., Brestan, E. V., Klinger, L. J., Valle, L. A., et al. (2004, November). *The dyadic Parent-Child Interaction Coding System II (DPICS-II): Reliability and validity with school aged children.* Paper presented at the Association for the Advancement of Behavior Therapy, New Orleans.

Eisenstadt, T. H., Eyberg, S. M., McNeil, C. B., Newcomb, K., & Funderburk, B. W. (1993). Parent-child interaction therapy with behavior problem children: Relative effectiveness of two stages and overall treatment outcome. *Journal of Clinical Child Psychology, 22*(1), 42-51.

Eyberg, S. M. (1974). *Manual for the coding of parent-child interactions of children with behavior problems. Unpublished manuscript.:* Oregon Health Sciences University.

Eyberg, S. M., Bessmer, J. L., Newcomb, K., Edwards, D. L., & Robinson, E. A. (1994). *dyadic Parent-Child Interaction Coding System-II: A Manual.* San Rafael, CA: Select Press.

Eyberg, S. M., Boggs, S. R., & Algina, J. (1995). Parent-child interaction therapy: A psychosocial model for the treatment of young children with conduct problem behavior and their families. Psychopharmacology Bulletin, 31(1), 83-91.

Eyberg, S. M., Edwards, D. L., Bessmer, J. L., & Litwins, N. (1994). *The dyadic Parent-Child Interaction Coding System-II (DPICS-II): Coder Training Manual [unpublished manuscript].* Gainesville: University of Florida.

Eyberg, S. M., Funderburk, B. W., Hembree-Kigin, T. L., McNeil, C. B., Querido, J. G., & Hood, K. K. (2001). Parent-child interaction therapy with behavior problem children: One and two year maintenance of treatment effects in the family. *Child & Family Behavior Therapy, 23*(4), 1-20.

Eyberg, S. M., & Matarazzo, R. G. (1980). Training parents as therapists: A comparison between individual parent-child interaction training and parent group didactic training. *Journal of Clinical Psychology, 36*(2), 492-499.

Eyberg, S. M., & Robinson, E. A. (1982). Parent-child interaction training: Effects on family functioning. *Journal of Clinical Child Psychology, 11*(2), 130-137.

Eyberg, S. M., & Robinson, E. A. (1983). dyadic Parent-Child Interaction Coding System (DPICS): A manual. *Psychological Documents, 13*(2), 24.

Eyberg, S. M., Robinson, E. A., Kniskern, J. R., & O'Brian. (1978). *Revised manual for coding parent-child interactions of children with behavior problems. Unpublished manuscript.:* Oregon Health Sciences University and University of Oregon.

Forster, A. A., Eyberg, S. M., & Burns, G. L. (1990). Assessing the verbal behavior of conduct problem children during mother·child interactions: A preliminary investigation. *Child & Family Behavior Therapy, 12*(1), 13-22.

Gross, D., Fogg, L., Webster-Stratton, C., Garvey, C., Julion, W., & Grady, J. (2003). Parent training of toddlers in day care in low-income urban communities. *Journal of Consulting & Clinical Psychology, 71*(2), 261-278.

Hartman, R. R., Stage, S. A., & Webster-Stratton, C. (2003). A growth curve analysis of parent training outcomes: Examining the influence of child risk factors (inattention, impulsivity, and hyperactivity problems), parental and family risk factors. *Journal of Child Psychology & Psychiatry & Allied Disciplines, 44*(3), 388-398.

Herschell, A. D., Calzada, E. J., Eyberg, S. M., & McNeil, C. B. (2002a). Clinical issues in Parent-Child Interaction

Therapy. *Cognitive and Behavioral Practice, 9*(1), 16-27.

Herschell, A. D., Calzada, E. J., Eyberg, S. M., & McNeil, C. B. (2002b). Parent-child interaction therapy: New directions in research. *Cognitive & Behavioral Practice, 9*(1), 9-15.

Kelley, M. L., Reitman, D., & Noell, G. H. (2003). *Practitioner's Guide to Empirically Based Measures of School Behavior.* New York: Kluwer Academic/Plenum.

Kniskern, J. R., Robinson, E. A., & Mitchell, S. K. (1983). Mother-child interaction in home and laboratory settings. *Child Study Journal, 13*(1), 23-39.

McIntosh, D. E., Rizza, M. G., & Bliss, L. (2000). Implementing empirically supported interventions: Teacher-Child Interaction Therapy. *Psychology in the Schools, 37*(5), 453-462.

McNeil, C. B., Eyberg, S. M., Eisenstadt, T. H., & Newcomb, K. (1991). Parent·child interaction therapy with behavior problem children: Generalization of treatment effects to the school setting. *Journal of Clinical Child Psychology, 20*(2), 140-151.

Mee, L. (1991). *Effect of parent-child interaction therapy on the verbalizations of behavior disordered children.* University of Florida, Gainesville, FL.

Nixon, R. D. V., Sweeney, L., Erickson, D. B., & Touyz, S. W. (2003). Parent-child interaction therapy: A comparison of standard and abbreviated treatments for oppositional defiant preschoolers. Journal of *Consulting & Clinical Psychology, 71*(2), 251-260.

Querido, J. G., Eyberg, S. M., & Boggs, S. R. (2001). Revisiting the accuracy hypothesis in families of young children with conduct problems. *Journal of Clinical Child Psychology, 30*(2), 253-261.

Robinson, E. A., & Eyberg, S. M. (1981). The dyadic parent-child interaction coding system: Standardization and validation. *Journal of Consulting & Clinical Psychology, 49*(2), 245-250.

Schuhmann, E. M., Foote, R. C., Eyberg, S. M., Boggs, S. R., & Algina, J. (1998). Efficacy of parent-child interaction therapy: Interim report of a randomized trial with short-term maintenance. *Journal of Clinical Child Psychology, 27*(1), 34-45.

Stormshak, E. A., & Webster-Stratton, C. (1999). The qualitative interactions of children with conduct problems and their peers: Differential correlates with self-report measures, home behavior, and school behavior problems. *Journal of Applied Developmental Psychology, 20*(2), 295-317.

Timmer, S. G., Borrego, J. J., & Urquiza, A. J. (2002). Antecedents of coercive interactions in physically abusive mother-child dyads. *Journal of Interpersonal Violence, 17*(8), 836-853.

Webster-Stratton, C. (1985a). Comparisons of behavior transactions between conduct-disordered children and their mothers in the clinic and at home. *Journal of Abnormal Child Psychology, 13*(2), 169-183.

Webster-Stratton, C. (1985b). Mother perceptions and mother-child interactions: Comparison of a clinic-referred and a nonclinic group. *Journal of Clinical Child Psychology, 14*(4), 334-339.

Webster-Stratton, C. (1994). Advancing videotape parent training: A comparison study. *Journal of Consulting & Clinical Psychology, 62*(3), 583-593.

Webster-Stratton, C. (1998). Preventing conduct problems in Head Start children: Strengthening parenting competencies. *Journal of Consulting & Clinical Psychology, 66*(5), 715-730.

Webster-Stratton, C., & Hammond, M. (1990). Predictors of treatment outcome in parent training for families with conduct problem children. *Behavior Therapy, 21*(3), 319-337.

Webster-Stratton, C., & Hammond, M. (1998). Conduct problems and level of social competence in Head Start children: Prevalence, pervasiveness, and associated risk factors. *Clinical Child & Family Psychology Review, 1*(2), 101-124.

Webster-Stratton, C., & Hammond, M. (1999). Marital conflict management skills, parenting style, and early-onset conduct problems: Processes and pathways. *Journal of Child Psychology & Psychiatry & Allied Disciplines, 40*(6), 917-927.

Webster-Stratton, C., & Lindsay, D. W. (1999). Social competence and conduct problems in young children: Issues in assessment. *Journal of Clinical Child Psychology, 28*(1), 25-43.

Webster-Stratton, C., Reid, J., & Hammond, M. (2001). Social skills and problem-solving training for children with early-onset conduct problems: Who benefits? *Journal of Child Psychology & Psychiatry & Allied Disciplines, 42*(7), 943-952.

Weiss, R. L., & Heyman, R. E. (1990). Observation of marital interaction. In F. D. Fincham & T. N. Bradbury (Eds.), *Psychology of marriage: Basic issues and applications* (pp. 87-117). New York: Guilford Press.

Werba, B. E., Eisenberg, P., Rich, B., Hood, K. K., Querido, J. G., Eyberg, S. M., et al. (2001). *Generalizability theory applied to the dyadic Parent-Child Interaction Coding System-II.* Paper presented at the Poster presented at the annual meeting of the Association for the Advancement of Behavior Therapy, New Orleans.

Wruble, M. K., Sheeber, L. B., Sorensen, E. K., & Boggs, S. R. (1991). Empirical derivation of child compliance time. *Child & Family Behavior Therapy, 13*(1), 57-68.

Zangwill, W. M. (1983). An evaluation of a parent training program. *Child & Family Behavior Therapy, 5*(4), 1-16.

Zangwill, W. M., & Kniskern, J. R. (1982). Comparison of problem families in the clinic and at home. *Behavior Therapy, 13*(2), 145-152.